D1874697

Benetton

JONATHAN MANTLE

Benetton

Vom Familienbetrieb zum Weltimperium

Aus dem Englischen
von Anja Schünemann

WILHELM HEYNE VERLAG
MÜNCHEN

Die Originalausgabe erschien 1999 unter dem Titel
BENETTON: THE FAMILIY, THE BUSINESS AND THE BRAND
im Verlag Little, Brown and Company, London

Umwelthinweis:
Dieses Buch wurde auf chlor- und säurefreiem Papier gedruckt.

Copyright © 1999 by Jonathan Mantle
Copyright © 2000 der deutschen Ausgabe
by Wilhelm Heyne Verlag GmbH & Co. KG, München
Umschlaggestaltung: Hauptmann und Kampa Werbeagentur, CH-Zug
Satz: Leingärtner, Nabburg
Druck und Bindung: Wiener Verlag, Himberg
Printed in Austria

ISBN 3-453-17991-9

Inhalt

Alla mia carissima

Danksagung

Die Arbeit an diesem Buch und die damit verbundenen Recherchen wurden von der Familie und dem Unternehmen Benetton unterstützt. Der Inhalt unterlag jedoch keinerlei redaktioneller Kontrolle durch die Konzerne Edizione und Benetton Group. Der Verfasser möchte den folgenden Familien- und Firmenangehörigen dafür danken, dass sie Zeit und Mühe aufgewendet haben, ohne die die Entstehung dieses Buches nicht möglich gewesen wäre: Luciano, Giuliana, Gilberto und Carlo Benetton, Carlo Gilardi sowie Oliviero Toscani.

Außerdem gilt mein Dank Veronica Artuso, Emma Cole, Louise Hurren, Paola Innocente, Domenico Luciani, Seema Merchant, Laura Pollini, Elisabetta Prando, Vittoria Rubino, Federico Sartor.

Auch den folgenden Personen möchte der Verfasser für ihre Unterstützung danken: Jerry Bauer, Carole Blake, John Hinchliffe, Georgina Howell, Alessia Melli, Virginia Nicholson, Caroline North, Roberta Oliva, Paolo Panizzo, Suzanne Ruggles, Nicky Samengo-Turner, Alan Samson, Linda Silverman, Edda Tasiemka, Mike Wells, Bill West und Piero Zantarello.

Prolog

38 000 Fuß über den Vereinigten Staaten, 1998

Luciano saß im Flugzeug zwischen Himmel und Erde und las ein Fax. In den wenigen Minuten, die er dazu brauchte, es zu lesen und seine Gedanken zu ordnen, legte er etwa die Strecke von Nevada nach Kalifornien zurück. Entfernungen bedeuteten bei Benetton Zeit und Geld.

Er flog mit dem firmeneigenen Privatjet und wurde von Mitarbeitern der Presse- und der Werbeabteilung begleitet. Die meisten schliefen. Es waren überwiegend junge Leute – als die Geschichte der Familie und des Unternehmens ihren Anfang nahm, waren manche von ihnen noch gar nicht geboren.

8 000 Läden. Acht Milliarden Dollar. Der nächste Schachzug. Die nächste Pressekonferenz. Die Bilder – die Vereinten Nationen – Toscani – grüne Haare. Wie lange würde Luciano dem ungeheuren Druck noch standhalten können?

Benetton. Die Fragen … die Antworten … die Familie. Auch die unausgesprochene Frage, von der Luciano wusste, dass manche sie sich insgeheim stellten: Waren die Benettons vielleicht nicht nur *eine* Familie – waren sie womöglich *die* Familie?

8 000 Läden. Acht Milliarden Dollar – das war die Wirklichkeit. Und doch hatte es eine Zeit gegeben, als dies nur ein Traum gewesen war und er der Träumer. Als selbst die Hauptstadt seines eigenen Landes ihm Welten entfernt schien und der tägliche Kampf ums Überleben ihm keine Zeit für kühne Zukunftspläne ließ. Als nach dem Krieg alles verloren war – Grund und Boden, Möbel und Porzellan –

und man mit allem, was man noch irgendwie entbehren konnte, Tauschhandel trieb ...

Luciano blickte selten zurück, und wenn, dann stets ohne innere Anteilnahme. Er konnte sich an die Ereignisse der Vergangenheit recht gut erinnern, aber oft gab er vor, es nicht zu können, und er sprach fast nie darüber. Anders als Toscani, der Fotograf, hatte Luciano nicht das Bedürfnis, die Vergangenheit endlos immer wieder heraufzubeschwören.

Toscani ... die Fragen, die Antworten. Luciano las das Fax und sprach seine Gedanken ins Diktiergerät. Vom Büro der Firmenzentrale würden sie dann schriftlich weitergeleitet werden. Inzwischen befand sich das Flugzeug über Kalifornien. Luciano und seine Begleiter waren auf dem Weg zur nächsten Pressekonferenz.

Viele Fragen würden offen bleiben – um die Familie, das Unternehmen und die Marke, um Luciano selbst, der dann schon wieder unterwegs wäre nach Hawaii, Tokio, Ho-Chi-Minh-Stadt, Phnom Penh, Rangun. Luciano verbrachte den größten Teil seiner Zeit in der Luft. Es schien fast, als stecke hinter der weltmännischen Fassade des milliardenschweren weltreisenden Geschäftsmannes noch immer der kleine Junge, der sich nicht sicher fühlte und Angst bekam, wenn er zu lange am selben Ort blieb.

1. Geburt eines Handlungsreisenden

Badoere, Norditalien 7. April 1944

Der Krieg hatte Italien gespalten. Der Norden stand unter faschistischer Herrschaft, der Süden auf der Gegenseite. Jetzt zerbrach das Land schier unter den Kriegsmächten, die in ihm tobten. Die Amerikaner und Briten rückten von Süden her vor, während die Deutschen sich im Norden zurückzogen. Luftangriffe amerikanischer B-17- und britischer Lancaster-Maschinen legten Dörfer und Städte in Schutt und Asche. Dies war der Krieg der Alliierten in Europa, als noch nicht versucht wurde, den kaltblütigen Mord zu beschönigen, und man Verluste unter der Zivilbevölkerung stillschweigend in Kauf nahm.

Wenn man Glück hatte, war es schnell vorbei, wenn die Bomben einschlugen. Aber oft hörte man noch stundenlang die Schreie der Verwundeten unter den Trümmern. In anderen Gegenden in diesem Teil Norditaliens gab es Bodengefechte zwischen den zurückweichenden Deutschen und den kommunistischen Partisanen, deren Angriffe sich gegen alle richteten, die den faschistischen Diktator Mussolini unterstützt hatten.

In der Zeit zwischen Luftangriffen, Bodengefechten und Partisanenkämpfen herrschten überall Hunger und Krankheit.

Badoere ist ein hübsches Dorf einige Kilometer westlich der Stadt Treviso. Ein besonderer Blickfang ist der runde Marktplatz mit den charakteristischen Säulengängen und dem ebenso charakteristischen Geruch von Viehdung. Vor dem Krieg war der Markt in diesem Ort der wirtschaftliche und gesellschaftliche Höhepunkt der Woche.

Eltern gingen dort mit ihren Kindern spazieren und junge Männer trafen sich unter den wachsamen Blicken der Älteren mit ihren Freundinnen. An den Ständen gab es alles Mögliche zu kaufen, von Fleisch und Gemüse bis hin zu Spielzeug und Ansichtskarten. Eine Fotografie des Marktes zu seiner besten Zeit ist noch heute in der Bäckerei des Ortes zu sehen. Am Morgen des 7. April 1944 aber gab es den Markt längst nicht mehr. Der Platz war leer und es gab fremde Gesichter im Dorf. Auch die Familie Benetton war darunter: Leone, Rosa, Luciano, Giuliana, Gilberto und Carlo.

Die Benettons hatten sich vor den Luftangriffen auf ihre Heimatstadt Treviso in Sicherheit gebracht und wohnten im Haus einer Bauernfamilie. Sie waren willkommene Gäste, denn sie zahlten gut, stammten selbst aus einer Bauernfamilie und besaßen in der Gegend kleine Parzellen Land. Sie versuchten, so gut es ging, ein normales Alltagsleben aufrechtzuerhalten. An jenem Morgen hatte Leone bereits früh eine Mitfahrgelegenheit in die Stadt wahrgenommen, um sich um die kläglichen Überreste seines Fahrradverleihs zu kümmern. Gerade schickte sich sein Sohn Luciano an, mit dem Fahrrad zur Schule zu fahren.

»He, Luciano!« rief die Bauersfrau.

Luciano hatte bereits die Schultasche auf dem Rücken.

»Luciano, warte«, rief die Frau wieder. »Fahr nicht!«

Luciano Benetton war acht Jahre alt. Zur Schule und zurück waren es mehr als 35 Kilometer. Es war noch bitterkalt, aber sein Vater hatte ihm für die Griffe des Lenkers ein Paar Bezüge aus Kaninchenfell gemacht, um seine Hände warm zu halten. Ständig drohte Gefahr durch Luftangriffe, Hinterhalte von Partisanen und Straßenblockaden der Deutschen. Aber die Schule war wichtig und immerhin war die Straße eben, wie viele Straßen im Veneto. Lucianos Vater wollte, dass er studierte und Arzt wurde. Er wünschte sich, dass seinem Sohn die bitteren Erfahrungen erspart blieben, die er selbst im Geschäftsleben hatte machen müssen. Luciano dachte wie sein Vater. Er rückte seinen Tornister zurecht, überhörte die Rufe der Bauersfrau und machte sich auf den langen Weg in die Stadt.

Treviso, Veneto, Norditalien 1935

Hinter den schneebedeckten Gipfeln der Alpen liegt der Veneto, eine dicht besiedelte, fruchtbare Flussniederung mit Landwirtschaft, Weinbau und Industrie. Die Villen in dieser Gegend wurden zwischen 1500 und 1700 von reichen Venezianern als Sommerresidenzen gebaut, um der Hitze und dem Gestank in Venedig und in anderen historischen, von Mauern umgebenen Städten wie Treviso und Dörfern wie Badoere und Ponzano zu entkommen.

Luciano Benetton wurde als ältester von vier Geschwistern in Treviso geboren. Die Familie war arm, aber es handelte sich um Armut in der Stadt, nicht um die schmutzige Armut der Landbevölkerung, und Geschäftssinn und das Streben nach einem besseren Leben lagen den Benettons im Blut.

Leone, Lucianos Vater, betrieb einen kleinen Autoverleih in Treviso und hegte den Ehrgeiz, mit seiner Familie aus dem winzigen Haus seiner Schwiegereltern in ein eigenes Haus in der Stadt ziehen zu können. Rosa, Lucianos Mutter, war in Ontario, Kanada, geboren. Ihre Eltern, die aus dem nahe gelegenen Ponzano ausgewandert waren, hatten dort ein Geschäft betrieben. Als Rosa acht Jahre alt war, kehrte ihre Familie nach Ponzano zurück.

Leone besaß in seinem Verleih bereits drei kleine Autos und war auf dem besten Wege, seine Pläne zu verwirklichen. Bald würde er sich für seine Familie ein eigenes Haus leisten können. Ein bestimmtes Bauwerk in Ponzano bestärkte Leone immer wieder in seiner Entschlossenheit, wenn ihn einmal Zweifel überkamen: die Villa Minelli. Sie war im 16. Jahrhundert von einer Familie venezianischer Seiden- und Wollhändler gebaut worden. Die hohen, kühlen Räume boten Zuflucht vor der Hitze und Enge Venedigs und in den landwirtschaftlichen Gebäuden, die die Villa umgaben, wurde aus den Trauben der Region Wein gekeltert. Als Luciano zur Welt kam, stand die Villa Minelli bereits seit mehr als 100 Jahren leer. Die Fenster waren wie die so vieler verlassener Villen mit Läden verschlossen und die meisten

Kanäle ringsum waren zugeschüttet. Doch trotz seiner schlechten Verfassung stand das Bauwerk noch immer symbolisch für alles Großartige, das menschliches Streben erreichen konnte – und zugleich dafür, wie vergänglich solche Errungenschaften waren.

Als Luciano anderthalb Jahre alt war, hatte Leone Benetton immer noch dieselben drei kleinen Autos und die Familie wohnte nach wie vor im Haus seiner Schwiegereltern. Rosa war zum zweiten Mal schwanger. Leone Benetton betrachtete nüchtern die Situation und stellte fest, dass er sein Ziel auf dem bisherigen Weg nicht erreichen würde. Nachdem er eine Weile darüber nachgedacht hatte, kam er eines Abends von der Arbeit heim und sagte: »Ich gehe.«

Mit dem festen Vorsatz, in seine Heimat zurückzukehren, wanderte Benetton senior nach Äthiopien aus. Ein Jahr zuvor waren dort italienische Truppen unter dem Kommando des Diktators Mussolini einmarschiert. Die meisten der Italiener, die darin ihre Chance sahen, nach Nordafrika auszuwandern, waren jedoch ganz normale Leute. Es ging ihnen nicht um die politische Sache, sondern um ein besseres Leben für ihre Familien. Leone Benetton schloss sich dem Exodus junger Männer an, die ihr Glück im Ausland machen wollten. Er verkaufte seine Autovermietung, reiste nach Addis Abeba und kaufte einen Lastwagen. Damit transportierte er Zement und Baumaterial kreuz und quer durch das heiße, staubige fremde Land. Auf dem Armaturenbrett hatte er immer ein Foto von Rosa und Luciano. Leone wohnte in Arbeiterquartieren am Stadtrand, aß kaum etwas, steckte jeden Pfennig, den er einnahm, in sein neues Geschäft und träumte von dem Tag, an dem der Name Benetton in ganz Afrika bekannt sein würde.

Doch dann erkrankte Leone an Malaria. Er lag sechs Monate im Krankenhaus, ehe er so weit genesen war, dass er wieder arbeiten konnte. Als er sich auf die Suche nach seinem Lastwagen machte, musste er jedoch feststellen, dass dieser in der Zwischenzeit gestohlen worden war. Leone erlangte weder seine Gesundheit wieder, noch bekam er den Lastwagen oder das Foto von seiner Frau und seinem Sohn jemals zurück. 1939 kehrte er, innerlich gebrochen und immer noch krank, zu seiner Frau, seinem Sohn und der Tochter, die noch ein Kleinkind war, zurück. Alles, was er später Rosa gegenüber über den Diebstahl erzählte, war, dass die Vorstellung, das Foto von ihr und Luciano sei einem Fremden in die Hände gefallen, ihm das Herz gebrochen habe.

Aber Leone Benetton gab nicht auf. Er gründete in Treviso erneut ein Geschäft, doch seine kleine Familie hatte immer noch kein eigenes Zuhause. Mit einem Fahrrad, das Leone von seiner Schwester lieh, begann er einen Fahrradverleih und einen Reparaturbetrieb an der Piazza San Francesco, einem der kleineren Plätze im Nordosten Trevisos, nahe der Stadtmauer. Die gleichnamige hohe, schmucklose Kirche und die Mönche in ihren braunen Kutten bestimmten das Bild des Platzes. Trotz der unvorteilhaften Lage florierte Leones Geschäft – nicht zuletzt aufgrund der nahen Garnison der italienischen Armee – und sein Bestand an Fahrrädern wuchs binnen weniger Monate von einem auf einhundert an.

Mussolini hatte Leone und andere nach Afrika gelockt und damit in den wirtschaftlichen und gesundheitlichen Ruin getrieben. Der Aufstieg des Diktators dagegen dauerte unvermindert an. Wie Hitler hegte er ehrgeizige Pläne für die wirtschaftliche und kulturelle Entwicklung seines Volkes. Mussolini war im Vorjahr nach Treviso gekommen und hatte auf dem größten Platz, der Piazza del Duomo, zu der jubelnden Menge gesprochen. Seine Pläne erstreckten sich sogar auch auf die Mode. Mussolini hatte erklärt: »Es gibt noch keinen italienischen Stil für Möbel, Schmuck und Kleidung. Ein solcher Stil kann und muss geschaffen werden.« »Moderäte« organisierten sich, deren Ziel es war, den Einfluss der französischen Mode, »die die Frau als Besenstiel feiert und damit den Grundstein zu moralischer Zerrüttung legt«, aus den Häusern der Faschisten zu verbannen.

Im selben Jahr, in dem Leone Benetton krank und als gebrochener Mann aus Afrika heimkehrte, demonstrierte Mussolini seine »moralische Integrität«, indem er an Hitlers Seite in den Krieg eintrat.

Einige Jahre lang war in Ponzano und Treviso vom Krieg kaum etwas zu spüren. Leone Benettons Geschäft mit den Fahrrädern florierte. Endlich konnte er mit seiner Familie in das lang ersehnte eigene Haus ziehen. Es befand sich ganz in der Nähe des Fahrradgeschäfts und an heißen Sommerabenden saßen die Benettons vor dem Laden an der Piazza San Francesco und aßen Eis. Luciano war zu der Zeit sieben, seine Schwester Giuliana fünf und das dritte der Geschwister, Gilberto, war ein Jahr alt.

Während Leones Geschäft blühte, verschlechterte sich seine Gesundheit zusehends – ein Preis, den viele erfolgreiche Unternehmer zahlen. Er stellte drei Mitarbeiter ein, die sich um die Reparaturen und den Verkauf kümmerten. Für den Verleih kaufte er einen Bestand an billigen Rädern ein.

Schließlich machten sich die Auswirkungen des Krieges dann doch bemerkbar und auch für die Benettons wurden die Zeiten immer unsicherer. Britische Bomber legten das knapp 250 Kilometer westlich gelegene Mailand in Trümmer und töteten Hunderte von Zivilisten. Ein Überlebender jedoch, der zu dem Zeitpunkt noch nicht einmal geboren war, erklärte später, er verdanke diesem Ereignis sein Leben. Das kam so: Die Familie Toscani bestand zu der Zeit aus Vater, Mutter und zwei Töchtern. Der Vater, Fedele, war Fotograf bei der Mailänder Zeitung *Il Corriere della Sera.* Seine Frau war durch die Strapazen von Krieg und Mutterschaft ausgelaugt und hatte bereits eine Abtreibung hinter sich, als sie wieder schwanger wurde. Diesmal hinderte der Angriff der britischen Luftwaffe sie daran, die geplante Abtreibung vornehmen zu lassen. So kam ihr drittes Kind zur Welt – Oliviero, der später in die Fußstapfen des Vaters trat und ebenfalls Fotograf wurde. Eines seiner berühmtesten und umstrittensten Bilder würde das eines Neugeborenen sein, und es sollte die Kinder jener britischen Bomberpiloten empören, deren Angriff Toscanis Heimatstadt zerstört und so viele Bewohner das Leben gekostet, zugleich aber sein eigenes gerettet hatte.

Ein Jahr nachdem die Benettons ihr eigenes Haus bezogen hatten, wurde Mussolini gestürzt, verhaftet, von deutschen Spezialtruppen befreit und als Marionette der Deutschen in der faschistischen »Italienischen Sozialrepublik« in Salò am Gardasee eingesetzt, während im Süden die Monarchie wiederhergestellt wurde. Je weiter die Alliierten von Süden her vorrückten, umso häufiger und brutaler wurden die Vergeltungsschläge der Deutschen gegen den Widerstand der Bevölkerung. Oft mussten für jeden getöteten Deutschen zehn italienische Zivilisten sterben. Die Leichen wurden an Bäumen und Balkonbrüstungen aufgehängt.

Im Veneto wurden streikende Arbeiter mit Waffengewalt zur Arbeit gezwungen. Während die Deutschen zunehmend die Kontrolle verloren, kamen die Bombenangriffe der Alliierten immer näher und wurden immer heftiger. Die Benettons saßen nun nicht mehr abends auf dem Platz vor ihrem Geschäft. Leones Krankenhausaufenthalte wurden häufiger und länger. Er litt an einer Nierenerkrankung, die sich durch die Malaria noch verschlimmert hatte. Das Fahrradgeschäft machte Verluste und der Platz hallte vom Paradeschritt der Soldaten wider. Da die Frontlinie der Deutschen mitten durch den Veneto verlief, wurde Treviso zur bevorzugten Zielscheibe für Angriffe. So mussten die Benettons, die erst anderthalb Jahre dort gelebt hatten, schließlich wie viele andere Familien die Stadt verlassen. Sie gingen nach Badoere, wo das vierte Kind, Carlo, geboren wurde. Leone pendelte von dort aus zur Arbeit nach Treviso und Luciano fuhr mit dem Fahrrad zur Schule.

Badoere, Norditalien 7. April 1944

»Luciano, warte«, rief die Bauersfrau an jenem Morgen. »Fahr nicht!«

Er trat in die Pedale, entschlossen, die Frau nicht zu beachten.

»Luciano!« Diesmal war es die Stimme seiner Schwester Giuliana. Sie war jünger als er, doch er konnte sich ihrem Einfluss nie ganz entziehen. Deshalb hielt er jetzt doch für einen Moment an.

»Du kannst heute nicht fahren«, sagte sie. »Die Bomber kommen.«

»Ach, das sagen sie doch immer.«

»Aber diesmal stimmt es wirklich, ich schwöre es. Er hat es gehört.« Sie wies auf den Cousin des Bauern, der gerade angekommen war. Dieser nickte.

»Die Schule würden sie niemals angreifen«, erwiderte Luciano. Dabei dachte er besorgt an seinen Vater, der schon in der Stadt war.

Da rief die Mutter sie alle ins Haus. Luciano blickte noch einmal auf die Straße nach Treviso. Schon ertönten in der Ferne die ersten Sirenen.

Erst hörten sie die Flugzeuge über sich, dann die einschlagenden Bomben. Auf die erste Welle folgte eine zweite. Der Luftangriff schien endlos zu dauern. Schließlich wurde es still. Nur Rosa Benettons Schluchzen war noch zu hören.

Eine weitere Stunde verging, ehe die Tür sich öffnete und Leone Benetton eintrat. Zuerst konnten sie kaum glauben, dass er es wirklich war. Er umarmte seine weinende Frau, dann erzählte er, was geschehen war. Als die ersten Bomben fielen, hatte er die Stadt gerade erreicht und einen Unterschlupf gefunden, in dem er den Angriff irgendwie überlebte. Stundenlang hatte er schreckensstarr in seinem Versteck gehockt, vom Hagel der Bomben und den Schreien der Verwundeten umgeben. Als es endlich still wurde, war die Stadt ein einziges Schlachtfeld. Tote und Sterbende lagen unter den Trümmern und überall in den Straßen. Der Fluss unterhalb der Stadt hatte sich dunkelrot gefärbt. Selbst die Toten waren nicht verschont geblieben, denn die Bomben hatten auch Kirchen getroffen und Grüfte aufgesprengt. Mehr als 1 000 Bewohner der Stadt waren ums Leben gekommen.

Später – zu spät für Leone Benetton – herrschte Uneinigkeit darüber, ob es amerikanische oder britische Bomber gewesen waren, die Treviso an jenem 7. April 1944 angegriffen hatten. Eines war jedoch sicher: Die Alliierten hatten die falsche Stadt zerbombt. Die Piloten hatten Treviso mit einem weiter nördlich gelegenen Ort verwechselt, in dem man Mussolinis Versteck vermutete. So wurde Treviso die Stadt Italiens, die nach Neapel die schwersten Schäden durch Luftangriffe erlitt – eine zweifelhafte Auszeichnung.

Im Juni nahmen die Alliierten Rom ein. Im August befreiten sie Florenz. Befreiung bedeutete für die Italiener die Freiheit, durch ihr zerstörtes Land zu ziehen. 23 Prozent der Häuser in Mailand lagen in Trümmern, weitere 36 Prozent waren schwer beschädigt. 400 000 Menschen zogen obdachlos durchs Land. 40 Prozent der Krankenhäuser im Land konnten nicht mehr benutzt werden oder waren völlig zerstört. 60 Prozent der Nationalstraßen und 20 Prozent der Provinz- und Gemeindestraßen waren unpassierbar. 800 000 Brücken waren zerstört, ebenso 50 Prozent des Fahrzeugbestandes der Eisenbahn – 60 Prozent der Lokomotiven, 90 Prozent der Personenzüge – 80 Prozent des Straßenbahnnetzes, Tunnel mit einer Gesamtlänge von rund 24 Kilometern und 70 Prozent der Hafenanlagen. Die Industrie war fast völlig zum Erliegen gekommen und die Währung stand vor dem Zusammenbruch. Der einzige funktionierende Markt war der Schwarzmarkt – und auch bei der Kleidung war Schwarz die vorherrschende Farbe.

Im Veneto erreichte die Temperatur in jenem Winter minus elf Grad. Ständig waren die Lebensmittel knapp. Essen war nur durch Tauschhandel oder auf dem Schwarzmarkt zu bekommen. In Treviso blieben die Trümmer liegen, wo sie lagen, ebenso wie viele der Leichen. Die Villa Minelli in Ponzano war bis unter das Dach voller halb verhungerter Flüchtlinge.

In Badoere kämpften die Benettons wie alle anderen ums Überleben. Leones Gesundheitszustand verschlechterte sich immer mehr. Bei Rosa war ein Herzleiden aufgetreten. Aber Luciano fuhr nach wie vor mit dem Fahrrad zur Schule – am Lenker die Bezüge aus Kaninchenfell, die seine Hände vor der Kälte schützten, und im Inneren eine unerschütterliche Überzeugung, die er rückblickend so formulierte: »Wir waren auf dem Land in Sicherheit. Mein Vater war am Leben und wir kamen zurecht.«

Mailand, Norditalien 28. April 1945

In Mailand wurden der gestürzte Diktator Mussolini und seine Geliebte Clara Petacci von Partisanen erschossen. Ihre Leichen wurden mit dem Kopf nach unten aufgehängt. Damit bei dieser öffentlichen Zurschaustellung der Anstand gewahrt bliebe, hatte man Clara Petaccis Rock um ihre Beine herum festgesteckt – typisch italienisch. Vor Erleichterung über den Tod von *Il Duce*, dessen Bündnis mit Hitler Italien mit solch verheerenden Folgen in den Krieg hineingezogen hatte, verfiel die Stadt in einen Freudentaumel. Viele Menschen fotografierten die Szene zum Andenken. Eines dieser Bilder ging um die Welt. Es stammte von Fedele Toscani, dem Fotografen der Zeitung *Il Corriere della Sera*. Sein Sohn Oliviero sollte fast 50 Jahre später gemeinsam mit Luciano Benetton eine weltweite Bilderkampagne entwickeln, die Aufsehen und Entsetzen erregen würde.

Die Familie Benetton war inzwischen aus Badoere wieder nach Treviso an die Piazza San Francesco gezogen. An den verschlossenen Läden des Geschäfts hatten sie ein Schild angebracht, auf dem etwaige Kunden gebeten wurden, den Besitzer im nahe gelegenen Haus aufzusuchen. Doch nur wenige folgten der Aufforderung. Nach dem Niedergang seines Geschäfts verschlechterte sich Leone Benettons Verfassung zusehends. Er war bettlägerig und hielt sich abwechselnd im Krankenhaus und im nahe gelegenen Haus seines Vaters auf. Sein Gesicht war durch die Krankheit so entstellt, dass er selbst seinen Kindern nicht erlaubte, ihn zu besuchen. Als Giuliana an ihrem Geburtstag dennoch zu ihm kam, bedeckte er sein Gesicht mit einem Tuch, um ihr den Anblick zu ersparen. Er versprach, ihr ein ganz besonderes Geschenk zu machen, wenn er wieder gesund wäre.

Piazza San Francesco, Treviso 12. Juli 1945

An Lucianos zehntem Geburtstag – drei Monate zuvor – hatte sein Vater ihm den ehrenvollen Auftrag erteilt, die Rechnung für den alljährlichen Ausflug der Arbeiter aufzulisten, für den er und andere das ganze Jahr hindurch einen monatlichen Beitrag zahlten. Damit war Luciano an diesem Morgen beschäftigt. Nebenbei musste er sich um die Überreste des Fahrradverleihs kümmern. In einer anderen Ecke des Zimmers saß seine Schwester Giuliana und strickte Socken für Carlo, den Jüngsten. Luciano war ein aufmerksamer Beobachter und so war ihm nicht entgangen, dass Giuliana am glücklichsten aussah, wenn sie strickte. Schon als sie noch klein war, hatte sie sich diese Fertigkeit mit Hilfe von Anleitungen in Kinderheftchen selbst beigebracht. Seither strickte sie mit Begeisterung. An diesem Morgen aber war sie ungewöhnlich ruhig.

Die beiden Geschwister waren allein zu Hause. Gilberto und Carlo waren bei ihren Cousins, Rosa besuchte ihren bettlägerigen Mann im Haus des Großvaters. Da klopfte es an der Tür und ihre Cousine Letizia trat ein. Ihr Gesicht verriet, dass es schlechte Nachrichten gab.

»Ich soll seinen Anzug abholen«, sagte sie.

Leone Benetton war immerhin in der Gewissheit gestorben, dass der Krieg vorbei war. Er hinterließ eine Witwe, vier Kinder, einen kleinen Bestand an Verleihfahrrädern, einige kleine Grundstücke und einen Fiat Topolino, den er in einer Scheune vor den Deutschen versteckt hatte. So endete Lucianos Kindheit, als er zehn Jahre alt war.

Im Jahr darauf verließen die Benettons die Stadt erneut. Diesmal zogen sie in einen Vorort im Nordwesten von Treviso, nach Santa Bona. Rosas Herzleiden machte sich wieder bemerkbar, so dass sie häufig das Bett hüten musste. Luciano und seine Schwester lebten in der furchtbaren Angst, auch noch ihre Mutter zu verlieren und dann allein die jüngeren Geschwister versorgen zu müssen. Diese Angst gab Luciano die Kraft, morgens vor der Schule auf seinem Fahrrad mit einem schweren Packen Zeitungen zum Bahnhof zu fahren, die er dort verkaufte. Die Angst gab ihm auch die Kraft, nach der Schule durch die Straßen zu laufen, Brot auszuliefern und an den Haustüren Seife zu verkaufen, in Warteschlangen nach rationiertem Brot, Fisch und Salz anzustehen und auf einem hölzernen Waschbrett die Windeln seines kleinen Bruders Gilberto zu säubern. Dieselbe Angst trieb auch Giuliana an, die fast alles, was die Familie an Kleidung benötigte, selbst herstellte. In der übrigen Zeit arbeitete sie in der kleinen Werkstatt eines Nachbarn zwischen erwachsenen Frauen an einer Strickmaschine, obwohl sie noch nicht das gesetzlich vorgeschriebene Mindestalter hatte. Sie träumte davon, möglichst bald von der Schule abzugehen, um ganztags arbeiten zu können.

Angesichts der unsicheren Verhältnisse im Land war die Angst der Geschwister mehr als begründet. Im ersten Jahr nach Ende des Krieges stiegen die Preise und die Arbeitslosenrate sprunghaft an. Es gab einen Aufstand ehemaliger Partisanen. In Venedig wurden Geschäfte geplündert und in Treviso, wo gerade mit den Arbeiten zum Wiederaufbau der Stadt begonnen wurde, zwangen 1 000 Arbeiter, die keine Stelle hatten, einen städtischen Beamten, ihnen Arbeit zu »versprechen«. Überall im Veneto litten die Menschen an Mangelkrankheiten wie Pellagra, da sie kaum etwas anderes als Polenta – Mais – zu essen hatten. Die einst so wohlhabende Bevölkerung des Veneto wurde bald abschätzig als »Polentini« bezeichnet.

Amerikanische Journalisten kamen, um über das Land zu berichten, das zwei verheerende Ereignisse nacheinander erlebt hatte – erst die Besatzung durch die Deutschen, dann die Befreiung durch die Alliierten. Marya Mannes schrieb in der amerikanischen *Vogue*:

> Am schwersten betroffen in der italienischen Bevölkerung ist die Mittelschicht. Sie verfügt weder über Geld wie die Wohlhabenderen noch über die Skrupellosigkeit und Cleverness der Armen, um dem Hunger zu entrinnen. Ein Essen in einem römischen Restaurant kostet durchschnittlich etwa 500 Lire – das entspricht auf dem

> Schwarzmarkt rund 1.40 US-Dollar. Für einen Besucher ist das günstig. Für einen Italiener aber – für einen gewöhnlichen Angestellten aus der Mittelschicht – sind 500 Lire der Arbeitslohn eines ganzen Tages. Davon muss er eine mindestens fünfköpfige Familie ernähren.
>
> Was tut er also? Zuerst verkauft er die Möbel, das Porzellan – alles, was sich irgendwie zu Geld machen lässt. Wenn nichts mehr da ist, was man verkaufen könnte, ernährt sich die Familie von Brot, Obst und Gemüse. Selbst Pasta – das traditionelle Grundnahrungsmittel, auf das man auch in schlechten Zeiten stets zurückgriff – ist unerschwinglich.

Weiter schrieb sie: »In Italien liegt eine Unruhe in der Luft, die einem geradezu die Überzeugung aufzwingt – so unrealistisch sie auch erscheinen mag –, dass das Land, wenn es erst einmal eine Zeit des Friedens und der Freiheit erlebt hat, Europa und uns eine außergewöhnliche Schaffenskraft und Lebendigkeit bescheren wird.«

Ein Jahr darauf berichtete die Zeitschrift *Life:*

> Italien, berühmt für Julius Caesar, die Renaissance und die römisch-katholische Kirche, steht heute kurz vor einer kommunistischen Revolution. An den Mauern der Ruinen sind die Parolen der kommunistischen Partei zu lesen. Auf den historischen Straßen der Römer marschieren kommunistische Gewerkschaftler. Über den prächtigen Gärten des Vatikan liegt der Schatten von Hammer und Sichel… Italien kämpft in einem langen und schmerzhaften Prozess für den Wiederaufbau. Vor diesem Hintergrund setzt sich das Ringen um die Vorherrschaft zwischen Rechten und Linken fort. Dieser Krieg hat dem Kommunismus in Italien ebenso den Boden bereitet wie der Erste Weltkrieg dem Faschismus.

Amerika wollte keinen Kommunismus, weder in Italien noch irgendwo sonst. Die antikommunistische Strategie, die die Amerikaner im armen Süden des Landes verfolgten, hatte jedoch verheerende Folgen.

Im weniger armen Norden führten die Christdemokraten den organisierten Widerstand gegen den Kommunismus an – besonders im Veneto, dem Teil des Landes, der am stärksten wirtschaftlich ausgerichtet und von einem strengen Arbeitsethos geprägt war. Amerika unterstützte also gezielt die katholische Kirche. Die italienischen Geistlichen vertraten die Interessen der Amerikaner und hielten im Gegenzug für deren Unterstützung ihre Gemeinden dazu an, die Christdemokraten zu wählen – genau wie in den Vereinigten Staaten Kardinal Spellman und die katholische Kirche den Kommunismus als Bedrohung für die Familie darstellten und nicht, was zutreffender gewesen wäre, als Bedrohung für die Kirche selbst. Wahlplakate der italienischen Christdemokraten zeigten Mütter, die ihre Kinder vor den kommunistischen »Wölfen« beschützten, und Schlangen, die mit dem Gift der »freien Liebe« die Familie zu zerstören drohten. Im Strudel dieser Nachkriegswirren hatte der Begriff der »Familie« eine größere Bandbreite von Bedeutungen als irgendwo sonst auf der Welt. Er bewegte sich zwischen zwei Extremen: dem Ideal von Tugend, harter Arbeit und Sicherheit einerseits und dem organisierten Bösen andererseits, das mit Einschüchterung, Gewalt und Mord einherging. Zwischen diesen beiden Polen lag die Wirklichkeit der ganz normalen Leute, die einfach nur versuchten, ihr Leben irgendwie wieder in den Griff zu bekommen. Sie hatten mit Wohnungsnot, Hunger und Inflation zu kämpfen. Viele ihrer Landsleute lagen tot unter den Trümmern. Unter diesen Umständen war es kein Wunder, dass sie solch großes Vertrauen in den Prozess der Demokratisierung setzten. Aber viele Ausländer – selbst solche, die sich länger im Land aufhielten – missdeuteten dieses Vertrauen.

Zwei Jahre nach Kriegsende beschrieb der Amerikaner Marshall McLuhan, der über Werbung berichtete, die beunruhigenden Beobachtungen eines amerikanischen Offiziers in Italien:

> Die Italiener kennen die Namen der Minister ihres Landes, aber nicht die Marken ihrer Lieblingsprodukte oder die Namen der italienischen Prominenten … In den Städten Italiens sieht man mehr

Plakate mit politischen Parolen als mit Werbung für Konsumgüter. Nach Ansicht dieses Offiziers gibt es wenig Hoffnung, dass Italien zu Wohlstand und innerer Stabilität findet, solange die Italiener sich mehr für die jeweiligen Fähigkeiten ihrer politischen Führer interessieren als für die Vorzüge bestimmter Cornflakes- oder Zigarettenmarken.

Tatsache war, dass Mussolini und der Faschismus Italien gegen den rauen Wind der freien Marktwirtschaft abgeschirmt hatten. Selbst nach den Schrecken des Krieges sehnten viele noch immer eine starke Hand in der Regierung herbei. Mussolinis Versuch, ein Weltreich aufzubauen, hatte immerhin Leuten wie Leone Benetton die Möglichkeit eröffnet, im Ausland ihr Glück zu versuchen, wenn sie in ihrer Heimat keinen Erfolg hatten. Dennoch hielten viele führende Geschäftsleute den Preis, der für all das zu zahlen war, für zu hoch. Nach dem Zusammenbruch des Faschismus sollte nie wieder eine zentralistische Regierung derart starken Einfluss auf die Wirtschaft nehmen dürfen. Graf Gaetano Marzotto, der venezianische Textilmagnat, formulierte es so: »Können diese staatlichen Bürokraten etwa mehr ausrichten als jemand, der sein Geschäft versteht? Der Staat sollte sich darauf beschränken, für Gerechtigkeit zu sorgen … für Recht und Ordnung.«

Graf Marzotto hatte in einer Hinsicht Recht. Die 3000 Textilunternehmen in Italien hatten vor dem Krieg 14 Prozent aller Arbeitsplätze gestellt und anders als die Betriebe in Deutschland und Japan hatten sie den Krieg weitgehend unbeschadet überstanden. Marzotto und andere wollten diese Gelegenheit dazu nutzen, neue Exportmärkte zu erschließen. Eine starke zentralistische Regierung hätte ihnen dabei im Weg gestanden, so wie die sozialistische Regierung in Großbritannien die Wirtschaft lähmte. Aber der Textilindustrie fehlte es an Baumwolle und es gab bislang keine Mittel, die Kräfte von Angebot und Nachfrage auf dem heimischen Markt in Gang zu setzen.

Der »Schatten von Hammer und Sichel«, den die Zeitschrift *Life* beschworen hatte, senkte sich unterdessen immer tiefer über das Land und sorgte in Washington für zunehmende Beunruhigung. 1948, drei Jahre nach Kriegsende, wandte sich der christdemokratische Premierminister Alcide de Gasperi Hilfe suchend an Amerika. Er befürchtete, die Kommunisten könnten an die Macht kommen. Die amerikanische Regierung reagierte mit einem Darlehen in Höhe von 100 Millionen Dollar. Gleichzeitig entwickelte sich jedoch im Süden des Landes ein unheiliger Bund zwischen den amerikanischen Helfern und dem organisierten Verbrechen, getarnt als Patentlösung im Kampf gegen den Kommunismus. Zwischen den Christdemokraten auf der einen und den Kommunisten auf der anderen Seite bildete sich eine dritte Macht heraus. Sie begann mit kleineren Schutzgelderpressungen, erstarkte aber zusehends und wurde insgeheim zur eigentlich herrschenden Macht im Land: die *Cosa Nostra* – die »ehrenwerte Gesellschaft« – die Mafia. Corleone wurde wie keine andere Stadt zum Symbol dieses Übels.

Corleone, Sizilien 10. April 1948

Corleone liegt im äußersten Süden Italiens, in Westsizilien. Sizilien war eine felsige Insel mit sengender Sonne, unterdrückten Bauern und schäbigen Städten, in denen die Mafia herrschte. Nach dem Krieg waren die Lebensumstände dort noch härter geworden, soweit das überhaupt möglich war. Brennpunkt des Elends war eine bestimmte Stadt. Ein Nachrichtenoffizier, der während des Krieges an der Mafiabekämpfung der Alliierten beteiligt war, schrieb: »In dieser Welt stößt man unverhofft auf einen Ort, der mit seinem äußeren Erscheinungsbild und seiner Atmosphäre dem unheilvollen Ruf gerecht wird, der ihm anhängt. Dieser Ort heißt Corleone.«

Die Stadt hatte nur 8 000 Einwohner, aber allein in den vier Jahren zuvor waren dort 153 Morde geschehen. Wer seinen Vater verloren hatte, trug fünf Jahre Trauer. Nach dem Tod eines Bruders ging man drei Jahre in Schwarz, nach dem Tod eines Sohnes ebenfalls – und so waren Männer und Frauen vereint in der Trauerfarbe Schwarz. Die Rückkehr der Mafiosi, die nach Amerika ausgewandert waren, und der Kreuzzug der Amerikaner gegen die Kommunisten hatten eine neue Mafia hervorgebracht. Sie kam durch Drogenhandel zu Reichtum und wurde sogar insgeheim von amerikanischer Seite unterstützt.

An jenem Tag im April 1948 kamen in der Nähe von Palermo die führenden Köpfe der Mafia aus ganz Sizilien zusammen. Im Anschluss an diese Versammlung wurde die Parole ausgegeben, die Christdemokraten mit allen Mitteln zu unterstützen. Gewerkschaftsführer wurden auf die schwarze Liste gesetzt. Der Anführer der sizilianischen Kommunisten, Girolamo Li Causi, wurde bei einem Anschlag der Mafia auf eine Versammlung der Volksfront verwundet. Seine Tochter erinnerte sich noch viele Jahre später daran, dass sie hinter einem Mann, über dessen Schulter ein Gewehr hing, auf einem Motorrad zur Schule fuhr. Der Vorsitzende der Christdemokraten in Corleone war ein führender Mafioso. Als Arzt attestierte er Hunderten von Frauen in der Stadt starke Kurzsichtigkeit. Sie wurden dann von Mafiosi zur Wahlurne begleitet, um sicherzustellen, dass sie ihr Kreuz an der richtigen Stelle machten. Überall klebten Wahlplakate an Häuserwänden. Ein Slogan lautete: »Lang lebe Gott! Wählt die Christdemokraten!«

Von Treviso aus gesehen, wo harte Arbeit und die Familie die vorherrschenden Ideale waren, schienen Corleone und die Mafia einer anderen Welt anzugehören. Dennoch wurden diese Stadt und die Organisation, die sie regierte, später fälschlicherweise mit dem Namen Benetton in Verbindung gebracht.

Santa Bona, Treviso 1949

Die Familie Benetton lebte in Santa Bona in bitterer Armut. Rosa hatte die kleinen Grundstücke, die Leone hinterlassen hatte, nach und nach verkauft, um Lebensmittel und Kleidung erstehen zu können. Die Einnahmen aus dem Fahrradverleih reichten nicht einmal aus, um den Bestand an Mieträdern zu unterhalten. Giuliana hatte inzwischen ihr Vorhaben verwirklicht, war mit elf Jahren von der Schule abgegangen und arbeitete jetzt ganztags in dem kleinen Strickbetrieb. Luciano ging noch zur Schule. Er stand morgens im Dunkeln auf und transportierte mit dem Fahrrad den schweren Packen Zeitungen zum Bahnhof. Wenn er die Zeitungen durch die Fenster der Zugabteile reichen und zugleich das Geld entgegennehmen musste, konnte er keine Handschuhe tragen. Seine Hände hatten daher Schnittwunden von den scharfen Rändern des Papiers. Nach der Schule lieferte er Brot aus. Obwohl er unterwegs heimlich davon aß, hatte er doch ständig Hunger – ein 14-jähriger Schuljunge, der arbeitete wie ein Erwachsener. Eines Tages brachte sein kleiner Bruder Carlo einen Schulaufsatz nach Hause, in dem er geschrieben hatte: »Mein Vater heißt Luciano. Er arbeitet schwer, um uns zu versorgen.«

Doch all diese Anstrengungen konnten das Elend nicht abwenden. Als Luciano Jahre später nach dem Zusammenbruch des Kommunismus auf dem Roten Platz in Moskau stand, erinnerte er sich lebhaft an seine Kindheit: an den ersten Herbstnebel, der in jedem Jahr einen weiteren harten Winter ankündigte, ohne dass jemals eine Lösung für all ihre Probleme in Aussicht war, an den täglichen Überlebenskampf, den Kampf einer Familie, der der Vater fehlte.

Wenn Lucianos Mutter wieder geheiratet hätte, wäre wohl vieles leichter gewesen. Doch sie tat es nicht – sei es, weil sie nicht wollte, sei es, weil sich nicht die Gelegenheit bot. Ihre Kinder hatten in dieser Angelegenheit nicht mitzureden. Später erinnerte sich Luciano: »Ich war einfach noch zu jung, um solche Probleme zu bewältigen.« Eines Tages, nach einer schlaflosen Nacht, kam er zu der gleichen Erkenntnis wie seinerzeit sein Vater: Auf diese Art würde er nicht weiterkommen. Damals gab es noch keine weiterführende Schulpflicht und so teilte Luciano am folgenden Morgen seiner Mutter seinen Entschluss mit: »Ich gehe nächstes Jahr nicht mehr zur Schule.«

»Es wäre nicht gerecht«, erklärte er. »Giuliana ist jünger als ich und arbeitet schon ganztags. Ich werde mir eine richtige Arbeit suchen.«

Rosa umarmte ihn stumm. Da brach Luciano in Tränen aus. In dem Augenblick, als er seine Kindheit endgültig hinter sich ließ, fühlte er sich wie ein ganz kleiner Junge. Viele Jahre später blickte Carlo – der Mann, dem dieses Kind den Vater ersetzt hatte – auf jene Zeit zurück:

> Was wäre geschehen, wenn mein Vater noch am Leben gewesen wäre? Ich habe oft darüber nachgedacht. Ich bin sicher, dass vieles ganz anders gekommen wäre. Damals wünschte sich jede Familie einen Sohn, der Arzt wurde. Später war es dann ein Bankkaufmann. Wir wären heute nicht da, wo wir jetzt stehen.

Luciano hatte schon während der Schulzeit nachmittags in einem Geschäft im Lager gearbeitet. Es hieß Alla Campana und führte Stoffe und ein kleines Sortiment an Kleidung. In diesem Laden begann Luciano, nachdem er die Schule abgebrochen hatte, ganztags zu arbeiten. Er fegte den Boden, trug Kisten und lernte die Grundzüge des Einzelhandels kennen: den Umgang mit Kunden, die Verwaltung der Lagerbestände und ein wenig Buchführung. Wie sein Vater hatte er eine Schwäche für schicke Kleidung. Er sparte genug Geld zusammen, um sich einen Anzug schneidern zu lassen, den er selbst entworfen hatte – nach dem, was er für die neueste Mode hielt. Die Hose war überweit geschnitten, das Jackett eng anliegend. Dazu trug er eine Uhrkette, allerdings ohne Uhr. Ein Jahr dauerte es, bis Luciano genügend Geld gespart hatte. Als er schließlich in diesem Aufzug durch die Straßen stolzierte, drehten sich die Mädchen kichernd nach ihm um. Luciano ließ sich seine Unsicherheit nicht anmerken. Schließlich ernährte er eine Familie und hatte das Recht, sich kultiviert zu kleiden. Aber im Stillen musste er sich eingestehen, dass er noch viel über Mode zu lernen hatte.

Luciano war gut gebaut und für sein Alter sehr erwachsen, außerdem machte er etwas aus sich. Nach ein paar Jahren fand er eine neue Stelle als Verkäufer im Bekleidungsgeschäft der Brüder Dellasiega.

Später erinnerte sich Luciano: »Die herkömmlichen Geschäfte waren zum Aussterben verurteilt – und wir gaben ihnen den Rest.« Die Dellasiegas führten ein solches Geschäft im alten Stil. Aber immerhin musste Luciano nun nicht mehr am Bahnhof Zeitungen verkaufen, abends das Brot essen, das er eigentlich austragen sollte, Fußböden fegen oder Kisten schleppen. Arzt hätte er sowieso nicht werden wollen. Die Dellasiegas lehrten ihn alles, was sie über Kleidung, Mode, Schneiderei und Schnitte wussten. Sie ermutigten ihn, sein kaufmännisches Talent zu entwickeln. Luciano wurde dafür ein mustergültiger Verkäufer: immer pünktlich und immer höflich zu den Kunden. Zwar hatte er jetzt eine feste Anstellung mit gesichertem Einkommen, aber auf Dauer entschädigte ihn das Leben hinter der Ladentheke nicht für seine verlorene Kindheit und das Scheitern seiner ersten Versuche als Geschäftsmann.

Luciano und seine Schwester Giuliana hatten eines gemeinsam: Sie waren ständig darauf bedacht, Geld nach Hause zu bringen. In anderer Hinsicht waren sie dagegen grundverschieden. Noch ahnten die beiden nicht, wie ausgezeichnet sie einander einmal ergänzen würden. Giuliana arbeitete zufrieden, geradezu versunken, an ihrer Strickmaschine. Luciano arbeitete ebenso schwer wie sie, aber er hatte den Ehrgeiz seines Vaters geerbt. Er wollte etwas Eigenes aufbauen. Während der langen Tage im Laden der Dellasiegas hatte Luciano genug Zeit, Pläne zu schmieden.

Die Textilbranche im provinziellen Europa der Nachkriegszeit war mit den heutigen Verhältnissen nicht vergleichbar. Wie sich jemand zu kleiden hatte, richtete sich nach seinem Beruf und gesellschaftlichen Status. Oft trugen Eltern und Kinder dieselbe Kleidung und die Eltern kauften für die Kinder ein, ohne sie nach ihrer Meinung zu fragen. In den Läden trennten lange hölzerne Theken die Kundschaft von den Verkäufern. Die Kleidungsstücke selbst waren gewöhnlich bis auf ein paar Muster im Schaufenster gar nicht zu sehen. Der Kunde musste von vornherein eine Vorstellung davon haben, was er suchte. Die beschrieb er dem Verkäufer, der dann nach eigenem Gutdünken ein paar Kleidungsstücke aus dem Lager holte. Dann wurde meist lange überlegt und schließlich kaufte der Kunde etwas – oder auch nicht. Aber selbst wenn ein Kunde sich entschieden hatte, etwas zu kaufen, war es oft doch nicht wirklich das, was er suchte. So war diese Art des Einkaufens meist ein unangenehmes, zeitraubendes und oft frustrierendes Unterfangen.

Im Geschäft der Dellasiegas in Treviso waren die Verhältnisse nicht anders. Dennoch war es eine gute Schule für den jungen, ehrgeizigen und aufmerksamen Luciano Benetton, denn auch dieser Laden war auf seine Art zeitlosen Werten wie Qualität und Kundenfreundlichkeit verpflichtet.

Luciano Benetton mochte jung, ehrgeizig und aufmerksam sein, aber um es vom angehenden Verkäufer in einem provinziellen Bekleidungsgeschäft zum Begründer einer weltweiten Revolution des Einzelhandels zu bringen, reichten diese Eigenschaften allein nicht aus. In jenen Jahren waren noch andere Kräfte am Werk, ohne die er seine kühnen Pläne nicht hätte verwirklichen können.

Die Textilindustrie in Italien kam mit amerikanischer Unterstützung wieder in Gang. Die Hilfsorganisation der Vereinten Nationen UNRRA und der Marshall-Plan ermöglichten erste Importe von Baumwoll- und Wollgarnen in italienische Häfen. In den Vereinigten Staaten und Großbritannien kam langsam und zunächst nur in sehr bescheidenem Rahmen der Absatz italienischer Strickwaren in Gang. Gleichzeitig gab es aber auch schon eine gehobene Kundschaft, die aus Amerika nach Rom und Mailand reiste, um exklusive Designermode zu kaufen. In New York begannen führende Modehäuser wie I. Magnin, die Kreationen italienischer Modeschöpfer wie Olga di Gresy mit ihrer Marke Mirsa zu verkaufen. Dorville House in London entdeckte Laura Aponte, Marisa Arditi, Lea Galliani und Maglificio Mariangelo. 1952 – sieben Jahre nach Kriegsende – löste die italienische Designermode aus Rom, Mailand und Florenz die Vorherrschaft der Pariser Haute Couture auf dem Laufsteg und in den Schaufenstern der 5th Avenue in New York ab.

Was auf den Modenschauen zu sehen war, die ein paar skrupellose Modezare mit Hilfe ihrer gesellschaftlichen Beziehungen auf die Beine stellten, war jedoch für die große Mehrheit der Bevölkerung unerschwinglich. Die meisten konnten sich kaum die Kleidung leisten, die in Geschäften wie dem der Dellasiegas verkauft wurde. In Amerika setzte indessen ein Wohlstand ein, wie es ihn bisher nicht gegeben hatte. Präsident Eisenhower und der Aufstieg der Automobilindustrie mit General Motors an der Spitze wurden zu Symbolen eines neuen Optimismus. In Italien beherrschten indessen noch Trümmer und Fahrräder das Stadtbild. Auch Luciano fuhr in der Mittagspause mit dem Fahrrad zum Essen nach Hause und danach zurück zur Arbeit. In Amerika gab es Kühlschränke, Zentralheizung und Fernsehen, in Italien hatten dagegen zwei Drittel der Familien kein Bad, keinen Gasanschluss und kein Telefon und ein Viertel aller Haushalte hatte noch nicht einmal fließendes Wasser. In mehr als 38 Prozent der italienischen Familien gab es nie Fleisch zu essen, bei zwei Millionen keinen Zucker. Im Süden des Landes hausten 13 000 sizilianische Familien in Hütten oder sogar in Höhlen. Im Veneto, wo die Benettons lebten, waren 41,3 Prozent der Landarbeiter arbeitslos. Viele zogen nach Westen in Städte wie Mailand und Turin, wo die Industrialisierung voranschritt. Andere hingegen wanderten nach Frankreich, Belgien oder in die Schweiz aus, wo es noch in den 60er Jahren an öffentlichen Parkanlagen Schilder gab, auf denen stand: »Für Hunde und Italiener verboten«. Und wiederum viele zogen, wie es schon Lucianos Großeltern mütterlicherseits und sein Vater getan hatten, noch weiter, nach Amerika und Kanada – oft illegal.

Amerika war für viele Italiener das Land der Freiheit und der unbegrenzten Möglichkeiten. Den meisten Amerikanern dagegen fielen zu Italien, das doch eine der kosmopolitischsten Nationen der Welt war, noch immer nur Mandolinen, Spaghetti und schlechter Rotwein ein. Für sie waren alle »Itaker« illegale Einwanderer. Italien war das Land der Kollaboration mit den Nazis, das Land der Mafia, das von den Almosen des Marshall-Plans profitiert hatte. Nur Gangster behielten ihren italienischen Namen, wenn sie nach Amerika auswanderten. Amerikaner italienischer Abstammung, die es zu etwas bringen wollten, änderten ihren Namen – so wie andere ihren änderten, um sich nach Idolen wie Dean Martin und Tony Curtis zu nennen. Diese Einwanderer wurden Teil jenes Landes, das Italien als Besatzungsmacht beherrscht hatte und das immer noch die Träume von Luciano Benetton und seinen Freunden in Treviso beherrschte.

Einer dieser Freunde war Domenico Luciani, genannt »Nico«, ein kluger Kopf, der damals versuchte, Geisteskrankheit vorzutäuschen, damit er nicht zum Militärdienst eingezogen wurde. Nicos Familie war nie reich gewesen, aber sie kam gut über die Runden. Die existenzielle Unsicherheit, die Lucianos Leben tagtäglich bestimmte, hatte Nico nie erlebt. Er und Luciano schwärmten sehr für die amerikanische Kultur, die sie aus Büchern, Filmen und Zeitungsartikeln kannten. Außerdem waren die beiden Geschäftspartner. Eines ihrer Projekte war der Verkauf von Weintrauben und belegten Broten auf den Märkten in der Gegend. Die Zutaten »borgten« sie von Nicos Großvater, der eine Bäckerei und ein Weingut besaß. Zuerst hatte Nico die Trauben – eine kanadische Rebsorte, die in der Gegend besonders geschätzt wurde – am helllichten Tag entwendet, wenn sein Großvater gerade nicht hinsah. Doch bald bemerkte der Alte den Verlust, und Nico begann, nachts über die Mauer zu klettern, um die Vorräte aufzufüllen. Auf diese Weise sparten er und Luciano schließlich genug Geld zusammen, um eine alte Vespa zu kaufen. Sie versteckten ihren Besitz bei einem befreundeten Mädchen.

Zudem hatten die beiden den Plan, ein Basketballfeld anzulegen. Die Gemeinde von Santa Bona stellte ihnen dazu kostenlos ein Grundstück neben der Kirche zur Verfügung. Luciano und Nico arbeiteten monatelang in ihrer Freizeit an der Auskofferung und der Packlage. Dann bestachen sie ein paar Bauarbeiter, die in der Nähe eine Straße asphaltierten, ihnen die Decke zu legen. Die Gemeinde besorgte im Gegenzug die Körbe und der Pfarrer des Ortes überließ ihnen einen Raum als Umkleide. Die Jungen stellten eine Mannschaft auf, die als Trikots schwarzweiße Hemden trug und sich hochtrabend Juventus nannte – nach dem berühmten italienischen Fußballverein. Bei den Basketballmeisterschaften von Treviso schnitten sie ganz gut ab. Als Nächstes kamen Luciano und Nico auf die Idee, dass sie auch abends spielen wollten. Sie überredeten den Geistlichen, ihnen zu erlauben, einen Scheinwerfer an der Kirche anzubringen. Die Mannschaft, die gegen das Licht spielte, konnte nahezu nichts sehen und geriet immer weit in Rückstand. Aber nach der Halbzeit wurden die Seiten gewechselt und der Scheinwerfer blendete die gegnerische Mannschaft, so dass das Ergebnis wieder ausgeglichen wurde.

Die beiden Jungen waren geradezu versessen auf Sport. Im Winter gingen sie heimlich in den Kanälen der Gegend schwimmen. Ihre Eltern durften nichts davon wissen, denn in der Vergangenheit waren immer wieder Jungen im eisigen Wasser ertrunken. Die beiden trainierten auch Ringen im griechisch-römischen Stil. Dieser Sport, der äußerst diszipliniert und nach strengen Regeln durchgeführt wurde, erforderte eine besondere Mischung aus Aggression und Selbstkontrolle. Nico und Luciano waren unterschiedlich groß und traten nie gegeneinander an, aber während Luciano es zu beachtlichen Leistungen brachte, wurde Nico, wie er sich ausdrückte, immer wieder »vernichtend geschlagen«.

Als Nächstes verlegten sie sich aufs Rudern. Der Verein, dem sie beitraten, trainierte auf dem Fluss, der mitten durch die Stadt verlief. Ihre neuen Kameraden dort waren weltgewandter und nicht so sehr in den engen Wertvorstellungen befangen, die in den ländlichen Gemeinden vorherrschten. Diese neuen Kontakte und die Vespa besaßen eine Schlüsselfunktion in Lucianos Leben. Für seine Familie musste er die Rollen des Vaters, Sohnes und Bruders gleichzeitig erfüllen. Luciano liebte seine Familie, aber er brauchte auch seine Freiheit und suchte sich den Raum dafür.

Die ausgedehnten, waghalsigen Fahrten mit Nico auf der Vespa waren ein solcher Freiraum. Einmal fuhren sie nach Padua, um das Mille Miglia – das »schönste Straßenrennen der Welt« – zu sehen.

Außerdem unternahm Luciano mit seiner Freundin Miriam, Nico und dessen Freundin romantische Ausflüge. Später gab Nico vor, sich an den Namen dieser Freundin nicht mehr erinnern zu können – er sei nie wirklich von ihren Gefühlen für ihn »überzeugt« gewesen. Luciano hatte zwar nicht solche Zweifel, erwähnte Miriam aber dennoch nie und hätte vermutlich ebenfalls behauptet, ihren Namen vergessen zu haben, wenn man ihn diesbezüglich mit Fragen bedrängt hätte.

Die beiden waren beste Freunde – Nico, der Intellektuelle, und Luciano, der etwas mehr als zwei Jahre älter war und unternehmerischen Geist und Erfindungsreichtum besaß. Aber manchmal verstand selbst Nico seinen Freund nicht.

»Wie hältst du es nur aus, hier zu arbeiten?« fragte er Luciano eines Tages im Geschäft der Dellasiegas. Über dieses Thema hatten die beiden schon oft gesprochen.

»Ich muss doch, du Blödmann«, erwiderte Luciano. »Ich habe eine Familie zu ernähren. Und überhaupt, mir macht die Arbeit Spaß. Sie lässt mir genug Zeit zum Nachdenken.«

»Und worüber denkst du nach?«

»Wie ich reich werde«, pflegte Luciano zu antworten.

Nico schwieg für einen Moment.

»Und wie willst du das machen?«

»Das weiß ich noch nicht«, gab Luciano zur Antwort. »Aber ich arbeite dran.«

Die gesellschaftliche Entwicklung, die ihm schließlich zu einer Antwort verhelfen sollte, machte sich sogar hinter dem Ladentisch der Dellasiegas in Treviso bemerkbar. Langsam, aber sicher hatten die Leute mehr Freizeit und mehr Geld. Luciano verdiente zum Beispiel etwas nebenbei, indem er in einer Band Akkordeon spielte. Immer mehr Leute kamen in den Laden und kauften Kleidung, auch wenn es gar nicht unbedingt nötig war. Sie genossen ihre neue Entscheidungsfreiheit. Die alten Gesellschaftsstrukturen und -schranken brachen zusammen. Die Menschen waren nicht mehr unablässig vom täglichen Kampf ums Überleben in Anspruch genommen. Italien entwickelte in der Wiederaufbauphase einen Schwung, der zunehmend aus dem Land selbst kam und es von äußerer Hilfe unabhängig machte. Es besaß eigene Erdgasfelder und eine funktionierende Textilindustrie. Graf Marzotto, der nach dem Krieg vor übermäßiger Einmischung der Regierung gewarnt hatte, beschäftigte 13 500 Leute in seinen Textilfabriken, Restaurants und landwirtschaftlichen Musterbetrieben. 33 Jahre später sollten Marzotto und Benetton als Rivalen um die Übernahme von Italiens staatlichem Textilimperium kämpfen.

Andere Traditionsunternehmen wie Fiat, Olivetti und Pirelli gewannen auf dem heimischen und dem internationalen Markt wieder an Bedeutung. Der Unternehmer Enrico Mattei, der wie Luciano Benetton mit 14 Jahren die Schule abgebrochen hatte, wurde zum Idol: Er hatte sich aus eigener Kraft zum Chef des staatlichen Ölkonzerns ENI mit seiner Kette von Tankstellen und Autobahnraststätten hochgearbeitet. In einem Bericht aus dem Jahre 1954 stellte die Botschaft der Vereinigten Staaten in Rom mit Erstaunen fest: »Zum ersten Mal in der Geschichte der italienischen Wirtschaft war eine staatliche Körperschaft in Italien in der glücklichen Lage, zugleich solvent, kompetent geführt und niemand anderem als ihrem Leiter Rechenschaft schuldig zu sein.«

Die Zeitschrift *Fortune* berichtete:

> In Italien herrscht heutzutage rege Betriebsamkeit. Der Verkehr drängt sich in den Straßen, die Häfen liegen voller Schiffe, die Fabriken sind ausgelastet, die Geschäfte florieren. Zwar fehlt es dem Land an Rohstoffen, die rapide anwachsende Bevölkerung leidet noch immer unter hoher Arbeitslosigkeit und der Lebensstandard ist besonders im armen Süden nach wie vor niedrig. Aber seit dem Ende des Krieges ist die Produktion der Industrie gegenüber dem Vorkriegsniveau um fast 50 Prozent angestiegen. Die Lira ist stabil; die Schäden, die der Krieg hinterlassen hat, sind repariert … Auch

die Art der Exportgüter hat sich verändert. Während es früher überwiegend traditionelle Waren wie Olivenöl, Käse und Wein waren, hat in den letzten Jahren der Export von Kleidung, Stoffen, hochwertigen Rechnern, Nähmaschinen und dergleichen stark zugenommen. »Made in Italy« gilt für viele dieser Produkte als Gütesiegel.

Die *New York Times* sprach vom »italienischen Wunder«. Aus der Sicht derer, die wie Luciano jene Zeit selbst erlebten, war das wohl übertrieben. Zumindest aber setzte in Italien ein erhebliches Wirtschaftswachstum ein. Und Luciano Benetton stand immer noch in einem Bekleidungsgeschäft hinter der Ladentheke, wie sein Freund Nico ihm unerbittlich immer wieder vor Augen hielt. »Ich arbeite daran«, sagte Luciano dann stets. »Es gibt garantiert eine Chance. Ich weiß nur noch nicht genau, wie sie aussieht.«

Die Dellasiegas gingen mit Lob äußerst sparsam um, aber sie waren anständige Leute, die Qualität zu schätzen wussten – sei es bei Verkäufern oder bei Kleidung.

»Du machst dich gar nicht so schlecht, Luciano. Wirklich, gar nicht so schlecht«, sagte einer der Brüder zu ihm, als Luciano bereits seit drei Jahren dort arbeitete. »Du hast viel über Kleidung gelernt und bist der geborene Kaufmann. Bleib bei uns und du wirst es nicht bereuen«, fügte er hinzu. Dann runzelte er die Stirn. »Was hast du da eigentlich an?«

»Eine Fliege«, antwortete Luciano. »Ich habe sie selbst gemacht.« Er griff sich an den Hals, als müsse er sich schützen.

»Selbst gemacht? Woraus?«

»Aus einem Stück Tuch«, erklärte Luciano. Er war stolz auf seine Fliege. Sie hatte rote, grüne, gelbe und blaue Streifen auf weißem Grund. Nadel und Faden hatte Luciano sich von Giuliana geliehen.

»Aus einem Stück Tuch?«, wiederholte Dellasiega ungläubig. Der konservative Ladenbesitzer schien einen Augenblick nach Luft zu ringen, dann sagte er betont ruhig: »Na ja, ist nicht übel. Ganz originell für eine Fliege. Aber du bist hier als Verkäufer angestellt und nicht als Clown. Ich will dich im Laden nicht wieder damit sehen.«

Luciano war zwanzig und stand seit einem Jahr hinter dem Ladentisch, als er erkannte, worin seine Chance bestand. Ihm wurde klar, dass er etwas ganz Neues wagen musste. Die Art von Läden und die Art von Kleidung, die er sich vorstellte, gab es weder in Treviso noch irgendwo sonst. Sie existierten ausschließlich in seiner Phantasie. Aber der Markt dafür war in der Realität vorhanden und schien nur auf ihn zu warten.

Die Läden, die Luciano sich vorstellte, hatten keine Ladentheke. Die Kleider waren sichtbar und greifbar, gefällig im Stil und erschwinglich im Preis. Junge Leute kamen mit ihrem eigenen Geld in diese Läden – ohne ihre Eltern und ohne eine genaue Vorstellung davon, was sie suchten. Am Ende hatten sie aus freier Entscheidung Kleidungsstücke gekauft – und sie kamen wieder.

Von den Kleidungsstücken hatte Luciano noch keine bestimmte Vorstellung, aber sie sollten bequem, lässig und farbenfroh sein. Die jungen Leute, die sie kaufen würden, waren im selben Alter wie er und seine Freunde. Es gab diese jungen Leute zu Tausenden, zu Millionen – aber die passenden Geschäfte für sie gab es noch nicht. Luciano kannte die jungen Leute. Sie besuchten weiterführende Schulen wie Nico, arbeiteten wie er selbst und Giuliana, spielten Basketball und ruderten. Der Sportler Luciano wusste, dass es nirgendwo gute, preiswerte Sportkleidung zu kaufen gab, obwohl die Nachfrage vorhanden war. Aber wer sollte diese Kleidung herstellen und wer sollte sie verkaufen – und wie und wo?

Nach einem Jahr und einem Tag hinter dem Ladentisch wusste Luciano, dass er die Antworten gefunden hatte. Auf dem Heimweg machte er einen Abstecher zu dem kleinen Strickereibetrieb, wo seine Schwester arbeitete. Giuliana war inzwischen 18 und arbeitete seit sieben Jahren ganztags. Sieben Jahre harter Arbeit – und alles, was sie erreicht hatte, war, dass ihr Arbeitgeber gnädigerweise ihren Lohn ein wenig erhöht und ihr den Titel »Handwerksmeisterin« verliehen hatte.

In ihrer wenigen Freizeit legte Giuliana eine überraschende Kreativität an den Tag. Sie entwarf farbenfrohe Pullover für die Familie. Für Luciano hatte sie einen gelben gemacht, der einem seiner Freunde besonders gefiel. Luciano erkannte: Allein die Farbe war schon etwas Besonderes – in diesem Land, in dem die Pullover traditionell grau, blau oder weinrot zu sein hatten und viele Leute immer noch Schwarz trugen.

Luciano kam an diesem Abend früher als gewöhnlich. Giuliana war noch bei der Arbeit. Mit flinken Fingern und regungslosem Gesicht betätigte sie ihre Maschine. Er wartete, bis sie fertig war, und begrüßte sie dann wie gewohnt. Auf dem Heimweg wandte Luciano sich seiner Schwester zu und fragte: »Sag mal, Giuliana, warum arbeiten wir eigentlich für andere Leute?«

2. Eine Frau von Format

Santa Bona, Treviso 1955

»Warum?«, wiederholte Luciano. »Wieso machen wir uns nicht selbstständig?«

»Das ist zu riskant«, entgegnete Giuliana.

»Warum?«, beharrte er.

»Wir sind noch zu jung«, erwiderte sie.

»Du stellst die Kleider her und ich verkaufe sie. Warum soll das nicht gehen?«

»Das sieht dir ähnlich«, sagte Giuliana. Sie hatte einen langen Arbeitstag hinter sich und war müde. »Immer sagst du: ›Wenn du nur mehr davon machen könntest.‹ Wenn ich Socken für die Jungs stricke, sagst du: ›Mach doch noch zwei oder drei Paar, dann können wir sie verkaufen.‹«

Danach schwieg Giuliana lange. Als die Geschwister zu Hause ankamen, sagte sie schließlich: »Wir werden eine Strickmaschine anschaffen müssen.«

Beim Abendessen erzählten Luciano und Giuliana den übrigen Familienmitgliedern von ihrem Vorhaben. Rosa erklärte sie für verrückt. Wollten sie die Familie etwa wieder in Armut stürzen?

Luciano sah Giuliana besorgt an.

»Mach dir keine Sorgen, Mama«, sagte sie. »Wir geben unsere Stellen nicht auf. Wir arbeiten erst mal nur abends und in unserer Freizeit. Du weißt, dass wir das können.«

Das musste Rosa zugeben. Sie selbst fertigte schon seit Jahren nebenher für Stücklohn Stickereien an, um etwas Geld dazuzuverdienen.

»Woher wollt ihr das Geld für die Maschine nehmen?«, fragte Gilberto.

Diesem Einwand war nur schwer etwas entgegenzuhalten. Gilberto war zwar erst 14, aber er nahm kein Blatt vor den Mund und war in finanziellen Dingen der anerkannte Kopf der Familie. Der jüngste Bruder, Carlo, nahm jede Gelegenheitsarbeit an, die sich in der Gegend bot. Er schlug prompt in dieselbe Kerbe: »Genau, woher wollt ihr das Geld nehmen?«, wiederholte er.

Luciano bemühte sich, ruhig zu bleiben. Er hatte keine Ahnung, woher er das Geld nehmen sollte. »Wir werden eine Maschine leihen«, erklärte er. Ihm war klar, dass sein Stand als Ernährer der Familie ihm die Autorität verlieh, die er in dieser Situation brauchte. Also fuhr er fort: »Seht mal, das Wichtigste ist doch schließlich, dass wir jetzt alle an einem Strang ziehen. Nicht wahr?«

Sie sahen einander an und nickten zustimmend.

»Gut, dann ist die Sache hiermit beschlossen«, verkündete Luciano. »Das Geld werden wir schon irgendwie auftreiben.«

»Hoffentlich«, sagte Gilberto.

Luciano sah seinen Bruder an und dachte daran, wie er Gilbertos Windeln gewaschen hatte. Er sah Carlo an und erinnerte sich, wie der ihn in seinem Schulaufsatz als seinen Vater bezeichnet hatte. Carlo ging noch zur Schule und wusste dieses Privileg auch zu schätzen. Manchmal war es schwer, eine Familie ernähren zu müssen.

Die beste Strickmaschine kostete etwa 300 000 Lire – umgerechnet etwa 200 US-Dollar, ein Vermögen. Luciano verkaufte sein geliebtes Akkordeon und brachte so ein Zehntel der Summe auf. Gilberto wurde überredet, sein Fahrrad zu verkaufen. Abgesehen von seiner Leidenschaft für Sport fühlte er sich am Schreibtisch sowieso wohler. Sie liehen sich Geld von Freunden und Verwandten. Langsam kam die benötigte Summe zusammen.

Zwei Monate später gingen Luciano und Giuliana zum Bahnhof von Treviso, wo Luciano einem Jungen mit blutig zerschnittenen Händen eine Zeitung abkaufte. Auf der Titelseite war ein Foto von Toscani senior. Die beiden Geschwister fuhren mit dem Zug nach Mailand, wo gerade eine Messe für Strickmaschinen stattfand.

»Am liebsten möchte ich sie alle haben«, sagte Giuliana.

Sie wählte die beste Maschine aus, die sie finden konnte. Dann fuhren die beiden mit dem Zug wieder nach Hause und warteten darauf, dass die Maschine geliefert wurde. Sie gingen weiter ihrer täglichen Arbeit nach und erwähnten ihre Pläne gegenüber ihren Arbeitgebern mit keiner Silbe. Nach einigen Wochen traf die Maschine ein. Die Benettons veranstalteten ihr zu Ehren ein Fest und nannten sie scherzhaft »das neue Familienmitglied«. Binnen weniger Wochen wurde ihnen jedoch klar, dass die Sache kein Spaß war. Die neue Maschine war der Auslöser dafür, dass sich ihr Leben veränderte.

Jeden Tag nach Feierabend, wenn die Schule aus war und sie ihre diversen anderen Arbeiten erledigt hatten, bereiteten Luciano und Gilberto die Spulen mit der Wolle vor. Jeden Abend, wenn Giuliana ihren Arbeitstag in der Fabrik hinter sich hatte, setzte sie sich an die Strickmaschine und arbeitete noch einmal von sechs bis elf Uhr, manchmal auch bis Mitternacht oder länger. Rosa war ihre erste Gehilfin. Sie nähte die Pullover zusammen und bügelte sie bis zwei oder drei Uhr morgens.

Einmal in der Woche fuhren Luciano und Gilberto mit dem Fahrrad zum Großhändler, um Wolle einzukaufen.

Innerhalb weniger Wochen stellte Giuliana Benetton mit Hilfe der Familie und ihrer Maschine ihre erste Kollektion fertig. Sie bestand aus 20 Kammgarnpullovern im englischen Schnitt, der zu der Zeit beliebt war. Auch die Rollkragen, V-Ausschnitte und Stehbundkragen entsprachen dem Geschmack der Zeit. Der große Unterschied lag in den Farben. Giuliana, die pflichtbewusste Tochter, die mit der Hingabe einer Nonne an ihrer Strickmaschine arbeitete und darüber oft sogar das Essen vergaß, hatte gelbe, grüne und blassblaue Garne verarbeitet – Farben, die es bei solchen Kleidungsstücken noch nie gegeben hatte. Die Benettons gaben der Kollektion den französischen Namen »Très Jolie«, denn im Unterschied zu Mussolini hatten sie wie die meisten ihrer Zeitgenossen großen Respekt vor Paris als Mittelpunkt der Modewelt. Lucianos Freund Nico Luciani entwarf ein elegantes mehrfarbiges Etikett mit dem Namenszug. Zu Fuß, mit dem Fahrrad oder auf der Vespa machte Luciano sich schließlich auf, um die Pullover in Treviso zu verkaufen.

Lucianos erster Kunde war Herr Zuchello, ein Lebensmittelhändler in der Nachbarschaft. Er zahlte den Kaufpreis anstandslos und ohne den geringsten Anflug von Gönnerhaftigkeit. Da erlebte Luciano zum ersten Mal jenes »intensive Gefühl«, das er später mit dem »eines Wissenschaftlers« verglich, »dessen Theorie sich soeben bestätigt hatte«. An anderen Tagen kam Luciano spät abends erfolglos nach Hause. Stundenlang war er mit dem Motorroller durch unbeleuchtete, schadhafte Straßen gefahren. Aber wenn er etwas verkaufte, dann war es wegen der Farben. Gerade die jungen Leute hatten Lust darauf, etwas Buntes zu tragen – so sehr, dass Luciano den Eindruck hatte, sie seien durch den Krieg »ausgehungert nach Farbe«.

Vier Monate nachdem Giuliana mit der Produktion begonnen hatte, verkaufte Luciano bereits 20 Très-Jolie-Pullover pro Woche. Sie begannen das Geld zurückzuzahlen, das sie sich für die Anschaffung der Maschine von Freunden geliehen hatten. Nach weiteren zwei Monaten – Luciano arbeitete noch immer tagsüber im Geschäft der Dellasiegas – kündigte Giuliana ihre Stelle in der Fabrik und arbeitete ganztags zu Hause. Sie produzierte fast im Alleingang bis zu 14 Pullover am Tag. Ein Jahr später, 1956, kauften die Benettons eine zweite Maschine und Giuliana stellte ihre ersten Mitarbeiterinnen ein: Diana Torresan und Carla Crosato, elf beziehungsweise zwölf Jahre alt – Mädchen, wie Giuliana vor nicht allzu langer Zeit selbst noch eines gewesen war. Eine dritte Maschine wurde angeschafft und das Haus verwandelte sich in eine Kleiderfabrik. Das winzige Schlafzimmer, das sich Luciano und Carlo teilten, diente gleichzeitig als Lagerraum für die Kisten mit Garn. Die beiden Brüder schliefen dicht nebeneinander in dem nach Wolle und Farbe riechenden Raum. Manchmal stürzten die Stapel nachts um und die Kisten fielen auf die Schlafenden. Luciano, dem später einmal vorgeworfen wurde, Schafe misshandelt zu haben, träumte oft, er schliefe in einer Hirtenhütte.

»Passt auf!«, mahnte Rosa. »Übertreibt es nicht.«

Die Geschwister arbeiteten nahezu rund um die Uhr. Der Platz reichte nicht mehr aus und sie erreichten den kritischen Punkt, an den jedes Unternehmen einmal kommt: Sie mussten eine Möglichkeit finden zu expandieren, ohne dabei alles aufs Spiel zu setzen, was sie bisher erarbeitet hatten.

Die Dellasiegas waren zunächst skeptisch, als Luciano sie zu überreden versuchte, Très-Jolie-Pullover in ihrem Laden zu verkaufen.

»Zu riskant«, sagten sie.

Luciano versuchte es auf einem anderen Weg. Die Skepsis der Dellasiegas richtete sich nicht allein gegen die Très-Jolie-Kollektion, sondern gegen Wollpullover im Allgemeinen. In jenem Winter überredete Luciano sie mühsam, einen kleinen Posten wollener Pullover von einem anderen Hersteller ins Sortiment aufzunehmen. Zur Überraschung der Brüder Dellasiega waren diese nach kurzer Zeit ausverkauft. Luciano nutzte die Gunst der Stunde und überredete die Dellasiegas, diesmal statt der Ware des anderen Herstellers einen kleinen Posten Très-Jolie-Pullover anzubieten. Sie ließen sich darauf ein und die Très-Jolie-Pullover verkauften sich sogar noch besser als die Ware der Konkurrenz. Damit wurde der konventionelle Laden der Brüder Dellasiega, so unwahrscheinlich es auch erschien, die erste Verkaufsstelle des Hauses Benetton.

Nach diesem ersten Erfolg sahen Lucianos Arbeitgeber ihn mit anderen Augen. Luigi Dellasiega, der ihn wegen seiner selbst genähten Fliege so scharf zurechtgewiesen hatte, wiederholte die bedeutungsschweren Worte, die er damals ausgesprochen hatte:

»Du machst dich gar nicht so schlecht, Luciano. Wirklich, gar nicht so schlecht.«

Im selben Jahr, 1957, machten die Brüder Luciano ein Angebot, mit dem er nie gerechnet hätte. Sie sagten: »Luciano, wir möchten … nun ja, wir würden gern eine Bestellung aufgeben.«

Die erste »Blitz«-Kollektion – Treviso 1957

Die Dellasiegas bestellten 600 Pullover. Auf den Schreck, den das bei der Familie Benetton auslöste, folgte fieberhafte Geschäftigkeit. Glücklicherweise hatten sie bereits ein Haus in der Nähe gemietet und ihren Betrieb mit mittlerweile fünf Angestellten dorthin verlegt, so dass sie der Herausforderung wenigstens räumlich gewachsen waren. Die große Bestellung der Dellasiegas rechtfertigte diesen Schritt im Nachhinein. Außerdem bot sie eine Sicherheit, die Lucianos Verkauf an den Haustüren nicht gewähren konnte. Giuliana stellte eine weitere junge Mitarbeiterin ein und so schafften sie es tatsächlich, die bestellte Ware pünktlich zu liefern.

Rückblickend bezeichneten die Benettons diesen Auftrag viele Jahre später als ihre erste »Blitz«-Kollektion – eine zusätzliche, nicht eingeplante Serie. Später sollten sie einmal weltberühmt werden für ihre Fähigkeit, kurzfristig auf plötzliche Veränderungen in der Nachfrage zu reagieren. Inzwischen war der Familienbetrieb dem Amateurstatus entwachsen und zu einem professionellen Fertigungsbetrieb geworden. Zugleich arbeiteten die Benettons nicht mehr völlig isoliert, sondern wurden Teil einer Gemeinschaft von Familienbetrieben in der Gegend, der bereits viele ihrer Freunde angehörten. Diese Gemeinschaft gehörte zu der größeren Gemeinde der Kaufleute im Veneto, deren Tradition viele Generationen zurückreichte. Bislang hatten die Benettons all ihre Kräfte zunächst aufs bloße Überleben konzentriert, später dann darauf, sich zu profilieren. Diesen Luxus konnten sie sich erst erlauben, nachdem die anfänglichen Schwierigkeiten überwunden waren und es im Land allgemein größere gesellschaftliche Freiheiten und Wahlmöglichkeiten gab. Rückblickend erkannten die Benettons jetzt, welch grundlegenden Unterschied es machte, ob man für andere oder für sich selbst arbeitete.

Im Jahr darauf, 1958, kündigte Luciano seine Stellung im Laden der Dellasiegas, wo inzwischen ein ganzes Regal allein für die Très-Jolie-Kollektion reserviert war. Der Name Benetton wurde noch nicht im Zusammenhang mit den Kleidungsstücken genannt – alle sprachen nur von Très Jolie. Noch bevor Luciano seine Arbeit bei den Dellasiegas aufgab – Miriam war zu diesem Zeitpunkt schon aus seinem Leben verschwunden –, lernte er die Frau kennen, die er später heiraten sollte. Sie hieß Teresa und war blond und lebhaft. Ihr Vater war Ingenieur und die Familie war aus Padua nach Treviso gezogen. Als Teresa zum ersten Mal den Laden der Dellasiegas betrat, fühlte sie sich augenblicklich zu dem hochgewachsenen, für sein Alter ernsthaft wirkenden jungen Verkäufer hingezogen. Sie war ganz anders als die Mädchen, die Luciano bisher kennen gelernt hatte und die wie Giuliana schon früh hatten anfangen müssen, in Fabriken zu arbeiten.

Giuliana selbst war zu jener Zeit schon verlobt, doch eines Tages machte der junge Mann einen großen Fehler. Er sagte zu ihr: »Es geht nicht an, dass du weiter arbeitest, wenn wir verheiratet sind. Entweder ich oder die Arbeit – entscheide dich.«

Giuliana entschied sich und heiratete einen anderen. Bereits kurz nach der Geburt ihres ersten Kindes Paola fing sie wieder an zu arbeiten. Teresa war klug genug, sich mit Giuliana zu arrangieren – obwohl sie sich bewusst war, welch großen Einfluss sie auf Luciano hatte, und obwohl sie noch nie hatte arbeiten müssen. Sobald sie mit Luciano verlobt war, arbeitete sie mit Giuliana Benetton zusammen.

Rom, Italien 1960

Luciano war noch nie in Rom gewesen. Dies war der erste Urlaub seines Lebens. Er war eigentlich wegen der Olympischen Spiele hergekommen, aber plötzlich schien diese Stadt der Nabel der Welt zu sein.

Sie war nicht nur Austragungsort der Olympischen Spiele, sondern auch ein beliebter Schauplatz für amerikanische Filme mit gut aussehenden, elegant gekleideten Hauptdarstellern wie Audrey Hepburn in *Ein Herz und eine Krone.* Italienische Stars, Autos und Mode fanden in Amerika ein breites Publikum. Die exklusiven Modehäuser, die überwiegend in Rom und Florenz ansässig waren, spezialisierten sich auf teure Strickwaren, Sport- und Freizeitkleidung unter berühmten Namen wie Laura Aponte, Avolio, Baldini, Falconetto, Mirsa und Paola Nucci. In den Straßen der Hauptstadt wimmelte es von Touristen aus aller Welt. In diesem Rom des *Dolce Vita* – des süßen Lebens – wurde Luciano Benetton erst bewusst, was für ein abgeschiedenes Leben er bisher geführt hatte.

Rom, wie er es jetzt kennen lernte, stand im Mittelpunkt jener Revolution, die das Konsumverhalten in ganz Italien von Grund auf veränderte. Der »Schatten von Hammer und Sichel«, über den die Zeitschrift *Life* 13 Jahre zuvor berichtet hatte, war spurlos verschwunden. Stattdessen entwickelte sich die freie Marktwirtschaft zu voller Blüte und die Regierung war weder willens noch in der Lage, die stürmische Entwicklung des Kapitalismus zu zügeln. Italien erlebte *Il Boom* – ein Wirtschaftswunder. 81 von 1 000 Einwohnern besaßen inzwischen einen Fernseher, acht von 100 ein Automobil. Die Menschen ernährten sich nicht mehr überwiegend von Bohnen und Polenta, sondern aßen mehr Eier, Käse, Butter und Fleisch. Auch Zucker, Kaffee und Olivenöl gab es jetzt in jeder Küche. Die Kinder besaßen Regenmäntel für den Schulweg. Am deutlichsten machte sich der Trend im Norden des Landes bemerkbar. Die Familie hatte *Il Weekend* – das Wochenende – entdeckt.

Luciano erkundete die Straßen der Hauptstadt nicht nur als Tourist, sondern auch als Entdecker und Eroberer. Inzwischen verkaufte er Très Jolie nicht mehr nur an die Dellasiegas, sondern auch an mehrere andere Geschäfte in Treviso und Venedig – aber noch nicht in Rom. Nun wollte er sich ein Bild von den Läden in einer solchen Großstadt machen.

Rom ist wie viele alte Städte in Viertel unterteilt, in denen sich der Handel über Generationen hinweg auf jeweils eine bestimmte Ware spezialisiert hat. In der Gegend um die Piazza di Spagna fand Luciano in der Via Gambero einen Laden, wie er ihn noch nie gesehen hatte – außer in seiner Phantasie.

In diesem Geschäft wurden ausschließlich Artikel aus Wolle verkauft, hauptsächlich Pullover. Es platzte vor lauter Ware und kauflustiger Kundschaft förmlich aus den Nähten. Die Kunden wussten genau, was sie wollten, denn sie waren zielsicher in dieses Geschäft gekommen. Es waren keineswegs nur Einheimische – an der Ladentheke standen amerikanische Stewardessen, britische Geschäftsleute, französische Mannequins und Sportler aus aller Welt, die an den Olympischen Spielen teilnahmen. Die Pullover waren hochwertig und in vielen Farben erhältlich, aber Luciano stellte befriedigt fest, dass weder die Qualität so gut noch die Farbpalette so reichhaltig war wie die der Très-Jolie-Kollektion. Außerdem störte ihn die Ladentheke. Sie baute seiner Meinung nach eine psychologische Hemmschwelle zwischen den Verkäufern und den Kunden auf. Doch was Luciano gesehen hatte, reichte, um ihn in seiner Zukunftsvision zu bestätigen. Hier in der Hauptstadt war sie bereits auf dem besten Weg, Realität zu werden. Er bahnte sich einen Weg durch die Wartenden und trat wieder auf den belebten Gehweg. Mit dem Rücken zum Strom der Autos, Busse und Motorräder blickte er an dem Gebäude empor, in dem sich der Laden befand. Es gehörte einer Familie, deren Namen er noch nie gehört hatte: Tagliacozzo. Luciano kehrte in das billige Hotel zurück, in dem er wohnte, sah die Olympischen Spiele zu Ende an und fuhr dann mit dem Zug zurück nach Treviso.

Ponzano, Veneto 1960

Die Benettons hatten die Produktion aus ihrem Haus in Santa Bona in ein größeres Fabrikgebäude verlegt, ein ehemaliges Lagerhaus in Ponzano, dem Heimatort ihrer Eltern. Wenige hundert Meter entfernt stand die Villa Minelli. Sie war nur noch ein armseliger Schatten ihrer früheren Pracht. Nacheinander war sie ein Sommerpalast, ein Waisenhaus und ein Flüchtlingsheim gewesen; jetzt diente sie als Lagerhaus für landwirtschaftliche Geräte.

Als Luciano mit seinen aufregenden neuen Ideen aus Rom zurückkehrte, herrschte in der »neuen« Fabrik noch dieselbe lärmende Geschäftigkeit von Strickmaschinen und jugendlichen Arbeiterinnen, der er für allzu kurze Zeit entkommen war. Luciano und Giuliana planten schon den nächsten Schritt. Sie wollten auf einem benachbarten Grundstück eine eigene Fabrik bauen. Das Geld dazu mussten sie wiederum irgendwie auftreiben. Zudem überzeugte Luciano seine Schwester gleich nach seiner Rückkehr, dass sie eine Möglichkeit finden mussten, in Rom einen Platz am Markt zu erobern.

Giuliana begann sofort damit, eine neue Kollektion zu entwerfen, die sich in Farbe und Material an Lucianos Beobachtungen in der Hauptstadt orientierte, jedoch das, was er dort gesehen hatte, noch übertreffen sollte. Diese neue Kollektion bestand aus einem malvenfarbenen Pullover aus einem weichen Wollgemisch und Pullovern aus Lammwolle in 36 verschiedenen Farbtönen. Dieses Angebot musste selbst den abgestumpftesten Ladenbesitzern den Mund wässerig machen. Wenige Monate später fuhr Luciano erneut nach Rom, diesmal mit einem Musterkoffer bewaffnet.

Luciano hatte in der Zwischenzeit eine Annonce in einem Handelsblatt entdeckt, in der ein gewisser Roberto Calderoni in Rom seine Dienste als Handelsvertreter eines Modehauses für Damenbekleidung anbot. Auf diese Anzeige hin hatte Luciano ihm geschrieben, dass er stattdessen einen Vertreter für den Verkauf von Wollpullovern suche. Dies war in der streng reglementierten Welt der Mode- und Bekleidungsbranche ein höchst unorthodoxer Schritt. Umso erstaunter war Calderoni, als Luciano Benetton wenig später auch noch persönlich vor seiner Tür stand.

Luciano war nicht der Einzige, der an Calderonis Diensten interessiert war, aber der junge Mann vom Lande und der weltgewandte junge Städter verstanden sich auf Anhieb. Calderoni kam aus einer der großen jüdischen Kaufmannsfamilien Roms. Seine Kindheit war wie die von Luciano vom Krieg geprägt gewesen. Er war in einem Kloster versteckt worden und so dem Holocaust entkommen. Nach dem Krieg hatte er seine Ausbildung abgeschlossen und danach zunächst für ein Textilunternehmen in der Schweiz und später im Geschäft seines Vaters gearbeitet. Jetzt wollte er sich als Handelsvertreter selbstständig machen. Roberto Calderoni war drei Jahre älter als Luciano, äußerst ehrgeizig und ein Freigeist. Vor allem aber verfügte er über ein technisches Verständnis der Branche, das womöglich noch größer war als Lucianos. Calderoni wurde der erste Repräsentant der Benettons und ihrer Marke Très Jolie, der nicht zur Familie gehörte.

Gleich zu Beginn der Zusammenarbeit gab Calderoni zwei entscheidende Anregungen. Er riet Luciano dazu, die Preise für die neue Kollektion deutlich unter dem in Rom üblichen Niveau anzusetzen. Außerdem vermittelte er ihm Kontakte zu den wichtigsten Einzelhändlern der Stadt, insbesondere auch zu den Inhabern jenes Geschäfts, das Luciano bei seinem ersten Besuch in Rom aufgefallen war und das ihn bewogen hatte, dorthin zurückzukehren.

Die Brüder Tagliacozzo – Rom 1961

Der Laden in der Via Gambero, vor dem Luciano an jenem Tag voller Staunen gestanden hatte, gehörte den Tagliacozzos, einer ebenfalls außergewöhnlichen Familie. Die Brüder besaßen und führten mehrere Läden und stammten wie Calderoni aus einer in Rom ansässigen jüdischen Kaufmannsfamilie, deren Tradition etliche Generationen zurückreichte. Anders als Calderoni, der sich in Rom vor den Nazis hatte verstecken können, waren die Eltern der derzeitigen Generation der Tagliacozzos nach Auschwitz deportiert worden. Der Vater war dem Holocaust zum Opfer gefallen, die Mutter dagegen hatte überlebt und war nach Israel emigriert. Ihre Kinder, Umberto, Sergio und

Armando Tagliacozzo, waren dort aufgewachsen und später nach Rom zurückgekehrt, um das Familiengeschäft wieder aufzubauen.

Sergio Tagliacozzo war ein hochintelligenter, nachdenklicher Mann. Darin hatte er eine gewisse Ähnlichkeit mit Luciano Benetton, allerdings grenzte bei ihm die Nachdenklichkeit schon an Geistesabwesenheit und im Gegensatz zu Lucianos hochgewachsener, eleganter Erscheinung war Sergio von stämmiger Statur und hatte etwas Gelehrtenhaftes an sich. Er besaß einen unvergleichlichen Blick für Qualität und dafür, was sich vermarkten ließ. Tagliacozzo sah Lucianos Warenmuster nur kurz an und bestellte sofort die gesamte Kollektion. Das war das erste Geschäft, das die Benettons in der Hauptstadt abschlossen.

Andere Kaufmannsfamilien und Ladenbesitzer in Rom reagierten zurückhaltender, wenn Luciano und Calderoni ihnen die Ware präsentierten. Aber bald erteilten sie die ersten Aufträge, wenn auch zunächst nur über kleinere Posten der Artikel, die sie für die exklusivsten hielten. Nach und nach wurden die Aufträge dann größer und schließlich gehörten auch diese Händler zu regelmäßigen und wichtigen Abnehmern.

Die Brüder Tagliacozzo schlossen unterdessen eine dauerhafte Freundschaft mit Luciano Benetton und standen ihm mit wertvollem Rat zur Seite. Luciano hatte schon beobachtet, dass sie das herkömmliche Verhältnis zwischen Kunden, Einzelhändlern und Herstellern umgekehrt hatten. Früher hatten Letztere über die Einzelhändler den Kunden diktiert, was getragen wurde. Bei den Tagliacozzos dagegen bestimmte die Nachfrage das Angebot und sie gaben die Wünsche ihrer Kundschaft an den Hersteller weiter. Dieser Ansatz weckte Lucianos Neugier. Die Tagliacozzos sahen die Zukunft des Einzelhandels darin, dass über eine Ladenkette eine breite Produktpalette in verschiedenen Stilrichtungen und Farben zu erschwinglichen Preisen angeboten wurde. Diese Kette sollte nicht auf den heimischen Markt beschränkt bleiben, sondern konnte über die Grenzen Italiens, ja sogar über die Grenzen Europas bis nach Amerika und noch weiter ausgebaut werden.

Luciano nahm die Ideen der Brüder Tagliacozzo als Anregungen mit zurück nach Ponzano. Die Vorstellung von einer weltweiten Ladenkette faszinierte ihn, allerdings nicht aus der Sicht des Händlers, sondern aus der des Herstellers. Einzelhändler trugen immer zusätzliche Kosten für den Unterhalt der Läden und schließlich war er Fabrikant – und zwar einer, der erkannt hatte, was die Kunden wollten. Luciano Benetton hatte keinerlei Ambitionen, selbst in den Einzelhandel einzusteigen. Die Tagliacozzos ihrerseits interessierten sich nicht für Entwurf und Fertigung. Aber vielleicht waren gerade Leute wie sie die Richtigen, um den Namen Très Jolie in der ganzen Welt berühmt zu machen.

Santa Bona, Treviso 1961

Luciano und Teresa gingen in Rosa Benettons Haus ungeduldig auf und ab und warteten auf Gilberto. Es war der Morgen ihrer Hochzeit und Gilberto sollte einen Umschlag überbringen, dessen Inhalt über das Ziel und die Dauer ihrer Hochzeitsreise entscheiden würde.

Endlich erschien Gilberto und überreichte ihnen mit einem Lächeln das Geld. Gleich nach der Trauung brachen die beiden in einem nagelneuen Fiat 500 auf. Luciano musste sich wegen seiner Größe hinter dem Steuer regelrecht zusammenkauern. Die beiden fuhren fast 6 500 Kilometer durch Spanien, nach Gibraltar und in die Pyrenäen. Nach ihrer Rückkehr richteten sie sich in einem kleinen, gemieteten Häuschen in Santa Bona ein und gingen wieder ihrer Arbeit nach. Luciano reiste durchs Land und kümmerte sich um den Verkauf, traf sich mit Calderoni und schloss immer neue Verträge ab. Teresa arbeitete mit Giuliana in der Fertigung. Im folgenden Jahr kam ihr Sohn Mauro zur Welt. Wie seine Cousine Paola verbrachte er die ersten Monate seines Lebens hauptsächlich in der Fabrik. Er lag in einem Körbchen zwischen den Strickmaschinen, umsorgt und verhätschelt von Diana, Carla und den anderen Strickerinnen. Die Mädchen arbeiteten jetzt, da so viele Aufträge aus der Hauptstadt hereinkamen, noch emsiger als vorher.

Ponzano, Veneto 1962

Der Erfolg der Rom-Kollektion übertraf bald den Absatz auf den Märkten von Venedig und Treviso zusammen und führte dazu, dass das Sortiment der Pullover, die in der behelfsmäßigen Fabrik in Ponzano hergestellt wurden, reichhaltiger und eleganter wurde. In den zwei Jahren, seit Luciano und Calderoni die ersten Geschäfte in der Hauptstadt abgeschlossen hatten, hatte sich der Umsatz verdoppelt. So sehr Giulianas Arbeiterinnen sich auch anstrengten – die Produktion in der kleinen Fabrik konnte die gestiegene Nachfrage nicht länger befriedigen. Zuerst hatten die Benettons die Fertigung aus dem Wohnhaus der Familie in ein angemietetes Haus verlegt, dann waren sie in das ehemalige Lagerhaus umgezogen. Jetzt stand der nächste Schritt bevor: Sie brauchten neue Maschinen und eine größere Fabrik – und insbesondere für Letztere hatten sie kein Geld.

Gilberto hatte gerade den einjährigen Militärdienst absolviert und übernahm jetzt hauptberuflich Finanzen und Controlling des Betriebs. Es war die große Stunde des vorlauten kleinen Bruders mit dem ausgeprägten Geschäftssinn. Gilberto räumte Händlern wie den Tagliacozzos Rabatte ein, wenn sie direkt bei Erhalt der Ware zahlten. Wenn eine Kollektion besonders erfolgreich war und rascher als gewöhnlich verkauft wurde, kam umso schneller wieder Geld herein. Gilberto hatte klar erkannt, dass die kreative Leistung den Kapitalfluss förderte. Gleichzeitig suchte er nach Möglichkeiten, die Kosten im Griff zu behalten.

Als Gilberto und Luciano davon hörten, dass eine Strumpffabrik in der Stadt ihre veralteten Maschinen abstoßen wollte, stellten sie Nachforschungen an. Sie selbst hatten zwar keine Ahnung von der Herstellung von Strümpfen, aber sie kannten einen Techniker namens Vittorio Sartori. Dieser stellte fest, dass man die Maschinen entsprechend umrüsten konnte, so dass sie für den Betrieb der Benettons geeignet wären. Also kauften sie 20 oder 30 dieser Maschinen. Der Kaufpreis betrug nur einen Bruchteil des Neupreises einer einzigen Maschine von der Art, wie sie sie auf der Messe in Mailand gekauft hatten. Nachdem Sartori die Maschinen umgebaut hatte, waren sie nicht nur zur Produktion von Strickpullovern tauglich, sondern außerdem immer noch wesentlich billiger als eine neue Maschine. Gilberto pflegte sich niemals auf seinen Lorbeeren auszuruhen – und so sorgte er später, als man die umgerüsteten Maschinen nicht mehr brauchte, dafür, dass sie mit Gewinn an die Konkurrenz weiterverkauft wurden.

Eine neue Fabrik zu beziehen stellte ein wesentlich größeres Problem dar. Die Benettons hatten bereits zweimal bestehende Gebäude umfunktioniert und wussten, wie problematisch das war. Wegen der geringen Gewinnspanne in ihrer Branche mussten sie aber in großen Mengen produzieren, um genug zu erwirtschaften. So, wie die Dinge lagen, konnten sie die Kosten für einen Fabrikneubau nicht aufbringen, nicht einmal mit der Unterstützung ihrer Freunde und Verwandten. Sie brauchten für die Finanzierung eine Bank.

Der Bankier war vielleicht zwei Jahre älter als Luciano. Er sah ihn väterlich an und sagte: »Nun mal langsam mit den jungen Pferden. Es ist doch immer das gleiche mit euch jungen Leuten. Ihr wollt immer gleich viel zu hoch hinaus.«

Das war der vierte Bankmanager, mit dem Luciano sprach. Jedes Mal hatte er um einen Kredit gebeten, hatte detaillierte Umsatzprognosen und Sicherheiten vorgelegt – und jedes Mal hatte er die gleiche Antwort bekommen.

»Sie überstürzen die Dinge«, sagte der Bankmanager mit seinem väterlichen Lächeln. »Sie werden mir nicht glauben, aber ich sage das zu Ihrem eigenen Besten. Eines Tages werden Sie mir noch dafür dankbar sein.«

Luciano kehrte aufgebracht zu seiner Familie zurück. »Nimm es nicht so schwer«, redete Teresa ihm gut zu, als er wütend hereingestürmt kam. »Wir haben es bisher geschafft und wir werden es auch weiterhin schaffen. Vergiss diese Blödmänner einfach.«

Teresa war die Einzige, die Luciano dazu bringen konnte, sich tatsächlich einmal zu entspannen und seine Sorgen für eine Weile zu vergessen. Sonst war er geradezu besessen von diesem Pflichtgefühl, das ihn schon seit seiner Kindheit antrieb. Aber gerade dies – dass er trotz seiner jungen Jahre reif und erwachsen war – hatte ihr ja so gefallen, als sie sich zum ersten Mal begegneten.

Luciano hatte schon wenig später Gelegenheit, dem Bankmanager dankbar zu sein. Er saß gerade in dem winzigen Büro der Fabrik in Ponzano, das sie scherzhaft die »Chefetage« nannten, als Gilberto hereinkam und ihn fragte: »Weißt du schon, was bei den Banken los ist?«

»Nein«, antwortete Luciano. Er wollte es auch gar nicht wissen.

»Dann hast du keine Zeitung gelesen«, fuhr sein Bruder fort. »Und du willst immer auf dem neuesten Stand sein! Hast du etwa noch nicht mitbekommen, dass das Land vor dem Ruin steht?«

»Wie bitte? Erzähl schon!«

»Sie haben allen Firmen, die keine ausreichenden Sicherheiten vorlegen können, die Kredite gekündigt.«

Den Benettons konnte kein Kredit gekündigt werden – die Banken hatten ihnen nie einen gewährt, weil sie nicht an den Erfolg ihres Unternehmens glaubten. Die beiden Brüder sahen sich an und brachen in Gelächter aus.

»Du meine Güte!«, rief Luciano. »Jetzt sitzen sie alle in der Patsche – und wir schulden niemandem einen Pfennig. Wir werden ein Vermögen machen!«

Sich darüber ins Fäustchen zu lachen, dass den Bankiers jetzt ihr selbstgefälliges Lächeln vergehen würde, war eine Sache. Aber die Gunst der Stunde zu nutzen, war eine andere. Die Krise würde nicht ewig dauern. Es galt, schnell zu handeln und das Beste aus der Situation zu machen.

Die Baubranche und die Materialzulieferer waren am stärksten von den kurzfristigen Krediten abhängig, mit denen sie die Zeit von einem Auftrag zum nächsten überbrückten. Deshalb traf es sie am härtesten. Très Jolie dagegen erlebte einen steilen Aufwärtstrend, denn das Konsumverhalten in den großen Städten litt nicht unter der Krise. Wenn die Benettons diesen Vorteil voll ausschöpften, konnten sie es vielleicht – vielleicht! – schaffen, aus eigenen Mitteln den Bau einer Fabrik zu finanzieren.

Luciano besprach seine Pläne mit der Familie, als sie sonntags bei Rosa zum Mittagessen versammelt waren.

»Woher willst du das Geld nehmen?« fragte Gilberto. Er hatte stets die aktuellen Zahlen im Kopf. Material- und Lohnkosten, der Unterhalt der Maschinen und die Miete für die Fabrik fraßen gut 70 Prozent der Umsätze. Für Investitionen blieb zu wenig übrig. Und eher würde die Welt untergehen, als dass eine Bank ihnen einen Kredit gab. Sie hatten kaum Liquiditätsreserven, also kein Sicherheitsnetz. Und ohne Sicherheitsnetz … Gilberto blickte in die Runde.

Aber diesmal waren die anderen auf Lucianos Seite, selbst Carlo. »Das Geld werden wir schon irgendwie auftreiben«, sagte Luciano zum zweiten Mal. Die Benettons hatten schon ähnliche Situationen erlebt. Diesmal ging es allerdings um eine erheblich größere Summe. Außerdem hatte Luciano jetzt selbst ein kleines Kind, das zweite war unterwegs – und er hatte kein Akkordeon mehr, das er hätte verkaufen können.

Luciano wandte sich zuerst an einen Bauunternehmer namens Simonetti. Der hatte schon in den Industriegebieten an der Küste Fabriken gebaut und galt in der Gegend als der Beste seiner Branche. Die Krise hatte ihn schwer getroffen und Luciano wusste das.

Sie trafen sich auf einer von Simonettis Baustellen. Luciano beschrieb ihm genau, was für eine Art von Gebäude er sich vorstellte – welche Möglichkeiten es bieten musste, wie schnell er es brauchte und dass Simonetti eine Menge daran verdienen könnte. Er ließ den Bauunternehmer auch wissen, dass es noch andere gäbe, die sicher froh wären, den Auftrag zu übernehmen, falls er sich nicht dazu in der Lage sähe.

»Können Sie das leisten?« fragte Luciano.

Er hatte erwartet, dass Simonetti die Gelegenheit beim Schopf packen würde. Stattdessen fragte der: »Woher wollen Sie wissen, ob das Geschäft mit Wollpullovern weiter so gut läuft?«

Luciano erklärte ihm die Psychologie des Konsumverhaltens in Zeiten der Rezession. Während die Leute es sich zweimal überlegen würden, beispielsweise ein neues Auto zu kaufen, wollten sie ihr Recht auf farbenfrohe Kleidung zu erschwinglichen Preisen auf keinen Fall aufgeben. Im Gegenteil: Je mehr die Sozialisten versuchten, den Menschen ihren Individualismus auszutreiben, umso hartnäckiger trugen die Leute ihre Entschlossenheit zur Schau, dieses Recht zu verteidigen – und das taten sie, indem sie einkauften.

Simonetti schien von dieser Argumentation nicht recht überzeugt zu sein. Er würde selbst Geld für den Bau aufbringen müssen, da die Benettons nicht über das nötige Kapital verfügten. Doch nach zwei Tagen Bedenkzeit rief Simonetti schließlich bei Luciano an und sagte, er werde den Auftrag annehmen. Tage später war Luciano immer noch in Hochstimmung, als Gilberto mit Neuigkeiten zu ihm kam, die er offenbar selbst noch nicht recht fassen konnte: »Ich habe zwei Banken gefunden, die uns einen Teil des Geldes leihen.«

Die Bankenkrise betraf nur den Veneto und die Lombardei. Gilberto hatte beschlossen, über diese Regionen hinaus bei den Großbanken anzufragen. Mit kleineren Darlehen von deren Seite und ihrem wenigen Eigenkapital konnten die Benettons das Grundstück in Ponzano kaufen. Sie schlossen einen Vertrag mit dem Bauunternehmer Simonetti ab und beauftragten einen angesehenen Architekten namens Cristiano Gasparetto mit dem Entwurf und der Bauleitung. Dieser brauchte noch einen Mitarbeiter und nahm diesbezüglich gern den Rat der Familie Benetton an. Also sprach Luciano als Nächstes mit seinem alten Freund Nico Luciani.

Luciano und Nico hatten schon viel gemeinsam unternommen. Sie waren als Jungen zusammen auf der Piazza San Francesco Fahrrad gefahren. Später waren sie Geschäftspartner beim Sandwichverkauf und anderen verbotenen Unternehmungen gewesen. Nico hatte das Très-Jolie-Etikett entworfen. Nachdem er seine Laufbahn bei der Marine abgebrochen hatte, studierte er jetzt Architektur bei dem berühmten Professor Carlo Scarpa in Venedig. Seine Reaktion traf Luciano völlig überraschend.

»Kommt nicht in Frage«, erklärte Nico entschieden. »Ich bin nicht so einer, der Fabriken für die Bourgeoisie baut, in denen dann die Arbeiter ausgebeutet werden.«

Nico stand mittlerweile politisch offenbar extrem links. Außerdem war er gerade sehr beschäftigt. Und obwohl er noch kein Gebäude selbst entworfen hatte, wollte er in diesem Fall nicht mit seinem ehemaligen Kameraden Luciano Benetton den Anfang machen.

»Ich kenne da allerdings jemanden, der es tun würde«, fügte er verächtlich hinzu. Dies war für ein Vierteljahrhundert das letzte Mal, dass die beiden Männer miteinander sprachen.

Tobia Scarpa hatte genau wie Nico noch keinen einzigen Bau geleitet. Davon abgesehen war er aber für Lucianos Vorhaben in jeder Hinsicht hervorragend qualifiziert. Er war der Sohn von Nicos Hochschullehrer. Professor Carlo Scarpa hatte in den intellektuellen Kreisen der Nachkriegszeit Rang und Namen. Er war ein Schüler des großen amerikanischen Architekten Frank Lloyd Wright. Seine Seminare an der Universität von Venedig gestaltete er mit Vorliebe, indem er wartete, bis es dunkel war, um dann die Umrisse von Lloyd Wrights Bauten auf die Mauern venezianischer Paläste zu projizieren.

Scarpa junior hatte den kühnen Geist seines Vaters geerbt und wurde dabei noch unterstützt von seiner Frau Afra. Die Scarpas arbeiteten bereits für zwei große Unternehmen, für die sie revolutionär neue Inneneinrichtungen und Beleuchtungskörper entwarfen.

Luciano konnte Scarpa als Mitarbeiter für seinen Architekten gewinnen. Die beiden sollten das Projekt gemeinsam betreuen. Nachdem es abgeschlossen war, endete Gasparettos Zusammenarbeit mit Benetton. Zwischen den Scarpas und Luciano Benetton dagegen entwickelte sich aus der Zusammenarbeit eine dauerhafte Freundschaft. Dies war das erste und vielleicht dauerhafteste Beispiel für Lucianos Geschick, in anderen deren verborgene Fähigkeiten zu entdecken, die ihnen selbst nicht bewusst oder von denen sie nicht überzeugt waren. Es war auch der Beginn einer turbulenten und von großartiger Schaffenskraft gekennzeichneten Freundschaft.

Nur acht Jahre waren vergangen, seit die Benettons ihre erste Très-Jolie-Kollektion aus 20 Pullovern im Wohnhaus der Familie angefertigt und an Haustüren verkauft hatten – zu Fuß, mit dem Fahrrad oder mit dem Motorroller. Jetzt betrieben sie ein professionelles Unternehmen mit einer Jahresproduktion von 20 000 Pullovern, die über Geschäfte in Treviso, Venedig und Rom vertrieben wurden. Aber wie auch der französische Name Très Jolie andeutete, war Paris Rom an Prestige und großen Namen immer noch voraus. Luciano hatte außerdem erkannt, dass Italien auch bezüglich der Materialqualität und der Produktionsmethoden noch hinter der ausländischen Konkurrenz zurücklag. Selbst die Benettons konnten mit ihren gegenwärtigen Herstellungsverfahren auf dem internationalen Markt nicht mithalten, obwohl ihre Modelle in Farben und Stil richtungweisend waren. Um international konkurrenzfähig zu werden, musste Luciano weiter lernen, so wie er zuerst von den Dellasiegas und später von den Tagliacozzos gelernt hatte, sich auf dem heimischen Markt einen Platz zu erkämpfen. Der nächste Schritt war, ins Ausland zu gehen.

Diesmal reiste Luciano Benetton nach Norden – über die Alpen in die Schweiz, nach Deutschland und Frankreich bis in ein Land, in dem er noch nie gewesen war und von dem er hoffte, dass es den Benettons den Zutritt in den europäischen Markt eröffnen würde.

3. Das wollene Vlies

Londoner Flughafen, 1962

»Verzeihung, der Herr«, – diese englischen Polizisten hatten wirklich eine seltsame Art, ihre Höflichkeit mit einem drohenden Unterton zu versetzen – »darf ich fragen, wie viel Geld Sie bei sich haben?«

Luciano, der einmal einer der reichsten Männer der Welt werden sollte, zeigte den bescheidenen Inhalt seiner Brieftasche vor. Der Polizist an der Passkontrolle nickte, musterte aber den allein reisenden jungen Ausländer, der weder Jackett noch Krawatte trug, mit sichtlichem Misstrauen.

»Ich bin auf Forschungsreise«, sagte Luciano auf Englisch. Er beherrschte diese Sprache, gab das aber für gewöhnlich nicht zu und sprach sie nie in der Öffentlichkeit. Es schien, als bräuchte er die Zeit, die er durch einen Dolmetscher gewann, zum Nachdenken.

Der Polizist warf einen letzten skeptischen Blick auf Luciano und winkte ihn dann durch die Sperre. Willkommen in Großbritannien, dem Land des Rassismus, der Schafe und der besten Wolle und Textilerzeugnisse der Welt.

Das notorisch schlechte Wetter in Schottland begünstigt die Nachfrage nach warmer, robuster Kleidung. Zugleich sorgt der viele Regen für genügend saftiges Weideland für die Schafe, aus deren Wolle jene Kleidung hergestellt wird. Dieses Gewerbe erlangte einen so hohen Stellenwert im Land, dass zwischen 1780 und 1850 ganze Dörfer zwangsweise geräumt und die Highlands förmlich entvölkert wurden, um Raum für die Schafe zu schaffen. Viele der Familien, die damals vertrieben wurden, wanderten nach Amerika und Kanada aus. Ihre Nachfahren kommen noch heute als Touristen nach Schottland und England zurück. Wenn sie London besichtigen, steht neben dem Buckingham-Palast und Harrods ganz oben auf dem Programm immer auch das Scotch House, wo die Besucher schottische Strickwaren kaufen können.

Luciano verbrachte zehn Tage auf den Britischen Inseln. In dieser Zeit besuchte er alle führenden Hersteller von Wollbekleidung in England und Schottland: Pringle, Ballantyne, Braeman und Hogg of Hawick. Diese Namen standen im In- und Ausland für höchste Qualität. Neben schottischem Whisky und Lebensversicherungen waren Strickwaren der wichtigste Exportartikel des Landes. Schottische Pullover waren teuer, ausgezeichnet verarbeitet, weich und dennoch robust. Was Farben und Muster anging, waren sie konservativ bis langweilig. Gut situierte Briten kauften diese Pullover für ihre Kinder, wie schon ihre eigenen Eltern sie ihnen gekauft hatten. Solche Kleidungsstücke standen für Traditionsbewusstsein und zeitlose Werte. Die Werbung dafür arbeitete mit Bildern von Trachten, unberührter Heidelandschaft und Naturverbundenheit. Zugleich vermittelte sie den Eindruck von Exklusivität und hohem gesellschaftlichem Status.

Ebenso exklusiv war die Farbpalette: Die Pullover waren ausschließlich grau, blau, rot und kamelfarben. Aber Luciano ging es um die Qualität, nicht um das konservative Erscheinungsbild oder die eingeschränkte Farbpalette. Hier, in der »Heimat der Wolle«, suchte er nach der Erklärung für die besonderen Eigenschaften des »wollenen Vlies«.

Der Besuch des gepflegten jungen Ausländers mit der Brille und dem ernsthaften Auftreten schmeichelte den britischen Firmen und sein technischer Sachverstand beeindruckte sie. Luciano beschrieb ihnen die Herstellungsprozesse in Ponzano, wobei er darauf achtete, den bescheidenen Umfang der Fabrik herauszustreichen und die veralteten Maschinen zu erwähnen. Er erzählte davon, wie sie die Strumpfstrickmaschinen umgerüstet hatten, und erklärte, ihr größtes

Problem läge darin, dass die fertigen Erzeugnisse nicht weich genug seien. Luciano lobte die Geschmeidigkeit der britischen Shetland- und Kaschmirwolle. Im Gegenzug verrieten ihm die Firmen – besonders die schottischen – viel Wissenswertes.

Die Schotten fanden in dem weltgewandten Besucher aus dem Süden einen aufmerksamen und respektvollen Zuhörer. Einige der Techniken, mit denen diese Firmen die Wolle weicher machten, damit die Kleidung nicht kratzte, waren geradezu primitiv. Bei Hogg of Hawick im schottischen Grenzland zum Beispiel wurde die Rohwolle in Wasser eingeweicht und mit Holzstangen geschlagen. Andere Verfahren waren ausgefeilter und dennoch einfach: Die Wolle wurde beispielsweise mindestens drei Monate lang in einem dunklen Raum mit konstanter Luftfeuchtigkeit gelagert. Dadurch verlor sie die statische Aufladung und wurde weicher und dichter. Luciano hatte von diesen Verfahren noch nie zuvor gehört.

Beinahe 20 Jahre später sollte er zurückkehren und ein schottisches Unternehmen aufkaufen. Aber jetzt hörte er aufmerksam zu und machte sich später im Hotel detaillierte Notizen. Zum Abschluss seiner Reise bestellte er eine Anzahl britischer Maschinen zum Färben, Stricken, Plätten und Trocknen der Wolle. Dann flog er nach Hause und berichtete Giuliana von seinen Nachforschungen.

»Wir stellten fest, dass das, was wir erreichen wollten, in Schottland schon gelungen war«, erinnerte sich Luciano später. »Aber wir hatten den Ehrgeiz, es auf unsere eigene Art zu machen.« Sie glaubten, dass es in Zukunft wichtig war, ihre leuchtenden Farben mit der Qualität der schottischen Erzeugnisse zu verbinden, und passten ihre Herstellungsverfahren entsprechend an. In der neuen Fabrik, die Gasparetto und Scarpa gerade am Reißbrett entwarfen, sollte es weichere Wolle geben, aber sie würde nicht von Hand mit hölzernen Stäben geschlagen werden.

Nicht nur Giuliana interessierte sich dafür, dass Luciano eine Möglichkeit gefunden hatte, wie sie das Geschäft international konkurrenzfähig machen konnten. Auch Adalgerico Montana, ein Färber, war auf die Geschäfte der Benettons aufmerksam geworden. Er trug den Spitznamen »Ado« und war ein ähnlicher Typ wie Vittorio Sartori, der Techniker, der die Strickmaschinen umgerüstet hatte. Montana stammte aus Triest, einer Stadt weiter östlich an der Küste, nahe der jugoslawischen Grenze. Seine Familie färbte seit drei Generationen Wolle und Stoffe und hatte wie Calderoni, die Tagliacozzos und Luciano selbst sehr unter dem Krieg gelitten. Montana hatte seinen Betrieb nach Treviso verlegt, wo er seine Kunst in ärmlichen Verhältnissen in einer winzigen Werkstatt und mit dem Habitus eines mittelalterlichen Nekromanten ausübte. Luciano hatte ihn ein paar Jahre zuvor kennen gelernt, einige Zeit nach seiner ersten Reise nach Rom. Montanas technischer Sachverstand auf dem Gebiet der Herstellung und Verwendung von Farben und seine Fähigkeit, dem Material – vor allem Wolle – Leben zu verleihen, hatten Luciano fasziniert. Montana war ein Künstler, aber er hielt sich mühsam mit den gelegentlichen Aufträgen über Wasser, die er von Luciano und anderen erhielt.

Er wurde einer von Lucianos Mentoren. Gemeinsam forschten sie in Büchern über moderne Künstler wie Kadinsky nach Farben, die sie noch nie zuvor gesehen hatten, und versuchten diese nachzuahmen. Montana verließ seine Werkstatt fast nie. Doch was Luciano von seinen Reisen berichtete, hatte sein technisches Verständnis erweitert, so dass er sich nun mit neuem Selbstvertrauen den größeren Herausforderungen stellte.

Die Modefarben wechselten ständig, vor allem in den großen Städten, die der wichtigste Absatzmarkt der Benettons waren. Ihre Pullover konnten aber – ebenso wie die der übrigen Hersteller – erst fertig genäht werden, nachdem die einzelnen Teile separat gefärbt worden waren. Das verzögerte den Herstellungsprozess, so dass auf plötzliche Geschmacksschwankungen in der Mode nicht schnell genug reagiert werden konnte. Bisher hatte noch niemand dieses Problem lösen können, nicht einmal Pringle, Ballantyne, Braeman oder Hogg of Hawick, ganz zu schweigen von den Benettons. Es galt als feststehende

Tatsache, dass man einen fertigen Pullover nicht färben konnte, ohne das Risiko einzugehen, dass er einlief und Löcher bekam.

Eines Abends sagte Luciano in der Werkstatt zu Montana: »Ob es wohl jemals möglich sein wird, einen fertigen Pullover zu färben?«

Montana blickte von seinem Buch auf und dachte kurz nach. »Das könnte durchaus im Bereich des Möglichen liegen«, erwiderte er.

Rom, Italien 1964

Piero Marchiorello war nicht ganz so arm wie Ado Montana, aber auch er hatte nur sehr wenig Geld. Er war 35 Jahre alt und arbeitete in dem kleinen Bekleidungsgeschäft seines Vaters in Belluno, einem Ort am Fuß der Alpen, 80 Kilometer nördlich von Treviso. In diesem Winter waren sie zu einer Versammlung kleiner Einzelhändler nach Rom gereist.

Marchiorello setzte sich für eine Weile von dem Treffen ab, um sich einen Überblick über die neueste Mode zu verschaffen. Zuerst suchte er die Piazza di Spagna auf, dann die Via Gambero. Schließlich stand er vor dem Schaufenster der Tagliacozzos. Die Auslage kam ihm vor wie ein Regenbogen aus bunten Pullovern.

Marchiorellos Eindruck wurde bestätigt, als er das Geschäft betrat und einen der Pullover in die Hand nahm.

»Wer stellt so etwas her?« fragte er den Verkäufer.

Dieser antwortete, die Marke heiße Très Jolie und werde in Treviso hergestellt. Marchiorello hatte noch nie davon gehört. Er notierte sich den Namen und die Anschrift des Herstellers und kehrte zu der Versammlung der Einzelhändler zurück. Danach fuhr er mit dem Nachtzug nach Venedig. Zwei Tage nachdem Marchiorello die Schaufensterauslage der Tagliacozzos gesehen hatte, stand er in Lucianos Büro in Ponzano.

»Ich möchte ein Geschäft eröffnen, das ausschließlich Ihre Waren verkauft«, erklärte er Luciano. »Ich habe weder Geld noch Erfahrung, aber ich bin sicher, wenn Sie mir vertrauen, werden wir Erfolg haben.«

Luciano blickte die kleine, aber eindrucksvolle Gestalt, die da vor ihm von einem Bein auf das andere trat, forschend an. Marchiorello hatte helle Augen und langes Haar, das ihm bis auf die Schultern reichte. Das war zu jener Zeit durchaus nicht üblich und erforderte in einer ländlichen Kleinstadt wie Belluno einigen Mut. Etwas an diesem Marchiorello sprach Luciano an. Es waren nicht nur seine Energie und seine Entschlossenheit – dieser Mann war ein Freigeist, wie Luciano unter anderen Umständen vielleicht selbst einer geworden wäre.

Jedenfalls hörte Luciano sich sagen: »Wir bauen gerade eine neue Fabrik. Wir haben kein Geld, um ein Geschäft zu eröffnen.«

Andererseits ... sie hätten auch nicht geglaubt, dass sie je das Geld aufbringen würden, um eine Fabrik zu bauen. Und doch nahm sie gerade Gestalt an, nur ein paar Meter von dem Büro entfernt, in dem die beiden miteinander sprachen. Außerdem war an der Idee mit dem Geschäft – unabhängig von Marchiorello als Person – noch etwas interessant: Bisher gab es das noch nicht, dass Läden nur eine bestimmte Ware von einer einzigen Marke verkauften. Die Dellasiegas führten Kleidung aller Art, unter anderem auch Très Jolie. Die Tagliacozzos verkauften zwar ausschließlich Pullover, aber von verschiedenen Herstellern, darunter auch die der Benettons. Jetzt bot sich jedoch die Möglichkeit, dass ein ganzes Geschäft ausschließlich ihre Produkte führte. Der Gedanke kam Luciano ebenso plausibel wie originell vor und er gefiel ihm durchaus. Sie würden als Erste den Versuch wagen, bevor noch jemand anders auf die Idee kam – zum Beispiel die Tagliacozzos.

»Wir haben kein Geld«, sagte Luciano noch einmal. Dann fügte er hinzu: »Aber ich könnte mir vorstellen, dass wir eine Möglichkeit finden.«

Luciano sprach mit Gilberto und schließlich fanden sie tatsächlich einen Weg, den Plan umzusetzen. Marchiorello würde einen kleinen Kredit bei einer Bank aufnehmen und die Benettons würden ihm den

Rest der benötigten Summe leihen. Der Handel war denkbar einfach und beruhte auf gegenseitigem Vertrauen. Ein schriftlicher Vertrag wurde nicht geschlossen. Marchiorello würde für die Ware und das Recht, sie zu verkaufen, weder eine Lizenzgebühr zahlen, noch hätte er ein Rückgaberecht für nicht verkaufte Ware. Er würde ganz einfach ausschließlich die Produkte der Benettons verkaufen und den Gewinn für sich behalten. Aber zunächst einmal brauchte er ein Ladenlokal.

»Kein Problem«, sagte er. »Ich kenne den Markt und ich kenne mich in der Stadt aus. Betrachtet das Ganze als Experiment. Wenn es erst einmal in einem Ort wie Belluno gelingt, dann werden wir bald die Herzen einer ganzen Generation erobern!«

Luciano wollte ihm nur allzu gern glauben.

Einige Wochen später standen Luciano und Marchiorello an einem verschneiten Morgen an dem Ort, wo Marchiorellos Geschäft entstehen sollte. Es handelte sich um ein kleines, leer stehendes Ladenlokal am Ende einer Sackgasse in einem der ruhigsten Stadtteile.

»Das ist der ungünstigste Standort, den man sich nur vorstellen kann, Piero«, sagte Luciano. Aber Marchiorello warf sein langes Haar zurück und sah Luciano mit einem entwaffnenden Lächeln an.

»Sieh das Ganze doch mal positiv«, sagte er. »Wenn es hier klappt, dann muss es einfach überall klappen!«

Während Marchiorello sich in Belluno daranmachte, seinen Laden herzurichten, und Luciano sich alle Mühe gab, das Ganze positiv zu sehen, nahm die neue Fabrik in Ponzano unter der Leitung von Gasparetto und den Scarpas allmählich Gestalt an. Im Gegensatz zu Marchiorellos Ladenlokal war sie optisch etwas Besonderes. Simonetti, der Bauunternehmer, hatte nie zuvor eine derartige Fabrik gebaut. Zwischen den alten Fabrikgebäuden und der Villa Minelli, umgeben von Weingärten, wirkte sie wie ein Raumschiff, das soeben gelandet war. Der Bau war weiß und fügte sich harmonisch in die Landschaft ein. Er ermöglichte Arbeitsbedingungen, die aus herkömmlichen Fabriken unbekannt waren. Durch das Dach fiel Tageslicht herein und erhellte den Arbeitsbereich. Die Decke wurde von riesigen, vormontierten, X-förmigen Trägern gestützt. Unter dieser direkt unter dem Dach gelegenen Halle befand sich eine Etage, in der fächerförmig Büros, Fertigungsbereiche und Räume zum Plätten und Trocknen angeordnet waren. In der Mitte gab es eine erhöhte Ebene, die mit Bäumen und Sträuchern bepflanzt war.

Als Luciano das Modell zum ersten Mal sah, erkannte er darin nicht bloß eine Fabrik, in der Leute arbeiten würden, um ihren Lebensunterhalt zu verdienen – er sah einen Lebensraum. Es hatte sich ausgezahlt, dass er Scarpa freie Hand gelassen hatte. Der Entwurf wurde einstimmig angenommen. Die Benettons beschlossen sogar, eine weitere kostspielige Besonderheit hinzuzufügen. Viele Fabriken im Veneto waren landschaftsgärtnerisch gestaltet – wenn auch nicht so stilvoll wie diese –, aber noch keine war klimatisiert. Die der Benettons sollte eine Klimaanlage bekommen.

Binnen eines halben Jahres hatten sich die ursprünglich für den Bau veranschlagten Kosten verdoppelt, aber der steigende Umsatz machte es möglich, das Projekt trotzdem zu realisieren. Lucianos Theorien über das Konsumverhalten in Krisenzeiten hatten sich bestätigt. Die Fertigungsmenge war verdoppelt worden, um mit der wachsenden Nachfrage Schritt halten zu können. Die Benettons produzierten jetzt monatlich 100 000 Pullover. Gilberto und Carlo schafften eilends weitere Maschinen an und stellten zusätzliche Mitarbeiter ein. Die Liste der Städte, in denen Très Jolie verkauft wurde, umfasste Venedig und Rom ebenso wie Florenz und Neapel.

Inzwischen hatte Ado Montana in seiner Färberwerkstatt in Treviso entdeckt, dass es tatsächlich möglich war, fertige Pullover zu färben. Zuvor hatte er monatelang erfolglos mit verschiedenen Substanzen und Temperaturen experimentiert. Wie erwartet liefen die Pullover beim Färbevorgang entweder ein oder bekamen Löcher. Nach endlosen Versuchen stellte sich der Erfolg schließlich eher durch Zufall ein. Eines Tages holte Montana endlich einen Pullover aus dem Farbbad, der weder eingegangen noch löcherig war. Jeder Faden und jede Naht wurden gründlich untersucht – der Pullover war makellos. Luciano bestellte sofort mehrere der entsprechenden Färbemaschinen und installierte sie am Ende der Fertigungsstraße. Von nun an konnten die fertigen Pullover nach dem Zusammennähen gefärbt werden. Über die genaue Farbzusammensetzung und Temperatur schwieg Luciano sich aus. Das Ergebnis war jedenfalls, dass die Benettons jetzt flexibler auf die Veränderungen der Mode reagieren konnten als die Konkurrenz.

Jetzt konnten die Kunden in den großen Städten ihren Geschmack für Farben so schnell und so häufig ändern, wie sie wollten. Die gestiegenen Kosten für den Neubau der Fabrik wurden durch das wachsende Auftragsvolumen ausgeglichen – und dieses war der genialen Erfindung eines Triester Färbers namens Ado Montana zu verdanken. Der Durchbruch veränderte auch das Leben des Farbspezialisten: 30 Jahre später war er vom ärmlichen Ein-Mann-Betrieb zum Besitzer eines großen Unternehmens aufgestiegen, das sich auf Färberei spezialisiert hatte.

Ponzano, Veneto 1965

Die neue Fabrik der Brüder Benetton wurde an einem Frühlingsmorgen eröffnet und die Einweihungsfeier dauerte bis in die Nacht an. Die »Brüder« – Giuliana eingeschlossen – waren wochenlang mit den Vorbereitungen beschäftigt gewesen. 500 Einladungen waren verschickt worden. Alle Mitarbeiter der Firma und die Bewohner des Dorfes waren eingeladen. Auch die Dellasiegas, die Scarpas, Marchiorello und Montana waren anwesend. Ein eigens zu diesem Anlass gechartertes Flugzeug hatte Calderoni, die Tagliacozzos und andere aus der Hauptstadt hergebracht. Ein Regierungsvertreter vollzog die offizielle Eröffnung und fragte nach den Eigentümern – diese jungen Leute konnten doch wohl nicht die Besitzer eines ausgewachsenen Unternehmens sein? Ein Bischof spendete den Segen. Giuliana, die eine schlichte neue Frisur und ein neues blaues Kostüm trug, führte die Ehrengäste herum. Auch die Strickerinnen waren zur Feier des Tages beim Friseur gewesen. Rosa glühte vor Stolz. Mit einem Seufzer dachte sie an ihren Mann und wünschte, Leone Benetton hätte diesen Tag noch erleben dürfen. Luciano sagte später, er habe sich gefühlt, als bekäme er sein Diplom verliehen.

Die Einweihung war ein Initiationsritual für die Familie, zugleich kennzeichnete sie aber auch ihren Standpunkt. Sie waren in ihre angestammte Heimat zurückgekehrt, doch sie nahmen jetzt eine andere Position ein. Sie hatten es in der Gegend zu Macht und Einfluss gebracht. Hier vollzog sich die Wiedergeburt der »verstädterten Ländlichkeit« – *la campagna urbanizata* –, in der Hunderte neu erstarkter kleiner Familienbetriebe einer Branche zusammen die Wirtschaft ihrer Region prägten. Südöstlich von hier, in Ascoli Piceno, wurden Schuhe hergestellt, weiter südlich in Prato Textilien, in Sassuolo Keramik und die Bekleidungsindustrie war hier im Veneto zu Hause.

Mehr als 30 Jahre später sollten Hunderte dieser Kleiderfabrikanten als Subunternehmer exklusiv für Benetton arbeiten. Andere gingen im Benetton-Konzern auf oder wurden durch die zunehmende Automatisierung verdrängt. Noch heute nimmt sich die Fabrik der Brüder Benetton zwischen den Weingütern wie ein Raumschiff aus. Mittlerweile ist sie allerdings von einer ganzen Flotte anderer Raumschiffe umgeben, die den ersten Entwurf der Scarpas an Größe bei weitem übertreffen. Die Fabrik ist von einer zeitlosen Schönheit – ein Zeugnis der Kreativität, in dem inzwischen nicht mehr die Produktion angesiedelt ist, sondern passenderweise hauptsächlich die Designstudios, in denen unter Giulianas Leitung neue Kollektionen entworfen werden. Ein Anflug von Ironie liegt allerdings in der Tatsache, dass dieser Bau zwar in puncto Design zeitlos ist, als Produktionsstätte aber bereits an jenem Tag vor über 30 Jahren, als die brandneue Fabrik in Betrieb genommen wurde, überholt war.

Vier Monate später fuhren Luciano und Teresa, die mit ihrem dritten Kind im achten Monat schwanger war, mit einem Lastwagen voller Strickwaren von Treviso aus nach Norden. Ihr Ziel war Belluno, wo Piero Marchiorello sie erwartete.

Die Kleinstadt Belluno war noch wesentlich stärker als Treviso von Läden der herkömmlichen Art geprägt. Doch Marchiorello war entschlossen, eine reichhaltige Farbpalette zu präsentieren, die dieselbe Wirkung auf die nach Farbe ausgehungerten jungen Leute haben sollte wie Giulianas erste Kollektion damals auf die Jugend von Treviso. Etwas mehr als die Hälfte des Sortiments war für die weibliche Kundschaft bestimmt, wie Luciano und Marchiorello gemeinsam entschieden hatten. Marchiorello hatte bereits eine hübsche junge Verkäuferin eingestellt.

Die Innenausstattung des Ladens war schlicht und von Marchiorello selbst gestaltet. Die Wände waren weiß gestrichen und das ganze Geschäft wurde hell beleuchtet. Es gab zwar noch eine Ladentheke, die Verkäufer und Kunden trennte – sie durfte laut Pachtvertrag nicht entfernt werden –, aber sie war neu gestrichen und an den Wänden waren zahlreiche Regale aus hellem Kiefernholz angebracht, in die Luciano und Teresa jetzt die roten, blauen, gelben, orangefarbenen und grünen Pullover stapelten.

»Ich finde das Geschäft wunderbar«, sagte Teresa. »Bloß schade, dass es so abgelegen ist.«

»Die Kunden werden schon kommen«, behauptete Marchiorello. »Wartet's nur ab.«

Der Laden trug wie die Pullover einen ausländischen Namen, diesmal allerdings einen englischen. London war, was Kleidung, bildende und darstellende Kunst und Musik anging, zu jener Zeit der Mittelpunkt der Mode. Die Beatles und die Rolling Stones eroberten gerade auch die italienische Musikszene. Daher trug der Laden den Namen »My Market«.

Einen Monat später kam Lucianos und Teresas drittes Kind zur Welt, eine Tochter. Sie nannten sie Rossella. Ihr Wohlergehen stand fast ebenso sehr im Mittelpunkt des allgemeinen Interesses wie die Entwicklung von Marchiorellos Geschäft in Belluno.

»Es ist genauso gekommen, wie ich es mir erträumt habe«, berichtete dieser am Telefon. »Die Leute kommen herein und stehen wie gebannt vor den Regalen, als wollten sie die Farben in sich einsaugen.«

Wie Marchiorello prophezeit hatte, wurde My Market schnell zum Gesprächsthema unter den jungen Leuten und wer im Trend liegen wollte, kaufte dort ein. Marchiorello und seine Angestellte verkauften 20 Pullover am Tag, doppelt so viele wie erwartet und mehr als genug, um die anfänglichen Investitionen wieder hereinzuholen. Obwohl die neue Fabrik der ganze Stolz der Benettons war, freuten Luciano und die anderen sich auch sehr über den Erfolg, den der kleine Laden am Ende der Sackgasse in jenem Städtchen am Fuß der Alpen hatte – der erste, der ausschließlich ihre Ware verkaufte. Ein halbes Jahr, nachdem My Market eröffnet hatte, stattete Marchiorello Luciano wiederum einen Besuch ab.

»Es ist so, wie ich gesagt habe«, beteuerte er. »Wenn schon an diesem Ort das Geschäft so gut läuft ... Stell dir nur mal vor, wie groß der Erfolg dann woanders wäre, an einem günstigeren Standort, wo es eine größere Kundschaft gibt!«

Diesmal musste er Luciano nicht lange überreden. Die Geschäfte liefen noch besser als ein halbes Jahr zuvor und eine neue Zuversicht hatte das gesamte Unternehmen erfasst. Im Sommer hatten sie die Marke Très Jolie in Benetton umbenannt und ins Firmenregister eintragen lassen. Das änderte zwar nichts an den Abläufen im Betrieb, doch die Positionen, die die vier Geschwister bisher innehatten, waren jetzt offiziell benannt. Luciano war Präsident und kaufmännischer Direktor, Giuliana leitete die Designabteilung, Gilberto war Finanzdirektor und Carlo war für die Produktion zuständig. Das Auftragsvolumen überstieg die Kapazitäten der neuen Fabrik schon wieder bei weitem, so dass die letzten Fertigungsschritte für einige Produkte ausgelagert werden mussten. Dazu schlossen die Benettons Verträge mit einigen der zahlreichen kleinen Bekleidungsfirmen in der Gegend – solchen Fabriken wie der in Treviso, in der Giuliana als Mädchen gearbeitet hatte. Viele dieser Subunternehmer beschäftigten weniger als 15 Mitarbeiter, um die Kosten für die Sozialversicherung zu sparen. Diese Abgaben hemmten das Wachstum vieler aufstrebender Unternehmen, die sich die gut ausgebildeten Arbeitskräfte, die sie benötigt hätten, nicht leisten konnten. Mit dem ständigen Anstieg des Auftragsvolumens erlangten jene Betriebe, die das »Raumschiff« in Ponzano wie Satelliten umgaben, eine immer größere Bedeutung für das Wachstum des Benetton-Konzerns.

Luciano hatte schon länger angestrebt, die Ware unter dem eigenen Namen zu verkaufen, statt einen erfundenen französischen Markennamen auf die Etiketten zu schreiben. Als das Unternehmen unter dem Namen Benetton ins Firmenregister eingetragen wurde, war dieser Punkt erreicht. Franco Giacometti, einer von Giulianas Modedesignern, entwarf für die Etiketten ein Logo mit einem stilisierten Wollknäuel. Dieses Logo erschien auch in der ersten, von Carlo Mazzaro entworfenen Firmenwerbung, die noch in Schwarzweiß war. Als die Werbung später farbig gedruckt wurde, stand das Logo zusammen mit dem Schriftzug »Benetton« in Weiß auf grünem Grund – Grün war Giulianas Lieblingsfarbe. Dies wurde Benettons Warenzeichen.

Vorerst dachte Luciano allerdings noch nicht daran, den Namen auch mit dem Laden, der die Benetton-Marke führte, in Verbindung zu bringen – oder mit weiteren Läden, die auf diesen ersten folgen würden. Marchiorello war mit einer Idee zu ihm gekommen, die durch den Erfolg von My Market und nicht von Benetton angeregt war. Wenn Marchiorellos Pläne scheiterten, würde der Name My Market darunter leiden, aber nicht der des Unternehmens. Marchiorello erzählte Luciano gerade, welchen Standort er für den nächsten Laden auserkoren hatte: den beliebten Skiort Cortina d'Ampezzo in den Dolomiten.

Cortina d'Ampezzo lag nur zwei Stunden Fahrt nordöstlich von Ponzano, war aber von diesem Städtchen oder auch von Belluno Welten entfernt. Cortina war ein traumhafter Ort mit derart ausgezeichneten Skipisten, dass die Olympischen Winterspiele dort ausgetragen wurden, und es war ein beliebter Treffpunkt des internationalen Jetset. Luciano und Teresa hatten dort einmal mit den Kindern Urlaub gemacht und waren von den großen Namen aus Adel und Showgeschäft zutiefst beeindruckt gewesen – Namen, die man aus den Klatschkolumnen der Zeitungen kannte. Auch viele junge Leute verkehrten dort, die, wenn sie nicht gerade auf der Piste waren, großen Wert darauf legten, sich in hochmodischer Kleidung sehen zu lassen. Daher verwendeten sie einen beträchtlichen Teil ihrer Zeit und Energie sowie ihres Geldes aufs Einkaufen.

Die Geschäftsleute in Cortina bildeten eine eingeschworene Gemeinschaft und begegneten Neulingen von außerhalb mit größtem Misstrauen. Hier ein Ladenlokal anzumieten war schwieriger und kostspieliger als in Belluno. Schließlich fand sich ein kleiner leer stehender Laden. Er lag an der Ecke des Corso Italia, der abends nach Beendigung des Skibetriebs eine der belebtesten Einkaufsstraßen des Ortes war. Auch dieses Geschäft sollte My Market heißen und wieder wurde dasselbe schlichte Abkommen mit Marchiorello getroffen: Er würde exklusiv bei Benetton einkaufen und auf eigene Rechnung verkaufen. Allerdings musste man bei der anspruchsvollen Kundschaft größeren Wert auf eine elegante Ausstattung des Verkaufsraumes legen. Luciano entschied, dass die Gestaltung von Marchiorellos Laden den Scarpas übertragen werden sollte.

Dieses Verfahren wurde kennzeichnend für Luciano Benetton: Er überließ die Verantwortung für die Läden anderen, behielt sich aber zugleich das Recht vor, deren Erscheinungsbild zu kontrollieren. Mit Abwandlungen kam das Prinzip im selben Jahrzehnt noch 500-mal, bis zum Jahr 2000 mehr als 9 000-mal zur Anwendung.

Die Scarpas ließen sich die Gelegenheit nicht entgehen. Sie waren leidenschaftliche Intellektuelle, die nichts lieber taten, als nach dem Essen bis spät abends mit Luciano und Marchiorello zusammenzusitzen und theoretische Diskussionen über das Leben im Allgemeinen und menschliches Verhalten in Verkaufsräumen im Besonderen zu führen. Marchiorello, der weniger zu geistigen Höhenflügen neigte, begann dann für gewöhnlich bald zu gähnen und nickte im Verlauf solcher Gespräche regelmäßig ein. Luciano dagegen war fasziniert. Sein Wissensdurst war unstillbar und er nahm jede geistige Herausforderung begierig an. Diese Gespräche – wie zuvor die mit Calderoni, Montana und den Tagliacozzos – waren für Luciano ein Ausgleich dafür, dass er nie eine weiterführende Schule oder Universität besucht hatte. Allerdings war diese neue, unkonventionelle Art der Ausbildung nie abgeschlossen …

Cortina d'Ampezzo, Norditalien 1966

Der neue Laden wurde an einem verschneiten Januarmorgen auf dem Höhepunkt der Skisaison eröffnet. An den Wänden des Verkaufsraumes befanden sich ringsum Regale mit Pullovern in allen Farben. Statt einer Ladentheke stand in der Mitte ein einfacher Tisch für die Kasse, auf dem auch die Ware eingepackt wurde. Helles Licht und laute Musik erfüllten den Raum. Das Sortiment umfasste Benettons gesamte Farbpalette, aber nur die zwei kleinsten Größen – dieser Laden war speziell auf ein junges Publikum ausgerichtet. Das Verkaufspersonal, ebenfalls junge Leute, war gehalten, den Kunden Gelegenheit zu geben, sich in Ruhe umzusehen. Die Käufer sollten die Ware in die Hand nehmen dürfen, ohne gleich von den Verkäufern mit jener aufdringlichen Freundlichkeit bevormundet zu werden, die in den meisten konventionellen Geschäften in der Nachbarschaft immer noch üblich war.

Zwei Tage später rief Marchiorello Luciano in Ponzano an.

»Sie stehen vor der Tür Schlange!« rief er. »Wir haben schon ein Drittel verkauft! Komm und sieh dir das an – und bring Nachschub mit!«

Luciano fuhr gemeinsam mit seinem jüngeren Bruder Carlo, der ein begeisterter Wintersportler war, über die vereisten Straßen nach

Norden. Als sie Cortina erreichten, ging über den Dolomiten gerade die Sonne unter. Diesen Anblick sollten die beiden nie vergessen: der goldene Glanz auf den Gipfeln und Berghängen, die vielen Menschen in den verschneiten Straßen – und vor My Market eine Menge junger Leute, die in den Laden drängten. Drinnen standen die Kunden Schlange, nahmen gleich fünf oder sechs Pullover auf einmal aus den Regalen und reichten sie den Verkäufern zum Bezahlen. Marchiorello hatte nicht übertrieben. Die Vorräte würden sogar noch schneller zur Neige gehen, als er gedacht hatte. Luciano und Carlo gingen zum Wagen zurück, luden die Kisten mit Nachschub ab und bahnten sich damit einen Weg durch die wartende Menge. Wieder erlebte Luciano dieses Gefühl, das er schon zehn Jahre zuvor bei seinem allerersten Verkauf gehabt hatte: das Gefühl eines Wissenschaftlers, dessen Theorie sich bestätigt hat.

Die alteingesessenen Geschäftsleute in Cortina taten My Market zunächst als Eintagsfliege ab. Doch als die Saison sich dem Ende näherte und die Benetton-Kleidung in dem kleinen Laden weiterhin reißenden Absatz fand, mussten sie schließlich einsehen, dass sie sich geirrt hatten. Zwar war die Mode in ständigem Wandel, aber die meisten Artikel im Sortiment von My Market waren nicht im herkömmlichen Sinn modisch. Die Kleidung entsprach dem Publikumsgeschmack und war doch irgendwie anders. Außerdem sorgte Luciano dafür, dass das Unternehmen in bestimmten Bereichen – zum Beispiel bei den besonders extravaganten Modellen, die stärker den Schwankungen der Mode unterworfen waren – schneller als die Konkurrenz auf Veränderungen im Geschmack der Kunden reagieren konnte. Vor allem das neu entwickelte Verfahren, mit dem fertige Pullover im Ganzen eingefärbt wurden, machte es möglich, die Farbpalette kurzfristig und in großem Umfang zu variieren.

Das Wort »Benetton« ist frankoitalienischen Ursprungs. Der Name ist einer der wenigen in der italienischen Sprache, die auf einen Konsonanten enden. Luciano hatte festgestellt, dass er in vielen Sprachen einen geläufigen Klang hatte: Den Engländern kam er englisch vor, für die Franzosen klang er französisch, für die Deutschen deutsch und so weiter. Durch den plötzlichen, überwältigenden Erfolg des Ladens in Cortina gelangten Benetton-Produkte jetzt über die Grenzen Italiens hinaus in die Heimatländer der Touristen, die sie gekauft hatten – nach Österreich, Frankreich und in die Schweiz. Wohin sie auch kamen, der Name klang immer vertraut. Selbst Luciano musste sich – bei all seinem Weitblick und seiner Aufmerksamkeit – insgeheim eingestehen, dass dies einfach ein großer Glücksfall war.

Unterdessen erkannten immer mehr Leute im ganzen Land, dass diese Kleidung nicht nur eine Modeerscheinung war, sondern auch brandheiße Geschäftsaussichten bot. Lucianos Büro in Ponzano wurde plötzlich mit Anfragen potenzieller Ladenbesitzer überschüttet. Es handelte sich überwiegend um junge Leute wie Marchiorello, aber Luciano kannte sie nicht und sie hatten ihrerseits keine Vorstellung von der unkonventionellen geschäftlichen Beziehung, die zwischen den beiden Läden und dem Konzern, der sie belieferte, bestand. Luciano hielt nicht viel von den Franchisevereinbarungen nach amerikanischem Muster. Danach musste der Franchisenehmer nur das nötige Startkapital aufbringen, um einen Laden eröffnen zu können. Er verpflichtete sich vertraglich, dafür zu zahlen, dass er den Markennamen führen durfte, und eine Umsatz- oder Gewinnbeteiligung an das Unternehmen abzuführen. Luciano wählte die Leute, mit denen er zusammenarbeitete, lieber nach seinem persönlichen Eindruck als nach formalen Kriterien aus. Auf diese Art entstand eine lockere und fruchtbare Beziehung zwischen dem Unternehmen und seinen Lizenznehmern. Marchiorello war solch ein verwandter Geist, der für Luciano zum Freund geworden war. Aber selbst ein Energiebündel wie er konnte nur eine begrenzte Anzahl von Geschäften eröffnen und führen. Darum begann Luciano sich in seinem Freundeskreis nach weiteren potenziellen Ladenbesitzern umzusehen. Während das Telefon unablässig klingelte, suchte er auf der Landkarte nach einem geeigneten Standort für das nächste Geschäft. Aber den hatte Marchiorello bereits gefunden.

Padua, Norditalien 1967

Padua liegt 65 Kilometer südwestlich von Treviso und ist eine der ältesten Universitätsstädte der Welt. Galileo und Kopernikus haben dort studiert, Shakespeare hat seinen Hamlet in Padua zu höherer Bildung gelangen lassen. Wenn Luciano selbst die Möglichkeit gehabt hätte zu studieren, hätte er es wohl in Padua getan. Alljährlich kamen 30 000 Studenten aus ganz Europa an diese altehrwürdige Universität. Padua war, wie viele berühmte Universitätsstädte, auch eine traditionsreiche Handelsstadt, deren Angebot allerdings hauptsächlich auf die Einkaufsgewohnheiten der älteren Bürger abgestimmt war und den Bedürfnissen der jungen, zunehmend modebewussten Studenten in vielerlei Hinsicht nicht gerecht wurde.

Es gab Dutzende Cafés, Kinos, Theater und Buchhandlungen, aber erst relativ wenige Geschäfte, deren Angebot speziell auf ein junges Publikum zugeschnitten war. Die jungen Leute verfügten zwar nur über begrenzte Mittel, aber auch über das unbegrenzte Bedürfnis, im Trend zu liegen, der von Einflüssen aus New York, San Francisco, London und Paris geprägt war. Mit dieser Einstellung wollten die alteingesessenen Geschäftsleute in Padua offenbar nichts zu tun haben. Jedenfalls unternahmen sie nichts, um diesen großen, neu entstehenden Markt für sich zu nutzen.

Die Geschäftsleute hatten davon gehört, wie es ihresgleichen in Cortina ergangen war. Als sie erfuhren, dass Luciano und Marchiorello planten, in Padua ein My Market zu eröffnen, versuchten sie mit allen erdenklichen Mitteln zu verhindern, dass der neue Laden in der zentralen Einkaufszone entstand. Zwei Ladenbesitzer, die neben anderen Marken auch Très Jolie – jetzt Benetton – führten und deren Läden sich in der Nähe des vorgesehenen Standorts des neuen My Market befanden, stellten Luciano ein Ultimatum.

»Wenn Sie in Padua einen Laden eröffnen, nehmen wir Benetton aus dem Sortiment«, sagte einer von ihnen. »Sie wären unser direkter Konkurrent. Sie würden uns ruinieren.«

»Das glaube ich nicht«, erwiderte Luciano. »Im Gegenteil, ich denke, Sie werden eher noch davon profitieren.«

Luciano wusste, dass er für diese Behauptung keinerlei Belege hatte. Aber er wusste auch, dass den Ladenbesitzern klar war, dass sie nichts tun konnten. Außerdem stieg der Absatz in den beiden bestehenden My-Market-Läden bereits wesentlich schneller als der in den herkömmlichen Läden, die Benetton nur als eine unter vielen Marken führten.

Die Scarpas gestalteten den neuen Laden im selben Stil wie den in Cortina: ohne Ladentheke und mit Regalen ringsum an den Wänden. Pullover in allen erdenklichen Farben luden die Kunden ein, sich in aller Ruhe umzusehen, ohne unter dem Druck zu stehen, etwas kaufen zu müssen. Helle Beleuchtung und laute Musik sorgten für eine lockere Stimmung.

Im Frühling wurde der neue My-Market-Laden in Padua eröffnet. Auch hier war der Erfolg von Anfang an überwältigend. Diesmal waren es Studenten und andere junge Leute, die im Geschäft und auf der Straße Schlange standen. Jetzt würde sich zeigen, wer Recht behielt: Luciano oder die ansässigen Geschäftsleute. Und tatsächlich verdoppelte sich der Absatz der Benetton-Artikel in den beiden Läden in unmittelbarer Nähe des neuen My Market, deren Besitzer Luciano erst gedroht hatten, seine Ware aus dem Sortiment zu nehmen, und ihn dann inständig baten, sie nicht zu ruinieren. Statt wie befürchtet Einbußen hinnehmen zu müssen, verkauften sie jetzt viel mehr, nämlich zusammen halb soviel Benetton-Ware wie der neue Laden.

Das war in der Tat ein erstaunliches Phänomen. Luciano selbst hatte insgeheim die Befürchtungen der beiden Ladenbesitzer für durchaus gerechtfertigt gehalten. Auch er hatte die Gefahr gesehen, dass die Konkurrenz durch My Market sie ruinieren würde. Stattdessen schien diese Konkurrenz jedoch in den ersten Monaten nach der Neueröffnung das Geschäft mit Benetton-Kleidung auch in den konventionell geführten Läden zu beleben. Aber wie lange würde diese

Entwicklung anhalten? Und wie lange würde es dauern, bis jemand anderes kam und den Benettons auf dem Markt, den sie zurzeit noch allein beherrschten, Konkurrenz machte? Früher oder später würde mit Sicherheit jemand versuchen, ihr Monopol zu brechen. Luciano wollte das verhindern. Es würde ihn von seinen gradlinigen Plänen ablenken, wenn er andere in seine Überlegungen einbeziehen müsste, die nicht dieselben Interessen verfolgten wie er und auf die er keinen Einfluss hatte. Wenn es schon Konkurrenz geben musste, dann wäre es unter der Prämisse besser, sie selbst zu erzeugen. Die große Zahl der Bewerber, die überall in den Städten und Dörfern des Landes My Market-Läden eröffnen wollten, bot dafür reichlich Gelegenheit. Aber wie lange würde diese Möglichkeit offen stehen? Und wenn Benetton sich selbst Konkurrenz machen konnte, sollte das Unternehmen dann nicht auch mit den alteingesessenen Geschäftsleuten auf deren eigenem Terrain konkurrieren? Sollte Benetton nicht versuchen, mit seinen Läden und seinem Sortiment ein breiteres Publikum anzusprechen, nicht nur die gelangweilten Schüler in Belluno, die wohlhabenden jungen Leute mit den zwei kleinsten Kleidergrößen in Cortina und die Studenten in Padua?

Ponzano, Veneto 1968

Luciano sprach mit Giuliana über seine Gedanken.

»Also, weißt du«, erwiderte sie, »immer sagst du zu mir: ›Wenn du nur mehr machen könntest!‹«

Als Nächstes trug er das Problem Tobia Scarpa vor.

»So stelle ich es mir vor«, sagte er. »Meinst du, das kannst du verwirklichen?«

Wenig später legte Scarpa ihm eine Reihe von Entwürfen vor. Es waren lauter Läden, in denen Benetton verkauft werden sollte, aber jeder Entwurf war eine völlig neue Variation des Themas, das mit My Market angefangen hatte.

»Merceria« war auf die Mütter ihrer bisherigen jungen Kundschaft zugeschnitten. Der Laden war sanfter beleuchtet, die Musik gedämpft, die Farben der Pullover waren eher klassisch gehalten. Von der Atmosphäre der herkömmlichen Läden blieb gerade genug erhalten, dass die Kunden sie als vertraut empfanden – um sich dann ganz der ungewohnten Auswahl hingeben zu können.

Der zweite Entwurf hieß »Tomato« und sollte die Teenager ansprechen. Der Laden war ultramodern, grell erleuchtet und in Chrom und Glas gehalten. »Fantomax« war eine Jugendstil-Kreation, die an das London der 60er Jahre und die Hippie-Mode mit bauschigen Kleidern und stimmungsvoller Musik erinnerte. Zwei Dinge hatten all diese Läden gemeinsam: Sie führten wie schon My Market ausschließlich die Benetton-Kollektion und sie hatten keine Ladentheke.

My Market war nur ein Puzzleteil. Jetzt hatte Scarpa unter Einbeziehung kommerzieller und gesellschaftlicher Aspekte die übrigen Teile dazu entworfen. Das Ergebnis war eine brillante Ausarbeitung von Lucianos spontanem Einfall. Die verschiedenen Teile ergänzten sich zu einem Mechanismus, der im ganzen Land wirksam werden konnte. Es würde eine Einheit entstehen, die als Ganzes funktionierte und gleichzeitig über einzelne Profit Center mit sich selbst konkurrierte, und der Ertrag des Ganzen würde die Summe seiner Teile übertreffen. So sah es jedenfalls in der Theorie aus. Während Luciano und Scarpa die Einzelheiten ausarbeiteten, stieg die Zahl der My-Market-Läden und -Ladeninhaber immer schneller an. Auf Belluno, Cortina und Padua folgten Florenz, Rom, Neapel und Triest. Alle diese neuen Läden wurden von Freunden und Freunden von Freunden eröffnet und betrieben – lauter junge Leute, von denen Luciano und Gilberto meinten, dass sie den richtigen Geschäftssinn mitbrachten. Ihr Mangel an Erfahrung wurde dabei eher als Vorzug gewertet.

Unter den neuen Ladenbesitzern waren junge Männer und Frauen, die ihre bisherige Tätigkeit als Juristen oder in anderen Berufen leid waren, aber auch bewährte Unternehmer wie Marchiorello. Manche hatten die Läden in Belluno, Cortina und Padua gesehen und sich daraufhin gedacht, dass es Spaß machen müsste, solch einen Laden zu führen und an dieser Revolutionierung des Einzelhandels teilzuhaben. Andere hatten durch Freunde oder aus der Presse von den Läden erfahren. Zu jener Zeit gab Luciano noch Interviews, was sich jedoch in den folgenden Jahren ändern sollte. Giuliana war der Umgang mit den Medien schon von Anfang an unbehaglich. Die Vereinbarungen, die mit all diesen neuen Ladenbesitzern getroffen wurden, glichen denen mit Marchiorello: Sie kauften exklusiv bei Benetton ein und verkauften die Ware auf eigene Rechnung. Es gab keine Franchiseverträge nach amerikanischem Vorbild, keine Lizenzgebühr für den Gebrauch des Markennamens, keine Umsatz- oder Gewinnbeteiligung, aber auch kein Rückgaberecht für nicht verkaufte Ware. Die Vertragspartner verpflichteten sich, den Standort mit Luciano abzustimmen und das Ladenlokal nach Scarpas Entwurf zu gestalten. Außerdem behielt Luciano sich das Recht vor, einzugreifen, wenn er den Eindruck hatte, dass die Art, wie ein Laden geführt wurde, dem Namen Benetton schaden könnte.

Anfangs stellte Benetton wie bei Marchiorello einen Teil des Startkapitals zur Verfügung. Aber als immer mehr Läden entstanden, entschied Gilberto, dass es weder nötig noch im Interesse des Unternehmens sei, in so viele Neugründungen zu investieren. Künftig mussten die angehenden Ladenbesitzer das Kapital selbst aufbringen, wobei das Unternehmen sie allerdings mit Rat und Empfehlungen unterstützte. Von da an blieben sie ganz sich selbst überlassen und waren damit durchaus zufrieden. In jener Zeit beendeten die Benettons auch ihre Zusammenarbeit mit unabhängigen Einzelhändlern wie den Dellasiegas, die sie anfangs beliefert hatten.

Jungunternehmer aus unterschiedlichen Verhältnissen eröffneten schon bald überall im Land Geschäfte nach dem Muster von Merceria, Tomato und Fantomax – in derselben Stadt, im selben Dorf, ja sogar in derselben Straße. Wenn sie den Geschmack und das Käuferpotenzial im jeweiligen Stadtteil kannten, konnte das ohne weiteres funktionieren. Ein Laden belebte das Geschäft des anderen und insgesamt stieg der Umsatz rapide. Lucianos Plan, selbst Konkurrenz zu erzeugen, statt sie sich von anderen machen zu lassen, war aufgegangen. Während viele Kunden gar nicht realisierten, wie eng diese verschiedenen Geschäfte miteinander verknüpft waren, hielten sich potenzielle Konkurrenten weiterhin zurück. Sie erwarteten, dass der Markt früher oder später unter dem Gewicht der vielen Neugründungen zusammenbrechen würde. Als schließlich jedoch in einem einzigen Jahr insgesamt 300 My-Market-, Merceria-, Tomato- und Fantomax-Geschäfte eröffnet wurden, erkannten die anderen Geschäftsleute ihren Irrtum. Der Markt brach offenbar nicht zusammen – doch sie waren sicher, dass dies geschähe, wenn sie jetzt hineinzudrängen versuchten. So wurde die Konkurrenz zwischen diesen vier Arten von Läden landesweit zur marktbeherrschenden Kraft im nächsten Jahrzehnt.

An der Spitze dieser rasanten Bewegung stand der Mann, der als Erster mit dem Plan, einen Laden zu eröffnen, zu Luciano gekommen war. Über die Jahre gründete er noch zahlreiche weitere Geschäfte. Belluno, der erste Standort, war auch 30 Jahre später noch ein kleiner Ort, wo die Sitzbänke in den Zügen aus Holz waren, was der Eisenbahn die Bezeichnung »Wildwest-Bahn« einbrachte. Und Piero Marchiorello führte immer noch Benetton-Läden – jetzt aber in Monte Carlo, wo er als reicher Mann lebte.

Villa Minelli, Ponzano, Veneto 1969

In Italien begann eine turbulente Zeit. In vielen Institutionen und Unternehmen an der Schnittstelle zwischen Politik und Wirtschaft gärte es. Diese Entwicklung eskalierte in *l'autunno caldo* – dem »heißen Herbst« – in Form von Unruhen, Streiks und Demonstrationen, bei denen es zu gewalttätigen Ausschreitungen kam. In den größeren Städten gab es Bombenattentate und Morde. Später wurde für diese Jahre der Bomben und Kugeln der Ausdruck »bleierne Zeit« geprägt.

Für den kleinen Ort Ponzano schienen diese politischen und wirtschaftlichen Entgleisungen weit entfernt zu sein. In der Fabrik der Benettons wurde auf Hochtouren gearbeitet, um den Bedarf der wachsenden Zahl von Läden zu decken. Die erste Kollektion von Kleidungsstücken, die nicht aus Wolle waren – Hemden, Hosen und Röcke –, ergänzte das Sortiment der Wollpullover, mit denen die Benettons sich einen Namen gemacht hatten. Schon jetzt waren in der Fabrik selbst weit weniger Arbeiter beschäftigt als in den vielen kleinen Subunternehmen, wo exklusiv für Benetton gefertigt wurde. In der Fabrik herrschte ein gutes Verhältnis zwischen Arbeitgebern und Arbeitnehmern und bisher war das Unternehmen vor den Angriffen der Gewerkschaften verschont geblieben, denen andere Betriebe ausgesetzt waren. Der Benetton-Konzern war der größte Arbeitgeber am Ort; die Familie, die ihn führte, war in der Gegend heimisch und legte großen Wert auf gute Beziehungen zu ihren Mitarbeitern. Diese Umstände schützten den Betrieb mit seinen fein abgestimmten Produktionsprozessen bis auf weiteres vor den Streiks und Tarifverhandlungen, die überall im Land die Industrie erschütterten.

Alle vier Geschwister waren inzwischen verheiratet und hatten Kinder. Giuliana, Gilberto und Carlo wohnten in großen Häusern in den Außenbezirken von Treviso und pendelten zur Arbeit. Rosa bestand darauf, in dem Haus in Santa Bona wohnen zu bleiben, wo die Geschwister aufgewachsen waren und das Geschäft seinen Anfang genommen hatte. Die Kinder ließen ihr ihren Willen, überredeten sie aber, das Haus wenigstens renovieren und von Scarpa neu gestalten zu lassen.

Ihre eigenen Vorstellungen von persönlichem Luxus waren alles andere als extravagant. Für Giuliana standen Arbeit und Familie immer an oberster Stelle. Der größte Luxus, den sie sich gönnte, war ihr Swimmingpool. Selbst Gilberto, der ein leidenschaftlicher Sportler war und aussah wie ein Filmstar, rang lange mit sich, ehe er sich einen Porsche kaufte, obwohl er ihn sich längst leisten konnte. Carlo verbrachte einen großen Teil seiner Freizeit mit Skifahren und Wandern in der freien Natur.

Luciano und Teresa waren ein Jahr zuvor mit ihren drei Kindern Mauro, Alessandro und Rossella aus dem Haus in der Nähe von Rosas in ein neues, von Scarpa entworfenes Haus gezogen, das nahe bei der Fabrik lag. Ihr viertes und letztes Kind, Rocco, wurde 1971 geboren. Luciano ließ Scarpa beim Entwurf des Hauses ebenso freie Hand, wie er es bei der Fabrik getan hatte. Das Ergebnis war, wie Scarpa sagte, »eines modernen Handelsfürsten würdig«. Die Gebäude in ultramodernem Stil waren um zwei Höfe mit Bäumen, Sträuchern und Springbrunnen herum angeordnet. Die Dorfbewohner hatten sich an das »Raumschiff« der Fabrik gewöhnt, aber Lucianos »fürstliches« Haus verblüffte manch einen. Sie konnten nicht verstehen, warum er es vorzog, in einem Haus aus Beton zu wohnen, obwohl er sich doch offensichtlich edleres Material hätte leisten können.

Selbst Luciano, der von den vier Geschwistern am meisten Wert auf Eleganz und äußere Erscheinung legte, hatte ein zwiespältiges Verhältnis zu seinem neu erworbenen Reichtum. Sein Haus stand stets offen für die Scarpas, für Marchiorello, Montana und andere, mit denen ihn eine langjährige Beziehung verband. Sie waren immer zum Abendessen willkommen, aber dieses konnte erst beginnen, nachdem Carlo ihm von der Fabrik aus telefonisch die landesweiten Absatzzahlen des Tages durchgegeben hatte.

Schon als mittelloser junger Mann hatte Luciano das Bedürfnis gehabt, sich gemäß seinem Status als Familienoberhaupt zu kleiden. In den Anfangsjahren des Unternehmens hatte er dann oft einen schlichten Anzug mit Krawatte getragen. Inzwischen war er jedoch dazu übergegangen, sich etwas lässiger anzuziehen.

Luciano pflegte ein weiteres Hobby: eine Oldtimersammlung. Er fuhr häufig mit seinem 1952er Rolls-Royce Silver Shadow, mit dem Jaguar, dem Bentley, dem Alfa Romeo Giulietta oder mit dem

Porsche – wobei er nie etwas anderes trug als Jeans und ein Hemd mit offenem Kragen. Luciano und Marchiorello machten sich oft den Spaß, zu geschäftlichen Treffen im Bentley vorzufahren. Einer von ihnen saß dann mit einer Chauffeursmütze am Steuer, parkte den Wagen und hielt dem anderen, der im Fond saß, die Tür auf. Einmal, als die beiden in einem verschlafenen Provinzstädtchen das Büro eines Rechtsanwalts aufsuchten, der mit dem Verkauf eines leer stehenden Ladenlokals beauftragt war, hielt die Sekretärin sie für Zigeuner und wollte ihnen Geld geben, um sie loszuwerden. Als sie erklärten, dass sie wegen des Hauses gekommen seien, das zum Verkauf stand, lachte der Rechtsanwalt sie aus und nannte einen völlig überhöhten Preis. Marchiorello parierte, indem er eine durchaus realistische Summe nannte und, an seinen Begleiter gewandt, hinzufügte: »Was meinst du, Luciano?« Erst da erkannte der Anwalt, dass es sich bei dem »Zigeuner« um Luciano Benetton, den Senkrechtstarter der Bekleidungsbranche, handelte.

Diejenigen, die Luciano bei solchen geschäftlichen Treffen erlebten, fragten sich später, ob die verwirrende Mischung aus Zwanglosigkeit und harter Verhandlungstaktik eine Masche war, die er bewusst einsetzte. Man hätte sie als seine persönliche Rache an Autoritäten interpretieren können – zum Beispiel solchen wie dem Bankier, der ihm den Kredit für den Neubau einer Fabrik verweigert hatte. Tatsächlich war Luciano jedoch in vielerlei Hinsicht immer noch höchst konservativ und in seinem tiefsten Inneren zu zurückhaltend, um seinen Reichtum offen zur Schau zu tragen. Außerdem lag ihm Prunksucht völlig fern. Trotz seiner Leidenschaft für erlesene Autos war ihm doch immer bewusst, dass man nicht mehrere Autos gleichzeitig fahren konnte und dass sie alle mehr oder weniger gleich schnell waren. Schließlich lag es erst wenige Jahre zurück, dass er und Teresa mit einem winzigen Fiat 500 durch Spanien gereist waren. Der Trend der Zeit ging dahin, dass überkommene Ideale vom Sockel geholt wurden, und es galt zu zeigen, dass ein weltoffenerer, legererer Ansatz durchaus mit kühlem Geschäftssinn vereinbar war.

Zweifellos hatten die Jahre der Entbehrung und die Disziplin, die Luciano sich in seiner Jugend hatte auferlegen müssen, ihre Spuren hinterlassen. Diese äußerten sich aber nicht in den schicken Autos, die in seiner Garage standen. Vielmehr hatte Luciano immer noch dieselbe Quelle der Inspiration wie in seiner Kindheit vor Augen: die Villa Minelli.

In den drei Jahren der Hochkonjunktur, seit die neue Fabrik den Betrieb aufgenommen hatte, hatte sich der Zustand der Villa Minelli, nur ein paar Meter von dem Neubau entfernt, zusehends verschlechtert. Das Dach fiel ein, die Fenster waren zugemauert, die Gärten mit undurchdringlichem Dickicht überwuchert. In der Kapelle hielten Bauern aus der Nachbarschaft Kaninchen und Hühner und ein Fleischer des Ortes verkaufte gelegentlich in einem der großen Empfangssäle seine Ware. Jugendliche aus der Umgebung nutzten die trockenen Teile des Gebäudes für ihre Stelldicheins. Die Villa gehörte einer gemeinnützigen Organisation, die ein Waisenhaus betrieb und auf Spenden angewiesen war. Sie nahm das Kaufangebot der Benettons nur allzu gern an.

Dieser Kauf war nicht nur die Erfüllung eines lange gehegten Traumes, sondern zugleich auch unter geschäftlichen Gesichtspunkten sinnvoll. Das Unternehmen brauchte neue Bürogebäude. Es wäre ein fragwürdiges und problematisches Unterfangen gewesen, die Villa Minelli abzureißen, um Platz für ein modernes Gebäude zu schaffen. Folglich entwickelten die Benettons ehrgeizige Pläne, die Villa zu erhalten und zu restaurieren. Der altehrwürdige Bau stand wie ein Wahrzeichen zwischen Feldern und Weingütern in der Ebene und war von allen Seiten schon von weitem sichtbar. Wenn die Benettons die Villa restaurieren ließen, wäre dies nicht nur ein Symbol dafür, wie weit sie es gebracht hatten, sondern auch ein Symbol für ihr Traditionsbewusstsein und dafür, dass sie ihrer Heimat einen Dienst erweisen wollten. All das rechtfertigte den Aufwand an Zeit und Geld, den die Restaurierung erfordern würde. Die Minellis waren zu ihrer Zeit wahre Handelsfürsten – jetzt waren die Benettons am Zuge.

All diese unterschiedlichen, einander ergänzenden Erwägungen vereinigten sich in einem einzigen bezwingenden Bild, das niemand besser kannte als Luciano. Es war das Bild eines kleinen Jungen auf einem Fahrrad, der unter einem von Bombern durchkreuzten Himmel gebannt zur Villa hinüberblickte und sich schwor, dass sie eines Tages ihm gehören würde.

Während Tobia Scarpa und Elio Aluffi, der Finanzmanager, in den Bibliotheken von Venedig und Treviso nach Informationen über die Villa Minelli und ihre Geschichte forschten, wurde zunächst der Garten freigelegt. Kaninchen, Hühner und Liebespaare wurden vertrieben und man versuchte, ältere, bereits in den Ruhestand getretene Handwerker in der Umgebung für die Mitarbeit an dem Projekt zu gewinnen.

Die Revolutionierung der Einzelhandelsstrukturen, aus deren Gewinnen die Restaurierungsarbeiten finanziert wurden, setzte sich indessen mit unvermindertem Schwung fort. My-Market-, Merceria-, Tomato- und Fantomax-Läden schossen im ganzen Land wie Pilze aus dem Boden. Ihre Zahl war inzwischen auf 500 angewachsen. In all diesen Geschäften hatte der Namenszug Benetton auf grünem Grund mit dem Wollknäuel als Logo im Markenbewusstsein der Kunden längst den Namen Très Jolie abgelöst. Doch auch wenn die Benettons mit diesem Namen den gewollt französischen Touch abgelegt hatten, konnten sie sich doch dem Einfluss, den Frankreich in der Modewelt besaß, nicht verschließen. Luciano und Marchiorello machten mit dem Rolls-Royce immer wieder Erkundungsfahrten über die französische Grenze nach St Tropez. Hier beobachteten sie Modeerscheinungen wie die neuesten und kürzesten Miniröcke, die knappsten Bikinis oder Höschen. Zu Hause berichteten sie Giuliana und ihrem Designerteam, was sie gesehen hatten. In der Entwurfsabteilung arbeiteten inzwischen auch mehrere französische Modedesigner, darunter Lison Bonfils, die früher Mannequin bei Christian Dior gewesen war.

Luciano hatte Lison Bonfils vier Jahre zuvor entdeckt. Damals war sie als Designerin bei einem Textilhersteller beschäftigt gewesen. Luciano hatte sie zum Abendessen eingeladen und überredet, nach Ponzano zu kommen und mit Giuliana zusammenzuarbeiten. Lison Bonfils war temperamentvoll und direkt. Lucianos Intelligenz und die Machtposition, die er im Unternehmen innehatte, schienen sie keineswegs einzuschüchtern. Sie war eine Herausforderung für Luciano, wenn auch auf eine andere Art als die Scarpas und Montana. Als sie nach Paris zurückkehrte, arbeitete sie von dort aus weiterhin mit Giuliana zusammen. Lison war überzeugt, dass der Markt in Paris reif sei für Benetton.

»Es gibt Tausende französischer Jugendlicher, die verzweifelt etwas Vernünftiges suchen, das man zu Jeans tragen kann«, berichtete sie. »Englische Pullover sind zu teuer und die französischen mit Mohair sind einfach schrecklich. Ich sage euch, der Markt hier wartet bloß auf euch.«

Luciano und Marchiorello fuhren nach Paris und sahen sich nach einem geeigneten Standort um, an dem sie ihren ersten Laden außerhalb Italiens eröffnen wollten. An einem Frühlingstag im Jahr 1969 fanden sie etwas, das genau ihren Vorstellungen entsprach. Als Luciano wieder in Ponzano war, rief er vom Büro aus sofort Lison an, um ihr die gute Nachricht mitzuteilen.

Paris, Frankreich 1969

»Was? In der Nähe der Champs Elysées?« rief sie aus. »Du machst wohl Witze!«

Luciano war wie vor den Kopf gestoßen.

»Der Standort ist optimal«, versicherte er. »Es ist eine neue Einkaufspassage mitten im zentralen Geschäftsviertel. Die Investition wird sich mit Sicherheit lohnen.«

»Unsinn!«, entgegnete Lison entschieden. »Das ist nicht das, was ihr braucht. Ihr müsst an die Rive Gauche, an den Boulevard Saint-Germain. Da ist was los. Da ist eure Kundschaft.«

»Aber wir haben es schon gekauft«, sagte Luciano.

»Dein Pech!« Sie lachte. »Ihr werdet es ja sehen.«

In den folgenden Monaten wurde die Ausstattung für Paris nach Scarpas Anweisungen zusammengestellt, dazu ein umfassendes Warensortiment. Die Eröffnung des neuen Ladens, der wiederum My Market heißen sollte, war für September geplant. Sie kamen zeitig vor dem angesetzten Termin in Paris an – nur um festzustellen, dass die Eigentümer der Einkaufspassage noch nicht annähernd so weit waren, eines der Geschäfte eröffnen zu können.

»Gut«, sagte Lison Bonfils, als Luciano ihr die schlechte Nachricht überbrachte. »Mir hat das Ganze sowieso nicht gefallen. Sucht euch eben woanders etwas.«

Luciano blickte sie skeptisch an. »Wo denn?«, fragte er.

»Ich weiß auch nicht. Komm, setzen wir uns ins Auto und sehen uns ein bisschen um!«

Lison Bonfils schwor später, es sei Zufall gewesen, dass sie auf dem Boulevard Saint-Germain ausgerechnet an einer Stelle anhielten, wo gegenüber in einem leer stehenden Ladenlokal ein Schild im Fenster hing: »Zu verkaufen«. Luciano kurbelte das Fenster herunter und notierte sich die Telefonnummer. Wenige Stunden später gehörte der Laden ihm. Eine Woche darauf wurde am Boulevard Saint-Germain im Quartier Latin das neueste My Market eröffnet, das erste in Paris und das erste überhaupt außerhalb Italiens.

Diesmal gab es zwar keine langen Schlangen vor dem Geschäft, aber dennoch kamen stetig Kunden – überwiegend Studenten. Auch die Fachpresse bereitete Benetton einen gebührenden Empfang. Unter den Modejournalisten war Sandy Obervitz, eine amerikanische Freundin von Lison Bonfils, die für die Zeitschrift *Mademoiselle* schrieb. So wie Bonfils dafür gesorgt hatte, dass Benetton in ihre

Heimat Frankreich kam, beschloss Obervitz sogleich, die Marke müsste auch in den Vereinigten Staaten auf den Markt gebracht werden.

New York, USA 1970

Als Junge hatte Luciano gemeinsam mit seinem Freund Nico von Amerika geträumt. Inzwischen war er schon dort gewesen – das erste Mal mit Teresa zu einem Urlaub in New York, als sie erst ein paar Jahre verheiratet waren. Damals waren die Kinder noch klein gewesen und die Fabrik und der erste Laden waren gerade erst eingeweiht worden. Luciano und Teresa waren über die 5th Avenue und andere Straßen gebummelt und hatten die Skyline der Hochhäuser bestaunt. Die riesigen Geschäftshäuser wirkten auf die beiden wie Kathedralen des Kommerzes. Sie hatten es kaum fassen können, als sie die sagenhaften Namen tatsächlich vor sich sahen: Bergdorf Goodman, Bloomingdale's, Macy's, Saks. Wie zuvor in Rom, Paris und London war Luciano auch hier einerseits Tourist, andererseits Entdecker gewesen und immer darauf bedacht, bei diesem ersten und viel zu kurzen Besuch so viel wie möglich in sich aufzunehmen. Als nun die amerikanische Modejournalistin Luciano vorschlug, erneut nach Amerika zu reisen – diesmal, um dort ein Geschäft aufzubauen –, war er überzeugt, dass die Zeit reif sei, den amerikanischen Markt zu erobern.

Wenige Wochen später, als Luciano im Hotel seinen Musterkoffer wieder einpackte und die Vorbereitungen für die Heimreise traf, dachte er darüber nach, wie sehr er sich getäuscht hatte. Hier würde die Sache bei weitem nicht so einfach sein, wie er es sich vorgestellt hatte. Die Einkaufsleiter der großen Warenhäuser hatten ihn zwar mit jener Herzlichkeit empfangen, von der er später herausfand, dass sie für die Amerikaner typisch war, aber sie hatten keinen Hehl daraus gemacht, dass seine Kleidungsmuster sie völlig kalt ließen. Luciano legte großen Wert auf die Nähe zu seiner jungen, modebewussten Kundschaft im eigenen Land. Nun musste er feststellen, dass er von der älteren, eher preisbewussteren amerikanischen Kundschaft Welten entfernt war. Die Geschäftsleute der Modebranche, mit denen Luciano sprach, kannten ihr Käuferpotenzial. Sie waren auf dem amerikanischen Markt noch diejenigen, die am stärksten an Europa orientiert waren, und dennoch: Einen Pullover, der in Belluno, Cortina und Padua – ganz zu schweigen von Rom und Paris – als zu konservativ gegolten hätte, hielten sie für den amerikanischen Massenmarkt für zu modern. Außerdem hatte der Name Benetton trotz seiner marktführenden Stellung in Italien und trotz des einen My Market in Paris europaweit noch nicht die nötige Berühmtheit erlangt, um auch ins Bewusstsein der amerikanischen Öffentlichkeit zu dringen.

»Diese erste Erfahrung in Amerika war ein Schlüsselerlebnis«, erinnerte Luciano sich später. »Mir wurde klar, dass nicht überall auf der Welt dieselben Gesetze gelten. In Amerika herrschten einfach völlig andere Verhältnisse. Die Menschen waren ganz anders. Es war zuerst ein richtiger Schock.«

Luciano verließ New York um einige Erfahrungen reicher, als er gekommen war. Eines der ersten Gespräche, die er nach seiner Rückkehr führte, war ein Telefonat mit Lison Bonfils in Paris.

»Richte deiner Freundin meinen Dank aus«, sagte er. »Aber wir sind noch nicht reif für Amerika. Es wird noch sechs oder sieben Jahre dauern, vielleicht auch zehn.«

Tatsächlich vergingen neun Jahre, ehe Benetton den nächsten Angriff auf den amerikanischen Markt unternahm, und weitere vier, bevor die Marke dort Fuß fasste. Selbst dann beschränkte sich der Erfolg zunächst noch auf New York, den Nordosten und Kalifornien, wo die Kunden am stärksten »europäisiert« waren.

Die Fabrik arbeitete auf Hochtouren, aber selbst bei voller Auslastung der Kapazitäten konnte die Produktion mit der steigenden Nachfrage kaum Schritt halten. Die Produktpalette wurde immer breiter und die Zahl der Geschäfte stieg explosionsartig an. Trotzdem warnte Gilberto davor, in einen Moloch von Fabrikanlage zu investieren, wie die Werke von Fiat und Pirelli in den Industriestädten es waren. Diese gerieten zu Zielscheiben für die Proteste Tausender unzufriedener Arbeiter. Auch Luciano lehnte die entmenschlichten Arbeitsbedingungen ab, die in solchen Unternehmen herrschten. Er betrachtete sie als Zeitbomben, die jederzeit explodieren konnten. Die Folgen waren selbst für die größten Konzerne verheerend – für Benetton hätten sie den sicheren Untergang bedeutet. Die Benettons beschlossen, stattdessen zwei kleinere Fabriken in den nahe gelegenen Orten Villorba und Monzabano zu übernehmen und nach ihren Erfordernissen umzurüsten. Sie sorgten dafür, dass Benettons Mitarbeiter in Ponzano, Villorba und Monzabano zusammen immer noch nicht mehr als 30 Prozent der Gesamtzahl der unmittelbar bei Benetton Beschäftigten ausmachten. Die Übrigen waren Angestellte der vielen Subunternehmer in der Gegend, mit denen Benetton immer enger zusammenarbeitete.

Während die gesellschaftlichen Konflikte sich verschärften, hatten die großen Gewerkschaften ein waches Auge auf den Benetton-Konzern, und was sie sahen, missfiel ihnen zunehmend. Das dezentrale System der Zusammenarbeit mit Subunternehmern war völlig legal und wurde von Familienbetrieben im Veneto schon seit Generationen angewandt, aber die Gewerkschaften sahen in diesen Strukturen eine Gefahr für ihre eigene Strategie, eine zentrale Hausmacht aufzubauen. Sie bezeichneten die Arbeit in den Subunternehmen als »Schwarzarbeit« und versuchten, die Beschäftigten dieser Betriebe davon zu überzeugen, dass sie ausgebeutet wurden. Gleichzeitig drängen sie Gilberto, Luciano und Carlo, der als Produktionsleiter in diesen Verhandlungen federführend war, dazu, mehr eigene Fabriken aufzubauen – angeblich im Interesse der wirtschaftlichen Wiederbelebung der Region. Die Gewerkschaftsvertreter forderten außerdem eine stärkere »Beteiligung« der internen Belegschaft an der Planung und Gestaltung der Fertigungsprozesse, als sie sie gegenwärtig hatte.

Die Gewerkschaften unterschätzten Carlos Stehvermögen in diesem Punkt. Obwohl er der Jüngste der vier Geschwister war, stand er schon länger im Berufsleben als viele der Gewerkschaftsvertreter, mit denen er jetzt verhandelte, und wusste ihr entschlossenes Auftreten und ihre geschickte Rhetorik zu nehmen.

Luciano tendierte mehr zur politischen Linken als seine Geschwister. Für ihn waren Gewerkschaften weder gut noch schlecht, sondern einfach eine Gegebenheit. Aber ihm war gleichzeitig klar, dass der Erfolg des Konzerns und des wachsenden Netzwerks der Läden, von dem dieser abhing, nicht bloß das Ergebnis harter Arbeit der Familie und ihrer Mitarbeiter war. Dieser Erfolg basierte zu einem großen Teil auf dem ausgewogenen Verhältnis zwischen der gestalterischen Kontrolle, die Luciano ausübte, und der geschäftlichen Autonomie der Ladenbesitzer. Luciano lehnte den Gedanken ab, dass derselbe Erfolg auch mit Tarifverträgen und Ausschüssen, die Geschäftspraktiken und Arbeitsweise zentral steuerten, erzielt werden könnte. Diese Vorstellung lief dem zuwider, was seiner Meinung nach Benetton bisher so erfolgreich gemacht hatte. Unternehmen wie Fiat und Pirelli hatten sich von ihren Mitarbeitern entfremdet und sie zu Feinden gemacht. Das fiel jetzt auf die Betriebe zurück und rächte sich in Form spontaner Arbeitsniederlegung, des Abladens von Exkrementen auf den Schreibtischen der Direktoren sowie in Form von Streikposten und gewaltsamer Einschüchterung innerhalb und außerhalb der Fabriken. Als die Gewerkschaften sahen, in welche Bedrängnis diese riesigen Konzerne gerieten, witterten sie ihren Sieg und machten Jagd auf weitere führende Kapitalistenköpfe. Ihre Bedingungen vorbehaltlos zu akzeptieren hätte für Benetton den Untergang bedeutet. Aber die Auseinandersetzung mit den Gewerkschaften war nicht mehr zu vermeiden – sie hatten den Benetton-Konzern ins Visier genommen.

Jetzt galt es, Ruhe zu bewahren und eine Gegenstrategie zu entwickeln, während Carlo die Gewerkschaftsvertreter am Verhandlungstisch hielt.

Die vier Benetton-Geschwister hatten inzwischen insgesamt zwölf Kinder. Das älteste, Giulianas Tochter Paola, war 13. Giuliana selbst, mittlerweile 34, verband ihr Familienleben mit ihrer Arbeit in der Entwurfsabteilung, wo sie neue Kollektionen entwickelte und einem wachsenden Team von Designern vorstand. Sie hatte gerade die erste Serie von Schul- und Freizeitkleidung für Kinder vom Säuglingsalter bis zu zwölf Jahren entworfen. Diese Kollektion wurde unter dem Namen »012« verkauft – zunächst in den Läden My Market, Fantomax, Tomato und Merceria, später auch in speziellen 012-Läden.

Der Konzern hatte sich inzwischen unbemerkt zum weltweit größten Einzelabnehmer von Wolle entwickelt. Seit Benetton außerdem immer mehr nicht wollene Kleidung für Kunden jeglichen Alters auf den Markt brachte, stieg auch der Bedarf an Baumwolle. In den Straßen von Treviso – ganz zu schweigen von Rom und Paris – war nicht zu übersehen, dass man neuerdings auch vermehrt Jeans und T-Shirts trug – eine Entwicklung, der Benetton Rechnung trug, indem mehr Artikel dieser Art für das Sortiment von My Market, Tomato und Fantomax produziert wurden. Aber während diese Läden immer noch hauptsächlich untereinander konkurrierten, gab es auf dem Jeansmarkt zahlreiche andere Konkurrenten. Dazu gehörten die exklusiven amerikanischen Marken Levi Strauss und Wrangler ebenso wie die weniger teuren einheimischen Fabrikate aus »original amerikanischem Stoff«. Unter diesen italienischen Marken waren auch Fiorucci und Jesus Jeans. Letztere sorgte wenig später mit einer spektakulären Werbekampagne für Aufsehen. Auf dem Bild war das üppige Hinterteil einer Frau in abgeschnittenen Jeans zu sehen – das der Freundin des Fotografen Oliviero Toscani.

Luciano selbst trug oft Jeans und hatte, als er in Amerika war, beobachten können, wie sie sich von der Kleidung der Armen und Arbeiter zum letzten Schrei der Jugendmode entwickelt hatten. Bei diesem Artikel war der kritische Punkt nicht das Design, sondern einzig und allein die geschickte Vermarktung. Während seines Amerikaaufenthalts erfand Luciano den Namen »Jeans West« für Benettons erste eigene Jeans-Produkte. 1974 – zwei Jahre nachdem die 012-Kollektion auf den Markt gekommen war, aber noch bevor der erste Laden diesen Namen trug – entstand in der Universitätsstadt Padua der erste Jeans-West-Laden nach einem Entwurf der Scarpas. Inhaber bestehender Läden und neue Unternehmer schlossen sich ihm bald an, so dass ein rasch wachsendes Netzwerk entstand. Diese Läden waren die ersten in Benettons Netzwerk, die denselben Namen trugen wie die Marke, die sie führten. Der Name Benetton indessen stand immer noch nicht erkennbar in Beziehung zu irgendeinem der verschiedenen Läden. Er trat nur auf den Etiketten der Kleidungsstücke und in der Zeitungs- und Zeitschriftenwerbung in Erscheinung.

Der Jeans-Boom, aus dem die Jeans-West-Kollektion und wenig später die gleichnamigen Läden entstanden, führte auch dazu, dass Benetton erstmals eine bestehende Marke aufkaufte. »Sisley« in Paris produzierte und vermarktete seit 1968 Jeans, hatte aber ansonsten wenig mit Benetton-Kleidung und den Geschäften, in denen diese verkauft wurde, gemeinsam. Der Hauptgrund für die Übernahme im Jahr 1974 war, dass Benetton sich Sisleys Exklusivrechte für »Unisex«-Mode sichern wollte. Luciano plante, aus Sisley eine gehobene Marke für überwiegend männliche Kundschaft zu machen – als Gegenstück zu der hauptsächlich aus Damenmode bestehenden Massenware, die Benetton bisher produzierte. Die Marke Sisley behielt einen unabhängigen Status. Zwar wurden die gleichnamigen Läden von den Scarpas gestaltet, aber Sisley hatte eigene Designer und Werbefachleute und der Name Benetton erschien weder auf den Etiketten noch in der Werbung. Trotz dieser deutlichen Abgrenzung gegenüber Benetton fehlte der Marke jedoch ein eigenes Profil. Sie behielt eine unglückliche Randstellung, bis einige Jahre später Lucianos ältester Sohn Mauro, der zum Zeitpunkt der Übernahme erst zwölf war, sich im Konzern hochgearbeitet hatte und in Sisley seine Chance sah, sich einen Namen zu machen. Er band die Marke enger in das Netzwerk von Benetton ein und machte daraus das, was sein Vater im Sinn gehabt hatte: »coole« Outdoor-Freizeitkleidung für modebewusste Kunden, jetzt allerdings für beide Geschlechter.

Lucianos Strategie im Umgang mit den Arbeiterorganisationen bestand darin, den Dialog mit ihnen aufrechtzuerhalten. Sein Bruder Carlo trat als Sprecher auf und gemeinsam versuchten die vier Geschwister, dem Unternehmen den Anschein eines exklusiven Bekleidungsherstellers zu geben, der auf Bestellung fertigte. So sollte dem Image eines automatisierten Herstellers von Massenware entgegengewirkt werden. Die Benettons betonten, dass sie nur ein Glied – wenn auch das zentrale Glied – in einer geschlossenen Kette waren, die zum größeren Teil aus Subunternehmen bestand. Sie unterstrichen die Notwendigkeit, die Produktion kurzfristig ausweiten oder zurückfahren zu können, und wiesen darauf hin, welche Tragweite die plötzlichen Schwankungen im Geschmack der Kunden hatten. Aber bald wurde deutlich, dass die großen Gewerkschaften diesen Argumenten nicht zugänglich waren.

Im Frühjahr 1974 kam es trotz zahlreicher Zugeständnisse zweimal zu einem Tag Dienst nach Vorschrift – als Protestaktion gegen die »dezentralisierte« Arbeit. Die Situation verschärfte sich, als die Gewerkschaftsvertreter die größere »Beteiligung« am Produktionsprozess einforderten, die sie schon früher verlangt hatten. Unter anderem wollten sie ein Mitbestimmungsrecht über die Anzahl der Artikel, die in einer bestimmten Zeit eingefärbt wurden. Lucianos Ärger und Frust über diese »Diskussionen«, die ihm immer kleinkarierter vorkamen, wuchs von Tag zu Tag. Schließlich war der Punkt erreicht, an dem ihm klar wurde, dass er keine weiteren Zugeständnisse machen durfte. Fortan würde die Antwort »nein« lauten. Die Gewerkschaftsvertreter verachteten Schwäche noch mehr als den Kapitalismus an sich. So kam es, dass sie von diesem Moment an das Interesse an

Benetton verloren und sich anderen Zielen zuwandten, die eine leichtere Beute und mehr Erfolg versprachen. So wie im Krieg die deutsche Front auf ihrem Rückzug von Süden her durch Treviso gezogen war, so waren die Kräfte der militanten Linken von Westen gekommen, hatten die Region überrollt und zogen sich jetzt wieder in die großen Industriestädte zurück, wo die letzten und schwersten Gefechte ausgetragen wurden.

Benetton schien davongekommen zu sein. Aber Luciano zog aus dieser Erfahrung den Schluss, dass der Konzern sich die Strategie eines Chamäleons aneignen musste, um den Erfolg nicht zu gefährden. Das unauffällige Erscheinungsbild und das bescheidene Auftreten, zunächst nur instinktive Schutzmechanismen, bestimmten fortan Lucianos persönliches Verhalten ebenso wie seine Unternehmenspolitik.

In den großen Städten spitzte sich unterdessen der Konflikt zwischen der Linken und der Rechten zu und Terrorismus und Entführungen stellten die Bedrohung durch die militanten Arbeiterorganisationen bei weitem in den Schatten. Lucianos Strategie bewirkte, dass der Konzern mit unverminderter Geschwindigkeit expandierte, diese Entwicklung jedoch nicht nach außen sichtbar wurde. Eher schien das Unternehmen zu schrumpfen, da der Name Benetton angesichts der steigenden Zahl der verschiedenen Marken und Läden immer mehr in den Hintergrund rückte.

Luciano verkaufte in aller Stille nach und nach seine Liebhaberautos, die er schon lange nicht mehr aus der Garage geholt hatte. Die stetig wachsende Zahl der Subunternehmer, mit denen der Konzern Exklusivverträge über Produktion und Fertigung hatte, bewirkte, dass der Name Benetton auf den Firmenschildern der Fabriken nicht in Erscheinung trat. Stattdessen arbeitete jeder dieser Betriebe unter dem eigenen Familiennamen.

Mittlerweile gab es 800 Läden überall in Italien und weitere 100 in Frankreich, Deutschland und Belgien, doch obwohl all diese Läden ausschließlich von Benetton beliefert wurden und die Zahlungen von dort ausschließlich an Benetton flossen, trug kein einziger von ihnen den Namen Benetton. Die Familie hielt alle Informationen über die Finanzlage des Konzerns streng geheim und selbst Luciano gab keine Interviews mehr. Jene Benettons, die im Telefonbuch von Treviso – und in denen anderer Städte – zu finden waren, hatten keinerlei Verbindung zum Unternehmen oder der Familie. Dennoch ließen viele ihren Eintrag aus dem Telefonbuch streichen, um nicht einem Irrtum etwaiger Entführer zum Opfer zu fallen.

Fünf Jahre zuvor, als das Unternehmen noch nicht durch Streiks und Terrorismus, sondern durch zu schnelles Wachstum gefährdet gewesen war, hatten die Benettons die Villa Minelli gekauft. Im Laufe dieser fünf Jahre waren die Restaurierungsarbeiten unter der Leitung der Scarpas und Elio Aluffis beinahe zum Abschluss gekommen. Aber seither hatten sich die Zeiten geändert. Die Villa hatte ein Wahrzeichen des Erfolgs der Benettons und ein Ausdruck ihres Wunsches sein sollen, ihrer Heimat einen Dienst zu erweisen. Doch angesichts der brisanten Lage konnte jetzt selbst die fertig restaurierte Villa Minelli als gefährliche Provokation ausgelegt werden.

An einem Oktobertag im Jahr der Streiks machte einer der am Bau Beteiligten eine aufregende Entdeckung. Es war Eugenio Peralli, ein älterer Handwerker, der schon im Ruhestand gewesen war, als man ihm angetragen hatte, bei den Restaurierungsarbeiten mitzuwirken. Er schrie die Neuigkeiten zur Fabrik hinüber, wobei er vor Aufregung fast vom Gerüst fiel: Unter den 200 Jahre alten Schichten von Putz waren ausgezeichnet erhaltene Fresken zum Vorschein gekommen. Besonders Luciano war hingerissen von dem, was er da sah. Es war wie ein Lohn für all die harte Arbeit und die unerschütterliche Zuversicht, die er aufgebracht hatte, um in den Besitz dieses Gebäudes zu kommen. Aber auch Luciano musste zugestehen, dass die verborgenen Schätze, die jetzt in all ihrer früheren Pracht freigelegt wurden, zunächst nur wenigen ausgewählten Personen zugänglich gemacht werden konnten. Ein einziger Terroranschlag hätte ausgereicht, um diese Kostbarkeiten, die 200 Jahre des Niedergangs, Kriege, Verfall und den Ansturm heimatloser Flüchtlinge überlebt hatten, ein für alle Mal auszulöschen. Erst wenn es möglich wäre, einem Fremden zu vertrauen und ihn einzuladen, sich die Fresken anzusehen – erst dann würde ihr Geist befreit und der Preis der »bleiernen Zeit« gezahlt sein.

In dem Jahr, nachdem der alte Peralli die Fresken freigelegt hatte, verkaufte Luciano die letzten seiner Liebhaberautos – ein Teil seiner Überlebensstrategie angesichts des Terrorismus. Zu seinem 40. Geburtstag machte Teresa ihm ein ganz besonderes Geschenk.

»Wir dachten, du könntest das hier vielleicht gebrauchen«, sagte sie. Luciano öffnete unter den Anfeuerungsrufen der Kinder mehrere Schichten Geschenkpapier. Zum Vorschein kam ein Akkordeon – genau so eines, wie er 20 Jahre zuvor verkauft hatte, um das Geld für Giulianas erste Strickmaschine aufzubringen. Er nahm es vorsichtig hoch und nach ein paar anfänglichen Fehlversuchen gelang es ihm, eine bekannte Melodie aus den 50er Jahren zu spielen – aus jener Zeit, in der er für Geld in einer Band gespielt hatte.

»Das Geschäft läuft ja inzwischen ganz gut«, lachte Teresa. »Da dachten wir, es wäre langsam Zeit, dass du es wiederbekommst.« Später sagte sie zu ihm: »Siehst du, Schatz, die wirklich wichtigen Dinge gehen nie ganz verloren.« Diese Worte sollten Luciano durch sein ganzes weiteres Leben begleiten. Aber in dem Moment gab es erst einmal eine Geburtstagsfeier mit Musik und Gesang, an der die ganze Familie teilnahm.

Teresa und Luciano hatten sich durch Zufall kennen gelernt, als er noch im Geschäft der Dellasiegas arbeitete. Eine weitere zufällige Begegnung sollte nun dazu führen, dass ihre Ehe zerbrach. Vier Monate später reiste Luciano nach Varese in der Nähe von Mailand, wo er mit dem Inhaber eines Jeans-West-Geschäfts und dessen Mitarbeitern zum Essen verabredet war. Bei Tisch saß er neben einer jungen Frau, die im Laden arbeitete. Sie hieß Marina Salomon. Natürlich wusste sie, wer er war.

»Kennen Sie William Faulkners Romane?« fragte sie ihn.

Luciano gestand, dass sie ihm unbekannt waren. Sofort brach die junge Frau in Erklärungen aus – nicht etwa darüber, warum sie ihn danach gefragt hatte, sondern darüber, warum er die fraglichen Romane unbedingt lesen müsse. Luciano war abwechselnd überrascht, geschmeichelt und fasziniert. Obwohl sie kaum älter als 20 sein konnte, strahlte ihr von langem, dunklem Haar umrahmtes Gesicht eine außergewöhnliche Intensität und Energie aus. Nach dem Essen erzählte sie Luciano, dass sie bald für ein Jahr zum Auslandsstudium nach London gehen würde.

»So ein Zufall«, hörte er sich sagen. »Ich reise nächste Woche geschäftlich nach London.«

Das entsprach zwar nicht den Tatsachen, obwohl Luciano mittlerweile immer ausgedehntere Geschäftsreisen unternahm. Aber während der vergangenen Stunde hatte er jegliches Gefühl für Tatsachen verloren. Er wusste nur noch, dass er sie wiedersehen wollte.

Die ganze folgende Woche hindurch quälte Luciano sich mit Grübeleien. Das war doch lächerlich – sie war eine 20-jährige Studentin und er ein 40-jähriger Geschäftsmann, seit 14 Jahren verheiratet und Vater von vier Kindern. Das war Irrsinn und es war gefährlich.

Er flog nach London. Am Flughafen stürmte sie aus der Menge der Wartenden auf ihn zu und warf sich ihm in die Arme. Die beiden verbrachten das Wochenende miteinander. Als er wieder nach Hause kam, war er verliebt und über sich selbst entsetzt. Marina war eines von sieben Kindern einer kultivierten jüdischen Familie und sprach vier Sprachen. Eine Woche später schrieb sie ihm, dass sie ihn liebe, es aber nicht ertragen könne, seine Ehe und seine Familie zu zerstören. Er stimmte ihr zu. Die beiden wandten sich wieder ihren jeweiligen Geschäften zu – sie ihrem Studium in London, er seiner Arbeit in Ponzano. Beide vermieden den Gedanken daran, was geschehen könnte, wenn sie in den Ferien nach Hause käme.

Die Rezession, die durch die weltweite Energiekrise und den Ölpreisschock ausgelöst worden war, machte sich überall bemerkbar. Im ganzen Land mussten Geschäfte schließen und selbst die konsumfreudigsten Kunden schnallten den Gürtel enger. Gleichzeitig aber ließen sich die Leute ihre Konsumgewohnheiten nur bis zu einem gewissen Grad von Energieknappheit und Preissteigerung diktieren. Darüber hinaus taten sie ihren Protest gegen die Kälte kund, indem sie loszogen und sich neue, farbenfrohe Wollpullover kauften – dickere als gewöhnlich, aber von Benetton. Insbesondere die Bedürfnisse der Jüngsten sollten wegen der Rezession nicht zu kurz kommen. Diese Einstellung wirkte sich auf den Umsatz der 012-Läden aus, von denen es landesweit schon mehr als 100 gab. Inflation und Rezession im eigenen Land machten unterdessen das Exportgeschäft umso einträglicher.

Folglich drängte es Luciano, seine Geschäftsphilosophie in der ganzen Welt zu verbreiten.

4. Zwanglos zum Imperium

Ponzano, Veneto 1976

Die Krise verschärfte sich und immer mehr Geschäfte im Land und über die Grenzen Italiens hinaus mussten schließen. Zugleich verfolgten einige Unternehmer eine antizyklische Politik. Sie nutzten die schwierigen Zeiten dazu, ihre Beteiligung am Netzwerk der Läden zu erhöhen. Schließlich würde auch diese Krise einmal zu Ende gehen und wenn Luciano jetzt das Exportgeschäft ausbaute, würden seine Investitionen im In- und Ausland sich später, wenn die Wirtschaft sich wieder erholt hatte, doppelt bezahlt machen.

Als Marina zum ersten Mal Ferien hatte, wurden ihre und Lucianos schlimmste Befürchtungen wahr. Sobald sie aus London zurückgekehrt war und die beiden sich wieder sahen, wussten sie, dass sie nicht auf Dauer ohne einander sein konnten und wollten. Den ganzen Winter über und bis in den Frühling hinein, als Marina schon wieder in London war, führte Luciano das Doppelleben des untreuen Partners. Er erlebte eine Mischung von Ekstase und Schuldgefühlen, musste ständig die Entdeckung seines Geheimnisses fürchten und sehnte diese zugleich herbei, damit die Heimlichtuerei ein Ende hätte. Luciano lebte in einem Gefühl der Unwirklichkeit, das nur für die allzu kurze Dauer ihrer Begegnungen von ihm abfiel. Einerseits war er sich darüber im Klaren, dass eine Scheidung nicht in Frage kam, andererseits hatte seine Beziehung zu Teresa sich aber bereits unwiderruflich verändert. Sein Respekt vor ihr verbot ihm, abzuwarten, bis sie durch andere erfuhr, was er ihr verheimlichte. Es widerstrebte Luciano, seine eigenen Schuldgefühle abzuwälzen, indem er zuließ, dass die Wahrheit durch Zufall ans Licht kam.

Nach Monaten der Untreue gestand er Teresa schließlich seine Affäre mit Marina. Er wollte mehr, als das Leben mit ihr und den Kindern in dem Haus nahe der Fabrik ihm bieten konnte. Teresas Verbitterung und Kummer waren verständlich, aber er konnte jetzt nicht mehr bleiben – darin waren sie sich einig. Was nun aus ihnen werden sollte, wussten sie allerdings beide nicht. Es gab Tränen und schreckliche Szenen, aber zugleich bemühten sie sich, das Ganze vor den Kindern geheim zu halten, bis sie zu einer Entscheidung gekommen waren.

Schließlich zog Luciano aus und kaufte ein Haus in Venedig, nur 40 Minuten entfernt, in dem er mit Marina zusammen wohnte. Nach langwierigen Verhandlungen kamen er und Teresa überein, jeden Tag gemeinsam mit den Kindern im Haus der Familie zu Mittag zu essen. Die vier Kinder reagierten abwechselnd verständnislos und vorwurfsvoll, verschlossen und verstört. Aber das starke Zusammengehörigkeitsgefühl der Familie, das Luciano offenbar nicht mehr teilte und mittlerweile als einengend empfunden hatte, gab ihnen Halt. Teresa war gerade in dieser Hinsicht vom Beginn ihrer Beziehung an Teil der Familie Benetton gewesen. Damals hatte sie, die vorher nie hatte arbeiten müssen, sofort mit Giuliana zusammengearbeitet. Sie stand der Familie und dem Unternehmen so nahe, dass es seitens der Benettons nicht die Spur jener unangenehmen Reaktionen und versteckten Verdächtigungen gab, die in derartigen Situationen häufig zu Tage treten. Wegen der engen Beziehung, die Lucianos Frau mit seinen Geschwistern und seiner Mutter verband, waren die Veränderungen für die Familienmitglieder zwar ein harter Schlag, zugleich half die Nähe ihnen aber auch, sich schließlich mit der neuen Situation abzufinden. Ein Jahr, nachdem Marina mit Luciano nach Venedig gezogen war, lud Rosa die beiden zum Essen ein.

Andere, die dem Familienbetrieb nahe standen, aber nicht unbedingt zum inneren Kreis gehörten, waren nicht so nachsichtig. Zu diesen gehörten Tobia und Afra Scarpa – trotz ihrer Freigeistigkeit und der liberalen Haltung, die sie zur Schau trugen. Luciano hatte sie reich und berühmt gemacht, aber was er Teresa jetzt angetan hatte, sahen sie – ebenso wie er selbst – als nicht wieder gutzumachendes Unrecht an, das sie ihm nicht verzeihen konnten. Nachdem die Scarpas ihre Arbeit an der Villa Minelli abgeschlossen hatten, brachen sie jeglichen Kontakt zu Luciano und dem Benetton-Konzern ab. Sie empfanden den Betrug so stark, dass es schien, als habe Lucianos Verhalten in ihrem eigenen strengen Wertesystem einen wunden Punkt berührt. Die Scarpas waren in ihren grundsätzlichen Überzeugungen erschüttert worden und das nahmen sie Luciano übel.

Auch Marina fand bei ihrer Familie zwar Unterstützung, stieß aber zugleich auf Skepsis. Die zutiefst konservative Haltung, die der venezianischen Gesellschaft innewohnte, drängte sie für einige Zeit in soziale Isolation. Wenn Luciano unterwegs war, kam sie sich vor wie eine Gefangene im eigenen Haus. Manche ihrer gemeinsamen Bekannten brauchten lange, um den Schock zu überwinden. In der Zwischenzeit suchten Luciano und Marina Zuflucht in gemeinsamen Reisen an entlegene Orte. Sie besuchten die dänischen Inseln, die abgeschiedenen Wälder Neuenglands und die Ruinen aus der Inkazeit in Südamerika.

Es stellt sich die Frage, inwieweit Luciano die Auswirkungen – positive wie negative – seines Verhaltens bedacht hatte. Er hatte das Leben derer, die ihm am nächsten standen und denen gegenüber er als Ehemann und Vater zuallererst verantwortlich war, von Grund auf erschüttert. Teresa hatte mit Giuliana zusammengearbeitet, sie hatte ihm vier Kinder geboren und war eine hingebungsvolle Ehefrau und Mutter. Giuliana selbst hatte ihr Glück in einer Ehe gefunden, in der sie keine Einschränkung ihrer eigenen Individualität sah. Gilberto und Carlo waren ebenfalls glücklich verheiratet und hatten Kinder. War Lucianos Verhalten etwa bloß die Auswirkung einer Midlifecrisis, die eines so intelligenten und erfolgreichen Mannes unwürdig war? War es nur ein mutwilliges Aufbegehren gegen die Wertvorstellungen einer Welt, die ihn begünstigte, über die er sich aber erhaben fühlte? So lauteten zumindest die Erklärungen, die seine Freunde und Bekannten fanden. Der eigentliche Grund war jedoch ein anderer. Lucianos Situation zu der fraglichen Zeit wies frappierende emotionale und psychologische Parallelen zu der Situation auf, die er als Kind in seiner eigenen Familie erlebt hatte. Als Luciano sich von seiner Frau trennte, war er fast genau so alt, wie sein Vater gewesen war, als er starb und eine Familie hinterließ, die fortan auf sich selbst gestellt war. Luciano hatte wie Leone Benetton vier Kinder, die er ohne väterliche Bezugsperson zurückließ. Diese Kinder waren etwa im selben Alter, wie Luciano und seine Geschwister gewesen waren, und in beiden Fällen blieben die Geschwister in der Obhut einer starken und lebenstüchtigen Mutter.

Luciano wusste besser als jeder andere, welches Trauma es für ein Kind bedeutete, plötzlich einen Elternteil zu verlieren, aber er war überzeugt, dass seine Kinder es überwinden würden, wie er selbst es überwunden hatte. Sein ganzes bisheriges Leben lang war er für die Bedürfnisse anderer da gewesen. Seine eigenen Kinder waren gewissermaßen schon seine zweite Familie, da er für seine Geschwister den Vater hatte ersetzen müssen. Aber während Luciano und seine Geschwister einem ständigen Überlebenskampf ausgesetzt gewesen waren, brauchten seine eigenen Kinder und ihre Mutter sich in materieller Hinsicht keine Sorgen zu machen. Um ihnen Sicherheit und Annehmlichkeiten bieten zu können, hatte Luciano große Anstrengungen auf sich genommen und sie dabei viel allein lassen müssen. Vielleicht hatte die häufige Abwesenheit ihn seiner Familie entfremdet.

Anders als im Fall seines Vaters war die Trennung nicht absolut und endgültig. Auch wenn seine Kinder das im ersten Moment nicht glauben mochten – Luciano wusste, dass er immer für sie da sein würde. Schon als Junge hatte er neben seiner verantwortungsvollen Rolle als Ersatzvater, Sohn und Bruder immer auch einen Ausgleich gebraucht, einen Freiraum. Jetzt, da er erwachsen war, reichte es ihm nicht mehr,

Mitglied in einem Ruderclub und Miteigentümer einer Vespa zu sein. Womöglich hatte er das Gefühl, seine Schuld nicht bloß einer, sondern zwei Familien gegenüber inzwischen abgetragen zu haben, und suchte eine Art emotionaler Entschädigung.

Luciano hatte die Unternehmensphilosophie, die er in der Welt verbreiten wollte, auf eine Formel gebracht: Er wollte sein Unternehmen »zwanglos zum Imperium« ausbauen.

Im eigenen Land hatte diese Philosophie dazu geführt, dass aus einem einzigen, in einer Mischung aus Eigeninitiative und Geschäftssinn aufgebauten Laden ein Netzwerk aus Hunderten von Geschäften entstanden war, die auf denselben Prinzipien beruhten. Aber Lucianos Versuch, diese Philosophie einfach auf ein europäisches Nachbarland zu übertragen, wo die Kundschaft gesellschaftlichen und kulturellen Einflüssen von außen gegenüber offen zu sein schien, war schon in Frankreich fehlgeschlagen. Erst als Luciano sein Privatleben für eine Weile hintanstellte und mit Lison Bonfils' Hilfe seine Erfahrungen am französischen Markt in allen Einzelheiten unter die Lupe nahm, wurde ihm klar, warum seine Rechnung nicht aufging.

Die beiden besprachen das Problem mit Giuliana und kamen zu dem Schluss, dass sie unter anderem bei den Farben einen Fehler gemacht hatten. Diese waren klar und international, wodurch sie besonders die Jugend ansprachen. Darüber hinaus mussten sie aber für die Franzosen auch französisch wirken und den Amerikanern müssten sie amerikanisch erscheinen, damit Benetton auch in den Vereinigten Staaten Erfolg haben konnte. Giuliana stellte für die französische Kollektion eine neue Farbpalette mit zarteren und dezenteren Tönen wie Flieder und Schokoladenbraun zusammen. Dann wurden die Gegebenheiten in Frankreich analysiert und die Werbekampagne speziell auf den dortigen Markt abgestimmt. Das Ergebnis war, dass die Kleidungsstücke viel bereitwilliger akzeptiert wurden und die Nachfrage, die es vorher kaum gegeben hatte, plötzlich erheblich stieg. Die Wiederbelebung des Handels nach der Wirtschaftskrise gab dem Geschäft zusätzlichen Auftrieb, die neue Werbekampagne rückte die Kleidung und die Läden, die sie verkauften, in den Blickpunkt der Öffentlichkeit und schließlich gelang der Durchbruch. Das Ergebnis war, dass innerhalb von zwei Jahren in Frankreich 200 Läden – jetzt unter dem Namen »Benetton« – entstanden, wo es vorher nur ein einziges My Market gegeben hatte. Diesmal überwand der Name Benetton mühelos kulturelle Grenzen.

Und Luciano hatte jetzt auch einen legitimen Grund, erneut nach London zu reisen.

London, Großbritannien 1977

Für den Erfolg in London kam es ebenso wie in Paris darauf an, den Standort und den Namen für den ersten Laden geschickt zu wählen. Diesmal machte Luciano dabei keinen Fehler. Er entschied sich für South Molton Street, eine angesehene Einkaufsstraße etwas südlich der Oxford Street. Es ist eine Straße, die die meisten Leute gezielt aufsuchen und nicht bloß zufällig durchqueren. Die exklusiven Läden in der Nachbarschaft spiegeln die ausgeprägte Vorliebe der Briten für italienische Mode wider. Erst zwölf Jahre waren vergangen, seit der Einfluss des Swinging London der 60er Jahre Piero Marchiorello und Luciano Benetton dazu angeregt hatte, ihren ersten Laden My Market zu nennen – als Hommage an Carnaby Street. Damals hatten sie damit die Jugend von Belluno als Kundschaft gewinnen können. Jetzt aber, zwölf Jahre später, wirkte London so leblos, wie Belluno es gewesen war, bevor My Market kam. Anders als in Frankreich gab es in Großbritannien keine nennenswerte Konkurrenz durch die einheimische Modeindustrie. Tatsächlich existierte zu jener Zeit kaum so etwas wie eine britische Modeindustrie, die auf dem einheimischen oder internationalen Markt mit Frankreich oder Italien hätte konkurrieren können. Benettons klarer, internationaler Stil war daher umso geeigneter, den britischen Modemarkt zu erobern.

Kurz nach der Eröffnung des ersten Ladens in London, der wiederum einfach »Benetton« hieß, hatten Luciano und Gilberto einen Termin bei der Londoner Barclays Bank, um ihr erstes und einziges internationales Darlehen aufzunehmen. Anschließend war ein Fototermin angesetzt. Gilberto hatte besorgt bemerkt, wie salopp Luciano gekleidet war – bei solchen Gelegenheiten war es üblich, einen Anzug zu tragen. Er brachte Luciano dazu, sich eigens zu diesem Anlass einen zu kaufen. Luciano posierte in dem Anzug für das Foto und lächelte gemeinsam mit seinem Bruder und den Leuten von der Bank in die Kamera. Sobald die Prozedur vorüber war, zog er sich wieder um.

Frankfurt am Main, Deutschland 1978

Was Einkaufs- und Kleidungsgewohnheiten betraf, waren die Eigenarten der Deutschen noch ausgeprägter als die der Engländer. Selbst für den gewieftesten italienischen Geschäftsmann war Deutschland ein unsicheres Terrain – und Luigi Pilota war außerordentlich gewieft.

Pilota war Benettons Vertreter für Deutschland, Mittel- und Süditalien. Er wusste, dass die Deutschen die konservativste Kundschaft waren, mit der das Unternehmen es bisher bei seinem Eroberungszug durch Auslandsmärkte zu tun gehabt hatte. Die Deutschen bevorzugten Beige, Schwarz, Kamelfarben, Marineblau und Rot, und zwar in dieser Reihenfolge. Auch nachdem Udo Jansen 1973 in Düsseldorf den ersten deutschen Benetton-Laden eröffnet hatte, blieb es schwierig für Pilota, weitere Gleichgesinnte als zukünftige Ladenbesitzer anzuwerben – »Mit-Benettonianer«, wie sie genannt wurden. Und selbst als ihm das gelungen war, sträubten sich die Betreiber der neuen Läden jahrelang dagegen, kräftige Farben ins Sortiment aufzunehmen. Erst nachdem Pilota schließlich einen von ihnen überreden konnte, eine leuchtend gelbe Kombination aus Hose und Pullover im Schaufenster auszustellen, zogen die übrigen Läden in Deutschland endlich nach. Im Jahr darauf wurde zum ersten Mal seit Menschengedenken Gelb die Modefarbe in Deutschland.

Ponzano, Veneto 1978

In Ponzano hatten inzwischen Luciano, Gilberto und Carlo ihre Büros in die restaurierte Villa Minelli verlegt. Nur Giuliana blieb mit ihren Designstudios in der Fabrik. Anders als bei der Inbetriebnahme des Neubaus acht Jahre zuvor gab es diesmal aus Sicherheitsgründen keine große Einweihungsfeier. Zwar war die Restaurierung der Villa in der Fachpresse lobend kommentiert worden, aber man durfte hoffen, dass Terroristen keine Architekturzeitschriften lasen. Als die Benettons in dem herrschaftlichen Bau mit seinen hohen Empfangssälen, den Fresken und der Aussicht auf die Ebene des Veneto Einzug hielten, umgaben sie sich dadurch nicht nur mit einem sichtbaren Zeichen ihres bisherigen Erfolgs, sondern wurden auch täglich daran erinnert, wie viel sie jetzt zu verlieren hatten. Auf die Handelsvertreter, Ladenbesitzer und Subunternehmer, die in die Büros kamen, machte das Gebäude einen noch größeren Eindruck. Seine unausgesprochene Botschaft war unmissverständlich: Hier, in ihrem eigenen Reich, würden die Benettons sich nie wieder von Bankiers und Juristen bevormunden lassen. Diese und andere Besucher kamen jetzt in die Villa, wo die drei Brüder Audienz hielten – Luciano, der »moderne Handelsfürst«, Gilberto, der Finanzdirektor, und Carlo, der schon in den Auseinandersetzungen mit den Gewerkschaften seine Durchsetzungsfähigkeit und sein Verhandlungsgeschick bewiesen hatte.

Die Roten Brigaden hatten inzwischen fünf Terrorkommandos, die in Rom, Genua, Mailand, Turin und im Veneto operierten. Sie ermordeten gleichermaßen skrupellos Polizisten, Richter, Wissenschaftler, Verleger, Journalisten und Geschäftsleute. Ihr Ziel war es, eine terroristische Massenbewegung zu entfesseln, die zum Umsturz führen sollte. Regierung und Opposition verbündeten sich, um dieser Bedrohung geschlossen entgegenzutreten.

Am 16. März 1978 war Aldo Moro, der Premierminister und Führer der Christdemokraten, auf dem Weg nach Rom ins Parlament, um zum ersten Mal über eine Regierungskoalition zwischen seiner Partei und den Kommunisten zu verhandeln. Sowohl die italienische Rechte als auch – wie später durchsickerte – die amerikanische Regierung wollten dieses Bündnis mit den Kommunisten verhindern. Der italienische Geheimdienst unternahm daher nichts, als die Roten Brigaden Moro und seinen Geleitschutz auf dem Weg zum Parlament aus dem Hinterhalt überfielen. Die Terroristen ermordeten die Polizisten der Eskorte und Moros Fahrer. Ihn selbst verschleppten sie in einem bereitstehenden Auto, das im dichten Verkehr Roms untertauchte. 55 Tage später ermordeten die Terroristen auch Moro und ließen seine Leiche im Kofferraum eines Wagens zurück, den sie in der Innenstadt von Rom abstellten – genau zwischen dem Hauptquartier der christdemokratischen und dem der kommunistischen Partei.

Die Entführung und Ermordung des Premierministers versetzte die Nation in Schrecken. Reformen waren zwar dringend nötig, aber nach diesem Vorfall verhärtete sich die öffentliche Haltung gegenüber dem Terrorismus. Doch die Roten Brigaden waren längst nicht am Ende und die Ermittlungen zu Moros Tod ließen so viele Fragen offen, dass die Schuldigen nie wirklich zur Rechenschaft gezogen wurden. Viele, die an der Aufklärung beteiligt waren, wurden im Verlauf der Untersuchungen ermordet, darunter mindestens ein Journalist sowie der Leiter der polizeilichen Ermittlungen. Für den Mord an Letzterem wurde die sizilianische Mafia verantwortlich gemacht. Der Journalist wiederum war von unbekannten Handlangern ermordet worden, hinter denen man Vertreter der extremen Rechten vermutete. Diese fürchteten, es könnte die Wahrheit darüber ans Licht kommen, dass sie den Mord an Moro mit verschuldet hatten.

Die Ermordung des Premierministers und die fehlende Entschlossenheit der Obrigkeit, die Täter zur Verantwortung zu ziehen, ließen viele einflussreiche Italiener an dem moralischen Vakuum, das im Zentrum der Macht herrschte, verzweifeln. Zu ihrer Sorge um die Zukunft der Nation kam die Angst um die eigene Sicherheit. Giuliana, Gilberto und Carlo trafen insgeheim Sicherheitsvorkehrungen für sich und ihre Familien und achteten sehr darauf, nicht in den Blickpunkt der Öffentlichkeit zu geraten. Luciano, der von den vieren am meisten im Rampenlicht stand, fühlte sich nur auf Reisen wirklich sicher. Wenn er nicht mit dem firmeneigenen grünweißen Cessna-Jet unterwegs war, um Läden im In- und Ausland zu besuchen, fuhr er fast täglich die 40 Minuten von dem Haus in Venedig, das er mit Marina bewohnte, nach Ponzano zur Arbeit. Auch nach Moros Ermordung lehnte er Sicherheitsvorkehrungen wie Leibwächter oder ein gepanzertes Auto ab. Er glaubte nicht, dass Entführer und Stadtguerilla ausgerechnet auf den ländlichen Straßen zwischen Venedig und Ponzano zuschlagen würden. Dennoch war er jedes Mal, wenn die Villa Minelli und das Haus, in dem seine Frau und seine Kinder immer noch wohnten, in Sicht kam, erleichtert, dass die Fahrt wieder einmal ohne Zwischenfälle verlaufen war. Dasselbe Gefühl hatte er auch bei seiner Rückkehr nach Venedig, wenn sich die Inselfestung hinter ihm schloss und er wieder sicher in seinen eigenen vier Wänden war.

Das rasche und scheinbar zwanglose Wachstum des Imperiums dehnte sich über die Grenzen Italiens hinaus auf Großbritannien und das europäische Festland aus. 1979 belieferten die drei Benetton-Fabriken in und um Ponzano im Verbund mit den zahlreichen Subunternehmen bereits 280 Läden in Frankreich, 250 in Deutschland, 100 in Großbritannien, 25 in den Niederlanden und ebenso viele in Belgien. In jedem dieser Länder hatte Luciano umgesetzt, was er aus seinen Erfahrungen in Frankreich gelernt hatte: Die Werbung wurde speziell auf das jeweilige Land abgestimmt und Farben und Material der Kleidung wurden im Rahmen des übergreifenden Benetton-Stils dem Geschmack der dortigen Kundschaft angepasst. Inzwischen gab es über Europa verteilt insgesamt 1 700 Läden. Der Umsatz war allein im Vorjahr um 30 Prozent gestiegen. Der Konzern hielt Informationen über den Umfang seiner Geschäfte und Gewinne weiterhin zurück und sorgte zudem dafür, dass der Name Benetton nicht auf den Ladenschildern in Erscheinung trat. Darüber hinaus vermied die Familie jegliches Aufsehen in den Medien. Doch trotz aller Vorsicht begann das wahre Ausmaß des »Phänomens Benetton« durchzusickern, als im selben Jahr die Australian Wool Corporation Benetton als weltweit größten Abnehmer von Schurwolle nannte. Der nächste Schritt auf dem Weg zum weltweiten Imperium bewirkte eine weitere radikale Veränderung des Unternehmensprofils in der Öffentlichkeit. Nachdem sich Lucianos Reise nach New York neun Jahre zuvor als Fehlschlag erwiesen hatte, unternahm Benetton jetzt endlich den ersten Vorstoß auf den amerikanischen Markt.

New York, USA 1979

Gilberto bildete diesmal die Vorhut, und zwar in Begleitung des weltgewandten Geschäftsmannes Walter Annaratone. Dieser führte gemeinsam mit seiner Frau eine Ladenkette in der Lombardei, jener wohlhabenden Region im Norden Italiens, zu der auch Mailand gehört. Annaratone wollte gemeinsam mit Benetton den ersten Laden in den Vereinigten Staaten eröffnen.

In New York nahmen Gilberto und Annaratone Kontakt zur italienisch-amerikanischen Handelskammer auf. Auf deren Empfehlung hin traten sie an einen jungen amerikanischen Geschäftsmann italienischer Abstammung heran. Er hieß Sal Salibello. Seine Großmutter war von Sizilien nach Amerika ausgewandert. In den Ohren der Norditaliener klang sein Italienisch wie jener Mafia-Dialekt, der in Filmen wie »Der Pate« gesprochen wird. Salibello beeilte sich, seinen Besuchern zu versichern, dass ihn darüber hinaus rein gar nichts mit dem organisierten Verbrechen verband. Er hatte noch nie von Benetton gehört, aber die Vorstellung, in Amerika italienische Freizeitmode zu verkaufen, gefiel ihm.

Salibello betrieb seit neuestem in einem winzigen Büro an der Ecke 35th Street/Lexington eine Unternehmensberatung namens Salibello and Broder. Gilberto erläuterte dem Amerikaner seine Vorstellungen.

> Benetton ist mehr als eine Ware; es ist eine Philosophie. Wir wollen nicht einfach eine amerikanische Version unserer europäischen Läden aufbauen, wir wollen den europäischen Touch erhalten, ihn sogar betonen, aber nur bis zu einem gewissen Grad. Der Reiz des Neuen wird die Kunden anziehen, die Kleidung besorgt dann den Rest.

Salibello war auf Anhieb von dem Plan begeistert. Gilberto und Annaratone wiederum waren von ihm auf Anhieb begeistert. Zwar hatte man ihnen noch drei andere, erfahrenere Unternehmensberatungen empfohlen, die auch dafür in Frage kamen, Benettons Geschäfte in den Vereinigten Staaten zu führen. Aber wie schon bei Roberto Calderoni, Piero Marchiorello, den Scarpas und Annaratone selbst legten die Benettons auch in diesem Fall größeren Wert auf den persönlichen Eindruck als auf die Berufserfahrung, die jemand vorzuweisen hatte. So wurde das bescheidene Büro von Salibello and Broder der erste Stützpunkt für Benettons Eroberungszug auf dem amerikanischen Markt.

Zu Hause in Ponzano diskutierten Luciano, Gilberto, Giuliana, Carlo und Annaratone monatelang darüber, wo in Amerika der erste Laden eröffnet werden sollte. Chicago kam in Frage – dort hatte noch niemand ein solches Geschäft eröffnet. Auch Boston war eine Möglichkeit. Es lag an der »europäischen« Küste Amerikas und bot ein Kundenpotenzial junger, konsumfreudiger Studenten. Außerdem war Washington D. C. in der Diskussion. Früher oder später sollten in all diesen und in Hunderten weiterer Städte Geschäfte entstehen, in denen die Marke Benetton verkauft wurde. Aber zunächst war die

Nähe zu Europa ein entscheidender Faktor. So fiel die Wahl schließlich auf Manhattan im Herzen von New York.

Zuerst suchten die Benettons ein Ladenlokal in der allerbesten Geschäftsgegend an der 5th Avenue, zwischen der 50th Street und der 58th Street. Dort etwas zu finden erwies sich jedoch als völlig unmöglich – erst recht zu einem Preis, der ihren Vorstellungen entsprach. Auch das sollte sich später einmal ändern. Fürs Erste einigten sie sich schließlich auf ein Ladenlokal an der East Madison Avenue 601 nahe der Kreuzung 57th Street. Der Standort war günstig, denn die Hotels Plaza, Helmsley Palace und Pierre waren nur ein paar Meter entfernt, so dass es von Touristen und anderen Reisenden nur so wimmelte. Viele von ihnen kannten Benetton schon aus Europa.

Die Standardausrüstung für die Inneneinrichtung des neuen Ladens – Regale, Umkleidekabinen, Teppiche, Deckenverkleidung und Lampen – wurde von Ponzano aus nach New York geschickt, dazu zwei Handwerker, die den Einbau vornehmen sollten. Wie die Geschäfte in Paris, London und Düsseldorf, so sollte auch dieses einfach »Benetton« heißen. Es hatte einen europäischen Touch und entsprach in Inneneinrichtung und Warensortiment genau dem neuen Laden an der Champs Élysées in Paris. Annaratone stellte hübsche französische und italienische Verkäuferinnen ein, die untereinander ihre jeweilige Muttersprache, mit den Kunden aber fehlerfreies Englisch sprachen. Auch die erste Werbekampagne, die von der New Yorker Agentur Kathy Travis koordiniert wurde, sollte die europäische Herkunft und den internationalen Charakter betonen und zudem Benettons Fähigkeit, Grenzen zu überwinden, hervorheben.

In einer der Anzeigen stand: »Letztes Jahr haben wir 8 041 753 Pullover hergestellt…, die international in 1 573 Benetton-Läden verkauft wurden.« Es war das erste Mal, dass der Name Benetton in der Werbung nicht nur mit der Kleidung, sondern auch mit den Läden in Verbindung gebracht wurde.

Wie schon bei der Eröffnung des ersten Ladens in Paris blieb auch in New York jener große Ansturm aus, den die ersten Geschäfte in Italien erlebt hatten. Die anfängliche Kundschaft bestand überwiegend aus europäischen Touristen und deren Kindern, die in dem fremden Land dankbar die vertraute Benetton-Kleidung kauften. Der Durchbruch gelang mit dem nächsten Schlussverkauf im Januar 1980. Erstmals standen die Kunden, darunter auch Amerikaner, vor dem Laden Schlange und die Zeitschrift *Women's Wear Daily* berichtete über das Geschäft.

Annaratone nutzte die Gelegenheit, um anzukündigen, dass zwei weitere Benetton-Läden im Stadtzentrum eröffnet werden sollten. An diesem Projekt arbeitete Salibellos jüngerer Bruder John mit, der schon für das große Warenhaus Macy's tätig gewesen war. Die Standorte der beiden neuen Geschäfte waren Lexington 805 und 3rd Avenue 853, an der Ecke zur 57th Street. Über dem Letzteren wurde eine riesige Leuchtreklame angebracht. Kurz nach der Eröffnung gingen im Firmensitz in Treviso schon die ersten Anrufe aus New York ein. Potenzielle Ladenbesitzer erkundigten sich, wie sie Teil des Benetton-Netzwerks werden konnten.

Mit der Eröffnung des dritten Geschäfts in New York entstand ein »Cluster« untereinander konkurrierender Läden, wo vorher nur ein einzelnes Geschäft gewesen war. Gemäß der Theorie sollte dies dazu beitragen, das zunächst zögernd anlaufende Geschäft zu beleben. Außerdem hatte es den konkreten Vorteil, dass man durch die statistische Auswertung der Umsätze dreier Läden besser in der Lage war, Schwankungen in der Nachfrage und Veränderungen in der Mode frühzeitig zu erkennen und schnell darauf zu reagieren. Schließlich war der Firmensitz viele Tausend Kilometer von diesen entlegensten Vorposten des Benetton-Imperiums entfernt. Doch nicht nur der internationale Stil der Kleidung und die Anpassungsfähigkeit an die amerikanischen Gepflogenheiten trugen dazu bei, die Entfernung zu überbrücken, sondern auch der globale Einfluss der amerikanischen Medien, durch die der Name Benetton verbreitet wurde.

Bald konnten die Amerikaner in der Zeitung lesen, dass Sylvester Stallone, Dustin Hoffman, Sally Field und Jackie Onassis Stammkunden bei Benetton waren. Der größte Name aber – der einer Berühmtheit, die zu diesem Zeitpunkt noch vor allem durch ihre Schüchternheit die Herzen eroberte – gehörte zu einem Foto, das von jenseits des Atlantiks in die amerikanische Presse gelangte. Es zeigte die Verlobte des englischen Thronfolgers, Lady Diana Spencer, wie sie aus dem Benetton-Laden in der South Molton Street in London kam. Dieses Bild brachte den Namen Benetton erstmals in die Schlagzeilen. Eine italienische Tageszeitung schrieb: »Benetton zieht Königinnen und Hausfrauen an.« Und anders als die Architekturzeitschriften wurde diese Zeitung auch von Terroristen und Entführern gelesen.

Ponzano, Veneto 1980

In Italien schien der Höhepunkt der Gewalt überschritten zu sein. Der Stimmungsumschwung spiegelte sich in der Reaktion auf die Ermordung des Premierministers Moro ebenso wie im »Marsch der Vierzigtausend« in Turin, wo Fiat-Arbeiter in einer Massendemonstration friedlich, aber mit Nachdruck ihr Recht auf Arbeit einforderten und darauf drängten, den Arbeitskampf zu beenden. Zugleich wurden aber auffallend wenige Terroristen verhaftet und diejenigen, die für ihre Taten zur Rechenschaft gezogen wurden, kamen mit milden Strafen davon – so als wüssten sie zuviel, als dass man sie sich durch lange Gefängnisstrafen zu Feinden machen durfte. Viele von ihnen nahmen bald wieder ihren Platz in der Gesellschaft ein – wie viele Menschenleben sie auch auf dem Gewissen haben mochten. Manche lebten fortan als rechtschaffene Bürger, andere nutzten die kriminellen Fähigkeiten, die sie erworben hatten, zu ihrem persönlichen Vorteil. Die Lösegelderpressung, früher ausschließlich eine Domäne der sizilianischen Mafia, verbreitete sich im ganzen Land. In den reicheren Gegenden verkauften die Leute ihre auffälligen Autos, wie Luciano es schon vor langer Zeit getan hatte, und bemühten sich unauffällig und bescheiden zu wirken.

Für manche war das gar nicht so leicht. Die Familie Benetton war jetzt allgemein als treibende Kraft und Hauptnutznießer eines wirtschaftlichen Phänomens bekannt, das untrennbar mit ihrem Namen verbunden war. Diese Verbindung drang im In- und Ausland immer mehr ins Bewusstsein der Öffentlichkeit. Gilberto, der sich von den vieren am meisten für Sport begeisterte, war langjähriger Fan der Basketballmannschaft von Treviso, die er auch finanziell unterstützte. Er schlug vor, den Konzern zum offiziellen Sponsor der Mannschaft zu machen. Diese sollte in »Benetton Basket« umbenannt und mit grünweißen Trikots mit Benetton-Logo ausgestattet werden. Die Geschwister stimmten Gilbertos Vorschlag zu. Die Investition würde zwar keinen materiellen Gewinn bringen, wäre aber sehr öffentlichkeitswirksam. Von Anfang an war die Mannschaft erfolgreich und so wurde im Bewusstsein der Leute eine Verbindung zwischen Benetton und Sport geknüpft – einer Aktivität, mit der man positive Vorstellungen verband. Gilberto plante, die Produktion auf dem Gebiet der Sportbekleidung weiter auszubauen. Der Konzern hatte jetzt praktisch seine eigene Basketballmannschaft, wodurch der Name Benetton noch mehr als bisher in den Blickpunkt der Öffentlichkeit geriet und für eine breite Masse zum Inbegriff von Geschäft und Reichtum wurde.

Benetton entwickelte sich zum Imperium – und das konnte einfach nicht so zwanglos zugehen, wie Luciano gern behauptete. Zu Beginn des folgenden Jahres übernahm das Unternehmen die traditionsreiche schottische Strickwarenfirma Hogg of Hawick, die Luciano erstmals auf seiner Schottlandreise besucht hatte, als er nach dem »Geheimnis des wollenen Vlies« forschte. Hogg stellte seit mehr als 100 Jahren im kühlen schottischen Grenzland hochwertige, aber äußerst schlichte Kleidung her. Die technische Ausstattung war veraltet und auch die meisten Mitarbeiter waren nicht mehr die Jüngsten. Die Benettons hatten jedoch erkannt, dass die Firma über einen reichen Schatz an Erfahrung und Fachwissen verfügte und eine angesehene Stellung am Markt innehatte. Giuliana äußerte in einem ihrer wenigen Interviews gegenüber der Wirtschaftspresse: »Nostalgie hat bei diesem Kauf eine große Rolle gespielt. Wenn es ein moderner Betrieb gewesen wäre, hätten wir kein Interesse gehabt.« Tatsächlich war Hoggs Produktion mit 300 Stück pro Tag zwar unbedeutend im Vergleich zu den 90 000 Kleidungsstücken, die Benetton inzwischen täglich produzierte, aber Gilberto, Carlo und Luciano wussten, dass die schottische Fabrik, wenn man sie technisch auf den neuesten Stand brachte, 1 000 Stück pro Tag produzieren konnte – und dass die entsprechende Nachfrage vorhanden war.

Als Benetton im selben Jahr eine 50-prozentige Beteiligung an Fiorucci erwarb – dem exklusiven Modehaus, das in den Hauptstädten Europas und in New York vertreten war –, war hingegen mehr Geschäftssinn als Nostalgie im Spiel. Diesmal wollte Benetton nicht die Produktion, sondern die Vermarktung neu organisieren und damit sowohl Fiorucci als auch dem eigenen Konzern zu mehr Ansehen im gehobenen Sektor des Marktes verhelfen. Etwas Ähnliches hatte Luciano auch bei der Übernahme von Sisley vorgehabt, bisher aber nicht realisieren können.

Die Presse im Ausland berichtete über diese Vorgänge und veröffentlichte dabei weit mehr Informationen über den Umfang und die Ertragslage des Konzerns, als innerhalb Italiens zu bekommen waren. Unter den Landsleuten der Benettons war noch weitgehend unbekannt, dass das Unternehmen mehr als die Hälfte der Wollproduktion des staatlichen Textilkonzerns Lanerossi abnahm. Ebenso wenig war bekannt, dass Benetton sechs Fabriken in und um Ponzano betrieb und dass 1 600 Beschäftigte unmittelbar – und weitere 10 000 indirekt in den über 250 Subunternehmen – für Benetton arbeiteten. Diese hatten Exklusivverträge mit Benetton und zahlten die Löhne, die zwischen Gewerkschaftsvertretern und dem Mutterkonzern ausgehandelt worden waren. Die sechs Fabriken werteten die tägliche Nachfrage per Computer aus und hielten ständigen Kontakt zu den 1 500 Läden überall im Land, von denen 200 vollständig und weitere 300 bis 400 anteilig Benetton gehörten. Die übrigen wurden nach Benettons Franchise-System betrieben, das mit Piero Marchiorellos Laden in Belluno angefangen hatte. Rund 50 Prozent des Umsatzes dieser 1 500 Läden floss an den Konzern. All diese Zahlen waren der italienischen Öffentlichkeit nicht bekannt, am allerwenigsten aber die Höhe des Profits, der durch diese Geschäfte, durch die Muttergesellschaft Benetton spa und durch die drei größten Tochtergesellschaften für Woll- und Baumwollprodukte und Jeans erwirtschaftet wurde – und dass all diese Gewinne an die Holding Invep flossen, die zu 100 Prozent im Besitz der vier Benetton-Geschwister war.

All das drang nicht ins Bewusstsein der Öffentlichkeit – und diese Tatsache war an sich wiederum weitgehend belanglos. Aber angesichts der angespannten politischen Lage zogen Luciano und die übrigen Familienmitglieder es dennoch vor, sich nicht zu exponieren, und waren nach wie vor auf ihre persönliche Sicherheit bedacht. Um näher bei seiner Familie und der Fabrik zu sein, war Luciano mit Marina von Venedig nach Quarto d'Altino umgezogen, das nur 20 Minuten Autofahrt von Ponzano entfernt lag. Sie bewohnten dort eine Villa aus dem 17. Jahrhundert, »Il Casone sul Sile« – das Landhaus am Sile. Das Gebäude war von außen mit wildem Wein bewachsen und stand in einem Garten, der von einer Mauer umgeben war und der bis an den Fluss reichte, nach dem das Haus benannt war. Das Innere der Villa wurde unter Marinas Aufsicht renoviert. Die Wände waren mit orientalischen Behängen und Wandteppichen und Gemälden aus der Renaissance dekoriert. Überall im Haus waren Schaf-Figuren verteilt – eine ganze Herde, die auf Benettons immensen Wollverbrauch anspielte. Marina vergrößerte diese Herde ständig. Sie und Luciano hatten eine Haushälterin, die im Haus wohnte und deren Mann als Hausmeister und Wächter fungierte, aber sie fühlten sich hier auf dem Land sicher und ließen die Villa meist unverschlossen, wenn sie zu Hause waren. Das einzige weitere Zugeständnis, das Luciano hinsichtlich seiner persönlichen Sicherheit machte, war ein kugelsicherer Alfa Romeo Saloon. Er sagte, darin käme er sich vor, als führe er einen Panzer. Aus diesem Grund nahmen er und Marina häufig ihren Wagen, der nicht kugelsicher war.

Marina hatte inzwischen promoviert und eine wissenschaftliche historische Studie über Ponzano veröffentlicht, in der auch die Villa Minelli behandelt wurde. Danach stand für sie jedoch fest, dass sie nicht als Historikerin arbeiten, sondern Geschäftsfrau werden wollte. Sie lieh sich von ihrem Vater Geld und kaufte sich in einen kleinen Betrieb in einem Dorf bei Ponzano ein, der Seidenhemden herstellte. Die Firma hieß Conte und war indirekt mit Benetton verbunden. Das war Marinas erste Erfahrung in der freien Wirtschaft. Luciano hielt sich ganz zurück, während sie mit Feuereifer in ihrem neuen Betätigungsfeld aufging. Schon bald schmiedete sie ehrgeizige Zukunftspläne.

Auch Luciano hatte für sein Familienunternehmen Pläne. Im Mai desselben Jahres, 1982, trafen er und Gilberto in einem der ruhigen und abgelegenen Restaurants, die sie bevorzugten, mit Aldo Palmeri zusammen, einem 36-jährigen Direktor der Banca d'Italia, der an der London School of Economics studiert hatte. Dies, so glaubten sie, war der Mann, der ihnen helfen konnte, aus dem Familienunternehmen Benetton eine ausgereifte Unternehmensgesellschaft zu machen. Bis dahin hatte Luciano die Absolventen der renommierten Business Schools immer für »unnütze, bürokratische Wichtigtuer« gehalten. Aber die Brüder verstanden sich auf Anhieb gut mit Palmeri. Zu dritt berieten sie über den bevorstehenden nächsten Schritt.

Im darauf folgenden Monat kaufte Benetton an der Mailänder Börse eine Mehrheitsbeteiligung an Calzaturifico di Varese, einem Schuhhersteller. Das war die erste Beteiligung außerhalb der Bekleidungsbranche. Nachdem das Geschäft abgeschlossen war, stellte sich heraus, dass das Unternehmen auf einem Schuldenberg saß. Die Benettons sahen die einzige Lösung darin, die vorhandenen Bestände zu verkaufen und von vorne anzufangen. Das passte den anderen Aktionären jedoch nicht und sie versuchten, Benetton auf gerichtlichem Weg daran zu hindern. Parallel zu diesen Turbulenzen liefen die Bemühungen, den Benetton-Konzern unter Palmeris Leitung umzustrukturieren, stärker nach außen hin zu öffnen und mit einem neuen

Führungsstab zu versehen. In diesem Zusammenhang beschloss die Familie, erstmals einen Benetton-Jahresbericht zu veröffentlichen. Darin wurde unter anderem offen gelegt, dass der Umsatz in den letzten fünf Jahren um 600 Prozent gestiegen war; ferner dass dieser Umsatz insgesamt 283 Millionen Dollar betrug und durch 2000 Läden erwirtschaftet wurde, von denen die jüngsten in Amerika und Japan entstanden waren. Auch der jährliche Gewinn von 19 Millionen Dollar wurde in dem Bericht angegeben. Es war das erste Mal, dass diese Fakten schwarz auf weiß veröffentlicht wurden.

Was sich kurz darauf ereignete, sollte zeigen, dass das Ende der »bleiernen Zeit« doch noch nicht abzusehen war.

Quarto d'Altino, Veneto, 10. August 1982

An einem Samstagabend saßen Luciano und Marina nach dem Essen zusammen; sie las ein Buch, er sah fern. Die Geräusche des heißen Sommerabends waren durch die geöffneten Fenster zu hören. Es wurde bald Zeit, schlafen zu gehen. Marina war jetzt 27, Luciano 47 Jahre alt. Seit ihrer ersten Begegnung waren sieben Jahre vergangen und noch immer spürte Luciano jeden Tag diese wunderbare Nähe zwischen ihnen.

Draußen bellten die Hunde – nichts Ungewöhnliches. Zu ihrer künstlichen Schafherde hatten Luciano und Marina sich eine Meute echter deutscher Schäferhunde angeschafft. Wahrscheinlich machten diese gerade Jagd auf ein Kaninchen.

Marina blätterte gähnend eine Seite um. Luciano wollte gerade etwas zu ihr sagen, da erstarrte er. Eine behandschuhte Hand hatte sich über seinen Mund gelegt und am Hals fühlte er das kalte Metall eines Pistolenlaufs.

Sie waren zu fünft, alle maskiert. Bevor Luciano und Marina noch begriffen hatten, was da geschah, kniete er schon am Boden und wurde gefesselt, während sie aus dem Raum geführt wurde. Luciano hörte sich sagen: »Nehmt, was ihr wollt, aber tut niemandem was.« Marina fürchtete, nicht nur ausgeraubt, sondern auch noch vergewaltigt zu werden. Die Haushälterin und ihr Mann waren im Erdgeschoss abgefangen worden, als sie hinausgehen wollten, um nach den Hunden zu sehen.

Danach ging alles sehr schnell – obwohl die Beteiligten es wie in Zeitlupe erlebten. Die fünf Männer zerrten Marina aus dem Zimmer, in dem Luciano gefesselt am Boden kniete. Er konnte nicht hören, was mit ihr geschah. Später erzählte sie ihm, dass sie den Männern damit gedroht hatte, ihnen die Masken herunterzureißen, wenn sie versuchten, ihr etwas anzutun. Die Täter wären dann gezwungen gewesen, sie zu töten, um zu verhindern, dass sie sie später identifizierte. Außerdem behauptete Marina, die Villa habe eine versteckte Alarmanlage, die direkt mit der Polizeiwache verbunden sei und dort Alarm auslösen würde. Vielleicht gab das den Ausschlag, dass die Täter plötzlich verunsichert wirkten. Sie schossen hastig den Safe auf, nahmen Geld und Schmuck, ließen Marina gefesselt im Schlafzimmer zurück und ergriffen die Flucht.

In Wirklichkeit gab es eine solche Alarmanlage nicht, aber dem Mann der Haushälterin war es inzwischen gelungen, seine Fesseln so weit zu lösen, dass er das Telefon erreichen und die Polizei rufen konnte, die wenig später eintraf. Luciano, Marina, die Haushälterin und ihr Mann versuchten in den folgenden Stunden bis zur Morgendämmerung, die Fragen der Polizisten zu beantworten. Schließlich zogen diese wieder ab und die vier blieben erschöpft, aber unversehrt zurück – in der Gewissheit, dass ihr Leben nie wieder so sein würde wie zuvor. Denn, wie Luciano sagte: Wo sonst auf der Welt sollte man sich sicher fühlen, wenn man es in seinem eigenen Haus nicht konnte?

In den folgenden Tagen waren die Zeitungen voll von dem Raubüberfall auf den »König der Strickwaren«. Luciano empfand die detaillierten Berichte über das, was sie durchgemacht hatten, als einen ebenso unerträglichen Eingriff in sein Privatleben wie den Überfall selbst.

Außerdem beunruhigte es ihn, dass die Lage der Villa in der Presse genauestens beschrieben wurde – als sollte es geradezu ein Hinweis für die Roten Brigaden sein! Er schaffte eine ausgeklügelte Alarmanlage an und ließ ein automatisches Tor einbauen, das vom Auto aus mit einer Fernbedienung zu betätigen war. Danach versuchten Luciano und Marina zu einem normalen Leben zurückzufinden. Fortan verschlossen sie aber immer alle Türen, wenn sie zu Hause waren, und wenn abends die Hunde bellten, hielten sie sofort wachsam in ihrer jeweiligen Tätigkeit inne. Fast zwei Monate später hatten sie den Vorfall weitgehend überwunden. Sie versuchten, sich selbst und einander einzureden, es sei nur ein unglücklicher Zufall gewesen, dass es gerade sie getroffen hatte.

Quarto d'Altino, Veneto 8. Oktober 1982

Der nächste Zwischenfall ereignete sich an einem Dienstagabend. Luciano und Marina waren auf dem Heimweg von Treviso. Sie trafen sich meist nach der Arbeit in der Innenstadt und fuhren von da aus zusammen mit einem Auto nach Hause. Das andere ließen sie bis zum nächsten Morgen in Treviso stehen. Zufällig fuhren sie gerade an diesem Abend mit dem gepanzerten Alfa Romeo.

Die Zufahrt zur Villa führte über einen schmalen Weg, an dessen Ende sich das elektronische Tor befand. Es war schon dunkel und der Weg von Gebüsch gesäumt. Als Luciano und Marina sich dem Tor näherten, sprangen plötzlich zwei Männer aus den Büschen hervor. Sie waren mit einem Hammer und einer Spitzhacke bewaffnet, mit denen sie versuchten, die Seitenfenster des Wagens einzuschlagen. Schon öffnete sich das automatische Tor und Luciano, der die Fahrt verlangsamt hatte, beschleunigte sofort wieder. Er hupte wild, um den Hausmeister zu alarmieren.

»Ruf die Polizei!« rief er Marina zu, die schon nach dem Autotelefon griff. Der Wagen jagte durch das Tor und einen Augenblick lang glaubten sie sich schon in Sicherheit. Aber als sie sich umblickten, sahen sie, dass die Männer das Tor aufgebrochen hatten und zum zweiten Mal angriffen. Wieder konzentrierten sie sich auf die Seitenfenster. Offenbar wollten sie die Frontscheibe unversehrt lassen, damit sie das Auto später zur Flucht benutzen konnten – wahrscheinlich mit Luciano und Marina im Kofferraum.

»O Gott, sie wollen die Scheiben einschlagen!«, schrie Marina. »Fahr zurück, schnell!«

Luciano legte den Rückwärtsgang ein und gab Vollgas. Im Stillen betete er, dass das Tor offen blieb und kein anderes Fahrzeug hinter ihnen den Weg versperrte. Der Alfa Romeo fuhr mit hohem Tempo an den zwei Männern vorbei rückwärts durch das Tor und den Weg zur Hauptstraße hoch. Mehr als 15 Kilometer fuhr Luciano mit Vollgas und ohne die Hupe loszulassen. Marina klammerte sich die ganze Zeit weinend an seinen Arm. Er sprach kein Wort. Als sie Venedig fast erreicht hatten, verringerte er endlich die Geschwindigkeit und hörte auf zu hupen.

Zuerst fuhr Luciano zum Haus eines befreundeten Industriellen, Max Donaldson, der versuchte, die beiden zu beruhigen. Dann kehrten sie zur Villa zurück, wo die Polizei sie schon erwartete. Straßensperren wurden errichtet und Wälder und Felder mit Scheinwerfern durchsucht, aber die Angreifer konnten auch diesmal entkommen. Später am Abend entdeckten die Polizisten am Flussufer ein schnelles Motorboot, das sie den Entführern zuordnen konnten. Der Fluss Sile floss nach Osten und mündete in die Lagunen von Venedig. Mit dem Boot hätten die Entführer ungehindert das Meer erreichen und ihre Opfer irgendwo in die Adria und das Mittelmeer verschleppen können.

Noch bevor all das bekannt wurde, hatte Luciano bereits einen Entschluss gefasst. Sobald er sicher war, dass sie nicht verfolgt wurden, und er die Hupe losließ und das Tempo verringerte, hatte er sich der tränenüberströmten Marina zugewandt und gesagt: »Jetzt reicht's! Wir bleiben keinen Tag länger in der Villa. Wir ziehen in die Stadt, wo andere Häuser in der Nähe sind. In ein Haus, das richtig gesichert ist.«

Wenig später flogen sie nach Amerika, um eine Woche Urlaub zu machen. Hier, in der herbstlichen Landschaft von New Hampshire und Vermont, wo niemand sie erkannte, gewannen sie auf ausgedehnten Spaziergängen und in langen Gesprächen ihre Ruhe zurück. Sie besannen sich wieder darauf, nach vorn zu blicken und dem idyllischen Leben in der Villa, das sie wohl für immer aufgeben mussten, nicht länger nachzutrauern.

Nach ihrer Rückkehr boten sie die Villa zum Verkauf an und wohnten übergangsweise in dem kleinen Landgasthaus, in dem Luciano und Gilberto sich im Frühjahr mit Aldo Palmeri getroffen hatten. Die Villa stand nun leer, denn die Haushälterin und ihr Mann hatten nicht gewagt, dorthin zurückzukehren. Marina wohnte noch für eine Weile allein darin, als Luciano wieder einmal auf Geschäftsreise war – aber nur gerade lange genug, um die schrecklichen Erinnerungen zu überwinden und Abschied zu nehmen.

Im Spätherbst wechselten die beiden das Hotel. Sie blieben immer in der Umgebung von Ponzano, vermieden es aber, sich zu lange am selben Ort aufzuhalten. Ihre Angst schien ihnen selbst übertrieben, bis die Polizei alle Familienmitglieder davon unterrichtete, dass weitere Verschwörungen aufgedeckt worden seien. Diesmal hatte es Pläne gegeben, Giuliana und Lucianos Sohn Alessandro zu entführen. Alle vier Geschwister und Teresa legten sich daraufhin gepanzerte Autos zu und Luciano stellte einen Fahrer ein, der zugleich als Leibwächter fungierte. Marina fuhr weiterhin mit ihrem eigenen Auto, aber wenn beide gemeinsam unterwegs waren, nahmen sie jetzt immer den kugelsicheren Alfa Romeo.

Eine der Geschäftsreisen, die Luciano in dieser Zeit unternahm, führte ihn nach Troyes in Frankreich, wo Benetton die alteingesessene Strickwarenfabrik Fram aufkaufen wollte. Diese Übernahme fand in den Medien mehr Beachtung, als sie verdient hätte, denn seit dem Gerichtsprozess um Di Varese, dem Raubüberfall und der versuchten Entführung stürzte sich die Presse auf alles, was es über die Benettons zu berichten gab. Aber nicht diese Reise, sondern eine andere, weniger weite führte zu einer Begegnung, die nicht nur Lucianos Leben, sondern auch die Geschicke des Konzerns nachhaltig beeinflussen sollte. Wieder einmal – wie zuvor bei Teresa und später bei Marina – legte ein geschäftliches Treffen den Grundstein zu einer fruchtbaren Beziehung, die das Leben beider Beteiligter grundlegend veränderte. Der Mann, durch dessen Vermittlung die Begegnung zustande kam, war Elio Fiorucci, der Chef des Modehauses, in das Benetton sich kurz zuvor mit 50 Prozent eingekauft hatte.

Mailand, Norditalien 1982

Fiorucci hatte schon lange vorgehabt, Luciano mit Oliviero Toscani bekannt zu machen. »Er hat ein paar ganz erstaunliche Fotos für uns gemacht«, erzählte er Luciano. »Sie müssen ihn unbedingt kennen lernen.«

Luciano hatte noch nie von Toscani gehört. Umgekehrt hatte Fiorucci aber Toscani von Benetton erzählt. »Sie sollten für dieses Unternehmen arbeiten«, hatte er zu Toscani gesagt. »Es ist wirklich außergewöhnlich.«

»Außergewöhnlich ...« – das gefiel Toscani. Er war ein Mann, der stets seine eigenen Ansichten hatte. Auch über Benetton hatte er sich bereits ein Urteil gebildet, das er Fiorucci unverblümt mitteilte.

»Der Konzern macht einen Fehler«, erklärte er. »Er gibt sich als ganz gewöhnliche Strickwarenfirma. Benetton sollte der Welt klar machen, dass hinter und über diesen Kleidungsstücken eine ganz neue Lebens- und Denkart steht.«

Das war typisch für Toscani. Mit dieser Art hatte er es weit gebracht: von den Kriegsjahren in den Mailänder Elendsvierteln bis zu den neuesten Errungenschaften in seiner glanzvollen Karriere. Als Kind hatte er seinem Vater das Stativ getragen und die Kunst des Fotografierens von ihm gelernt.

»Mein Vater hat ganz normal gearbeitet«, sagte er oft. »Wir alle haben gearbeitet – meine Mutter, meine Schwester ... es wurde nicht

Der Tod des Diktators: Mussolini und seine Geliebte, Clara Petacci, 1945 von Toscani senior aufgenommen.

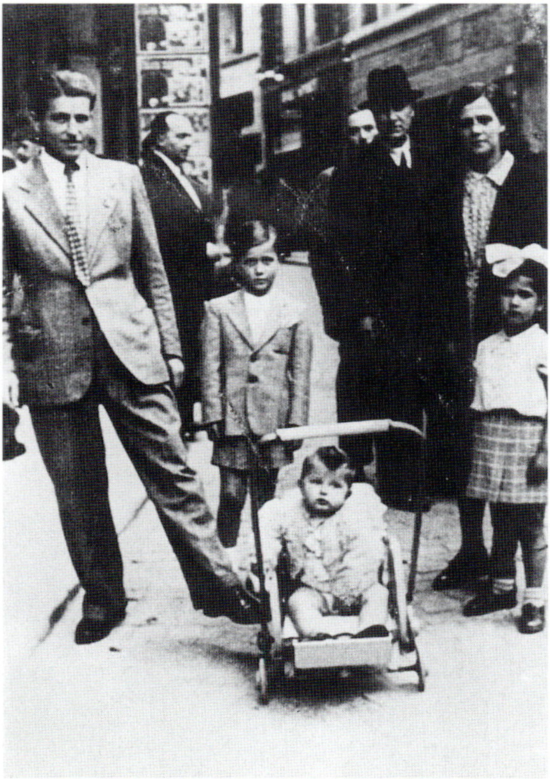

»Mein Vater war am Leben und wir kamen zurecht.« Die junge Familie Benetton. BENETTON

»La Dolce Vita«: Im Rom der 60er Jahre erkannte Luciano, was für ein abgeschiedenes Leben er geführt hatte. CORBIS

Vater und Sohn: Luciano und Alessandro Benetton heute. FERDINANDO SCIANNA/MAGNUM

Oliviero Toscani, der geniale und unberechenbare Fotograf. Luciano gewährte ihm außerordentliche Freiheiten und er nutzte sie. CAMERA PRESS

Die Männer in den feinen Anzügen: Carlo Gilardi (oben) und Aldo Palmeri (rechts) vertraten den Konzern gegenüber Banken und außenstehenden Investoren, aber die eigentliche Kontrolle lag bei der Familie. OBEN: BENETTON; UNTEN: GRACIA NERI

Schumacher erringt für Benetton den ersten – und höchst umstrittenen – Weltmeistertitel in der Fahrerwertung. ALLSPORT

»Formel 1 ist kein Sport.« Flavio Briatore, der Mann, der scheinbar aus dem Nichts auftauchte und die Führung des Benetton-Teams übernahm. EMPICS

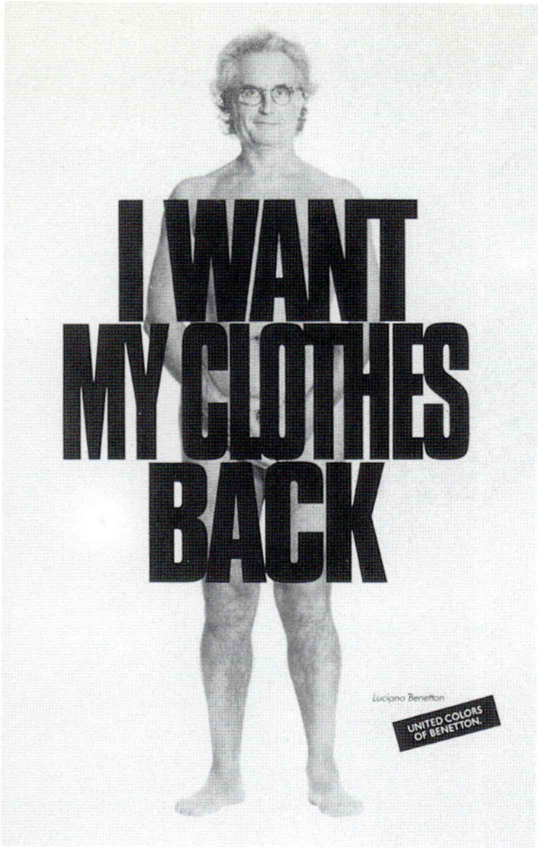

»Ich will meine Kleider zurück.« Luciano schien alles mitzumachen, was Toscani für richtig und sinnvoll befand. ADVERTISING ARCHIVES

Liebe zwischen verschiedenen Rassen – nach Art der Pferde. Diese stammten aus Toscanis eigener Zucht. BENETTON

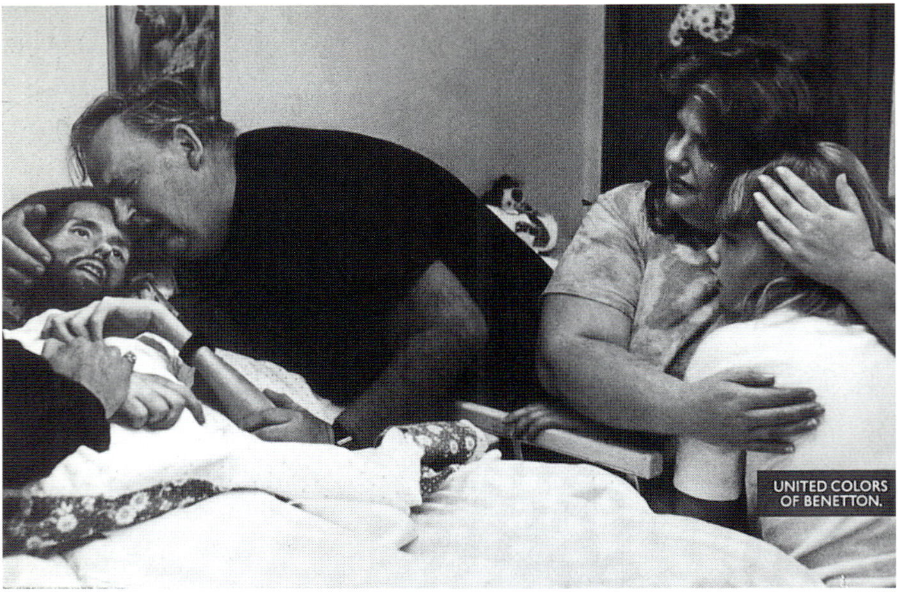
UNITED COLORS
OF BENETTON.

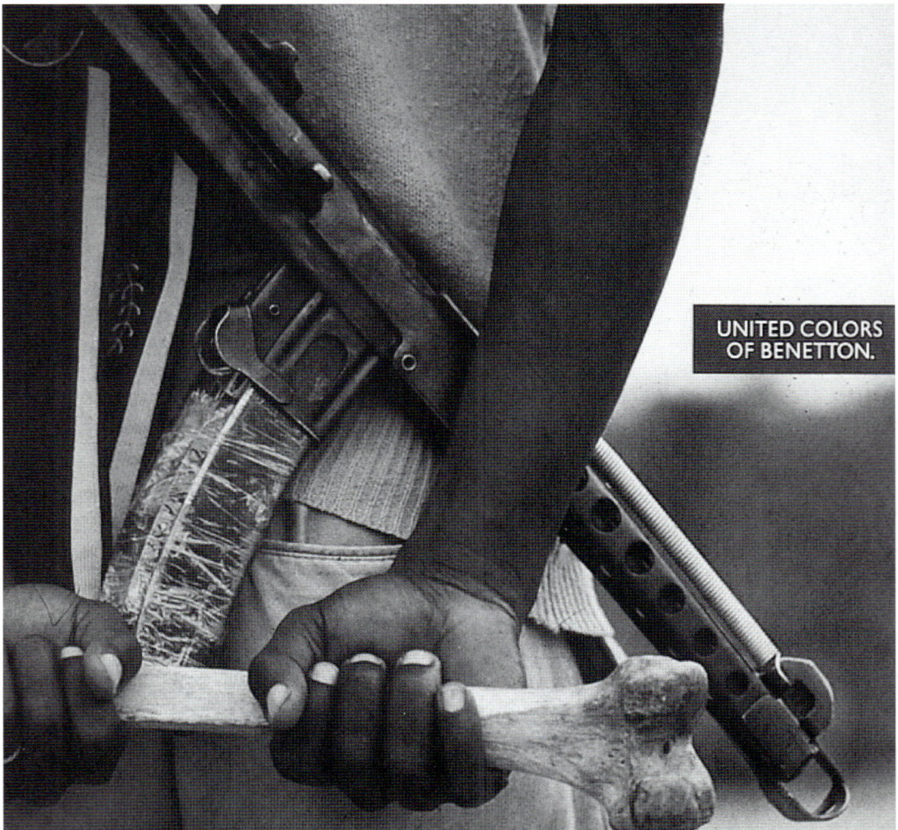
UNITED COLORS
OF BENETTON.

»Ich denke, wir sollten noch einen Schritt weitergehen.« Für viele Betrachter waren die Bilder der »Realitäts«-Kampagne unerträglich. Sie lösten Übergriffe auf Benetton-Geschäfte in aller Welt aus. CAMERA PRESS

»Wir fordern Schadenersatz für Umsatzeinbußen.« Das Unternehmen bestritt es zwar, aber die Proteste in Deutschland waren ein entscheidender Test für Benetton. Sie trafen den Nerv von Lucianos und Toscanis weltweiter Strategie. POPPERFOTO/REUTERS

In China dagegen hätten die Marktverhältnisse in jenen Jahren für Benetton nicht günstiger sein können. SYGMA

viel Aufhebens darum gemacht. Ich bin damit groß geworden, dass Fotograf eben ein Beruf ist wie andere auch.«

Toscani konnte das mit der entwaffnenden Bescheidenheit eines Menschen sagen, der im Innersten überzeugt war, zur Weltklasse zu gehören – er, der Studios in New York und Paris und ein Landhaus in der Toskana besaß, wo er Appaloosa-Pferde züchtete. Sein Vater hatte mühsam das Geld zusammengekratzt, um ihn nach der Grundschule auf ein angesehenes privates katholisches Internat schicken zu können. Toscani erzählte immer noch gern davon, was für ein Rebell er dort gewesen war. Die Schule wurde von Priestern geleitet. In einer der Bilderserien, die Toscani später für Benetton entwickelte, sollte ein Vertreter dieses Standes eine wichtige Rolle spielen. Nach Beendigung der Schule war Toscani an die ebenso exklusive Kunstgewerbeschule in Zürich gegangen. Seine ersten Bilder hatte er in den 60er Jahren auf Rockkonzerten gemacht. Danach war er durch Beziehungen nach New York gekommen, hatte sich mit Andy Warhol herumgetrieben und Bilder vom London der 60er und der Gegend um King's Road gemacht.

Toscani fotografierte für die Zeitschriften *Elle, Harper's* und die amerikanische, britische und italienische *Vogue.* Außer für Fiorucci arbeitete er auch für Valentino, den Club Med, die Schuhfirma Bata, die schicke französische Babybekleidungs-Kette Prenatal und für das Kalifornische Modehaus Esprit. Er war unglaublich cool – und unter der Oberfläche zugleich tiefernst. »Liebst du mich, dann folge mir«, stand unter dem Bild mit dem Hinterteil seiner damaligen Freundin, das er für Jesus Jeans aufgenommen hatte. Toscani selbst liebte es, wenn andere ihm folgten. Zugleich verachtete er jedoch Mitläufer und alle, die irgendetwas anderem folgten als ihrem eigenen Gefühl. Das Bild in der Jesus Jeans-Werbung war sofort verboten worden. Es hatte den Regisseur und Intellektuellen Pier Paolo Pasolini zu zwei Artikeln veranlasst, in denen er darlegte, wie Toscani mit seinem Foto die unmögliche Beziehung bloßgestellt hatte, in die Kirche, Kapitalismus und Sexualität verstrickt waren. Dass ein angesehener Mann wie Pasolini ihm diesen Tribut zollte, nahm Toscani als Beweis dafür, dass er mit seinen Bildern mehr bewirkte, als bloß Werbung zu machen – dass er vielmehr Bilder für eine neue Welt schuf, eine, in der durch die bestehenden Kanäle der Massenmedien eine neue Bildsprache verbreitet werden würde. Diese sollte schließlich über die Bevormundung durch die Sprache der Konsumwelt und die Scheinwirklichkeit der »Nachrichten« siegen.

Dieser bissige, aufbrausende, faszinierende und unkonventionelle Bär von einem Mann war es, mit dem Elio Fiorucci Luciano Benetton bei einem Abendessen bekannt machte. Die Begegnung fand kurz nach den beiden Anschlägen statt, als Luciano noch unter dem Eindruck der Gewalt stand, die plötzlich in sein Leben eingebrochen war. Er lebte aus dem Koffer in ständig wechselnden Hotels, als Gast in seinem eigenen Heim – und war in dieser Verfassung offen für alles. Die schillernde Persönlichkeit des Mailänder Fotografen machte einen starken Eindruck auf ihn. Aber in all seiner Offenheit und Verwundbarkeit verließ Luciano sich dennoch nicht blindlings auf seinen Instinkt. Daher beobachtete er mit Interesse, dass zwischen Fiorucci, den er hoch schätzte, und Toscani eine echte Harmonie bestand.

Toscani wurde einer der wenigen Menschen, die einen Einblick in Lucianos Seele bekamen. Luciano seinerseits hatte an Toscani eine Seite entdeckt, die den meisten verborgen blieb: seinen Glauben an Werte wie harte Arbeit, Familie und einen hohen Anspruch an Qualität bei allem, was er tat. Wie die Scarpas, zu denen Luciano immer noch ein distanziertes Verhältnis hatte, war Toscani ein Intellektueller mit geistiger Beweglichkeit, der über das Normalmaß hinausdachte und aus einer leidenschaftlichen Überzeugung heraus handelte. Wie die Scarpas und wie auch Luciano selbst konnte Toscani verbohrte Leute nicht ertragen. Er hatte die Art von Ausbildung genossen, die Luciano sich gewünscht hätte und die er seinen Kindern ermöglichen wollte. Toscani war eine Herausforderung und Luciano erwies ihm die Ehre, ihn seinerseits herauszufordern. Nach dem Essen, als die anderen Themen abgehandelt waren, begannen sie über eine mögliche Zusammenarbeit zu sprechen.

An jenem Abend in Mailand räumte Luciano Toscani einen Platz in seinem Leben ein – als jüngste und größte Herausforderung in einem Kreis ausgewählter Persönlichkeiten. Beruflich wurde Lucianos Leben zu der Zeit hauptsächlich von zwei großen Themen bestimmt: einerseits von dem Versuch, für Benetton einen Platz am amerikanischen Markt zu erobern, andererseits von der Umstrukturierung des Unternehmens, an der Aldo Palmeri mitarbeitete. Dieser kam als Unternehmensberater zunächst tageweise von Rom nach Ponzano.

Privat war Lucianos Leben noch von den Ereignissen im Sommer und Herbst geprägt. Nach seinem Treffen mit Toscani kehrte er aus Mailand in das Hotel bei Ponzano zurück, wo er zu der Zeit mit Marina wohnte. Inzwischen wurde ein Haus im Stadtzentrum von Treviso, das dem Konzern gehörte, umgebaut und renoviert. Es lag etwas abseits der Piazza dei Signori und war von anderen Gebäuden umgeben. Mit seinen Stahlrollläden und der hochmodernen Alarmanlage entsprach es in etwa dem, was Luciano sich noch am Abend der versuchten Entführung vorgestellt hatte. Der Handelsfürst entwickelte sich zusehends zu einem modernen Dogen, einem Gefangenen im eigenen Haus, und seine Freiheit bestand fortan in Auslandsreisen und Flügen mit dem Cessna-Jet, der am Flughafen von Treviso in ständiger Bereitschaft stand.

Weitere anderthalb Jahre vergingen, in denen viele andere Angelegenheiten im In- und Ausland zu regeln waren, ehe Luciano Benetton Kontakt zu Toscani aufnahm und ihn vor die Herausforderung stellte, Bilder für eine weltweite Image-Kampagne zu entwickeln.

5. Franchise an der 5th Avenue

New York, USA 1982

Die Büros von Salibello and Broder an der 35th Street Ecke Lexington waren nach mehr als drei Jahren immer noch Benettons Hauptquartier in den USA – so lange hatte das Unternehmen gebraucht, um auch nur mit einem bescheidenen Stützpunkt in Amerika Fuß zu fassen. Angesichts der ungeheuren Größe des potenziellen Marktes war Benetton mit seinen drei Läden in Manhattan nur eine verschwindend kleine Randerscheinung, verglichen mit der Stellung, die der Konzern in Europa hatte. Es gab den amerikanischen Markt – aber weder durch Werbung im bisherigen bescheidenen Umfang und Stil noch durch Mund-zu-Mund-Propaganda, so positiv sie auch sein mochte, konnte der entscheidende Durchbruch erreicht werden. Schließlich kam es so, wie Gilberto mehr als drei Jahre zuvor in dem ersten Gespräch mit Salibello ungewollt prophezeit hatte, als er sagte: »Die Kleidung besorgt den Rest.« Den durchschlagenden Erfolg brachte ein einfaches Rugby-Polohemd, das unter den amerikanischen College-Studenten zum Renner wurde.

Dieser Artikel, der zu Hunderttausenden verkauft wurde, eröffnete Benetton den amerikanischen Markt. Er war nur einer von vielen Entwürfen, die aus Giulianas Designabteilung kamen, aber er wurde der bahnbrechendste Artikel in der Firmengeschichte seit jenem ersten gelben Pullover beinahe 30 Jahre zuvor. Das Modell war schlicht, blauweiß mit langen Ärmeln und dem Benetton-Logo auf der Vorderseite. Studenten von Eliteuniversitäten, die zu Sommerkursen in New York waren und dort einkauften, entdeckten das Polohemd als Erste und nahmen es im Herbst mit in ihre Colleges. Im folgenden Winter und Frühjahr trugen diese jungen Kunden und künftigen Trendsetter ihre Benetton-Kleidung zur Schau. In den großen und kleinen Städten mit den Eliteuniversitäten, in denen es bis dahin nahezu keine Geschäfte gab, die auf eine junge, zunehmend modebewusste Kundschaft zugeschnitten waren, schossen die Läden wie Pilze aus dem Boden. Salibellos Büro in New York wurde mit Anfragen potenzieller Ladenbesitzer förmlich überschüttet. Viele umgingen den offiziellen Weg und riefen einfach direkt in Ponzano an, wobei sie die Zeitverschiebung von sechs Stunden nicht berücksichtigten, so dass die Telefone dort mitten in der Nacht klingelten.

Der reißende Absatz dieses einen Artikels zog die gesamte Produktpalette von Benetton nach: eine Frühjahr/Sommer- und eine Herbst/Winter-Kollektion, dazu den Namen Benetton. Zunehmend wurde die Verbindung zwischen dem Konzern und den Einzelhändlern auch daran sichtbar, dass viele Läden einfach Benetton hießen. Sisley, Jeans West und 012 waren auf Amerika übertragbar, aber die Reihe der ursprünglich speziell für Europa konzipierten Läden, die sich gegenseitig Konkurrenz machten – My Market, Merceria, Fantomax und Tomato –, war nicht geeignet, dem Unternehmen in Amerika ein Image zu schaffen. Auch in Europa wurden inzwischen viele Läden in Benetton umbenannt, um von diesem Schlüsselwort zu profitieren, das die Familie, das Unternehmen und die Marke verband.

Im Jahr 1983 entstanden zusätzlich zu den drei bestehenden Läden in Manhattan weitere Geschäfte am South Street Seaport, an der Ecke 84th/Madison, am Lower Broadway und schließlich sogar an der 5th Avenue. Das Franchisegeschäft an der 5th Avenue war das prestigeträchtigste und markierte für Luciano, Annaratone und Salibello den Beginn von Benettons Siegeszug in Amerika. Parallel zu der rasanten Entwicklung in New York begann eine Serie von Neueröffnungen in ganz Amerika – in Boston, Chicago, Cincinnati, Tulsa, Kansas City, Philadelphia, Atlanta, San Francisco und Los Angeles. Die Zahl der Läden wuchs mit vier Neueröffnungen pro Woche schneller als je zuvor in einem Land und die Geschäfte waren mit durchschnittlich 250 bis 300 Quadratmetern größer als die in Europa. Die Benetton-Vertretung in New York arbeitete jetzt landesweit. Neue Geschäftsräume im General-Motors-Gebäude wurden angemietet, in denen Verhandlungen mit Ladenbesitzern und solchen, die es werden wollten, geführt und die halbjährlich neu erscheinenden Kollektionen präsentiert wurden.

Luciano teilte Amerika in imaginäre Zonen ein, für die er jeweils einen Vertreter suchte. Der Erste war John Salibello, dessen Zuständigkeitsbereich jetzt New York und New Jersey umfasste. Luciano suchte persönlich jeden neuen Standort und Ladenbesitzer auf und demonstrierte mit diesen Reisen kreuz und quer durch Amerika eine straffe Führung, wie es sie in der Modebranche in diesem Land nie zuvor gegeben hatte. Er schien es fertig zu bringen, den Überblick über das gesamte Netzwerk zu behalten. Bei seinen Reisen legte Luciano gewaltige Entfernungen zurück und durchquerte mehrere Zeitzonen. Oft besuchte er zwei oder drei Städte an einem einzigen Tag. Manchmal wurde er von Marina begleitet, die er dann vorschickte, damit sie das Innere der Läden in Augenschein nahm. Um die Entwicklung in Schwung zu halten, ließ Luciano hier den Medienrummel zu, den er zu Hause zu vermeiden suchte. »Benetton erobert die Welt«, schrieb die Zeitschrift *Fortune.* Die New Yorker Zeitung *Daily News* und *Tribune* in Chicago berichteten vom »Phänomen Benetton« und der »Kolonisation« Amerikas durch Benetton, wobei sie den fremdländischen Aspekt betonten – und das in einem Land, das als Schmelztiegel der Nationen bekannt ist.

Später führten Lucianos straffer Führungsstil und Benettons besonderes Franchisesystem in Amerika und anderen Ländern zu Konflikten zwischen dem Konzern und den Einzelhändlern. Aber zunächst waren goldene Zeiten angebrochen und Luciano konnte seine Pläne verwirklichen: Er entwickelte sein Unternehmen auch in dem Land, von dem er schon als kleiner Junge geträumt hatte, zwanglos zum Imperium. Der Name Benetton wurde von der Ost- bis zur Westküste bekannt und wanderte von da aus noch weiter westwärts. In Japan wurden unter dem Dach des Seibu-Konzerns vier Läden eröffnet und 20 weitere waren in Planung.

Dies bewies einmal mehr, dass der Name Benetton Grenzen überwinden konnte. Aber Marketing, Werbung und Öffentlichkeitsarbeit – die Mittel, um die weltweite Ausdehnung voranzutreiben – waren kostspielig und ihr Erfolg unberechenbar. In vielen Ländern, in denen Luciano gern Geschäfte aufgebaut hätte, waren die Medien unzureichend entwickelt oder gar nicht vorhanden. Die dortigen Verhältnisse waren mit den hoch entwickelten Kommunikationssystemen, die dem Geschäft in Amerika und Europa solchen Auftrieb gaben, gar nicht vergleichbar. In armen und reichen Ländern gleichermaßen am verbreitetsten war das Fernsehen, aber Fernsehwerbung war wiederum teuer und es gab keine Garantie dafür, dass sie die potenzielle Kundschaft wirklich erreichte. Luciano hatte beobachtet, dass es nur wenige Anlässe gab, bei denen man praktisch sicher sein konnte, dass weltweit Millionen vor dem Fernseher saßen. Einer dieser Anlässe war Sport.

Die Olympischen Spiele waren das beste Beispiel, aber eine einzige, ungeheuer kostspielige Werbekampagne alle vier Jahre konnte nicht die Lösung sein. Doch immerhin war der Sport der zuverlässigste Garant sowohl für ein weltweites Publikum als auch für ein regionales – zum Beispiel in einem Land wie Italien und einem Ort wie Treviso. Gilberto hatte vorgeschlagen, außer Benetton Basket auch die Rugby-Mannschaft von Treviso zu sponsern. Die Geschwister hatten dem zugestimmt. Das Palaverde, eine Arena für Sport- und Kulturveranstaltungen, die 6 000 Zuschauer fassen sollte, war bereits im Bau. Aber auf internationaler Ebene, wo sich die Werbung in entsprechend größeren Dimensionen bezahlt machen würde, musste eine echte Attraktion her, etwas Spannendes, Spektakuläres, das den Kampfgeist ansprach.

Es gab nur einen Sport, der nach Lucianos persönlicher Meinung diese Kriterien erfüllte: Formel-1-Rennen, die teuerste, spektakulärste und gefährlichste aller Sportarten. So kam es, dass Luciano, der Sohn eines Autovermieters, der seine eigene Leidenschaft für Autos seit dem Beginn der »bleiernen Zeit« nicht mehr ausgelebt hatte, mit Gilberto übereinkam, das Formel-1-Team von Tyrrell mit vier Millionen Dollar zu sponsern.

Zu der Zeit dominierten im Sponsoring noch Tabakkonzerne wie John Player und Rothmans und Ölriesen wie Agip und Elf. Es stellte daher eine zusätzliche Attraktion dar, als weltweit erstes Formel-1-Team den Schriftzug »der größte Strickwarenhersteller der Welt« zur Schau zu tragen. Die jährliche Formel-1-Saison dauerte sieben Monate und umfasste Rennen in aller Welt. Manche wurden an glamourösen Orten wie Monte Carlo ausgetragen, andere an weniger spektakulären, aber alle wurden von einer riesigen und stetig weiter wachsenden Menge von Fernsehzuschauern verfolgt. Luciano, Gilberto und David Paolini, der ehemalige Journalist, der bei Benetton die Öffentlichkeitsarbeit leitete, begannen Rennen zu besuchen. Sie begeisterten sich auf Anhieb für diesen Sport. Marina dagegen ließ das Zusammenspiel von Geschwindigkeit, Farbe, internationalem Flair, Spannung, Technik und dem Faktor Mensch, das Luciano so unwiderstehlich fand, völlig kalt. Sie vertrieb sich während der Rennen die Zeit mit Stickarbeiten und es berührte sie nicht im Mindesten, als Michele Alboreto im von Benetton gesponserten Tyrrell den Großen Preis von Detroit gewann.

Abgesehen von diesem Sieg war das Tyrrell-Team mit den Fahrern Alboreto und Danny Sullivan in der ersten von Benetton gesponserten Saison wenig erfolgreich. Trotzdem hielten Gilberto und Luciano die vier Millionen Dollar, die diese sieben Monate den Konzern gekostet hatten, für eine lohnende Investition, denn der Name Benetton war dadurch in großem Umfang im Fernsehen präsent gewesen. Die Brüder sahen sich dennoch nach einem anderen Team um, das sie sponsern konnten. Diesmal fiel ihre Wahl auf Alfa Romeo Euroracing, den Formel-1-Ableger der italienischen Automarke, von der auch das Fahrzeug gewesen war, das Luciano und Marina seinerzeit das Leben gerettet hatte. Die Summe, die in Alfa Romeo und die Fahrer Riccardo

Patrese und Eddie Cheever investiert wurde, entsprach in etwa der des Vorjahres. Dafür sahen die Benettons jetzt mit Zuversicht einer erfolgreicheren Saison entgegen, die dem Namen Benetton zu einer noch nie da gewesenen Präsenz auf den Fernsehbildschirmen in aller Welt verhelfen sollte.

Vormarsch der unnützen, bürokratischen Wichtigtuer
Ponzano, Veneto 1983

Noch bevor Aldo Palmeris Halbjahresvertrag als Berater auslief, waren sich die Benetton-Geschwister einig, dass er ihren Erwartungen entsprach. Er war der richtige Mann für die Umstrukturierungen, die aus dem Familienunternehmen Benetton einen »richtigen« Konzern machen sollten. Die Benettons boten Palmeri die Position des CEO, des Chief Executive Officer, der Muttergesellschaft Benetton Group spa an und dieser nahm an. Eigentlich bekleidete Elio Aluffi, der seit vielen Jahren an den Planungen für das Unternehmen wesentlich mitgewirkt hatte, diese Position. Die Benettons versuchten jedoch, Aluffi davon zu überzeugen, dass er damit überfordert sei. Schließlich erklärte er sich bereit, sich einem weit gesteckten Aufgabenfeld in der inneren Verwaltung zuzuwenden. Daneben war er weiterhin für das Jahresbudget der Fertigung zuständig. Das bedeutete, dass jetzt Palmeri und nicht mehr Aluffi gegenüber Gilberto die alleinige Verantwortung für die Geschäftsführung trug.

Aluffi war mit dieser Regelung nicht zufrieden und Luciano fühlte sich ihm nach allem, was er für die Familie und den Konzern getan hatte, in gewisser Weise verpflichtet. Als Aluffi zu Benetton gekommen war, hatte er schon über Erfahrungen im Management der Bekleidungsfirma San Remo verfügt, die zu jener Zeit 5 000 Mitarbeiter beschäftigte. Benetton hatte damals erst einen Bruchteil dieser Anzahl erreicht. Luciano war ein Mensch, der kompromisslos seine Ziele verfolgte, aber er war nicht taub gegen die Gefühle eines langjährigen Mitarbeiters. Ihm war klar, dass es für Aluffi kein befriedigender Zustand sein konnte, für die restliche Dauer seines Berufslebens im Hintergrund zu stehen, aber persönliche Gefühle waren mit der Notwendigkeit zur Umstrukturierung nicht vereinbar. Die beiden Männer, die sich jetzt die Position des CEO teilen sollten, waren so grundverschieden wie die Epochen, die sie repräsentierten. Palmeri war jung und ehrgeizig, auf Expansion bedacht und bereit, dabei Risiken einzugehen und für diese die Verantwortung zu tragen. Er vertrat die neuesten amerikanischen Geschäftsmethoden. Aluffi war umsichtig und zuverlässig. Er hatte die Restaurierung der Villa Minelli überwacht, die sein ganzer Stolz war.

Luciano, Giuliana, Gilberto und Carlo wollten die Kontrolle behalten und zugleich Verantwortung delegieren. Sie ließen Palmeri innerhalb weiter, aber klar abgesteckter Grenzen völlig freie Hand. Je mehr Palmeri in seiner neuen Position Fuß fasste, desto unsicherer fühlte Aluffi sich in der seinen. Nach anderthalb Jahren zog er es vor zurückzutreten, statt in diesem Zustand seine Pensionierung abzuwarten. Eines Tages sollte Palmeri eine ähnliche Konsequenz ziehen, wenn auch auf eine weniger schroffe Art.

Der Grund hierfür war, dass Palmeri erkannte, wie sehr die Struktur des Konzerns allen seinen Bemühungen entgegenstand. Er konnte zwar Führungsebenen einrichten und Strukturen erneuern, aber über allem stand immer die eigentliche Konzernleitung, die fest in der Hand der Eigentümer lag. Benetton war und ist wie ein Berg, dessen geteilter Gipfel über die Wolken ragt. An der Spitze, die im Verborgenen lag, war es ein reines Familienunternehmen und würde es immer bleiben. Der Name dieses Familienunternehmens war jedoch nicht Benetton und würde es auch nie sein. Zu dem Zeitpunkt, als Palmeri in den Konzern eintrat und Aluffi das Feld räumte, hießen die beiden unsichtbaren Gipfel des Berges Invep (Investment and Participation) und Olympias. Diese beiden Holding-Gesellschaften gehörten zu 100 Prozent den vier Benetton-Geschwistern, die zusammen das Direktorium bildeten. Über die Jahre änderten sich die Namen und die

Anzahl der Holding-Gesellschaften, aber die Grundstruktur blieb gleich: Die Familie war alleinige Eigentümerin und behielt die hundertprozentige Kontrolle. Niemand, nicht einmal Palmeri, würde je mit den vier Geschwistern oder der nachfolgenden Generation der Benettons auf derselben Ebene stehen. Selbst auf der nächstniedrigeren Ebene, auf der Palmeri weitgehend freie Hand hatte, war er immer noch der Einzige außerhalb der Familie, der als Bindeglied zwischen dem gesamten Bereich der Produktion und den Finanzgeschäften des Konzerns stand.

Auf jeder darunter liegenden Ebene baute Palmeri die Stukturen und Gefüge auf, die als komplexe Mittel zu einem einfachen Zweck nötig waren. Das Ziel dieser Umstrukturierung war, größere Flexibilität zu erreichen und weiteres Wachstum zu ermöglichen. Palmeri setzte innerhalb der Benetton Group einen Vorstand ein und installierte die gehobenen und mittleren Managementebenen. Er warb Führungskräfte mit langjähriger internationaler Erfahrung und außenstehende Berater an, wo und wann immer es nötig war. Später sagte Palmeri: »Als ich zu Benetton kam, ging es dem Konzern wirtschaftlich gut, aber die Familie hatte erkannt, dass weiteres Wachstum unerlässlich war.«

Palmeri wusste, dass der einheimische Markt gesättigt war und dass auch mit den Eroberungszügen auf den amerikanischen und japanischen Markt ein Absatzniveau erreicht war, das nicht weiter gesteigert werden konnte. »Die Exporte stagnierten bei zehn Prozent«, sagte er, »damit war die Expansion auf weitere Auslandsmärkte ein absolutes Muss. Das bedeutete aber zugleich, dass der Konzern hochkarätige Führungskräfte brauchte.« Im Laufe der nächsten zwei oder drei Jahre warb er Carlo Gilardi von der Banca d'Italia, einen Freund und Vertrauten, als Finanzmanager an, Giovanni Cantagalli von Minnesota Mining and Manufacturing als Generaldirektor, Giulio Penzo vom selben Konzern als Leiter der Rechtsabteilung, Guido Venturini vom Textilkonzern Alcantara als Vertriebsleiter, Giancarlo Chiodini als Leiter der Logistik und Professor Bruno Zuccaro von Zanussi and Honeywell als Leiter der Informationssysteme.

Zuccaros Aufgabe war es, die hochmoderne Informationstechnologie zu überwachen. Diese sollte die Läden in aller Welt in Echtzeit mit der bahnbrechenden automatisierten Vertriebseinrichtung verbinden, die das Fiat-Tochterunternehmen Comau im nahe gelegenen Ort Castrette für Benetton baute. Wenn einer der Benetton-Läden an der 5th Avenue, von denen es schon bald sechs geben sollte, eine »Blitz«-Kollektion von 500 fliederfarbenen Pullovern brauchte, konnte der Auftrag in kürzester Zeit und ohne Mehrkosten erledigt werden. All das lief – mit Lucianos Worten – darauf hinaus, »das Modegeschäft vom Kunsthandwerk zur Industrie zu erheben«.

Palmeri hatte die Schlüsselstellung in der Leitung inne, allerdings mit ein paar erheblichen Einschränkungen. Gilberto war mit Palmeri als Zwischeninstanz zufrieden; Giuliana und Luciano waren es ebenso mit Vittorio Rava, dem neuen Leiter der Werbeabteilung, und David Paolini, dem Leiter der Öffentlichkeitsarbeit. Luciano bemerkte jedoch, dass Lucio Zotta, ein erfahrener Einzelhandelskaufmann, den Palmeri als kaufmännischen Direktor eingestellt hatte, Schwierigkeiten damit hatte, das empfindliche Gleichgewicht in den Beziehungen zwischen den regionalen Verkaufsleitern und den Produktmanagern zu halten, die Luciano fast alle persönlich ausgewählt hatte. Das Ergebnis war, dass Zotta nach nur acht Monaten seinen Dienst quittierte und Luciano wieder die Position des kaufmännischen Direktors einnahm. Fürs Erste sollte das auch so bleiben. Auch Giuliana zog es vor, in die langjährige fruchtbare Zusammenarbeit mit ihrem Chefdesigner, Varassi, keine neue Instanz treten zu lassen.

Neben all diesen Konflikten gab es auch erfreuliche Ereignisse: Afra und Tobia Scarpa waren nach jahrelanger Distanz wieder mit Luciano und dem Konzern versöhnt und hatten die Gestaltung des neuen Vertriebszentrums in Castrette übernommen. Teresa und diejenigen der Kinder, die noch bei ihr lebten, wohnten nach wie vor in dem von den Scarpas entworfenen Haus in der Nähe der Fabrik, die ebenfalls nach einem Entwurf des Architektenpaares gebaut worden war. Mauro, der älteste Sohn von Teresa und Luciano, hatte sein Studium in Venedig abgeschlossen und eine Stelle in dem Benetton-Geschäft in Paris angenommen. Er hatte etwa im selben Alter wie sein Vater angefangen zu arbeiten und auch die Tätigkeit war eine ähnliche gewesen: Im Alter von 13 Jahren hatte er im Benetton-Laden in Treviso Pullover gefaltet. Luciano, der mittlerweile einer der reichsten Männer des Landes war, hatte seinem Sohn zu verstehen gegeben, wenn er Geld bräuchte – in diesem Fall für einen Motorroller –, müsse er arbeiten. Mauro hatte das beherzigt, ebenso wie später seine drei Geschwister Alessandro, Rossella und Rocco.

Luciano und Marina wohnten jetzt in dem Haus im Zentrum von Treviso. Der Weg, den Luciano von dort am häufigsten zurücklegte, war der zum nahe gelegenen Flughafen. Er reiste zu Treffen mit Handelsvertretern und Ladenbesitzern oder besichtigte potenzielle Standorte für neue Läden. Luciano verbrachte oft Wochen damit, diese auszuwählen. Die neuen Läden entstanden jetzt größtenteils im Ausland. Es gab acht verschiedene Stilrichtungen, vom klassisch-schlichten Benetton mit einer Inneneinrichtung aus dunklem Holz bis zum entgegengesetzten Extrem, das auf eine jugendliche Kundschaft zugeschnitten war und Tomato hieß.

Palmeri hatte die Notwendigkeit erkannt, internationale Absatzmärkte zu erschließen. Benetton konnte mit seinem einzigartigen Franchisesystem die Anzahl der Einzelhändler, die an das Netz angeschlossen waren, fast ohne eigene Investitionen vergrößern. Dadurch stand mehr Kapital zur Verfügung, das in immer modernere Kommunikations- und Produktionstechnologie und in die Werbung investiert werden konnte. Die Telefone in den beinahe 100 Benetton-Vertretungen in aller Welt standen nicht still vor lauter Anrufen von Leuten, die mit Benetton-Läden das große Geld machen wollten. Die Leiter dieser Vertretungen waren Unternehmer, die auf Provisionsbasis arbeiteten und in dem Gebiet, für das sie zuständig waren, selbst mindestens einen Laden besaßen. Sie suchten neue Unternehmer, die willens waren, zwischen 10 000 und 300 000 Dollar in einen Laden zu investieren.

Die Handelsvertreter organisierten Präsentationsveranstaltungen, auf denen den Einzelhändlern die neuen Kollektionen vorgestellt wurden, und nahmen Bestellungen entgegen, die sie nach Ponzano weiterleiteten. Sie waren für die »Blitz«-Kollektionen zuständig, die zusätzlich zum regulären Sortiment hergestellt wurden, sowie für die Nachbestellungen der Artikel, die am schnellsten ausverkauft waren. Die Vertreter koordinierten auch die Verteilung des von Benetton finanzierten Werbe- und Marketingmaterials an die Läden. Luciano war das Bindeglied zwischen all diesen Leuten und der Schlüssel zu Benettons weiterem Wachstum. In wenig mehr als einem Jahr hatte er den Export von zehn auf über 30 Prozent gesteigert. Er war der reisende Geschäftsmann – die Rolle, die er seit seiner Kindheit spielte; damals mit dem Fahrrad auf den Straßen des Veneto, jetzt am Himmel über Deutschland, Skandinavien, Großbritannien, Amerika und Japan, in Benettons weißem Cessna-Jet mit dem grünen Streifen.

Das Geschäft wuchs mit atemberaubender Geschwindigkeit. Zusätzlich zu den 2 700 Läden, die bereits 30 Millionen Kleidungsstücke pro Jahr absetzten, wurde beinahe täglich ein neuer Laden in einer der acht Stilrichtungen eröffnet. Die acht Fabriken in Norditalien, Frankreich und Schottland hatten insgesamt 2 000 Mitarbeiter. Aber das war nur ein Bruchteil der Gesamtzahl – es kamen weitere 6 000 Beschäftigte in rund 200 Subunternehmen dazu, die exklusiv für Benetton arbeiteten und von denen einige im Besitz von Invep, einer der Holding-Gesellschaften der Familie, waren. Invep hielt auch die Aktienmehrheit an der kleinen Finanzierungsgesellschaft InFactor, einem neuen Jointventure mit der größten Bank des Landes, der Banca Nazionale del Lavoro. Zu InFactor kamen bald noch FinLeasing und InLeasing hinzu, die wiederum Invep unterstanden und die den Subunternehmern Logistik, Fabrikgebäude und technische Ausstattung im Leasinggeschäft zur Verfügung stellten.

Das weiß ausgestaltete Innere der Fabrikgebäude in Ponzano war vergleichsweise ruhig und fast menschenleer. Männer in weißen Kitteln starrten auf Reagenzgläser mit farbigen Flüssigkeiten – den neuen

Färbesubstanzen, die seit den längst vergangenen Zeiten Ado Montanas entwickelt worden waren. In dem Zuschneideraum, der an einen Hangar erinnerte, glitten computergesteuerte Schneidemaschinen mit hoher Geschwindigkeit durch riesige Stoffbahnen in 50 verschiedenen Farben. In einem anderen Teil der Fabrik standen Wagen, die hoch mit Stapeln gespenstisch weißer Kleidungsstücke beladen waren – bereit, um diese zu den riesigen Färbebecken zu transportieren. Giuliana, deren älteste Tochter Paola bald mit in das Geschäft eintreten sollte, arbeitete immer noch mit einem Team von nur zehn Designern, die halbjährlich neue Kollektionen in bis zu 50 Farbtönen vorlegten. Wenn Giuliana einen Entwurf abgesegnet hatte, wurden die Daten für die kleinste Größe in den Computer eingespeist, der die Maße für die anderen Größen dann automatisch berechnete. Am Computerbildschirm wurden die einzelnen Teile so angeordnet, dass möglichst wenig Verschnitt entstand. Die Informationstechnologie tat bereits in zunehmendem Maße die Arbeit derer, die sie entwickelten.

Im Untergeschoss des jüngsten Teils der Fabrik im nahe gelegenen Villorba nahm unterdessen Professor Zuccaros Informationstechnologie-Komplex Gestalt an. Dieser sollte bald die Fabrik mit den Computerkassen in Läden und Kaufhäusern verbinden, und zwar auch in solch fernen Orten wie Washington D. C., wo seinerzeit der erste Versuch, Benetton in Amerika anzusiedeln, gescheitert war, und in Tokio. Nicht weit entfernt stand der Rohbau des Vertriebszentrums, dessen hochmoderne Technik es ermöglichen sollte, einen Schwerlaster in weniger als einer halben Stunde zu entladen und neu zu beladen.

Jeder, der den Preis von sieben bis 70 Dollar aufbringen konnte, schien inzwischen Benetton-Kleidung zu tragen, deren aufregende und unkonventionelle Farbpalette von elektrisierenden Blautönen bis zu strahlendem Fuchsia und Orange reichte. Studenten der Eliteuniversitäten von Neuengland bis Kalifornien trugen sie ebenso wie Teenager in Paris und Schulmädchen in Rom. In London entstand am Oxford Circus das bislang größte Benetton-Verkaufszentrum überhaupt, das alle acht Kategorien – Benetton, 012, Sisley, My Market,

Merceria, Tomato, Fantomax und Jeans West – unter einem Dach vereinte. Der Eigentümer, Jeffrey Wallis, Benettons größter Lizenznehmer in Großbritannien, hatte vorher die Modehauskette Wallis betrieben. Wenn er nicht erfolgreich neue Wege eingeschlagen hätte, wäre er einer der zum Aufgeben verurteilten Einzelhändler vom alten Schlag gewesen. Was die Werbung betraf, hatten die Schaufenster der acht verschiedenen Kategorien von Läden, die es zu Hunderten, inzwischen sogar zu Tausenden gab, sich zusammen als die beste Reklame erwiesen.

Die zweite Formel-1-Saison, in der Benetton als Sponsor auftrat, sorgte zwar wiederum für Präsenz im Fernsehen, erwies sich aber als ebenso kostspielig und wenig siegreich wie die erste. Der einzige Erfolg war ein begeistert gefeierter dritter Platz beim Großen Preis von Monza, wo Patrese im Alfa Romeo auf seiner Hausstrecke hinter dem Rivalen Ferrari ins Ziel kam.

Nach wie vor war der Name Benetton in der Öffentlichkeit wenig bekannt. In der »bleiernen Zeit« war das beabsichtigt gewesen, weil jedes Aufsehen ein Risiko bedeutet hätte. Inzwischen war es einfach eine Kostenfrage: Individuell auf die einzelnen Länder zugeschnittene Werbekampagnen wären mit unverhältnismäßig hohen Ausgaben verbunden gewesen. Die Kosten für die Werbung wurden vom Unternehmen getragen und nicht auf die Handelsvertreter und Einzelhändler umgelegt. Sie beliefen sich auf nur zwei Prozent des Gesamtumsatzes. Als der Konzern versuchte, sich einen Platz am amerikanischen und japanischen Markt zu erobern, wurde der Werbeetat auf vier Prozent des Umsatzes aufgestockt, um den zusätzlichen Aufwand zu finanzieren.

In Amerika gab es jedoch harte Konkurrenz durch Marken wie Esprit und Jordache, die große Summen in Aufsehen erregende Werbekampagnen investierten. Auf der Suche nach einem Wettbewerbsvorteil, der wenig zusätzliche Kosten verursachen sollte, begann Benetton – noch immer durch die Agentur Kathy Travis vertreten –, den internationalen Erfolg der Marke zu betonen: »Benetton – Baumwolle in allen Farben des Sommers« war der Text einer Anzeige in der Zeitschrift *New York*. Unter einem Bild von einem Paar am Strand standen in großen Buchstaben die Namen bekannter Städte in aller Welt, die von Amerikanern bereist wurden und wo es Benetton-Läden gab.

Der bahnbrechende Erfolg mit dem Rugby-Hemd hatte in Amerika zu hohen Absatzzahlen und einem gesteigerten Markenbewusstsein geführt. Werbung und das Formel-1-Sponsoring trieben diese positive Entwicklung weiter voran. Bald hatte sie auf alle zwölf Zonen übergegriffen, die auf der Landkarte an der Wand des Benetton-Büros im General-Motors-Gebäude eingezeichnet waren. In New York konnte Luciano einen langgehegten Traum verwirklichen: Der Warenhausriese Macy's richtete in der Sportabteilung eine Unterabteilung für Benetton ein. Sie lag zwischen den Abteilungen für Calvin Klein und Adrienne Vitadini, erwies sich jedoch als Fehlschlag. Der Umsatz betrug nur ein Drittel von dem des nächstgelegenen echten Benetton-Ladens. Nach einem halben Jahr beendete Macy's das Experiment. Später sollte es beinahe 300 solcher »Shops in Stores« und Lizenzen für Sportartikel und Bekleidung geben. Aber vorerst brachte die Erfahrung bei Macy's Luciano und seine New Yorker Mitarbeiter zu der Überzeugung, dass die Zukunft darin lag, das Netzwerk der Läden in seiner ursprünglichen charakteristischen Form weiter auszubauen.

Immer mehr angehende Geschäftsleute drängten sich danach, Teil dieses Netzwerks zu werden. Für jede Lizenz, die die neue Benetton-Vertretung in Amerika vergab, lehnte sie 20 andere Bewerber ab. Der Konzern geriet in Amerika zunehmend in den Ruf eines »Fastfood der Modebranche«, obwohl seine Franchisenehmer doch eine deutlich andere Stellung als etwa die von McDonald's hatten – woran sich auch nie etwas ändern sollte. Die Unterschiede zwischen Benetton und Konzernen wie McDonald's waren offensichtlich: Es gab keine schriftlichen Verträge; die Ware wurde exklusiv von Benetton eingekauft; es gab kein Rückgaberecht und für den Gebrauch des Markennamens wurden keine Lizenzgebühren und keine Gewinnbeteiligung erhoben. Bei der Auswahl der Bewerber zählte der persönliche Eindruck mehr als die Fähigkeit, die 10 000 bis 300 000 Dollar Startkapital aufzubringen. Manche sahen in diesem System rückblickend ein Mittel, das es dem Konzern und insbesondere Luciano ermöglichte, stärkere Kontrolle über die Läden und ihre Besitzer auszuüben. Andere wiesen darauf hin, dass dieses extreme Ausmaß an Kontrolle Benettons Franchisesystem überhaupt erst ermöglicht habe, wodurch schließlich eine Menge Leute große Gewinne erzielt hätten. Trotz der deutlichen Unterschiede verbreiteten verprellte Benetton-Lizenznehmer noch elf Jahre später Fehlinformationen über die Art der Vereinbarungen. Und nach 13 Jahren wurde Luciano in weiten Bereichen der Medien – die Tageszeitung seines Heitmatortes eingeschlossen – immer noch als »Pullover-McDonald's« bezeichnet.

Luciano hatte unterdessen Francesco della Barba, einen hartgesottenen Geschäftsmann, der wie er aus Treviso stammte, als ersten Vizepräsidenten eingesetzt und ihm die Verantwortung für das Wachstum und Wohlergehen des Unternehmens und der Marke Benetton in den USA übertragen. Della Barbas Aufgabe bestand darin, in Zusammenarbeit mit Walter Annaratone und den Salibellos das Geschäft in den Vereinigten Staaaten voranzutreiben, ohne dabei die Franchisekonditionen auszuhöhlen. Della Barba war Lucianos rechte Hand. Bei der Auswahl der Bewerber bevorzugte er oft Männer italienischer Abstammung. Daraus entstand der Eindruck, dass bei der Lizenzvergabe insgeheim unterschieden wurde zwischen nicht-italienischen Franchisenehmern und Bewerbern einerseits und einer »italienischen Mafia« andererseits, die ebenso geheim und exklusiv war wie der gleichnamige sizilianische Clan. Zwar waren viele Benetton-Vertreter in Amerika und in aller Welt Italiener oder italienischer Abstammung, ebenso viele Franchisenehmer und Händler in ganz Amerika waren aber Amerikaner, die mit Italien nichts zu tun hatten, so wie es in Großbritannien Briten waren, in Japan Japaner, in Frankreich Franzosen und in Deutschland Deutsche. Nur – wenn die Lage in Amerika,

Großbritannien, Deutschland und der westlichen Welt allgemein schwierig und angespannt war, wurde der »italienische« Aspekt negativ in den Vordergrund gerückt. Die Kritik der Medien und Aufsichtsbehörden an Benetton nahm dann in einigen dieser Länder einen fremdenfeindlichen Unterton an.

Viele, die dem Unternehmen Vetternwirtschaft vorwarfen, übersahen dabei, dass auch Luciano Benetton bei der Auswahl seiner Mitarbeiter nicht unfehlbar war. Gerade in dieser Zeit erlebte er eine böse Überraschung: Luciano überließ einem potenziellen Handelsvertreter, der über gemeinsame Bekannte Kontakt zu ihm aufgenommen hatte, eine Musterkollektion. Der Mann war bereits in der Bekleidungsbranche tätig und pries Benetton in den höchsten Tönen. Er nahm die Musterkollektion mit nach Südostasien, ließ sie kopieren und verkaufte sie in Amerika unter seinem eigenen Markennamen.

In Amerika schien mittlerweile einfach jeder Interesse daran zu haben, Benetton zu kaufen und zu verkaufen. Aber der Konkurrenzkampf war hart und die großen amerikanischen Ketten wie Esprit und Jordache betrieben bereits in großem Stil Werbung, die auf ein internationales Publikum zugeschnitten war. In diesem Wettbewerb konnte Benetton nicht dadurch mithalten, dass einfach der Werbeetat von zwei auf vier Prozent erhöht wurde. Dennoch musste die Werbung wenigstens denselben Wirkungsgrad erreichen, wenn Benetton der Konkurrenz in Amerika gewachsen oder gar überlegen sein wollte. In Zeitschriften wie *Life* wurde Benettons Entwicklung als unaufhaltsamer Eroberungszug dargestellt. Aber infolge der ungewöhnlichen Franchisegestaltung hatte das Unternehmen nicht in gleichem Maße Anteil an den Gewinnspannen. Und dieses hatte wiederum zur Folge, dass der Konzern klassische Werbekampagnen durch große Agenturen nicht direkt finanzieren konnte. Die Frage war, wie man dieselbe Wirkung – oder sogar eine noch größere – zu einem Bruchteil der Kosten erzielen konnte. Eines Abends, als Luciano mit Marina nach einem Essen heimkehrte, glaubte er, die Antwort gefunden zu haben.

Toscani hätte niemals etwas so Langweiliges getan, wie mit einem Glas Wein aus eigenem Anbau auf seiner Terrasse zu sitzen und den Sonnenuntergang in der Toskana zu genießen. Er war auch nicht mit seiner dritten Frau im Bett, als Luciano kurz vor Mitternacht bei ihm anrief. Der Fotograf befand sich in seiner Funktion als Appaloosa-Züchter in den Ställen und half einem Fohlen auf die Welt.

Selbstverständlich entfernte er sich nie allzu weit von einem Telefon – auch nicht an jenem Abend. Anderthalb Jahre waren vergangen, seit Luciano und er sich beim Essen in Fioruccis Haus in Mailand kennen gelernt hatten. Toscani war erstaunt, dass Luciano sich direkt an ihn wandte und nicht auf dem üblichen Weg über eine Agentur. Was Luciano ihm zu sagen hatte, überraschte ihn dagegen überhaupt nicht.

»Wenn du mal etwas Zeit hättest, Oliviero – wir brauchen ein globales Image.«

6. United Colors of Benetton

Ponzano, Veneto 1984

Drei Tage später stand Toscani in Lucianos Büro in der Villa Minelli.

»Kannst du das übernehmen?«, fragte Luciano.

Toscani bejahte. Die erneute Begegnung mit dem Mann, den er anderthalb Jahre zuvor in Mailand kennen gelernt hatte, inspirierte ihn. Luciano war ein ganz anderes Kaliber als Fiorucci und Toscani betrachtete die Zusammenarbeit zwischen künstlerischer Avantgarde und Großkapital als seine ureigene Domäne. Von den großen Werbeagenturen, die nur auf Profit aus waren und nicht den Mut hatten, neue Wege zu beschreiten, hielt er ebenso wenig wie Luciano. Toscani hatte sich der Sache persönlich angenommen, wie Luciano es erhofft hatte, und einen einfachen Leitgedanken entwickelt. Diesen bezeichnete er mit dem Slogan »All the colors in the world« – »Alle Farben der Welt«.

Das Bild war ebenso schlicht wie originell. Kinder und Jugendliche verschiedener Nationalitäten und ethnischer Gruppen lachten miteinander – vereinigt in allen Farben von Benetton.

Toscani arbeitete mit der Sprache der Eintracht zwischen Völkern, um kulturelle Barrieren zu überwinden und den Eindruck von Weltoffenheit zu erzielen, den Luciano dem Unternehmen verleihen wollte. Das Ergebnis war großartig und sprach für sich; es hob sich zudem deutlich von der Sinnentleertheit und geistlosen Stümperei der Punk-Ära ab. Toscani hatte eine Abneigung gegen professionelle Fotomodelle, daher zeigten die Bilder wie die meisten seiner erfolgreichen Fotos »echte« Kinder. Er schlug Luciano vor, für die Koordination der

Kampagne mit der kleinen Pariser Werbeagentur Eldorado zusammenzuarbeiten, zu der er gute Kontakte hatte.

Luciano war einverstanden. Die gemeinsame Zeit von Benetton und der Agentur Kathy Travis war vorbei. Benettons Werbeetat wurde auf 12 Millionen Dollar aufgestockt und im Frühjahr 1984 startete Eldorado die Kampagne »All the Colors«. Für die Verbreitung der Zeitschriften- und Plakatwerbung in 14 Ländern wurde allerdings ein Werbegigant hinzugezogen, J. Walter Thompson. Der Einsatz »echter« Kinder in Verbindung mit Toscanis technischer Brillanz hat bis heute nichts von der ursprünglichen Frische verloren.

Luciano sah die Plakatwand mit dem Benetton-Logo zum ersten Mal in Mailand. »Ich hatte einen Kloß im Hals und mein Herz schlug schneller«, erinnerte er sich später. »Es war faszinierend, wie treffend dieses Bild den Geist von Benetton darstellte.«

Die weltweiten Reaktionen machten deutlich, wie sehr sich dieser Ansatz von der Engstirnigkeit und Selbstgefälligkeit, die unter den Großen der Werbebranche herrschten, unterschied. Die Kampagne »All the Colors« wurde in den Niederlanden mit dem Preis der Zeitschrift *Avenue* ausgezeichnet, aber der Konzern bekam auch Hunderte von Briefen von ganz gewöhnlichen Leuten – von solchen, denen die Werbung und ihre Aussage gefiel, wie von anderen, denen sie nicht gefiel. In Südafrika wurden die Anzeigen rigoros verboten – nur in einigen wenigen Zeitschriften, die sich speziell an eine schwarze Leserschaft richteten, durften sie erscheinen. Einige der Briefe aus Amerika und Großbritannien spiegelten den Rassismus wider, auf den die Bilder anspielten: »Schande!«, schrieb ein Korrespondent aus Manchester in Nordengland. »Ihr habt Rassen zusammengebracht, die Gott getrennt halten will!«

Der Erfolg ermunterte Toscani, den Gedanken der Völkerverständigung weiterzuverfolgen. Bei den nächsten Aufnahmen in seinem Studio in Paris arbeitete er wieder mit »echten« Modellen, diesmal mit einer Gruppe von Kindern im Alter zwischen vier und 14 Jahren, die aus so verschiedenen Ländern wie Japan, Irland und von der Elfenbeinküste kamen. Diesmal fügte Toscani »Accessoires« hinzu, die nicht von Benetton stammten, wie zum Beispiel die Nationalflaggen von Ländern, die bekanntermaßen im Konflikt lagen: die deutsche und die israelische, die griechische und die türkische, die britische und die argentinische Fahne, die der USA und die der Sowjetunion. Passend dazu schnappten Toscani und die Mitarbeiter von Eldorado die Bemerkung eines Vertreters der UNESCO auf, der zufällig gerade in der Agentur war: »Mein Gott, das sind ja hier die Vereinten Farben!«

Paris, Frankreich 1985

Der Herbst in Paris war mild und auch im Kalten Krieg begann das Eis zu tauen. Der sowjetische Präsident Gorbatschow fuhr mit seiner Wagenkolonne über die Champs Élysées zu einem Treffen mit dem französischen Präsidenten Mitterrand. Millionen Fernsehzuschauer in aller Welt beobachteten den zeremoniellen Aufmarsch. Auf halbem Weg sah man Gorbatschow in seiner Peugeot-Limousine aufblicken und einem seiner Begleiter Zeichen machen. Später hieß es, dies sei für Toscani die ideale Gelegenheit gewesen, den Anfang vom Ende des Kalten Krieges und den neuen Zeitgeist einzufangen, der vom Ost-West-Dialog und der Perestroika geprägt war. Jedenfalls war es ein magischer Augenblick und eine gehörige Portion Glück kam dazu.

Die Idee, Benetton-Werbeplakate entlang der Champs Élysées anzubringen, stammte eigentlich von Bruno Suter, einem Mitarbeiter der Agentur Eldorado. Die Bilder zeigten zwei kleine schwarze Kinder – das eine mit der Flagge der Vereinigten Staaten, das andere mit der der Sowjetunion –, die sich einen Kuss gaben. Die Bildüberschrift lautete: »United Colors of Benetton« – »Die Vereinten Farben von Benetton«.

Suter schwor später, Gorbatschow habe die Bilder bemerkt. Informierte Kreise bestätigten, dass er seinen Begleiter gefragt habe: »Wer ist eigentlich dieser Benetton?« Wie auch immer, fünf Jahre später sollten Gorbatschow und die Sowjetunion von der politischen Bühne verschwunden sein und Luciano Benetton sollte in Moskau über die Eröffnung des ersten »United Colors of Benetton«-Ladens in der russischen Hauptstadt verhandeln.

Unterdessen wurden die Bilder in Frankreich und den Niederlanden mit einer Reihe bedeutender Preise ausgezeichnet, unter anderem mit dem Grand Prix de la Communication Publicitaire und dem mit einer Million Franc dotierten Preis der Banque de l'Union Publicitaire. In Amerika dagegen, dem Land des anderen Konfliktpartners auf dem Plakat, wo Benetton gerade einen Boom erlebte, löste das Bild gänzlich andere Reaktionen aus.

New York, USA 1985

Das Konzept von »United Colors« war in Europa so erfolgreich, dass Luciano es nun auch in den USA mit dieser Kampagne versuchen wollte. Aber noch bevor es dazu kam, erhielt der Konzern schon die ersten Briefe von Amerikanern, die darauf hinwiesen, dass in den Vereinigten Staaten ein Gesetz in Vorbereitung war, das die Abbildung der Nationalflagge in der Werbung verbieten sollte. Da man den Erfolg, der in Amerika im Vorjahr mit der »All the Colors«-Kampagne erzielt worden war, nicht aufs Spiel setzen wollte, wurde im Frühjahr und Sommer auf den Einsatz des umstrittenen Fotos verzichtet. Das Ergebnis der drei Millionen Dollar teuren Kampagne rechtfertigte diese Entscheidung: Der Umsatz stieg landesweit deutlich an. Die klaren Farben der Kleidungsstücke und die technisch brillanten Bilder fröhlicher Kinder waren der Schlüssel zum Erfolg der Benetton-Werbung in Amerika.

In der Zusammenarbeit zwischen Toscani und Luciano Benetton brach eine goldene Zeit an. Toscani konnte jetzt kaum noch etwas falsch machen. Seine Bilder und ihre Botschaft regten eine Schar von

Nachahmern an, aber keiner erreichte auch nur annähernd das Niveau seiner Arbeiten und Toscani verachtete sie allesamt. Er verfolgte Ansätze, die er in seiner Arbeit für andere Kunden gerade erst in Anfängen erkundet hatte – »echte« Modelle, echte Themen und echte Innovation. Das Ergebnis dieser Arbeit sollte ihn reich und berühmt machen. Die Beziehung zwischen ihm und Luciano, die sich daraus entwickelte, überlebte die Zusammenarbeit des Konzerns mit Eldorado und J. Walter Thompson bei weitem. Sie war mit keinem anderen Verhältnis zwischen einem Künstler und dem Kommerz, von dem er lebte, vergleichbar. Von Anfang an war der exzentrische Fotograf entschlossen, die Sonderstellung zu nutzen, die Lucianos Unterstützung ihm verschaffte. Obwohl Toscani die Wirkung seiner Bilder nicht in herkömmlicher Weise voraussehen konnte, musste er immer Neues und Überraschendes hervorbringen, um seine mühsam errungene Position nicht zu gefährden.

Ironischerweise waren diese hevorragenden Werbefotos, die wohl die besten in Toscanis Karriere waren, andererseits aber auch von Anfang an so standardisiert wie Big Macs. Es mochte viele Unterschiede zwischen McDonald's und Benetton geben, aber in dem Fall konnte Benetton dem Vergleich nichts entgegensetzen. Die Bilder propagierten weltweit soziale Gleichheit und Gleichheit der Kleidung ebenso wie gleiche Rechte und Chancengleichheit und die Sprache, die dazu verwendet wurde, war einheitlich amerikanisches Englisch. Außerdem waren der Name Benetton und das Logo mit dem Wollknäuel all diesen Plakaten wie ein Gütesiegel aufgedrückt. Das sollte sich allerdings bald ändern. »United Colors« wurde das weltweite Logo und der Leitgedanke. Für den künstlerischen Bereich der Imagepflege war allein Toscani zuständig, für die verwaltungstechnische Seite außerdem eine konzerninterne Gruppe von zehn Leuten, die einzig und allein Luciano Rechenschaft schuldig waren. Toscani erklärte, nur so könne die »Seele« des Unternehmens zutreffend dargestellt werden. Dieses Bestreben, die »Seele« widerzuspiegeln, führte mit der Zeit zu einem betont unkonventionellen und provokativen Auftreten in der Werbung und stand damit im Gegensatz zu Benettons früherem unauffälligen Erscheinungsbild in der Öffentlichkeit. Anfangs hatte der Schlüssel zum Erfolg ja gerade darin gelegen, dass der große Konzern hinter den unterschiedlichen Stilrichtungen und Namen der Läden verborgen blieb.

Von Aldo Palmeri war kaum eine Meinungsäußerung über die Seele des Unternehmens zu erwarten, aber er war höchst zufrieden damit, wie »United Colors« Benettons Strategie in den USA unterstützte. Palmeri trieb die Expansion in ganz Amerika mit allen Mitteln voran. 1985 war die Zahl der Läden von 400 auf 500 gestiegen. Für das laufende Jahr wurde ein Umsatz von 150 Millionen Dollar erwartet. Niedrige Transportkosten und ein starker Dollar förderten diesen steilen Aufwärtstrend, denn dadurch konnten europäische Konzerne wie Benetton und Laura Ashley billiger in die USA exportieren. Gleichzeitig war allen bewusst, dass die günstigen Bedingungen nicht ewig anhalten konnten und dass sich die Lage wieder zugunsten einheimischer Unternehmen wie Gap verändern würde, die nicht den Schwankungen der Währung unterlagen und mit ihrer Produktion näher am Absatzmarkt waren. Wenn die Situation sich so weit verschärfen sollte, dass die Regierung eingreifen musste, dann würden die einheimischen Konzerne mit Sicherheit gegenüber der Konkurrenz aus dem Ausland bevorzugt werden. Die amerikanischen Regulierungsbehörden konnten Importbeschränkungen mit der Begründung verhängen, dass die Einfuhr ausländischer Waren Arbeitsplätze in der Produktion gefährdete. Um dieses Risiko zu mindern, investierte Palmeri 18 Millionen Dollar in die Übernahme und Neuausstattung einer Textilfabrik in Rocky Mount, North Carolina, wo Baumwoll- und Jeansartikel sowie Sweatshirts hergestellt wurden. Palmeri plante, Benettons Produktpalette auf Bereiche auszudehnen, die nicht den Schwankungen des Modemarktes unterlagen. Dazu wollte er nicht nur andere Bekleidungsartikel einbeziehen, sondern auch in den Bereich der Finanzdienstleistungen investieren, die aus dem Lifestyle der Yuppies nicht mehr wegzudenken waren. Außerdem war Palmeri auf der Suche nach einem großen Partner in den USA, der Finanzierungspakete für das Netzwerk der dortigen Läden anbot.

Nach Palmeris Einschätzung gab es einen entscheidenden Faktor, der verhinderte, dass Benetton die kritische Masse erreichte: Der Konzern hatte eine zu geringe Kapitaldecke, weil die Benetton Group im alleinigen Besitz der Familie war. Palmeri und Gilberto entschieden, dass man fremdes Kapital benötigte. Die Lösung bestand darin, die alleinige Eigentümerschaft der Familie am Stammunternehmen aufzugeben und bis zu 25 Prozent der Benetton Group an die Mailänder Börse zu bringen. Die Position der Familie als Eigentümer wurde dadurch nicht geschwächt, denn die Benetton Group war ein Tochterunternehmen der Holding-Gesellschaft Invep, die wenig später von Gilberto umstrukturiert und in Edizione umbenannt wurde, und diese gehörte zu 100 Prozent der Familie Benetton. Diese Besitzverhältnisse und die Beziehung zwischen den verschiedenen Betriebsgesellschaften unter dem Dach von Edizione veranlassten wenig später – als die erwartete Rezession in Amerika einsetzte – die amerikanische Börsenaufsichtsbehörde dazu, den Benetton-Konzern genauer unter die Lupe zu nehmen.

Einstweilen profitierten die Händler in Amerika von hohen Gewinnspannen und hatten damit genügend Spielraum, diese zu senken, falls der Dollarkurs fiele und die Regierung Importbeschränkungen erließe. Benettons Franchisenehmer und Ladenbesitzer passten sich dem amerikanischen Geschmack an, indem sie Artikel wie Overalls und weit geschnittene Baumwolltuniken ins Sortiment aufnahmen und die Läden vergrößerten. In New York entstand an der Ecke 85th Street/Madison Avenue der erste amerikanische 012-Laden für Kinderkleidung. Mittlerweile gab es allein an der 5th Avenue sechs Benetton-Geschäfte. In Los Angeles, Kalifornien, wurde Benetton durch den Italiener Angelo Savardi repräsentiert. Der Name seiner Vertretung, Villa Minelli, spielte auf die Schlüsselstellung an, die die Familie diesem amerikanischen Handelsvertreter und Franchisenehmer einräumte. Savardi hatte keine Schwierigkeiten, immer neue Unternehmer zu finden, die Läden an scheinbar konkurrierenden Standorten eröffneten. Der Netzwerk-Effekt bewirkte hier wie an der 5th Avenue und anderswo, dass der Absatz in den betreffenden Läden durch die Konkurrenz eher noch gesteigert wurde.

Luciano selbst reiste kreuz und quer durch die USA, war bei den wichtigeren Neueröffnungen zugegen, besichtigte neue Geschäftsstandorte und traf sich mit Handelsvertretern und Franchisenehmern von New York und Philadelphia bis Kalifornien. »Fast all unsere Kinder waren schon in dem Land gewesen, von dem ich träumte, als ich bei den Dellasiegas hinter dem Ladentisch stand«, erinnerte Luciano sich später. Zu diesen Kindern gehörte auch sein Neffe, Carlos Sohn Stefano, der 1985 in Kalifornien bei einem Autounfall ums Leben kam.

Im selben Jahr reiste Luciano durch Europa. In Frankreich, in der Nähe von Poitiers, ließ er sich für eine American-Express-Werbung mit einer Herde verschiedenfarbiger Schafe fotografieren. In Budapest war er bei der Eröffnung des ersten Benetton-Ladens hinter dem damaligen Eisernen Vorhang zugegen. In jener Zeit setzten der Zerfall und die Neuordnung der politischen und wirtschaftlichen Strukturen Osteuropas ein. Luciano sprach nach dem Fall der Berliner Mauer nur selten davon, aber er hatte Pläne gehabt, Fertigungsbetriebe in der Sowjetunion aufzubauen, um Läden in den Ostblockländern versorgen zu können. So harsch Luciano und Toscani den Fiat-Chef Gianni Agnelli auch öffentlich angriffen – insgeheim war er mit seinen riesigen Fabriken in Russland und seinen wertvollen Beziehungen zur sowjetischen Regierung in gewisser Weise ein Vorbild gewesen. Luciano hatte seine eigenen Pläne für Fabriken in Russland sogar schon so weit vorangetrieben, dass schriftliche Zusagen aus Moskau vorlagen. Jetzt aber fuhr Gorbatschow in Paris die von Benetton-Plakaten gesäumte Champs Élysées entlang zu seinem Treffen mit Mitterrand und gleichzeitig begann der gesamte Ostblock aufzubrechen.

Bevor Luciano und sein Team von Treviso aus mit der Cessna zur Eröffnung des ersten tschechischen Ladens reisten, gab er ein internes Memorandum aus. Darin wurden alle Mitarbeiter daran erinnert, auf welch heiklem Gebiet sie sich bewegten: »Da Regierungsvertreter anwesend sein werden, sind jegliche politischen Gesprächsthemen zu vermeiden.« In Prag wurden Luciano und seine Begleiter von einer Delegation von Kommunisten in dunklen Anzügen empfangen. Sie feierten die Eröffnung mit der üblichen Präsenz von Funktionären und Apparatschiks, aber in Wirklichkeit verliefen die Fäden in den neu entstehenden Machtstrukturen ganz anders. »Die eigentlich wichtigen Kontakte hatten wir gar nicht vor Ort«, erklärte Luciano später. »Wir kannten jemanden in Deutschland, der jemanden in Ungarn kannte, der wiederum einen etwas liberaler eingestellten tschechischen Minister kannte. Diese Beziehungen halfen uns durch den Dschungel der Bürokratie.«

Zu Benettons Kontaktleuten gehörten auch Václav Havel, der noch nicht lange aus der Haft entlassen war und in einer Brauerei arbeitete, sowie Frank Zappa, der Rockstar aus Los Angeles, der ein Bindeglied zwischen dem Westen und den tschechischen Unternehmern darstellte. Über dieselben Beziehungen entstanden binnen kurzem fünf weitere Geschäfte in der damaligen Tschechoslowakei. Manche der Läden in Osteuropa blieben Ausländern und hochrangigen Funktionären vorbehalten, die in harter Währung wie US-Dollar oder D-Mark zahlen konnten. Aber der Schaufensterbummel kostete schließlich nichts und es gab auch für Tschechen und Polen zahlreiche Möglichkeiten, an harte Währung zu kommen. Luciano brauchte sich in Osteuropa jetzt nicht mehr dem alten Sowjet-Regime anzubiedern, wie seine Vorgänger es hatten tun müssen – Leute wie Agnelli, die er bald zu übertrumpfen gedachte. Die »sanfte Revolution« Václav Havels und der Tschechoslowakei sollte zum Siegeszug der bunten Wollpullover über die Funktionäre in den dunklen Anzügen und ihre grauen Untertanen werden – nachdem diese Kleidung doch schon zwei Generationen zuvor zur »Befreiung« der italienischen Jugend beigetragen hatte.

Rio de Janeiro, Brasilien 1985

Während Benetton seinen Siegeszug auf den Hauptgeschäftsstraßen Amerikas und Osteuropas führte, blieb der Triumph auf der Rennstrecke weiterhin aus. Die dritte Formel-1-Saison und zugleich die zweite, in der Benetton Alfa Romeo sponserte, verlief noch kostspieliger und weniger erfolgreich als die vorige. Das erste Rennen der Saison war der Große Preis von Brasilien. Als das Team in diesem Rennen erneut schlecht abschnitt, hatten Luciano und David Paolini, der Leiter der Werbeabteilung, genug.

»Das hat keinen Sinn«, sagte Luciano zu Paolini. »Wenn wir im Formel-1-Geschäft bleiben wollen, brauchen wir ein größeres Mitspracherecht.«

»Das Toleman-Team steht zum Verkauf. Fahren wir doch nach London und sehen es uns mal an«, schlug Paolini vor.

Das Toleman-Hart-Team in Großbritannien war in Schwierigkeiten. Ayrton Senna, der hervorragendste, zugleich aber auch der profitorientierteste Fahrer der neuen Generation, hatte sich aus seinem Vertrag herausgewunden und stellte seine Fähigkeiten jetzt bei Lotus unter Beweis. Das Toleman-Team war in den ersten drei Rennen der Saison nicht angetreten. Ted Toleman, der Transportunternehmer, dem der Rennstall gehörte, hatte angekündigt, das Team werde erst wieder an den Start gehen, wenn ein Vertrag mit dem Reifenhersteller Goodyear unter Dach und Fach sei. Als dieser nicht zustande kam, bot Toleman das Team zum Verkauf an.

Luciano stimmte Paolini zu, dass es die Sache wert sei, nach London zu reisen und sich das Ganze einmal anzusehen.

»Führ du die Verhandlungen«, sagte er. »Mach ein Angebot.«

»Willst du dir nicht lieber selbst ein Bild machen?«, fragte Paolini.

»Nein, du machst das schon.«

Paolini fuhr nach England. Zwei Wochen später gehörte der Formel-1-Rennstall Toleman-Hart Benetton International NV, einer Schwestergesellschaft der Benetton Group mit Sitz in Amsterdam. Der Kaufpreis betrug mit zwei Millionen Dollar genau die Hälfte der Kosten einer Saison Formel-1-Sponsoring.

Vieles sprach für den Kauf. Zum einen hatten Luciano und der Benetton-Konzern jetzt größere Kontrolle über ihre Investition, zum anderen war es auch ein fähiges Team. Teo Fabi war ein guter Fahrer, John Barnard ein begnadeter Konstrukteur. Das Werk lag nur 25 Kilometer von London entfernt. Der Brite Peter Collins als neuer Teamchef brachte das Team für den Rest der Saison wieder auf die Rennstrecke. In Monaco gingen sie mit einem einzigen Wagen und Fabi als Fahrer an den Start. Im letzten Grand Prix der Saison im australischen Adelaide trat auch Giancarlo Ghinzani an. Am Ende der Saison hatte das Toleman-Hart-Team, dessen Besitzer und Sponsor jetzt Benetton war, nicht einen einzigen WM-Punkt errungen. Aber darauf kam es nicht an. Benetton hatte alle Befugnisse des Eigentümers und konnte nach eigenem Gutdünken die nötigen Veränderungen vornehmen.

Zuerst wurde der Rennstall in Benetton Formula umbenannt. Die britischen Hart-Motoren wurden gegen die ungeheuer leistungsstarken neuen BMW-Turbomotoren ausgetauscht. Außerdem nahm man den Österreicher Gerhard Berger als zweiten Fahrer neben Fabi unter Vertrag. Collins gelang es auch, die Stimmung im Team zu ändern. Benetton war als einziger Sponsor zugleich Besitzer eines Rennstalls und das Team demonstrierte diese Zugehörigkeit: In den Boxen ertönte laute Rockmusik, die Mechaniker trugen leuchtend bunte Overalls und die Wagen waren farbenfroh lackiert. Diese Zurschaustellung von trendbewusstem Kapitalismus sollte für die Fernsehkameras eine besondere Attraktion darstellen. Außerdem wirkte das saloppe Äußere irreführend auf die Konkurrenz. Wie viele Jahre zuvor die Bankdirektoren und Juristen glaubten sie, es mit hergelaufenen Zigeunern zu tun zu haben, nicht mit ungemein erfolgreichen Profis. Luciano war bei allen Rennen anwesend, demonstrierte Macht und hielt sich doch im Hintergrund. Er zeigte seine Begeisterung, wirkte aber zugleich unnahbar. Dies umgab das Team mit einer besonderen Aura, die es von anderen Teams und ihren Sponsoren unterschied. Zwar konnten Lucianos Teamchefs später noch andere Sponsoren gewinnen, insbesondere die Zigarettenkonzerne Camel und Mild Seven, aber Luciano hob sich immer deutlich von den düster wirkenden Vertretern der Ölkonzerne, den Tabakriesen und dem Chef des Lebensmittelkonzerns Beatrice ab. Hinter all diesem Glamour baute indessen Peter Collins in aller Stille eine neue, große Macht in der Formel 1 auf.

Es gab noch ein weiteres, zutiefst italienisches Motiv für Benetton, den Rennstall von Toleman zu kaufen. Die italienischen Rennsportfans, *Tifosi* genannt, waren bekanntermaßen die temperamentvollsten von allen. Ferrari, das führende italienische Team, war eine Legende. Es gehörte dem Fiat-Konzern, der wiederum Gianni Agnelli gehörte. Fiat gab, wie Toscani gern betonte, an einem einzigen Tag mehr für Werbung aus als Benetton in einem ganzen Jahr. Von 100 Lire, die Fiat einnahm, blieben dem Unternehmen nur fünf Lire als Gewinn. Bei Benetton waren es elf. Luciano wollte nichts lieber, als Agnelli und Ferrari mit ihren eigenen Waffen und auf ihrem eigenen Terrain schlagen.

Beinahe wäre dem Benetton-Team dies bereits in der ersten Saison, die es unter dem neuen Namen in der Formel 1 fuhr, gelungen. Berger belegte beim Grand Prix von San Marino in Imola den dritten Platz. Beim italienischen Grand Prix in Monza sicherte sich Fabi die Poleposition, hatte dann aber Probleme beim Start. Dann aber, im vorletzten Rennen des Jahres in Mexiko, gab es Begeisterungsstürme in der Boxengasse, als Berger im Benetton als Erster die schwarzweiß karierte Flagge erblickte. Damit belegte er am Ende der Saison den siebten Platz in der Fahrer-Weltmeisterschaft.

Luciano war von dem Triumph in Mexiko so überwältigt, dass er Berger umarmte, sich dann aber gleich auf den Weg zu seinem eigenen Auto machte und es den anderen überließ, den Sieg zu feiern. »Das mag kindisch erscheinen«, sagte er rückblickend, »aber ich war so aufgeregt! Es war einer der wirklich intensiven Momente in meinem Leben. In dieser Situation war es nach dem ersten Siegestaumel einfach das Größte für mich, allein zu sein.«

Dieser Zustand sollte sich wenig später auch in Lucianos Privatleben wieder einstellen. Marina kam jetzt kaum noch mit zu den Rennen, nicht einmal mehr mit ihrer Stickerei. Luciano wiederum war in seiner Eigenschaft als Chef des Konzerns neuerdings in der Gesellschaft Tausender völlig fremder Menschen.

Mailand, Norditalien 1986

Die Leute, die Palmeri eingeladen hatte, waren außenstehende Investoren und der Anlass war die Emission von Benetton-Group-Aktien an den Börsen von Mailand und Venedig.

Umfang und Ziel des Börsengangs waren klar umrissen. Palmeri und die Banken boten 20 Prozent der Benetton Group, die bisher zu 100 Prozent Eigentum von Edizione und damit der Familie Benetton gewesen war, in Aktien zum Verkauf an. Der Umfang belief sich auf 15,6 Millionen Aktien und Optionsscheine auf Anleihen, die später an den Euromärkten in Italien und Frankfurt ausgegeben werden sollten. Damit war der Marktwert von Benetton auf eine Milliarde Dollar veranschlagt. Die Erträge wurden an die Anteilseigner ausgeschüttet, einschließlich der Holdinggesellschaft Edizione.

Am ersten Handelstag an der Börse von Mailand und Venedig waren diese ersten Aktien in der Geschichte des Benetton-Konzerns mehr als zehnfach überzeichnet. Sie brachten in weniger als einer Viertelstunde 270 Millionen Dollar ein – ein Vertrauensvotum der Märkte für Benetton. Dass Palmeri dies erreicht hatte, war umso beachtlicher, da Benetton nicht zu der traditionsreichen, elitären und schier allmächtigen Loge der Industrie und des Bankgewerbes gehörte, die von Mediobanca, den Agnellis und Fiat beherrscht wurde. Palmeri hatte den Umsatz des Konzerns in vier Jahren nahezu verfünffacht und dabei seine Geschicklichkeit sowohl im Umgang mit der Familie als auch mit den Banken unter Beweis gestellt. »Das ursprüngliche Konzept von Benetton beruhte auf einer brillanten Eingebung«, pflegte er zu sagen, »aber jetzt wandten wir es wissenschaftlich auf ein hoch komplexes wirtschaftliches Gefüge an.«

Carlo Gilardi, den Palmeri von der Bank von Italien angeworben hatte, schätzte den CEO sehr, hatte aber erhebliche Bedenken gegen die kühnen Pläne, die Edizione unabhängig von der Benetton Group für den Finanzdienstleistungssektor verfolgte. »Wir verfügten im Bereich der Mode über ein ungeheures schöpferisches Potenzial, enormen Tatendrang und große Leidenschaft. Kapital war auch vorhanden«, erinnerte Gilardi sich später. »Darum fanden manche, es sei die richtige Entscheidung. Aber uns fehlte einfach die nötige Sachkenntnis, um so etwas aufzubauen. Das waren Hirngespinste.« Edizione hielt bereits 20 Prozent an der privaten Banco di Trento e Bolzano sowie zwei zehnprozentige Beteiligungen an Leasinggesellschaften in Frankreich und der Bundesrepublik Deutschland und plante, unter Beteiligung eines anderen großen italienischen Produzenten ein Anlageinstitut für die Textil- und Bekleidungsbranche zu gründen. Damit würden die Familie und der Konzern in die Bereiche der Devisen-Swapgeschäfte, Unternehmensfinanzierung, Assekuranz und Konsortialverbindlichkeiten vordringen. Gilardi war skeptisch, aber bevor seine Haltung sich noch bestätigen konnte, verließ er die Benetton Group aus familiären Gründen.

Palmeri und Gilberto erhofften sich auf dem neuen Gebiet große Gewinnchancen. Außerdem sahen sie den Schritt als notwendig an, um eine breitere Risikostreuung zu erzielen und nicht mehr einzig und allein von der Bekleidungsbranche abhängig zu sein und um die Chancen zu nutzen, die durch die Öffnung des europäischen Marktes entstanden. Palmeri gab sich optimistisch. »Wir streben an, dass der Umsatz der Unternehmensgruppe in zwei Jahren zu gleichen Teilen auf den industriellen und den Finanzsektor verteilt sein wird«, erklärte er.

Es gab noch weitere beeindruckende Zahlen: 3 200 Läden in 57 Ländern; 800 Neueröffnungen weltweit in dem Jahr, in dem das Wachstum in Amerika am stärksten war; allein dort im laufenden Jahr 161 Geschäftsgründungen, womit die Zahl auf insgesamt 600 stieg; 71 neue Läden in Großbritannien, wo es am Ende des Jahres 285 gab – und für die folgenden fünf Jahre war angestrebt, das Ladennetz auf insgesamt 7 000 Geschäfte zu vergrößern.

Neben dieser Flut von Zahlen und Fakten im Geschäftsbericht blieb den neuen außenstehenden Investoren aber wohl auch nicht verborgen, dass bei Benetton der persönliche Aspekt immer noch eine große Rolle spielte. Im Frühjahr, wenige Monate vor dem Börsengang, war Mario Schimberni, der Vorsitzende des Chemiekonzerns Montedison, in einer Fernsehsendung zu Gast. Der Moderator fragte ihn, wen er in der italienischen Wirtschaft am meisten schätze. Schimberni verwarf Gianni Agnelli von Fiat, einen langjährigen Rivalen, ebenso wie den Olivetti-Vorstandschef Carlo de Benedetti. Der Moderator begann zu verzweifeln. Aber wer, fragte er, sei denn nun der herausragendste Unternehmer des Landes?

»Luciano Benetton«, lautete die Antwort.

Als Luciano hinter seinem Schreibtisch in der Villa Minelli das hörte, lächelte er. Der Unterschied zwischen Unternehmern und Geschäftsführern war unausgesprochen deutlich geworden. »Die Emission ist nur ein Tropfen im Ozean des Börsenhandels«, äußerte er gegenüber der Londoner *Financial Times* in einem Interview. Er sprach davon, dass Benetton einen Teil des neu gewonnenen Kapitals in die eigenen Zulieferer und Subunternehmer investieren wolle, und machte mit seinen Aussagen deutlich, was ihn von den Geschäftsführern unterschied, die er einstellte und respektierte, mit denen er aber im Übrigen wenig gemeinsam hatte.

»Wir legen Wert darauf, uns viele Wege offen zu halten«, erklärte Luciano dem Besucher aus London in der Villa Minelli. »Benetton betrachtet seine eigene Zukunft unter allen möglichen Aspekten.«

Die Prognosen von Analysten und Wirtschaftsforschungsinstituten drohten diesen Scharfblick zu trüben. Luciano war sich bewusst, dass er die Entwicklung immer weiter vorantreiben musste.

> Nach den dunklen Jahren des Terrors traten wir ans Licht und suchten neue Wege zu mehr Effizienz. Wir wussten, dass wir fortschrittliche und fähige Mitarbeiter wie Palmeri nicht nur brauchten, um in schwierigen Zeiten den Konzern am Leben zu halten, sondern auch, um in guten Zeiten das Wachstum weiter voranzutreiben. Wir haben nie geglaubt, das alles allein erreichen zu können – uns war immer klar, dass wir dazu mit Außenstehenden zusammenarbeiten mussten.

Dennoch bereitete der Börsengang Luciano Unbehagen. Nach dem ersten Tag der Emission machte er einen einsamen Spaziergang um das automatisierte Vertriebszentrum in Castrette. Dann kehrte er zur Fabrik zurück und ging in die Designabteilung.

Giuliana war noch bei der Arbeit. Es war wie damals, als er sie nach Feierabend von der kleinen Strickfabrik abholte. Die meisten anderen Mitarbeiter waren schon nach Hause gegangen. Giuliana lächelte, als sie ihren Bruder kommen sah.

»Na, das hätten wir geschafft«, sagte sie, auf die Ereignisse des Tages bezogen.

Luciano nickte nur. Er war innerlich immer noch aufgewühlt. Schließlich brach nicht *er* das Schweigen – der selbstsichere große Bruder, der immer wollte, dass Giuliana mehr produzierte; der Mann, der alle denkbaren Aspekte berücksichtigte –, sondern die ehemals schüchterne, fügsame kleine Schwester. Jetzt zeigte Giuliana, welche innere Stärke unter der anpassungsfähigen Fassade verborgen lag. »Wir haben uns dazu entschieden«, sagte sie, »und jetzt ziehen wir es auch durch!«

Zu diesem Zeitpunkt arbeiteten bei Benetton bereits mehr Leute am Computer als an der Nähmaschine. Die Informationstechnologie unter Professor Zuccaros Leitung wurde im Geschäftsbericht des Sommers besonders hervorgehoben und war einer der Bereiche, in die das neu gewonnene Kapital investiert wurde. Bei Benetton gab es eine vierte Dimension in Form einer »virtuellen Landkarte«, die die Niederlassungen des Konzerns und das angeschlossene Netzwerk der Läden in aller Welt miteinander verband.

Im Mittelpunkt dieser Landkarte standen zwei Großrechner von IBM und Siemens, die ein Netzwerk von mehr als 200 Olivetti-Mikroprozessoren für die Bereiche Personal, Rechnungen und Lagerverwaltung steuerten. Professor Zuccaros Mitarbeiter arbeiteten an einer Programmiersprache der vierten Generation, um ein »Infozentrum« aufzubauen, das dieses für die Industrie konzipierte System etwas benutzerfreundlicher gestalten sollte. Das System war mit der Verteilzentrale verbunden, wo ein DEC-Großrechner laufend Daten über Lagerbestände und Warenausgänge an die zentrale Verwaltung weiterleitete. Auch das automatisierte Lager wurde von diesem Großrechner gesteuert. Giulianas Mitarbeiter in der Designabteilung wiederum arbeiteten an Hewlett-Packard-Computern mit spezieller Designsoftware. Solche Geräte steuerten auch das Zuschneiden der Stoffe.

Täglich speisten Hunderte von Läden in ganz Europa über ihre Kassenterminals aktuelle Daten über Menge, Modelle und Farben der verkauften Waren ein, die in Echtzeit an die Zentrale in Ponzano übertragen wurden. Die virtuelle Landkarte des Unternehmens reichte sogar bis jenseits der Erdatmosphäre: Die Benetton-Vertretungen in New York und Tokio waren über Satelliten mit dem Netzwerk verbunden. Diese moderne Technologie verschaffte Benetton eine breitere und aktuellere Informationsbasis, als wohl irgendein anderer Konzern auf der Welt sie hatte, und war damit ein entscheidender Faktor für den Fortschritt des Unternehmens. »Was uns am meisten interessiert, sind die Aufträge«, erklärte Professor Zuccaro, der auch an der nahe gelegenen Universität von Udine lehrte. »Erst verkaufen wir die Kleidung, dann stellen wir sie her«, pflegte man im Hause Benetton scherzhaft zu sagen.

Dieses Informationssystem, das den Wandel der Mode in aller Welt genauestens überwachte, bedeutete mehr Sicherheit für die Einzelhändler. Diese mussten ihre Bestellungen mehrere Monate im Voraus aufgeben, hatten allerdings kein Rückgaberecht. In die Vorausplanung flossen auch Prognosen über die Wirkung von Toscanis Werbekampagnen ein. Natürlich wurde durch seine Bilder die Nachfrage nicht erst geschaffen, sondern lediglich die Aufmerksamkeit des Kundenpotenzials, das vorher bereits identifiziert worden war, auf die Marke gelenkt.

Toscani selbst sagte einmal, seine Bilder hätten mit dem Verkauf von Kleidung an und für sich nichts zu tun. Das traf durchaus zu. Er verschwieg allerdings, welche Rolle Software für den Verkauf von Strickwaren spielte, und schrieb stattdessen seiner Arbeit eine Art magischer Kraft zu.

Toscanis Frühjahr/Sommer-Kampagne für das laufende Jahr wurde wieder in Zusammenarbeit mit der Agentur Eldorado in Paris durchgeführt und vertiefte das multikulturelle Thema, das mit »United Colors« angeschnitten worden war. Wieder arbeitete Toscani mit »echten« Modellen, wobei er diesmal ethnische Züge betonte. Er wollte erreichen, dass »es den Anschein hat, als hätten sie Nationaltrachten an, obwohl sie tatsächlich Benetton-Kleidung tragen.« Der Globus zog sich leitmotivisch durch die Bilderserie. Eines der Bilder zeigte einen weißen Jugendlichen in der Kleidung eines orthodoxen Juden. Er hielt eine Spardose in Form eines Globus in der Hand, die mit Dollarscheinen gefüllt war. Neben ihm stand ein junger Schwarzer, der wie ein Indianer gekleidet war. Zwar hatte dieser die Hand in einer brüderlichen Geste auf die Schulter des weißen Jungen gelegt, aber die Banknoten auf dem Bild lösten unter amerikanischen, französischen und italienischen Juden Proteststürme aus. In Ponzano ging eine Flut von Briefen ein, in denen Benetton vorgeworfen wurde, das negative Stereotyp vom geldgierigen Juden zu verbreiten. Den Verfassern solcher Briefe war nicht nur die humoristische Absicht hinter dem Bild entgangen, sondern auch die Tatsache, dass die drei Chefs der Agentur Eldorado ebenso wie Benettons Werbeleiter Vittorio Rava, der all diese Protestschreiben bearbeiten musste, selbst Juden waren. In New York drohten jüdische Gruppen mit einem Boykott gegen Benetton-Läden.

Die Angelegenheit war unbedingt ernst zu nehmen. Früher hätten Proteste – wogegen auch immer sie sich richten mochten – den Ruf der Namen My Market, Merceria, Tomato, Fantomax oder Jeans West schädigen können, aber niemals alle zugleich und erst recht nicht den Namen Benetton. Jetzt, da ein einziger Name die Marke, die Familie und das Unternehmen bedeutete, waren alle drei ein exponiertes Ziel sowohl ernst gemeinter Proteste als auch solcher, die nur auf politischen oder wirtschaftlichen Gewinn aus waren.

Die Reaktion des Konzerns – erst wurden die Banknoten überklebt, dann wurde das anstößige Bild durch ein anderes ausgetauscht, auf dem ein junger Palästinenser und ein Jude gemeinsam einen Spielzeugglobus hielten – machte alles nur noch schlimmer. Der New Yorker Werbeagent J. J. Gross schrieb in der Zeitschrift *Advertising Age:*

> Sowohl die orthodoxen Juden, deren Bekleidung auf den Plakaten gezeigt wird, als auch die Araber sind gegen den Staat Israel … Wenn es Benettons Absicht ist zu zeigen, wie traditionell verfeindete Nationen neue Wege zur Verbrüderung finden, dann wirkt dieses Plakat so ähnlich, als würde man Hitler und Mussolini zusammen abbilden.

Luciano versuchte weder, sich aus der Affäre zu ziehen, noch wollte er das Bild ernsthaft verteidigen. Er hatte zahlreiche jüdische Mitarbeiter und Angestellte. Jüdische Freunde wie die Tagliacozzos und Roberto Calderoni hatten sein Leben entscheidend geprägt. Es lag ihm daher gänzlich fern, das Judentum diffamieren zu wollen. Rückblickend schilderte er seine Lage so:

Ich war ein bisschen niedergeschlagen, aber auch um eine wichtige Erkenntnis reicher. Wir hatten ein Bild eingesetzt, das tiefe Gefühle ansprach. Millionen hatten für ihre Identität auf der einen oder anderen Seite gekämpft, Millionen waren für sie gestorben. Ein amerikanischer Kritiker schrieb einmal, die Schönheit der reinen Kunst läge unter anderem darin, dass sie grundsätzlich frei von Verantwortung sei. Wir waren an Grenzen gestoßen und hatten die Verantwortung zu spüren bekommen, von der Kunst nicht frei ist, wenn sie kommerziellen Zwecken dient. Jetzt waren alle Blicke auf uns gerichtet und wir konnten uns schon durch die geringste Naivität selbst schaden und uns Feinde machen. Ich schwor mir, unser Erscheinungsbild in der Öffentlichkeit künftig noch strenger zu kontrollieren – dieses Image, das unter einem guten Stern geboren war und das wir mit den besten Absichten gepflegt hatten.

Verglichen mit dem, was später folgte, waren die Bilder noch ausgesprochen harmlos. Auch diese Äußerung wirkt daher seltsam naiv, so sehr Luciano damals auch von seinen eigenen Worten überzeugt gewesen sein mag.

Gerhard Bergers erster Grand-Prix-Sieg für Benetton im Herbst in Mexiko war angesichts solcher Konflikte eine willkommene Ablenkung. Während jüdische Gruppen immer noch protestierten, schrieb die Zeitschrift *Newsweek:* »Jetzt müsste man Italiener sein!«

Für die zweite Generation der Benettons hatte die Strategie, alles unter einem Markennamen zu führen, und die damit verbundene exponierte Stellung der Familie allerdings eine unübersehbare Kehrseite. Zeitschriften bezeichneten die Familie als »Italiens Kennedys«, aber die nachfolgende Generation hatte keinerlei Ambitionen, den Sprösslingen jener Dynastie nachzueifern. Giulianas Tochter Paola trat als erstes der 14 Kinder in den Konzern ein, nachdem sie an der Universität und danach ein Jahr am Fashion Institute of Technology in New York studiert hatte. Mauro, der Sohn von Luciano und Teresa, war der Nächste. Schon als Teenager hatte er in den Schulferien Pullover gefaltet und später in einem Benetton-Laden in Paris gearbeitet, wo er zum Geschäftsführer aufgestiegen war. Zwar hatte er eine vergleichsweise behütete Kindheit genossen, aber andererseits war er der älteste Sohn und das Scheitern der Ehe von Luciano und Teresa musste seine Spuren bei ihm hinterlassen haben. Mauro war zäh, selbstständig und von klein auf daran gewöhnt zu arbeiten. Als ihm im Jahr des Börsengangs die Aufgabe übertragen wurde, die Marke Sisley und die gleichnamigen Läden neu zu strukturieren, während zugleich die ersten Kontroversen um Benetton-Werbung aufkamen, stellte er gleich zu Anfang in einem Zeitungsinterview klar: »Nichts im Hause Benetton ist auch nur im Entferntesten mit dem vergleichbar, was man in *Dallas* an Hass und Intrigen zu sehen bekommt.«

Mauro baute sich mit Sisley seinen eigenen Bereich auf. Er beauftragte eine Werbeagentur vor Ort, die keinerlei Verbindung zu Toscani und Benetton hatte, für Sisley ein neues Image aufzubauen: sexy und weniger konservativ. Er erreichte, dass das Geschäft in den USA und Europa aufblühte – mehr, als Luciano es sich je hätte träumen lassen. Dabei entwickelte Mauro eine Unabhängigkeit und Entschlossenheit, die vielleicht nicht einmal sein Vater jemals erreichen würde. »Ich habe für das, was ich erreicht habe, hart gearbeitet«, äußerte Mauro gegenüber einem anderen Journalisten. »Ich wollte etwas Eigenes aufbauen und nicht nur Teil von etwas Bestehendem sein.« Diese Haltung würden sich auch die anderen Benettons der zweiten Generation zu Eigen machen müssen, wenn sie im Konzern wirklich etwas erreichen wollten.

Toscanis Bilderserie für die Frühjahr/Sommer-Kollektion 1987 war eine Fortsetzung der Leitidee von »United Colors« und entstand wiederum in Zusammenarbeit mit Eldorado. Die Bilder waren technisch brillant wie alle seine Fotos, zeichneten sich durch klare Farben aus und waren auffallend wenig provokativ. »United Fashions of Benetton« zeigte Kinder in Kleidern der neuen Benetton-Kollektion in stilisierten Posen, die an die Mannequins der Haute Couture erinnerten. Diesmal wurden keine ethnischen Züge hervorgehoben. Statt eines Globus – ob nun mit Dollarscheinen oder ohne – waren auf den Bildern Accessoires zu sehen, die an große Namen wie Yves Saint-Laurent, Louis Vuitton und Chanel denken ließen. All das wirkte niedlich und harmlos im Vergleich zur Vorjahreskampagne, so dass es diesmal keine empörten Protestschreiben an die Werbeabteilung in Ponzano gab.

Benettons Fabrik in Rocky Mount, North Carolina, hatte im ersten Jahr 800 000 Baumwollartikel produziert und die Produktion 1987 auf über zwei Millionen gesteigert. Der jüngste und größte Neubau zu der Fabrik in Castrette – wiederum nach einem Entwurf der Scarpas – wurde im Januar desselben Jahres in Betrieb genommen. Die Scarpas arbeiteten auch an der Restaurierung des Palazzo am Mailänder Corso di Porta Vittoria, der zu einem Bürogebäude mit Konferenzzentrum umgebaut wurde. Diese neue Errungenschaft im Immobilienbestand von Edizione war als Einziges von einer Gruppe historischer Gebäude in der Gegend erhalten geblieben. Die übrigen Bauwerke waren in den 30er Jahren abgerissen worden, um Platz für ein pompöses Gerichtsgebäude nach Mussolinis Geschmack zu schaffen.

Benettons Fabriken in Amerika, Italien, Frankreich und Schottland steigerten ebenfalls ihre Produktion und erweiterten zugleich die Produktpalette. Diese umfasste auch neue Materialien. Nur noch 40 Prozent der Produkte waren jetzt in den ursprünglichen kräftigen Farben gehalten und die Materialien Baumwolle, Jeansstoff und Wolle wurden zu gleichen Anteilen verarbeitet. Die zwei jährlichen Hauptkollektionen umfassten über 1 000 Modelle, darunter auch Jacken, Mäntel und Blazer. Dazu kamen Schuhe, die von Giulianas Mitarbeitern entworfen und bei Di Varese hergestellt wurden. Außerdem gab es Lizenzvereinbarungen mit Polaroid über Benetton-Sonnenbrillen und mit Bulova über Benetton-»World Face«-Armbanduhren. Auch ein neues Parfum war in Vorbereitung, das »Colors de Benetton« heißen sollte. Mit der Erweiterung der Produktpalette wandelte sich zugleich das Erscheinungsbild der Läden. »Mäntel und Jacken kann man nicht gefaltet in Regale legen«, erklärte Gilberto und fügte entschieden hinzu: »Bald wird es auch noch Benetton-Unterwäsche geben. Die bisherigen Verkaufsräume mit ihren 40 bis 80 Quadratmetern reichen einfach nicht mehr aus.«

Benetton war der Untergang der herkömmlichen Form des Einzelhandels gewesen – jetzt drohten Unterwäsche, Schuhe, Armbanduhren und Sonnenbrillen den herkömmlichen Benetton-Läden zum Verhängnis zu werden. Es waren bereits einige Jahre vergangen, seit die letzten Läden der Typen My Market, Merceria, Fantomax und Tomato mit ihren schmalen Regalen und wenigen Umkleidekabinen neu eröffnet worden waren. Immer mehr der ursprünglichen Läden waren umgestaltet und in Benetton umbenannt worden. 1996 verschwand der Name My Market ganz und es gab nur noch einige wenige Läden der Typen Merceria, Fantomax und Tomato.

Sisley erwies sich indessen unter Mauros Leitung als ein solcher Erfolg, dass das bewährte Prinzip der Konkurrenz aus den eigenen Reihen wieder zur Anwendung kam. »Benetton Uomo« – Benetton für den Mann – wurde die Konkurrenz für den Markennamen Sisley und die gleichnamigen Geschäfte. Die ersten Läden entstanden in den größten Geschäfts- und Wohngegenden und waren auf die Zielgruppe kaufkräftiger Männer zugeschnitten. Das Sortiment umfasste Benettons Bekleidungskollektionen, Accessoires und Lizenzartikel. In Großbritannien hatten Handelsvertreter und Ladenbesitzer herausgefunden, dass der Engländer anders als der Italiener oder der Franzose Geschäfte, die speziell für männliche Kundschaft bestimmt waren, solchen vorzog, die sowohl Damen- als auch Herrenmode führten. Immer noch wurde ungefähr ein Laden pro Tag neu eröffnet, hauptsächlich solche der Varianten Benetton, Sisley, Benetton Uomo und 012. Aber auch die Konkurrenz war inzwischen wesentlich zahlreicher vertreten als noch wenige Jahre zuvor.

Giuliana hatte nie Lucianos Vorliebe geteilt, im Rampenlicht zu stehen oder in der Öffentlichkeit entschieden aufzutreten. Doch dann hielt sie anlässlich des zehnten Jahrestages der ersten Geschäftseröffnung in London eine Rede. »Natürlich ist uns bewusst, dass der Wettbewerb sich verschärft«, sagte sie, »aber keiner unserer Konkurrenten führt eine so breite Produktpalette wie Benetton. Die Anzahl der Läden ist nicht das Problem. Geschäfte, die sehr nah beieinander liegen, können äußerlich völlig unterschiedlich gestaltet sein.«

Die Konkurrenz nahm in London in der Tat zu. Gap hatte kürzlich eröffnet und eine weitere amerikanische Kette, Esprit, sollte im Sommer folgen. Aber diese beiden führten jeweils nur eine Marke. Sie machten Benetton zwar in einzelnen Bereichen Konkurrenz, hatten aber keine breite Produktpalette und konnten deshalb nicht so dicht nebeneinander existieren und zugleich so großen Gewinn erzielen wie die unterschiedlichen Läden, die unter dem Dach von Benetton vereint waren. Außerdem hatte Benetton gegenüber Gap, Esprit und Stefanel einen entscheidenden, einzigartigen Vorteil. Dieser blieb bestehen, so lange die Aura der Unschuld jene Person umgab, die schließlich so tragisch enden sollte: Prinzessin Diana.

Seit Dianas Verlobung mit dem britischen Thronfolger fünf Jahre zuvor stand ihr Name für die Marke Benetton. Keine Image-Kampagne, nicht einmal eine, die mit dem Talent eines Toscani entwickelt wurde, hätte das erreichen können, was diese Verbindung im Bewusstsein der Öffentlichkeit bewirkte. In der Zeit vor der königlichen Hochzeit lauerten die Paparazzi mit Vorliebe vor dem Benetton-Laden in South Kensington auf eine Gelegenheit, einen Schnappschuss von Diana machen zu können. Zwei Tage vor der Hochzeit kam es zu einem peinlichen Vorfall im Laden: Die Verkäuferin wies Dianas Scheck zurück, weil diese – auch vor ihrer Heirat schon eine der reichsten Frauen in England – ihre Scheckkarte nicht finden konnte. Aber Diana nahm das nicht übel. Auch nachdem sie ihren wenig modebewussten Prinzen geheiratet hatte, kaufte sie weiterhin bei Benetton.

Vier Jahre später brachte Diana einmal eine Hose zurück und wollte ihr Geld wiederhaben. Sie bekam zur Antwort, ohne den Kassenzettel ginge das nicht. Auch das nahm Diana nicht übel. Als sie Patenkinder und später eigene Kinder hatte, kaufte sie für diese bei 012 ein.

Diana war in Großbritannien Benettons ganz und gar nicht geheim gehaltene Geheimwaffe. Den Vorteil, den die Marke dadurch gewann, konnten Konkurrenten wie Gap, Esprit und Stefanel durch nichts wettmachen. Dennoch musste auch in diesem Land das Ladennetz umstrukturiert werden, um Raum für die neue, breitere Produktpalette zu schaffen und der Sättigung des Marktes vorzubeugen. Wie auf dem europäischen Festland lösten auch hier Benetton, Sisley, Benetton Uomo und 012 die ursprünglichen acht Ladentypen ab. Allerdings lag die größte Schwierigkeit in Großbritannien nicht in der Sättigung des Marktes, sondern in den Eigentümlichkeiten der britischen Kundschaft.

Die Tatsache, dass die männlichen Kunden hier keine Geschäfte mochten, die sowohl Herren- als auch Damenmode führten, war eine solche Besonderheit. Ein weiteres Problem war das Verhalten der Kundinnen und Kunden im Laden. Sie sahen sich häufig nur um, ohne gezielt nach etwas zu suchen, und ließen sich ungern vom Ladenpersonal helfen. »Ich halte es für ein typisch britisches Phänomen, wie die Leute hier durch die Geschäfte gehen und sich die Auslagen ansehen«, erklärte Christina Lora, eine Italienerin, die den Benetton-Laden in Hampstead leitete. »In Italien käme niemand auf die Idee, stapelweise Pullover in die Hand zu nehmen und die ganze Dekoration durcheinander zu bringen. Die italienischen Kunden wissen genau, was sie wollen.« Dann erzählte sie:

> Es gibt Leute, die kann man nur bewundern. Zum Beispiel Jennifer im Laden an der Oxford Street. Wie die falten kann! Wenn sie einen Stapel Pullover arrangiert, wird daraus ein echtes Kunstwerk. Das

Rosa sieht direkt zum Anbeißen aus. Aber die Kunden haben keinen Sinn dafür. Sie kommen und reißen die schönen Auslagen auseinander. Es ist zum Heulen. Aber bei Benetton lernt man, sich zu beherrschen. Immer die Ruhe bewahren.

Christina hätte ihre Selbstbeherrschung wohl besser woanders eingesetzt. Was auch immer aus ihr geworden ist – da, wo sich ihr Benetton-Laden befand, ist jedenfalls heute, zehn Jahre später, eine Gap-Filiale.

Mailand, Italien 1987

Nach dem Börsengang der Benetton Group in Mailand und Venedig war der Konzern immer noch zu 80 Prozent im Familienbesitz. Andererseits wurden durch die erweiterte Kapitalbasis Investitionen möglich, die für ein Unternehmen mit hoher Wachstumsrate entscheidend waren: Große Summen wurden darauf verwendet, die Kosten zu minimieren und die Gewinnspanne zu steigern. Zwei der Bereiche, in die investiert wurde, waren die neue Fabrik in Castrette und die ständig weiter fortschreitende Entwicklung von Automatisierung und Informationstechnologie. Außerdem waren Investitionen erforderlich, um die Kosten zu reduzieren, die durch den immensen Verbrauch von Wolle und Garn entstanden. Im Januar 1987 hatte Lanerossi, einer von Benettons wichtigsten Zulieferern, plötzlich zum Verkauf gestanden.

Lanerossi hatte durch staatliche Investitionen einen Turnaround erlebt und der Verkauf geriet zu einer der größten Privatisierungen in der Geschichte des Landes. Die Vorteile für Benetton waren offensichtlich. Wenn Edizione Lanerossi übernähme, hätte Benetton größere Kontrolle über einen wichtigen Zulieferer, von dem der Konzern abhängig war.

Gilberto und Palmeri beschlossen, gemeinsam mit Inghirami – einem anderen Textilkonzern, zu dem sie geschäftliche Verbindungen hatten – ein Gebot abzugeben. Nach der ersten Ausscheidungsrunde blieben nur noch drei Bieter übrig: Benetton und Inghirami, Bertrand Finanziaria und Marzotto. Letzterer war der Gigant der Bekleidungs- und Textilbranche, dessen früherer Chef, Graf Gaetano Marzotto, sich nach dem Krieg scharf gegen staatliche Eingriffe in die Wirtschaft ausgesprochen hatte, durch die jetzt der Turnaround von Lanerossi erreicht worden war. »Können diese staatlichen Bürokraten etwa mehr ausrichten als jemand, der sein Geschäft versteht?« hatte Marzotto seinerzeit gefragt.

Die Chancen standen gut für Benetton und Inghirami, bis ENI, der staatliche Konzern, dem Lanerossi gehörte, plötzlich den Preis anhob und die Steuervergünstigungen zurückzog, die dem Käufer zuvor in Aussicht gestellt worden waren. Ob dies in der Absicht geschah, Benetton aus dem Rennen zu drängen – und wenn ja, warum –, blieb ein Rätsel.

Edizione – das Unternehmen, dem Lanerossi gehört hätte, wenn die Übernahme gelungen wäre – hatte gerade einen neuen Direktor bekommen: Gianni Mion. Mion war vorher Verwaltungs- und Finanzvorstand bei Marzotto gewesen und äußerte sich unverblümt über die übermäßig starren Strukturen, die seiner Meinung nach dort herrschten.

Eine weitere mögliche Erklärung war, dass Marzotto seinen Einfluss auf den Anbieter geltend gemacht und seine längere Firmentradition ins Spiel gebracht hatte. Verglichen mit seinem Konzern war Benetton ein Emporkömmling. Welche dieser beiden Erklärungen auch zutreffen mochte – es lief darauf hinaus, dass Marzotto den Zuschlag bekam. Später versuchte Luciano, seiner Niederlage eine positive Seite abzugewinnen. Die Übernahme, so erklärte er, »wäre ein Fehler gewesen, da wir in diesem Bereich nicht über das nötige Fachwissen verfügten«. Damit blieb aber das Problem des Materialbedarfs weiter bestehen. Schließlich fand Edizione eine Lösung, und zwar buchstäblich am anderen Ende der Welt.

Nico Luciani hatte ein bewegtes Leben gehabt, seit er die Stadt verlassen hatte, in der er gemeinsam mit seinem Jugendfreund Luciano Benetton aufgewachsen war. Nach einer Ausbildung zum Architekten war Luciani in der Städteplanung und Stadtentwicklung sowie in der Politik tätig gewesen. Er hatte viele Länder bereist, bevor er nach Venedig zurückgekehrt war, wo er sesshaft wurde. Fast 25 Jahre waren vergangen, seit Nico Luciani zuletzt mit Luciano Benetton gesprochen hatte. Eines Tages riet ihm eine innere Stimme, an seinen alten Freund zu schreiben und seine Hilfe für mehrere Kulturprojekte, an denen er mitarbeitete, zu erbitten. Nachdem Luciani einige Zeit keine Antwort erhalten hatte, bekam er überraschend zu Hause einen Anruf. »Guten Tag, hier ist Benetton Group in Ponzano. Herr Luciano Benetton ist für Sie in der Leitung.«

Die Art, wie Luciano ihn begrüßte, erstaunte Luciani. Es klang, als hätten sie erst gestern miteinander gesprochen. »Hallo Nico, wie geht's? Ich muss mit dir reden.« Luciano schlug vor, dass sie sich am Wochenende in Ponzano treffen sollten, und Luciani hörte sich zustimmen.

Als Nico Luciani am Samstagmorgen nach Ponzano hinausfuhr, war er noch ganz benommen und hatte keine Vorstellung, was ihn dort erwarten würde. Luciano empfing ihn in seinem Büro im obersten Stockwerk der Villa Minelli. Sie fielen sich in die Arme und Luciano benahm sich ihm gegenüber, als wäre ihre Freundschaft nie abgerissen. Er zeigte seinem Gast die Villa und die Fabrik. Luciani bemerkte, dass die beiden jüngsten Gebäude genau da standen, wo früher der Kanal gewesen war, in dem sie beide im Winter so oft geschwommen waren. Ein halbes Leben war seither vergangen. Später fuhren sie zusammen in die Stadt, genau wie sie früher zusammen auf der Vespa über die Ebenen des Veneto gefahren waren. Luciano zeigte ihm das Haus, in dem er mit Marina wohnte.

Beim Mittagessen erzählte Luciano von seinem neuen Projekt, der Stiftung Benetton Foundation. »Ich kann verstehen, wenn du manche meiner Geschäfte kritisch siehst«, sagte er und bezog sich damit auf die Zeit, als er der aufstrebende Kapitalist gewesen war und Nico ein glühender Verfechter der politischen Linken. »Aber wenn ich eine gewisse Summe für ein Forschungszentrum stiften will, meinst du, du könntest mir da behilflich sein?« Luciano wählte seine Mitarbeiter mit derselben Sorgfalt aus, die er in allen geschäftlichen Dingen an den Tag legte. Jetzt brauchte er jemanden, der das Team koordinierte – jemanden, dessen wissenschaftliche und verwaltungstechnische Fähigkeiten über jeden Zweifel erhaben waren; jemanden, auf den er sich verlassen konnte. Allmählich dämmerte es Nico, dass die lange Zeit der Trennung für Luciano nichts bedeutete und dass sein verloren geglaubter Freund, statt ihn bei seinen Kulturprojekten zu unterstützen, ihm gerade eine Stelle anbot.

Luciani wollte sich die Sache überlegen. Die beiden verabschiedeten sich ebenso herzlich, wie sie sich begrüßt hatten, und Luciani fuhr nach Venedig zurück. Er konnte es noch gar nicht fassen. Nachdem sie 25 Jahre lang keinen Kontakt gehabt hatten, machte Luciano ihm dieses Angebot, das sein ganzes Leben verändern sollte. Einige Tage später teilte er Luciano seine Entscheidung mit und legte ihm dar, wie er sich seine Mitarbeit vorstellte. »So wurde ich zum Leiter der Benetton Foundation«, erinnerte er sich später, »und es war, als wäre der Kontakt zwischen uns nie abgebrochen.«

Ponzano, Veneto 1987

Edizione war das Herzstück der Unternehmensgruppe und immer noch zu 100 Prozent im Besitz der Familie. Außer der Kapitalbeteiligung am Unternehmen Benetton Group, dessen Umsatz Schätzungen zufolge im laufenden Jahr eine Milliarde Dollar erreichen sollte, kaufte Edizione sich in rascher Folge in weitere Unternehmen ein. Die Gesellschaft hielt bereits Anteile an vielen Zulieferbetrieben und Subunternehmen von Benetton, an Banken und an der Hotelkette

Jolly und hatte darüber hinaus Grund- und Immobilienbesitz. Obwohl die Übernahme von Lanerossi gescheitert war, dehnte die Holdinggesellschaft ihre Geschäfte mit unvermindertem Ehrgeiz weiter aus. Palmeris Pläne, in den Finanzdienstleistungssektor einzusteigen, waren bisher bei weitem das kühnste Unterfangen.

Ediziones Leasing- und andere Finanzgeschäfte mit den Handelsvertretern, Subunternehmen und Zulieferern beliefen sich bereits auf rund 200 Millionen Dollar. Jetzt wurde eine neue Tochtergesellschaft gegründet, In Holding, die diese und andere, private Finanzdienstleistungen für Benettons Kunden anbieten sollte. Das Szenario war ein Yuppie-Paradies, in dem sich alles in einem einzigen riesigen Benetton-Geschäft abspielte. Der Kunde vor Ort – in Los Angeles oder Tokio – holte beispielsweise erst in der Pullover-Abteilung einen gekauften Artikel ab und ging dann weiter zu den Jeanswaren, um dort eine Hose zu kaufen. Als Nächstes war eine Sonnenbrille dran, dann eine Armbanduhr und Parfum. Schließlich – und hier wurde es erst richtig interessant – steuerte der Kunde ein Finanzdienstleistungszentrum mit modernster Technologie an, wo er eine Lebensversicherungsprämie zahlte und mit einem Passwort über ein Touchscreen mit Sprachfunktion die aktuellen Kurse seiner Aktien abrief. Luciano betitelte dieses Szenario »Wäsche und Wertpapiere«.

Der Marketingplan von In Holding war nach demselben Grundprinzip aufgebaut wie Benettons Ladennetz, wonach die Handelsvertreter für die einzelnen Produkte selbstständige Unternehmer waren. Palmeri war der Präsident. Er rekrutierte mit allen Mitteln Mitarbeiter und hatte bereits Giovanni Franzi, den ehemaligen europäischen Vorstand für Investmentbanking bei Merrill Lynch, als Generaldirektor gewinnen können. Franzi hatte Verhandlungen mit seinem früheren Arbeitgeber über ein Jointventure für Investitionen in kleine Privatunternehmen aufgenommen. Außerdem hatte Palmeri Gianfranco Cassol angeworben, den aggressivsten und dynamischsten Finanzier im ganzen Land, dessen Aufgabe es sein würde, das Finanzdienstleistungsnetz aufzubauen. Cassol plante, innerhalb von fünf Jahren 2 000

Vertretungen zu etablieren. Er selbst hielt einen Anteil von 20 Prozent an In Capital Investment, einem weiteren neuen Unternehmen von Edizione unter dem Dach von In Holding, über das der Vertrieb des größten Teils dieser Finanzprodukte abgewickelt werden sollte. In Holding war wiederum bereits mit 50 Prozent an dem Geschäft mit Unfallversicherungen beteiligt, das Prudential Assurance vor Ort betrieb. Ende der 80er Jahre war die Entwicklung so weit fortgeschritten, dass Palmeri zu sagen pflegte, in jedem Benetton-Pullover werde bald nicht nur Wolle oder Baumwolle stecken, sondern auch ein Teil Leasing, Factoring und weitere Finanzdienstleistungen. Prudential hatte jedoch umgekehrt keinen erkennbaren Bezug zum Strickwarengeschäft – allenfalls was die Freizeitkleidung der Mitarbeiter betraf.

Die Formel-1-Saison verlief weitgehend ereignislos im Vergleich mit diesen kühnen Plänen, der gescheiterten Übernahme von Lanerossi und dem Eroberungszug, den Benetton mit In Holding auf das private Finanzgeschäft führte. Das Benetton-Team belegte den fünften Platz in der Konstrukteurs-Weltmeisterschaft und die Fahrer Thierry Boutsen und Teo Fabi wurden Achter beziehungsweise Neunter in der Fahrer-WM.

Kurz vor Weihnachten musste das Kaufhaus Selfridges in der Londoner Oxford Street geräumt werden, weil in der Benetton-Abteilung eine Bombe entdeckt worden war. Es wurde spekuliert, dass militante Tierschützer hinter dem Anschlag stecken könnten, obwohl Benetton selbst, der weltgrößte Abnehmer von Wolle, diesen wenig Angriffsfläche bot. Zwei Jahre zuvor, als Luciano sich in Frankreich für American Express mit einer Herde von 30 gefärbten Schafen fotografieren ließ, hatte er vorher seinen Sohn Rocco gefragt, ob er meinte, die Tiere würden misshandelt. Rocco hatte das verneint. Nachdem das Bild im Fernsehen ausgestrahlt worden war, hatte allerdings eine Umweltschutzorganisation versucht, Luciano wegen angeblicher Misshandlung der Schafe zu verklagen – ohne Erfolg.

Der Vorfall bei Selfridges war nur die erste in einer ganzen Reihe ungeklärter Gewalttaten, die Benetton in die Schlagzeilen brachten.

Zur selben Zeit wurde das Verhältnis zu Eldorado in Paris immer angespannter. Luciano fand, es sei jetzt an der Zeit, seinen lange gehegten Traum zu verwirklichen, die Öffentlichkeitsarbeit ganz in den Konzern zu verlegen und Benettons Image so zu einem exklusiven Produkt des Unternehmens zu machen. Die ungeklärten Anschläge mochten auch der Anlass sein, der erst Luciano und später Toscani auf den Gedanken brachte, Darstellungen von Gewalt gezielt zu Werbezwecken einzusetzen.

Nachtclub Wiz, Paris, Frankreich 1988

3000 junge Leute drängten sich in diesem Szene-Nachtclub in Montparnasse, wo mit einer »Party of the World« die Markteinführung des neuen Parfums »Colors de Benetton – Perfume of the World« gefeiert wurde. Das Parfum wurde in Frankreich unter Lizenz hergestellt und in Flaschen abgefüllt, deren fünfseitige Form die fünf Kontinente symbolisierte.

Luciano war selbst zur Party erschienen. Er hielt sich wie gewohnt etwas abseits – ein aufmerksamer Beobachter und immer ein wenig anders als der Rest der Welt, deren Bewohnern er mit seiner Unternehmensphilosophie das Gefühl vermitteln wollte, sie seien alle gleich. »Mein Unternehmen ist ein Liebesverhältnis mit der ganzen Welt«, sagte Luciano nach der Feier in einem Interview. »Es beruht auf einem starken Willen zum Erfolg. Die Völker dieser Erde wollen eine Kleidung, die bunt ist, an der man Spaß hat und bei der man für sein Geld etwas geboten bekommt.« Ob die Journalistin daran glaubte, sei dahingestellt – jedenfalls glaubte sie, dass Luciano daran glaubte. Hinter der Fassade des kühlen Geschäftsmanns schien noch ein Rest einer ursprünglichen Unschuld zu liegen, deren Luciano sich selbst hinreichend bewusst war, um sie mit einen gewissen Nostalgie zu hegen. »Unsere Franchisenehmer haben keine schriftlichen Verträge. Wir gewähren ihnen keinen Gebietsschutz und sie zahlen uns keine

Gewinnbeteiligung«, erklärte Luciano der Journalistin. »Bei uns zählt ein Wort unter Männern, wie in den alten Zeiten.« Sie bedankte sich für das Interview und ihre Wege trennten sich – sie setzte ihren mit einem Linienflug fort, er seinen im Privatjet.

London, England 1988

»Der Kunde entscheidet über den Absatz«, sagte Luciano in seinem nächsten Interview. »Die Produktion muss sich daher immer nach der Nachfrage richten. Die Schnitte sind einfach, die Farbpalette ist groß und der Preis zivil. Das ist keine Philosophie, sondern ganz praktischer Geschäftssinn. Wenn wir die offiziellen Modefarben der Saison, wie die Modeschöpfer sie diktieren, ins Sortiment aufnehmen, verkaufen sie sich immer am schlechtesten.«

Diesmal war Luciano nach London gekommen, um über die geplante Erweiterung des Geschäfts am Oxford Circus zu verhandeln. Außerdem wollte er sich überzeugen, wie die 265 Benetton-Läden in Großbritannien liefen, und die Markteinführung von »Under Colors« vorbereiten. Dabei handelte es sich um eine gewagte und neuartige Kollektion von Unterwäsche. BH und Schlüpfer waren out. Was Benetton jetzt auf den Markt bringen wollte, waren aufregende, farbenfrohe Artikel, die auch als eigenständige Kleidungsstücke ohne etwas darüber getragen werden konnten. Der Bodystocking war keine neutrale zweite Haut mehr, sondern eine figurbetont geschnittene Hülle mit auffallendem, schwarzweiß gezahntem Muster. »Benetton erweitert die Produktpalette, aber die Farben haben nichts von ihrem ursprünglichen Zauber verloren«, schrieb eine Zeitung. Das waren positive Meldungen, wie die PR-Agenturen sie liebten. Aber aus Amerika gab es auch andere, weniger positive Berichte über Benetton und die amerikanischen und britischen Medien warteten nur auf eine geeignete Gelegenheit, um damit den größtmöglichen Effekt zu erzielen.

Angesichts der weltweiten Hochkonjunktur schien Benetton mit seinem Facettenreichtum besser denn je für eine weltweit marktbeherrschende Stellung gerüstet zu sein. Inzwischen gab es die ersten Benetton-Läden in Kairo als Jointventure mit einer Texilfabrik vor Ort, Chourbagi Antaki United Fashions of Cairo. In Italien war der erste Benetton Superstore entstanden, der Benetton, Sisley, 012 und Benetton Uomo unter einem Dach vereinte. Die neue Serie »Zerotondo« ergänzte die Produktpalette von 012 mit einer Kollektion für Babys und Kleinkinder bis zu zwei Jahren.

Die Formel-1-Saison des Jahres 1988 verlief zufriedenstellend und endete mit einem dritten Platz in der Konstrukteurs-Weltmeisterschaft. Thierry Boutsen und Alessandro Nannini lagen in der Gesamtwertung der Fahrer auf den Plätzen vier und neun. In Treviso setzten die Benettons ihr Engagement im sportlichen Bereich mit der Gründung von »Verde Sport« fort, einer Dachorganisation, unter der Benettons Sponsorentätigkeit ausgeweitet, Trainingsprogramme geschaffen und Sportstätten gebaut werden sollten. Die Leidenschaft der Benettons für Sport war einer der Gründe für dieses Unternehmen. Außerdem fühlten sie sich ihrer Heimat verpflichtet, wollten etwas für die Gemeinschaft tun – und nicht zuletzt spielte natürlich die Werbewirksamkeit eines solchen Projektes eine große Rolle.

Die Benetton-Geschwister waren ihrer jeweiligen Leidenschaft treu geblieben: Gilberto dem Sport, Giuliana ihrer Arbeit und der Familie und Carlo der Betätigung in der freien Natur. Luciano hatte trotz der bitteren Enttäuschung, die er seinerzeit mit seinem selbst entworfenen Anzug und der Fliege erlebt hatte, das selbst gesteckte Ziel seiner Jugendzeit nicht aus den Augen verloren. Er begann bereits mit Rückblicken und machte Aussagen wie: »Ich habe mich nie für Mode an sich interessiert, sondern sie immer als industrielles Produkt gesehen.« Andererseits schrieb er weniger als zwei Jahre später: »Kleidung ist für mich nicht nur etwas, womit man Geld verdienen kann – sie ist eine Leidenschaft.« Lucianos Äußerungen spiegelten den neuen Zeitgeist, der bei Benetton in Form der Verbindung von Kleidung, Parfum und

Chipkarten herrschte. »Wir müssen auf dem gesamteuropäischen Markt zu Hause sein«, erklärte Luciano. »Wir sind ein Dienstleistungsunternehmen, kein Modehaus.« Wie die Journalistin in Paris bemerkt hatte, überlegte er sich gut, was er sagte, und glaubte selbst daran. Luciano wusste aber auch, woran er diese Aussagen, die halb Wahrheit, halb Idealvorstellung waren, letztendlich messen musste.

5th Avenue, New York City 1988

Palmeri hatte Benetton schon 1987 in New York an die Börse bringen wollen. Seitdem war ein Jahr vergangen und noch immer lief alles darauf hin. Die Werbekampagne im Frühjahr und Sommer, der Toscani und Eldorado den Titel »United Superstars of Benetton« gaben, zeigte historische Persönlichkeiten – Napoleon, Johanna von Orléans, Leonardo da Vinci, Julius Caesar und Marilyn Monroe –, dargestellt von »echten« jugendlichen Modellen. Auch Adam und Eva waren dabei. Evas Jeansjacke gewährte gerade so viel Einblick, dass in Amerika jene Art von Kontroverse entstand, die Benetton beabsichtigte: genug, um die Aufmerksamkeit auf die Kampagne zu lenken, aber nicht so viel, dass ein negativer Eindruck zurückblieb. Die Kampagne für Kinderkleidung, »United Friends of Benetton«, zeigte Kinder mit den Masken von Tieren, die natürliche Feinde waren. Sie wurde mit einer Reihe von Preisen ausgezeichnet.

Die Fabrik in Rocky Mount, North Carolina, beschäftigte immer mehr Amerikaner in der Produktion von Sweatshirts und Jeans, die über die Vertretung in New York den Bedarf der 600 Benetton-Läden in ganz Amerika deckte. Damit umging das Unternehmen die hohen Einfuhrzölle, mit denen Baumwolle in den USA belegt war. Edizione hatte das traditionsreiche Scribner Building an der Ecke 5th Avenue/48th Street in New York gekauft, wo es noch heute eine berühmte Buchhandlung gibt und wo früher die Verleger von Ernest Hemingway, F. Scott Fitzgerald und Thomas Wolfe residierten. Die Benettons wollten dem Gebäude wieder zu seinem früheren architektonischen und literarischen Glanz verhelfen. Die Instandsetzungsarbeiten, die eine Summe von vier Millionen Dollar verschlangen, waren bereits im Gange. Außerdem importierte Benetton jetzt auch L. L. Bean-Schuhe von dem berühmten Familienbetrieb in Freeport, Maine, die über die Di-Varese-Läden in ganz Italien vertrieben wurden. Auch Luciano selbst trug zu seinen Benetton-Jeans und maßgeschneiderten Tweed-Jacketts Schuhe von L. L. Bean und Timberland, Hemden von Brooks Brothers und Krawatten von Polo Ralph Lauren.

Das alles waren positive Signale, aber gleichzeitig gärte es im amerikanischen Ladennetz. Amerika war das Ursprungsland des herkömmlichen Franchisesystems und Benettons Prinzip – »keine schriftlichen Verträge, keine Gewinnbeteiligung« – erwies sich hier als problematisch. Einige Ladenbesitzer fühlten sich dadurch nur unzureichend rechtlich abgesichert. Die amerikanischen Händler waren ohnehin durch den fallenden Dollarkurs geschwächt und wollten vielleicht einfach nicht wahrhaben, dass der amerikanische Markt übersättigt war. Sie begannen sich zu beklagen, dass Benetton gegen die amerikanischen Franchisebestimmungen verstieß, indem der Konzern die Eröffnung neuer Läden in unmittelbarer Nähe bereits bestehender zuließ. »Sie verkaufen ihren Markennamen zu oft und zu leichtfertig«, beklagte sich ein New Yorker Geschäftsführer, »und sie selbst tragen dabei keinerlei Risiko.« Die Einzelhändler versuchten, rechtliche Schritte gegen Benetton einzuleiten. Sie beriefen sich darauf, dass die »Clusterbildung« auf engem Raum den Absatz mindere, mussten jedoch feststellen, dass Benettons Franchisesystem nicht ohne weiteres auf gerichtlichem Wege anfechtbar war.

Benetton reagierte mit der Eröffnung der ersten amerikanischen Superstores in Manhattan und San Francisco. Damit setzte eine Entwicklung ein, in deren Verlauf die Anhäufung kleiner Läden immer mehr durch einzelne große Geschäfte abgelöst wurde. Auch dagegen protestierten die Besitzer der bestehenden Läden, die fürchteten, aus dem Wettbewerb gedrängt zu werden. Andere beklagten sich über die mangelnde Einheitlichkeit von Benettons Ladennetz, dessen Geschäfte von verschiedenen einzelnen Unternehmern finanziert und betrieben wurden. Dieses System war das Gegenteil der auf Konformität angelegten Form des Franchisegeschäftes, wie beispielsweise McDonald's es betrieb – einer Form, die, wenn es zu Prozessen kam, für die Juristen wesentlich leichter zu durchschauen war. Auch den besonderen Gepflogenheiten der amerikanischen Kundschaft wurde Benettons System nicht gerecht. Diese verstanden nicht, dass sie eine Jeans, die sie in einem Benetton-Laden in San Francisco gekauft hatten, nicht in einem anderen Benetton-Laden in derselben Stadt oder gar in einem in Cincinatti umtauschen konnten.

Konkurrenten wie Gap brachten alle vier bis acht Wochen eine neue Kollektion auf den Markt. Benetton dagegen war bei den zwei Hauptkollektionen pro Jahr und den »Blitz«-Zwischenkollektionen geblieben und hatte dieses System immer weiter optimiert, dabei aber nicht ausreichend berücksichtigt, wie schnell die jungen amerikanischen Kunden ihren Geschmack änderten.

Dass die unzufriedenen Einzelhändler in dem von Rezession gebeutelten Land gerichtlich gegen Benetton vorzugehen versuchten, wirkte sich auch auf Palmeris Vorbereitungen für den Börsengang aus. Für die geplante Aktienemission an der Wall Street brauchte er die Genehmigung der US-Börsenaufsichtsbehörde SEC. Die Flitterwochen waren vorbei – und noch länger vergangen waren die unschuldigen Zeiten, in denen ein einziges Rugby-Hemd Benetton in Amerika zum Durchbruch verholfen hatte. Die Studenten der Eliteuniversitäten, die dieses Kleidungsstück damals so begeistert getragen hatten, vertraten jetzt als Anwälte die Klagen der Einzelhändler gegen Benetton.

Im Herbst des Jahres 1988, nachdem in Paris das Parfum und in London die Wäschekollektion auf den Markt gekommen waren, reiste Luciano durch die USA, um mit Ladenbesitzern und Handelsvertretern zu sprechen. Diejenigen, die durch Benettons System reich geworden waren, beurteilten die Lage sachlicher als jene, die es härter getroffen hatte und die ihren einzigen Ausweg darin sahen, vor Gericht zu ziehen. Schon nach der Hälfte seiner Reise hatte Luciano herausgefunden, was später auch die Experten feststellten: Die Erkenntnis, dass selbst der Benetton-Konzern seine Schwächen hatte, besonders hier in Amerika, war zwar neu, aber nicht überraschend.

Daheim in Italien war der ehemalige Familienbetrieb inzwischen zu einem ausgewachsenen Konzern gereift, wozu einschneidende, mitunter schmerzliche Veränderungen nötig gewesen waren. Das amerikanische Netzwerk hatte auf ähnliche Weise ein Stadium erreicht, in dem ungezügelter Individualismus nicht mehr angebracht war. Ein höheres Maß an Koordination und Analyse war erforderlich, um das Netzwerk umzustrukturieren und auf den nächsten wirtschaftlichen Aufschwung vorzubereiten. Der Reifungsprozess hatte weder den geistigen Individualismus an der Führungsspitze beeinträchtigt, noch sollte er den Unternehmergeist der Pioniere schwächen. »Ich könnte mir nichts Schlimmeres vorstellen als ein System, in dem wir Ladenbesitzer in regelmäßigen Versammlungen auf Einheitskurs getrimmt würden«, sagte Lyn Gatti, Eigentümerin zweier Superstores in San Francisco, zu Luciano. »Da könnte man genauso gut wieder in einem der großen Warenhäuser arbeiten. Ich kann diesen ganzen Corporate-Identity-Mist nicht ausstehen. Leute, die so was brauchen, gehören einfach nicht zu Benetton. Wenn durch diese Veränderungen das Gefühl der Freiheit verloren geht, dann geht der ganze Geist des Unternehmens verloren … für immer.«

Vielleicht sagte sie das nur, weil sie wusste, dass Luciano es hören wollte. Jedenfalls kannte Luciano sie schon einige Jahre und vertraute auf ihre Einschätzung. Andernorts in Amerika gab es indessen Neuigkeiten, die er nicht gern hörte.

Seit es in der Weihnachtszeit des Vorjahres den Bombenanschlag auf Selfridges in London gegeben hatte, waren die Gerüchte nicht verstummt, dass militante Tierschützer dahinter steckten. In der Öffentlichkeit war die Wirkung zwar nicht so groß wie nach einem Bombenanschlag der IRA, aber immer noch größer als nach einem Attentat der Mafia. Doch jetzt kam die Meldung, dass die amerikanische Tierschutzorganisation PETA (People for the Ethical Treatment of Animals) Mitarbeiter in die Labors des Konzerns Biosearch in Philadelphia eingeschleust hatte. Biosearch arbeitete seit vielen Jahren für verschiedene große Kosmetikfirmen, aber die Tierschützer hatten ein ganz spezielles Ziel ins Visier genommen. Sie hatten Beweismaterial dafür gesammelt, dass Tiere qualvollen Versuchen mit tödlichem Ausgang unterzogen wurden, um eine neue Kosmetikserie auf ihre Unbedenklichkeit zu testen: »Colors de Benetton«.

Als die Geschichte durchsickerte, stürzte sich die Presse darauf. »Benettons Schande enthüllt!«, begann ein typischer Bericht. »Das grausige Geheimnis der Lieblingsmarke von Lady Di«. Benetton – mit seinen Werbekampagnen, in denen Völkervielfalt und Chancengleichheit propagiert wurden und mit denen sich der Konzern ein menschenfreundliches Image schuf – war für die Tierschützer und die Presse als Zielscheibe viel attraktiver als Kosmetik- und Pharmaziekonzerne wie Avon oder Procter and Gamble. Solche Enthüllungen hätten zwar auch diese Unternehmen in Verlegenheit gebracht, aber wirklich überrascht wäre wohl niemand gewesen. In der Presse wurden die Tierversuche seitenlang in allen Einzelheiten beschrieben. Meerschweinchen waren bei lebendigem Leib geröstet worden, als ein Thermostat in einer Apparatur ausfiel, die die Techniker im Labor scherzhaft »Schweinchengrill« nannten. Körperlotion war in die Augen von Kaninchen getropft worden. Badezusatz war Meerschweinchen in die Haut eingeschabt worden. Ratten hatte man Duftstoffe, Badezusatz und Duschgel eingeflößt. Alle Versuchstiere waren verendet.

Zuerst erklärte der Benetton-Konzern, man habe von diesen Vorgängen nichts gewusst und sei entsetzt. Andererseits wusste das Unternehmen sehr wohl, dass die amerikanischen Sicherheitsbestimmungen solche Versuche erforderten. Ein Sprecher der Tierschutzverbände erwiderte darauf, diese Versuche seien vom Gesetz nicht vorgeschrieben und rund 150 Kosmetikfirmen würden sie verweigern. Als große Kosmetikhersteller wie L'Oréal, Revlon und Christian Dior öffentlich Stellung nahmen und die Tierversuche verteidigten, schädigte ihre Solidarität Benettons Ruf nur noch mehr. Zwei Monate nachdem der erste Bericht in der Presse erschienen war, hielt die Empörung unvermindert an, so dass Leslie Grunberg von Benetton Corporation sich gezwungen sah, eine öffentliche Erklärung abzugeben. »Wir haben alle Tierversuche eingestellt«, schrieb er von seinem New Yorker Büro aus an die amerikanische Tierschutzorganisation PETA und die British Union for the Abolition of Vivisection. »Unser Konzern unternimmt alle erdenklichen Anstrengungen, um alternative Testmethoden zu finden. Inzwischen werden keine weiteren Produkte auf den Markt gebracht, für die Tierversuche erforderlich sind.«

Benetton war der erste Bekleidungshersteller, der in dieser Weise auf das Bekanntwerden von Tierversuchen reagierte. Der Konzern beendete seine Zusammenarbeit mit Biosearch fast unmittelbar nach der Aufdeckung und setzte damit ein deutliches Zeichen. Der Vorfall war und blieb eine Schande, aber Benetton war wohl das einzige Unternehmen, das es fertig brachte, selbst einer so rufschädigenden Geschichte noch eine positive Seite abzugewinnen – sofern das überhaupt möglich war.

Der Dollarkurs fiel immer tiefer, die Bezugskosten der Materialien stiegen und der Absatz sank weiter. Obwohl die amerikanischen Läden davon profitierten, dass Jeans- und Baumwollartikel im Land produziert und so die hohen Einfuhrzölle umgangen wurden, schlugen die Wogen des Protestes immer höher, als die Einzelhändler in den Gegenden, wo die Läden am dichtesten beieinander lagen, die sich verschärfende Krise zu spüren bekamen. Sie wandten sich an ihre Rechtsanwälte. Aber der Zusammenhang zwischen der Unternehmenspolitik einerseits und ihren Verlusten andrerseits war schwer nachzuweisen, so dass die Klagen wenig Aussicht auf Erfolg hatten. Manche der Kläger versuchten Benettons Werbung die Schuld zu geben, aber es gab keine hinreichenden Belege dafür, dass zum Beispiel Toscanis »Globus«-Kampagne von 1986 die jüdische Kundschaft zu einem Boykott veranlasst hätte, durch den der Absatz nennenswert gemindert worden wäre. Im Übrigen trug der Konzern die Kosten dieser Werbung, nicht die Einzelhändler. Auch ein Zusammenhang zwischen dem Skandal um die Tierversuche für das Parfum und sinkenden Absatzzahlen konnte nicht nachgewiesen werden. Schließlich wurde das Parfum in Frankreich hergestellt und viele Amerikaner glaubten immer noch, dass die Sicherheitsbestimmungen der US-Regierung die Versuche erforderlich gemacht hätten. Durch die beispiellos schnelle und entschlossene Reaktion des Unternehmens hatte die traurige Geschichte tatsächlich sogar eine gewisse Werbewirksamkeit gewonnen.

Das Wachstum in den USA hatte sich abgeschwächt; die Zahl der Läden hatte den Höchststand von 600 erreicht und war jetzt rückläufig. Dennoch machte Benetton immer noch einen erheblichen Anteil des weltweiten Gesamtumsatzes in Amerika – 14,5 Prozent –, so dass sich die Rezession dort spürbar auf die Gesamtbilanz auswirkte. Kurzfristig mussten die Preise in den USA weiter gesenkt werden, um die Absatzzahlen der Läden aufrechtzuerhalten. Weitere Schließungen hätten dem Ruf des Konzerns geschadet, was im Hinblick auf den geplanten Börsengang in New York vermieden werden musste. Deshalb erhielten bereits viele Läden in Amerika und weltweit insgeheim finanzielle Unterstützung aus Ponzano. Die Schließungen an sich minderten zwar den Umsatz, schadeten Benetton aber finanziell nicht direkt, weil die betroffenen Läden eigenständigen Unternehmern gehörten.

Zehn Jahre später sollte die Krise in Korea für die Besitzer vieler Benetton-Läden dort genau dieselben Auswirkungen haben und zu einem Rückgang des Umsatzes führen, ohne aber das Unternehmen insgesamt nennenswert zu beeinträchtigen. Auf lange Sicht machte die Lage in Amerika allerdings deutlich, dass die Zukunft darin lag, die Anhäufung kleiner Läden in unmittelbarer Nachbarschaft zu beenden und stattdessen verstärkt einzelne, große, exklusivere Superstores an ausgesuchten Standorten aufzubauen. Lucianos Amerikareise brachte ihm die Gewissheit, dass der Tiefpunkt in der dortigen Krise überwunden war – und zudem eine neue Erkenntnis: Damit Benetton das Potenzial des amerikanischen Marktes in vollem Umfang ausschöpfen konnte, musste die Produktpalette im Bereich der Kleidung in mehrere deutlich verschiedene, einander ergänzende Stilrichtungen aufgefächert werden.

Für die bürgerlich-konservative Kundschaft in Neuengland war ein traditioneller Stil mit dezenten Farben und Pastelltönen angebracht, in New York dagegen wurden ausgefallene und extravagante Farben von Neongrün bis Nussbraun bevorzugt und in den sonnigsten Staaten mussten helle Farben angeboten werden. Luciano war überzeugt, dass Benetton schließlich auch in Amerika die kulturellen Barrieren überwinden würde, wie dies schon zwölf Jahre zuvor in Frankreich gelungen war.

Palmeri hatte unterdessen neue Pläne entwickelt, um in New York an Kapital zu kommen. Das Vorhaben, im nächsten Jahr in den USA an die Börse zu gehen, war zwar nicht vom Tisch, aber allmählich machten sich doch die Zwänge bemerkbar, die damit verbunden waren, dass das Unternehmen »zwanglos« zum Imperium heranwachsen sollte.

7. Das Land am Fuß der Anden

Patagonien, Argentinien 1989

Patagonien ist eine riesige, langgezogene Region, die sich östlich der Anden von Norden nach Süden erstreckt. Ein kleiner Teil davon gehört zu Chile, der größere Teil zu Argentinien. Weite Landstriche dieser abgelegenen und geheimnisvollen Region sind trockenes Hochplateau. An die felsige Küste brandet der Atlantik und an der südlichsten Spitze liegt Kap Hoorn. Die Küstengebiete sind unter wirtschaftlichen Gesichtspunkten weitgehend uninteressant bis auf die Erdölfelder, die etwa 1 300 Kilometer südlich von Buenos Aires an der Ostküste liegen. Im Inland dagegen gibt es ausgedehntes Weideland, das dem in Texas in nichts nachsteht. Schon zu Beginn des 20. Jahrhunderts wurden dort erstklassige Schaf- und Rinderherden gezüchtet.

Bei der Erschließung dieser Ressourcen spielten nicht die Argentinier, sondern die Briten die entscheidende Rolle. Im 19. Jahrhundert kamen Einwanderer aus Wales ins Land, die das Wissen und die Erfahrung vieler Generationen über Landbau und Viehzucht mitbrachten. Den Briten erschienen die weiten Ebenen, die Einsamkeit und das warme, angenehme Klima wie ein Paradies. Viele nahmen die argentinische Staatsbürgerschaft an und kehrten nie in ihre Heimat zurück. Sie perfektionierten die Viehzucht und bald war Wolle aus Patagonien auf den internationalen Märkten heiß begehrt. Die britischen Grundbesitzer und ihre einheimischen Angestellten bewirtschafteten gemeinsam riesige *Estancias* – eine einträgliche Zusammenarbeit, die Argentiniens städtische, ultranationalistische Regierung mit Missgunst und Argwohn beobachtete.

Argentinien hatte eines mit Italien gemeinsam: Das Land war anfällig für die starke Hand faschistischer Herrscher. Zwischen dem Ersten und dem Zweiten Weltkrieg – in jener Zeit, als Leone Benetton wie viele andere in Äthiopien sein Glück versuchte – wanderten zahlreiche Italiener nach Argentinien aus, um dem Hunger zu entkommen, der in den ländlichen Regionen Italiens herrschte. Nach dem Zweiten Weltkrieg begannen die Briten und die Italiener um das Weideland zu rivalisieren. Seit jener Zeit bestanden enge Bindungen zwischen Italien und Argentinien.

Die Benettons hatten in den vergangenen Jahren dort Urlaub gemacht. »Als wir dieses riesige Land zum ersten Mal sahen, überkam uns ein Schauder«, erinnerte sich Carlo später. »Wir wollten Verbindungen dorthin aufbauen – nicht nur aus geschäftlichen Gründen.« Jetzt war Carlo Benetton Produktionsdirektor und einer der vier Eigentümer des weltgrößten Abnehmers von Wolle. Außerdem war er derjenige von den vieren, der bei weitem die größte Vorliebe für Betätigung in der freien Natur hatte. Carlo und seine drei Geschwister waren entschlossen, eine Möglichkeit zu finden, wie sie größeren Einfluss auf die Qualität der Wolle nehmen konnten, die ihr wachsendes, global agierendes Imperium in ungeheuren Mengen verschlang. Dass die Übernahme von Lanerossi durch Edizione gescheitert war, hatte die Entschlossenheit der Benettons nur noch verstärkt. Ihre Strategie ähnelte der, die Luciano 20 Jahre zuvor eingesetzt hatte, als er in Schottland nach dem »Geheimnis des wollenen Vlies« geforscht hatte. Die Devise lautete: Mach dir klar, was du weißt und was du brauchst, und pack das Problem an der Wurzel an. Also reiste Carlo Benetton nach Patagonien und kaufte eine Schaffarm.

London, England 1989

Alessandro, Lucianos zweiter Sohn, trat erst spät als Vertreter des Konzerns an die Öffentlichkeit. Der Anlass war die Einführung einer Duftserie für Männer – »Colors de Benetton Man« – in England. Als Alessandro in dem eleganten Restaurant am Themseufer in Chelsea Harbour eintraf, war er völlig durchnässt vom Londoner Regen und bat um Entschuldigung: Er habe so lange nach einem Parkplatz gesucht.

Alessandro fuhr ein bescheidenes Auto, einen Ford Fiesta. Er wohnte allein, in der sicheren Anonymität einer Mietwohnung in Notting Hill im Westen Londons. Alessandro hatte einen Abschluss in Betriebswirtschaft an der Universität von Boston gemacht, wo auch Carlos Sohn Christian und Gilbertos Tochter Sabrina später studierten. Seit anderthalb Jahren lebte er in London, wo er zunächst bei Goldman Sachs gearbeitet hatte. Alessandros Ehrgeiz war eher mit dem konventioneller Führungskräfte wie Palmeri vergleichbar als mit dem seines Vaters und er hatte ein gänzlich anderes Wesen als sein älterer Bruder Mauro. Die einzige Leidenschaft, zu der Alessandro sich bekannte, war die für Benettons Formel-1-Team.

»Ich meide Leute, die sich nur wegen meines Namens für mich interessieren«, erklärte er vor Pressevertretern. »Ich versuche bescheiden zu leben, lege Wert auf meine Unabhängigkeit und arbeite viel. Ich hoffe, später einmal in das Unternehmen meiner Familie einzutreten. Aber um meinen Beitrag dazu leisten zu können, muss ich wirklich gut sein.«

Das klang, als stamme es aus der Feder von Vittorio Rava, dem Leiter der Werbeabteilung. Aber Alessandro glaubte selbst jedes seiner Worte und sie verfehlten ihre Wirkung nicht. Die Journalisten gingen mit ihren Gratisproben von Colors de Benetton Man nach Hause und schrieben überschwängliche Artikel über Alessandros romantisches Aussehen, seine erfrischende Bescheidenheit und darüber, dass er nicht die Spur jenes aufbrausenden Temperaments zeigte, von dem die Briten immer noch voller Vorurteile glaubten, dass es jedem Italiener zu eigen sei.

Angesichts des Eindrucks jugendlicher Unschuld, den Alessandro bei der Markteinführung der Duftserie erweckte, dachte niemand mehr an den Skandal um die Tierversuche – und so umgab das Produkt, das Unternehmen und die neue Marke zwar kein Rosenduft, aber ganz sicher auch nicht der Geruch gerösteter Meerschweinchen, sondern ein Duft nach Zitrusfrüchten, Sandelholz und Patschuli.

New York, USA 1989

Aldo Palmeris Lösung des Problems, wie die Benetton Group auf dem New Yorker Finanzmarkt Kapital aufbringen könne, war denkbar einfach. Dennoch hatte kein italienischer Konzern bisher etwas Derartiges versucht. Statt sich um die Zulassung an der New Yorker Börse zu bewerben – ein langwieriges Verfahren, das für ausländische Unternehmen bewusst abschreckend gestaltet war –, war Palmeri direkt an den amerikanischen Anleihenmarkt gegangen und hatte Investoren in Amerika, Kanada, Japan und Europa Beteiligungen an Benetton angeboten. Die Emission im Umfang von 145 Millionen US-Dollar, die bei der amerikanischen Börsenaufsichtsbehörde SEC registriert war, wurde in Form von ADR, amerikanischen Hinterlegungsscheinen nichtamerikanischer Aktien, an der weniger streng reglementierten Börse NASDAQ vorgenommen. Palmeri hielt die Emission von Aktien trotzdem weiterhin für wichtig, um Benettons kurzfristige Schulden zu tilgen und die Kapitalbasis des Konzerns breiter anzulegen. Außerdem würden die strengen Bestimmungen der amerikanischen Börsenaufsicht etwas mehr Disziplin in das Unternehmen bringen, was seiner Meinung nach nicht schaden konnte.

Palmeri übertrug die Aufgabe, den Plan mit den Hinterlegungsscheinen in Amerika zu realisieren, Carlo Gilardi, dem ehemaligen Mitarbeiter der Zentralbank und jetzigen Finanzdirektor. Dieser erinnerte sich später:

> Es war ein Alptraum. Hier bei Benetton wusste kein Mensch, was ein »bond warrant« ist. Ich selbst versuchte auch zum ersten Mal, in den USA Wertpapiere an die Börse zu bringen. Nach zwei Monaten hatten wir den Plan mit Hilfe von Morgan Stanley und Credit Suisse First Boston verwirklicht und auf einmal taten hier alle ganz fachmännisch.

Die Analysen der Wirtschaftsexperten, von deren Einschätzung institutionelle Anleger und Banken ihre sonst unergründlichen Entscheidungsprozesse teilweise abhängig machten, beurteilten Benetton nach wie vor positiv. Analysten und institutionelle Anleger erkannten, dass Benetton in den USA in eine Glaubwürdigkeitskrise geraten war, aber sie sahen auch, dass das Unternehmen Maßnahmen eingeleitet hatte, um dieses Problem zu bewältigen. Insbesondere die Zusammenhänge zwischen der Benetton Group, dem börsennotierten Unternehmen, und Edizione, der Holdinggesellschaft im Familienbesitz, waren für viele verwirrend. Sie unterstellten, dass Mitarbeiter der Benetton Group ihre Arbeitszeit – und damit das Geld der freien Aktionäre – letztendlich zum privaten Vorteil der Familie Benetton einsetzten, von dem die außenstehenden Investoren nicht profitierten. Darüber hinaus gab es noch andere verwirrende Zusammenhänge. In der letzten, entscheidenden Phase vor der Aktienemission an der New Yorker Börse stellte sich heraus, dass zwei Drittel der 17-prozentigen Umsatzsteigerung der Benetton Group aus der Übernahme von Schuh-, Garn- und Hemdenfirmen aus dem Besitz von Edizione stammten. Daran war an sich nichts Illegales, aber die Tatsache, dass Käufer und Verkäufer praktisch identisch waren und dass dadurch der eine den Kaufpreis beliebig so festsetzen konnte, dass sich für den anderen daraus die größtmögliche Umsatzsteigerung zum idealen Zeitpunkt ergab, ließ bei den Experten Zweifel über den tatsächlichen Wert des Unternehmens aufkommen.

Palmeri und Gilardi verfolgten angesichts dieser kniffligen Fragen dieselbe Taktik wie schon gegenüber der US-Börsenaufsichtsbehörde SEC und dem Kartellamt FTC, als diese Benettons Vertriebssystem in Amerika untersucht hatten. »Wir brauchen eine neue, offensive Strategie«, verkündete Palmeri. »Wir müssen unsere Führung in den USA stärken. Vielleicht brauchen wir dazu auch neue Mitarbeiter.« Palmeri setzte außerdem erfolgreich seine Pläne durch, neben Benetton noch andere Marken in die Produktpalette aufzunehmen, mehr Produkte zu lizenzieren und in Japan, Südkorea, Singapur, Thailand, Indonesien und Indien weiter zu expandieren.

Gilberto Benetton arbeitete unterdessen daran, Edizione – die »Schatztruhe der Familie«, wie er die Holding nannte – immer weiter vom Bekleidungsgeschäft und der Benetton Group unabhängig zu machen. Ein wichtiger Bereich waren In Holding und weitere Geschäfte im Finanzdienstleistungssektor, über die das letzte Wort noch nicht gesprochen war. Außerdem plante Gilberto Investitionen in Viehfarmen, Immobilien und Firmen in den USA. Ediziones verstärkte Investitionstätigkeit in den USA unterstützte den bevorstehenden Börsengang der Benetton Group, denn sie würde die Bereitschaft insbesondere der amerikanischen Anleger steigern, in ein Tochterunternehmen dieses Konzerns zu investieren. Im Mai 1989, dem Monat, in dem die Benetton Group in New York an die Börse ging, erwarb Edizione außerdem eine 70-prozentige Beteiligung an Nordica, dem weltweit führenden italienischen Hersteller von Skistiefeln. Gilberto wollte noch weiter im Bereich von Zubehör und Accessoires zu verschiedenen Sportarten und Aktivitäten für jede Jahreszeit investieren. Damit ging er erstmals deutlich über den Bereich hinaus, den der Name Benetton bisher abdeckte.

Nordica und die anderen neuen Tochterunternehmen im Sportsektor waren im alleinigen Besitz von Edizione und unterstanden Gilbertos Leitung. Sie hatten keinerlei Verbindung zur Benetton Group. Diese Unabhängigkeit bewirkte unter anderem auch, dass die Werbung, die Benetton Group betrieb, den Bereich der neuen Tochtergesellschaften nicht einschloss. Das sollte vorerst auch so bleiben. Bei Benetton lag inzwischen die alleinige Kontrolle über das Image des Unternehmens und der Marke in den Händen von weniger als zehn internen Mitarbeitern.

Die Beziehungen zu Eldorado waren abgebrochen, seit Toscani hatte verlauten lassen, dass die Agentur ihren Anteil an Benettons Werbung hochspielte. Auf dieselbe Art endete wenig später die Zusammenarbeit mit J. Walter Thompson. Fortan wurden selbst die Produktion und die Verhandlungen mit den Medien intern abgewickelt. Im Benetton-Konzern wurde ein Gremium unter dem Namen United Colors Communication gebildet, das dafür zuständig war, aus Toscanis Bilderserien die Plakate und Annoncen zu entwickeln und Luciano zur Abnahme vorzulegen. Das Benetton-Logo mit dem Wollknäuel wurde durch das neue Warenzeichen der Firma ersetzt: ein kleines grünes Rechteck, in dem in Weiß »United Colors of Benetton« stand. Sonst gab es keine Schrift auf den Plakaten.

Die auffälligste Veränderung war, dass die Kleidungsstücke völlig aus der Werbung verschwanden. Während der Konzern diesen Schritt als revolutionäre Neuerung ausgab, steckten in Wahrheit knallharte Kostenerwägungen dahinter. Der Aufbau einer einzigen, globalen Marke war weniger kostspielig als der Versuch, eine immer breiter gefächerte Produktpalette auf eine steigende Zahl unterschiedlicher Länder und Märkte abzustimmen. Eine global wirksame Marke aufzubauen – das bedeutete, dass die Bilder universale Themen behandeln mussten: Leben und Tod, Liebe und Hass, Krieg und Frieden, Religion, Umwelt... Toscani schöpfte aus diesem Repertoire und schuf immer kühnere Bilder. Die Kampagne von 1989 drückte offen eine politische Botschaft aus: Die Bilder propagierten die Gleichstellung der unterschiedlichen Hautfarben. Auf einem waren zwei Männer abgebildet, ein Schwarzer und ein Weißer, die mit Handschellen aneinander gefesselt waren. Ein anderes Bild zeigte einen jungen Schwarzen und einen jungen Weißen in Bäckertracht mit einem Brot. Auf einem dritten war eine schwarze Frau zu sehen, die ein weißes Baby stillte.

Dieses letzte Foto ist in seiner ergreifenden Schlichtheit und Schönheit bis heute unübertroffen. Es ist eines der Bilder von Toscani, die seinen Anspruch auf künstlerische Größe wahrhaftig rechtfertigen. Doch während das Bild in Österreich, Frankreich, Dänemark, Italien und den Niederlanden bedeutende Preise gewann, wurde es in den Vereinigten Staaten von den Plakatwänden gerissen, weil man es als Rückfall in die Zeit der Sklaverei interpretierte. Gleichzeitig wurde in New York das Bild von dem Schwarzen und dem Weißen, die mit Handschellen aneinandergekettet waren, auf jedem zweiten Bus mit Farbe übersprüht. In London hatte Benetton sich bereits an die Commission for Racial Equality, die Kommission für rassische Gleichstellung, gewandt. Diese hatte das Unternehmen gewarnt, dass die Bilder missverstanden werden könnten, obwohl weder die Gleichstellungskommission noch die Advertising Standards Authority – die britische Regulierungsbehörde für Werbung – darin einen Verstoß gegen das Gesetz oder gegen Anstand und gute Sitten sahen. Die Warnung erwies sich als berechtigt. An der schwarzen Frau wurde nicht ihre Hautfarbe, sondern ihre entblößte Brust zum Stein des Anstoßes: Das Bild wurde als zu freizügig angesehen, als dass man es auf U-Bahnen zeigen dürfte. Das Plakat mit den Handschellen wiederum wurde zurückgezogen, weil Schwarze in Großbritannien irrtümlich annahmen, es stellte einen weißen Polizisten dar, der einen Schwarzen festnahm.

Toscani tat diese Einwände als »angelsächsische Neurose« ab und verwies auf die zahlreichen Preise, mit denen die Bilder ausgezeichnet worden waren. Er hatte schon die nächste Phase der multi-ethnischen Kampagne vorbereitet, die im Frühjahr und Sommer veröffentlicht werden sollte. Auf der Suche nach geeigneten Bildern zu universellen Themen hatte Toscani auch die Entbindungsklinik in seinem Heimatort aufgesucht. Hier, in einem Kreißsaal, fand der Mann, dessen eigene Mutter ihn seinerzeit hatte abtreiben wollen, genau das Bild, das er suchte.

Auch im Rennsport gab es Veränderungen. Das Team Benetton Formula hatte für diese Saison den bekannten Italiener Alessandro Nannini als ersten Fahrer behalten und den Engländer Johnny Herbert als dessen Teamkollegen unter Vertrag genommen. Teamchef Peter Collins hatte Herbert favorisiert. Luciano war unterdessen zu dem Schluss gekommen, dass Flavio Briatore einen besseren Teamchef abgeben würde. Es handelte sich um einen Unternehmer und Leiter der Entwicklungsabteilung bei Benetton, den Luciano in Amerika kennen gelernt hatte. Briatore betrieb eine Agentur, deren Netz von Niederlassungen bis auf die Jungferninseln reichte.

Lucianos Entscheidung stellte sowohl Mitglieder des Teams als auch Außenstehende vor ein Rätsel, denn Briatore verstand, wie er selbst freimütig zugab, rein gar nichts vom Rennsport. Er gab sich geheimnisvoll, ließ durchsickern, dass er die Gesellschaft schöner Frauen schätze, und zeigte Fotos von sich selbst in seiner Londoner Wohnung in Gesellschaft von Leuten wie dem in Ungnade gefallenen US-Präsidentschaftskandidaten Gary Hart und der Schauspielerin Uma Thurman. Diese glanzvolle Aura machte Briatore bei den technikversessenen Formel-1-Leuten nicht gerade beliebt. Aber Luciano vertraute wie immer, wenn er eine Position zu besetzen hatte, mehr auf seinen Instinkt als auf die Meinung anderer. Er hatte beobachtet, dass die Moral im Team nachließ, und Briatore beeindruckte ihn mit Aussprüchen wie: »In der Formel 1 geht es nicht um Sport, sondern um Entertainment.«

Peter Collins verließ das Team bald darauf. Johnny Herbert, der in der Saison zuvor eine schwere Fußverletzung erlitten hatte und gerade eines der wagemutigsten Comebacks der Formel 1 zeigte, ging als

Nächster. Etwa in der Mitte der Saison schaffte Herbert im Benetton-Ford die Qualifikation für den amerikanischen Grand Prix in Phoenix nicht, weil das starke Bremsen auf dieser Strecke seine Verletzungen überstrapazierte. Briatore feuerte ihn daraufhin und ersetzte ihn durch Immanuele Pirro, einen vertragsfreien Fahrer, der bis zum Ende der Saison blieb. Sechs Jahre später sollte Herbert zurückkehren und in Großbritannien und Italien für Benetton den Sieg erringen.

Gegen Ende dieser Saison, nachdem Briatore schon die Leitung des Teams übernommen hatte, gelang Alessandro Nannini in Japan der zweite Grand-Prix-Sieg für Benetton. Nach Abschluss der Saison war er Sechster in der Gesamtwertung der Fahrer. Benetton Formula lag in der Konstrukteurs-Weltmeisterschaft auf dem dritten Platz. Im Vorjahr, unter der Leitung von Peter Collins, hatte das Team in der Gesamtwertung besser abgeschnitten, aber das zählte für Luciano nicht. Briatore war jetzt sein Mann.

Die Beziehung zwischen Luciano und Marina war nach 13 Jahren trotz der vielen außergewöhnlichen, teils auch traumatischen Erfahrungen, die die beiden teilten, in die Brüche gegangen. Einige Zeit später verließ Luciano die Stadt, zog in eine andere Villa und überließ das Haus im Zentrum von Treviso seiner Tochter Rossella. Marina sprach nie öffentlich über die Trennung, so wie sie auch nie über den Anfang der Beziehung gesprochen hatte. Sicher hatte Lucianos häufige Abwesenheit eine Rolle gespielt. Er war jetzt mehr denn je unterwegs und reiste auf der Suche nach neu zu erschließenden Gebieten kreuz und quer durch die Welt. Es war kaum vorstellbar, dass eine Beziehung das auf Dauer aushielt. Insgeheim war Luciano enttäuscht, aber nach außen hin versuchte er wie bei jedem Rückschlag, der Angelegenheit eine positive Seite abzugewinnen. »Ich glaube, dass wir im Grunde immer allein sind, auch wenn wir einen Menschen lieben«, sagte er. »Liebe ist das Wertvollste überhaupt für den Menschen ... für die Familie ... aber am Ende siegt doch immer der Drang, den eigenen Weg zu gehen, sein eigenes Leben zu leben.«

Diese Aussage erklärt vielleicht, warum Marina in ihrer Beziehung mit diesem Mann, der jede andere hätte haben können und sich doch für sie entschieden hatte, etwas Grundlegendes vermisste. Einige Jahre später gab Luciano vor, sich nicht mehr an diese Worte zu erinnern. »Vielleicht habe ich gemeint, dass wir jeden Tag – bei allem, was wir tun – die Verantwortung tragen und den vollen Einsatz bringen müssen«, versuchte er zu erklären. »Wir müssen uns darauf besinnen, wer wir sind und was wir tun. Der Gedanke gefällt mir«, fügte er hinzu, »denn ich mag es nicht, wenn Leute ständig in der Vergangenheit kramen und von ihren Erinnerungen leben.«

In Wirklichkeit war mit der Trennung von Marina weder der Kontakt zu ihr beendet noch das Thema erledigt, das seit langem zwischen den beiden gestanden hatte: Marinas Kinderwunsch. Aber zunächst verbrachte Luciano seinen Urlaub in diesem Jahr allein in Ungarn. Im Grenzland zwischen den weiten Ebenen Ungarns und der Sowjetunion dachte er darüber nach, welches Gebiet er als Nächstes erobern sollte.

Nach dem beispiellosen Erfolg, den das Bild von der schwarzen Frau mit dem weißen Baby an der Brust gehabt hatte, behandelte Toscanis nächste Kampagne im Frühjahr und Sommer 1990 wieder das Thema der Gleichheit der Völker, diesmal allerdings auf weniger provokative Weise. Darin zeigte sich erneut die Strategie von Zuckerbrot und Peitsche – Konfrontation mit anschließender Versöhnung –, die Toscanis Arbeit seit der ersten »United Colors of Benetton«-Kampagne und der gelungenen Inszenierung mit Gorbatschow in Paris fünf Jahre zuvor prägte.

Diesmal waren die Bilder eher symbolisch: zwei Hände, eine schwarze und eine weiße, bei der Übergabe eines Staffelstabes; ein schlafendes schwarzes Kind inmitten weißer Teddybären; ein weißer Wolf, der ein schwarzes Lamm küsst; eine Reihe von Reagenzgläsern mit gleichfarbigem Blut, das von verschiedenen Staatsoberhäuptern stammen sollte; zwei kleine Jungen auf dem Töpfchen, ein schwarzer und ein weißer.

Dieses letzte Bild erregte allerdings Anstoß, und zwar in Mailand, wo Benetton die größte Plakatwand der Welt gemietet hatte: die 770 Quadratmeter große Fläche genau gegenüber dem Dom an der Piazza Duomo. Die städtischen Behörden und der Kardinal von Mailand verboten das Plakat, weil es angeblich die Gefühle der Gläubigen verletzte, wenn sie sonntags aus der Messe kamen. Der Konzern gab sich überrascht, aber in Wirklichkeit wäre das zehnköpfige Team für Öffentlichkeitsarbeit wesentlich überraschter, ja sogar enttäuscht gewesen, wenn der Protest ausgeblieben wäre. Von einer Institution wie der Kirche erwartete man genau diese Art öffentlicher Reaktion, die der Kampagne zusätzliche Aufmerksamkeit einbrachte. Die Stellungnahme der Kirchenvertreter wurde für eine spätere Verwendung sorgfältig zur Kenntnis genommen. Weniger umstritten und daher auch weniger werbewirksam waren die zahlreichen Wirtschaftspreise, mit denen Toscanis jüngste Bilder ausgezeichnet wurden. Dazu zählte auch der International Andy Awards of Excellence in den USA und der Media and Marketing Award in Großbritannien für die beste Printwerbung in Europa.

Ponzano, Veneto 1990

Die Pläne mit In Holding und die Vision eines Yuppie-Paradieses mit riesigen Geschäften von Los Angeles bis Tokio, in denen es von Wäsche bis zu Wertpapieren alles zu kaufen gab, hatten sich als nicht realisierbar erwiesen. Nach weniger als drei Jahren im Finanzdienstleistungsgeschäft entschied Gilberto, dass Edizione sich daraus zurückziehen sollte. »Ich hatte ein instinktives Gefühl, das sich als richtig herausstellte«, kommentierte er rückblickend. »Wir waren ins Finanzdienstleistungsgeschäft eingestiegen, weil es vielversprechend war und im Trend lag. Aber wir mussten erkennen, dass das nicht unsere Welt war, und so verpuffte die anfängliche Begeisterung bald.« Der Ausstieg begann, indem ohne viel Aufsehen die 50-prozentige

Beteiligung an den Geschäften von Prudential Assurance vor Ort verkauft wurde. Nur ein Jahr später war diese völlig wertlos geworden. Als Nächstes stieß Edizione die Beteiligungen an Investmentfonds ab, in die die Gesellschaft sich eingekauft hatte. Auch bei diesen stellte sich wenig später heraus, dass sie zu wenig Rendite abwarfen. Kurz nachdem die Holding die letzte Tranche ihrer Beteiligungen im Finanzdienstleistungssektor abgestoßen hatte, fielen diese Papiere auf 30 Prozent ihres vorherigen Wertes. Bis zum Ende des Jahres hatte Gilberto Anteile im Umfang von fast 300 Millionen US-Dollar verkauft. Inzwischen machte sich die Rezession auch im Bereich privater Investitionen, Lebensversicherungen und anderer Formen der Geldanlage bemerkbar und erschütterte den ohnehin schon engen Markt. »Wenn wir nur ein halbes Jahr länger gewartet hätten, wären wir in ernsthafte Schwierigkeiten geraten«, kommentierte Gilberto später. Edizione behielt lediglich die Beteiligungen am Factoring- und Leasinggeschäft mit Zulieferern und Subunternehmen, die der Einstieg in den privaten Finanzdienstleistungssektor gewesen waren.

Meinungsverschiedenheiten über diese Strategie und der Ausstieg aus den Finanzdienstleistungen, die Aldo Palmeris Projekt gewesen waren, veranlassten diesen nach sieben Jahren als CEO, den Konzern zu verlassen. Palmeri wechselte zur Citibank, die langjährige Beraterin von Benetton war. Er hielt seine guten Kontakte zu den Benettons aufrecht, mit denen er sich besser verstand als mit Toscani. Ein Nachfolger war vorerst nicht im Gespräch. Auch Gilardi verließ das Unternehmen, weil das ständige Pendeln zwischen Rom und Ponzano sein Privatleben zu stark belastete. So entstand bei Edizione, dem Aushängeschild der Unternehmensgruppe, ein Vakuum in der Geschäftsführung. In diesen unsicheren Zeiten machte niemand Palmeri einen Vorwurf daraus, dass die Geschäfte im Finanzdienstleistungssektor so plötzlich und unter geradezu dramatischen Umständen beendet werden mussten. Dennoch zeigte die Entscheidung, sich aus diesem Bereich zurückzuziehen, einmal mehr, wer bei Benetton wirklich die Macht hatte. Laura Pollini, die für IBM, Italtel und den Medienmogul

Silvio Berlusconi gearbeitet hatte und jetzt als David Paolinis Nachfolgerin bei Benetton die Öffentlichkeitsarbeit leitete, kommentierte: »Dieses Unternehmen schätzt geschäftstüchtige und risikobereite Mitarbeiter. Die Entscheidung, ins Finanzdienstleistungsgeschäft einzusteigen, wurde von der Familie Benetton mit getragen. Die Entscheidung, sich daraus zurückzuziehen, traf die Familie schließlich zum richtigen Zeitpunkt selbst.«

Roter Platz, Moskau, Sowjetunion 1990

Luciano hatte schon seit einiger Zeit die Sowjetunion als nächste Station auf seinem Eroberungszug anvisiert. Während seines einsamen Urlaubs in Ungarn dachte er weiter über diese Pläne nach. Das besondere Problem an diesem Land war, dass man persönliche Beziehungen brauchte, um das Dickicht der sowjetischen Bürokratie zu durchdringen. Der Zusammenbruch des kommunistischen Regimes hatte zwar dem Kapitalismus den Boden bereitet, zugleich hatte er die Lage aber auch noch komplizierter gemacht.

Wie fünf Jahre zuvor in Prag mussten auch hier zwei Wege gleichzeitig beschritten werden: Neben den offiziellen Vorbereitungen musste man Beziehungen zu den eigentlichen Drahtziehern anknüpfen und pflegen. Bis zum Ende des laufenden Jahres sollte das Netzwerk in Osteuropa von fünf auf voraussichtlich 32 Läden in der Tschechoslowakei, Polen, der ehemaligen DDR und Ungarn anwachsen. Der erste Laden, der in Warschau eröffnet worden war, hatte allein in der ersten Woche 3000 und in den ersten vier Monaten insgesamt 32000 Artikel verkauft. Pullover machten den größten Teil des Absatzes aus. Ihr Preis entsprach einem Wochenlohn und wurde in polnischen Zlotys bezahlt.

In Amerika und Westeuropa beschränkte Benetton die Werbung aus Kostengründen auf Plakate und Anzeigen in Zeitungen und Zeitschriften. In der Sowjetunion dagegen wurden über Gosteleradio, die staatliche Kommission für Radio und Fernsehen, Werbespots im Staatsfernsehen gesendet, die bis zu 118 Millionen Zuschauer auf einmal erreichten. Überall in Osteuropa sahen die Menschen, die sich Kabelfernsehen oder Satellitenempfänger leisten konnten, die Benetton-Werbung auf MTV.

Nun aber brach die Sowjetunion auseinander. Statt wie ursprünglich geplant riesige Fabriken in Russland aufzubauen, konnte Benetton daher direkt aus Italien importieren. Luciano verhandelte mit Russland als einem von vielen osteuropäischen Ländern, die unabhängig oder auf dem Weg zur Unabhängigkeit waren. Allerdings ging es hier um ein Kundenpotenzial von 250 Millionen Menschen. So kam es, dass Luciano, sein Sohn Alessandro und Benettons Generaldirektor Giovanni Cantagalli in einem Vorzimmer im Kreml saßen und gemeinsam mit dem amerikanischen Geschäftsmann Randolph Hearst und Nelson Peltz auf eine Audienz beim sowjetischen Ministerratsvorsitzenden Ryschkow warteten. Armand Hammer, die Legende der Ölbranche und Schlüsselfigur in den amerikanisch-sowjetischen Wirtschaftsbeziehungen, hatte dieses Treffen arrangiert.

Der Kontakt zwischen Benetton und Hammer hatte anderthalb Jahre zuvor begonnen und war über das Armand Hammer United World College of the American West in Montezuma, New Mexiko, zustande gekommen. Studenten dieses multi-ethnischen College hatten an den Benetton-Konzern geschrieben, die »United Colors«-Kampagne gelobt und Luciano eingeladen, an ihrer fünften Abschlusszeremonie teilzunehmen. Die Feier galt zugleich Hammers 90. Geburtstag. Luciano hatte eine Gelegenheit gewittert, Kontakte zur Sowjetunion aufzubauen, und die Einladung angenommen.

Bei jener ersten Begegnung in New Mexiko hatten die beiden Männer zunächst Komplimente ausgetauscht, bevor sie schließlich auf das unvermeidliche Thema zu sprechen kamen. Wie Luciano sich später erinnerte, fragte Hammer: »Luciano, Sie sind einer der größten Geschäftsmänner aller Zeiten. Was ist Ihr nächstes Projekt?«

»Russland«, antwortete Luciano.

»Das ist ganz einfach«, erwiderte Hammer prompt. »Da brauchen Sie nur jemanden, der Sie unterstützt. Und den haben Sie gerade gefunden.«

Hammer zeigte selten sein wahres Gesicht; er hatte viele Eigenschaften, die er lieber hinter einer Fassade verborgen hielt. Aber in diesem Fall stand er zu seinem Wort. Nach anderthalb Jahren und einer Flut von Telefonaten und Faxen befand sich Luciano mit seinen Leuten tatsächlich zu Verhandlungen im Kreml. Die Gespräche verliefen sachlich und direkt. Danach wurde in Hammers Apartment gefeiert. Als die anderen Gäste gegangen waren, erklärte Hammer Luciano und seinen Mitarbeitern, wie sie sich im bürokratischen Mittelbau Freunde machen konnten. Das Wohlwollen dieser Beamten war entscheidend für den Erfolg ihres Unternehmens. Hammer empfahl ihnen, die farbenfrohen Pullover und andere Kleidung sprechen zu lassen – als freundliche Boten des bedrohlichen neuen Phänomens der Perestroika.

Im April 1990 wurde der erste Benetton-Laden in Moskau eröffnet. Hier konnte nur mit harter Währung bezahlt werden. Weitere Läden, die in der Landeswährung handeln sollten, waren in Vorbereitung. Außerdem wollte Benetton zusammen mit einer staatlichen Gesellschaft im armenischen Jerewan ein Jointventure zur Produktion von T-Shirts und Sportbekleidung aufbauen. Die Rohstoffe sollten vor Ort eingekauft und die Gewinne dort reinvestiert werden. Es war die erste von insgesamt vier Fabriken, die für die ehemalige Sowjetunion geplant waren – das osteuropäische Gegenstück zu der Fabrik in Rocky Mount, North Carolina.

Im Spätsommer feierte die Benetton Group ihr 25-jähriges Firmenjubiläum. Es gab ein Fest im New Yorker Central Park und ein weiteres drei Tage später in der Villa Minelli in Ponzano. Zu Letzterer kamen 600 Gäste – Geschäftspartner und ehemalige Geschäftspartner, Handelsvertreter, Ladenbesitzer, Freunde und Verwandte sowie Mitarbeiter, von denen manche schon 25 Jahre zuvor bei der Einweihung der ersten Fabrik dabei gewesen waren. Die Gäste wurden mit Musik von Cab Calloway und Delikatessen des berühmten venezianischen Küchenchefs Arrigo Cipriani verwöhnt. 100 Kellner servierten die Speisen in einem kunstvoll choreographierten Auftritt aus eigens dazu hergerichteten Kulissen.

Als Edizione sich schrittweise aus dem Finanzdienstleistungsgeschäft zurückzog, wurde Kapital für weitere Übernahmen außerhalb des Bekleidungssektors frei. Das nächste Geschäft, das über Nordica abgewickelt wurde, war eine Beteiligung an Rollerblade Inc. in Minneapolis. Die Inline-Skates von Rollerblade waren ursprünglich für das Sommertraining von Eishockeyspielern und Skisportlern entwickelt worden, avancierten dann aber zu einem eigenständigen Sport- und Freizeitartikel. Die Prognosen für Rollerblade waren günstig und Gilberto plante, das Unternehmen schon bald vollständig zu übernehmen.

Der Bereich Wintersport war bereits mit Nordica und den Skistiefeln abgedeckt. Als Nächstes wurde die Produktpalette mit der Übernahme von Prince, dem amerikanischen Hersteller von Tennisschlägern, auf Sportartikel für den Sommer ausgedehnt. Prince hatte den ersten Tennisschläger in Übergröße in der Geschichte des Tennis auf den Markt gebracht. Später reichte das Sortiment bis zu den »long-body«-Schlägern, die Spitzenspieler wie Michael Chang und Jana Novotna benutzten. Dazu kamen Squash- und Badmintonschläger, Sportschuhe, Sportkleidung, Taschen und Accessoires, Golfschläger und anderes mehr. Wie Nordica und Rollerblade bewahrte auch Prince in Leitung und Werbung seine Eigenständigkeit gegenüber der Benetton Group und lag damit außerhalb von Toscanis Einflussbereich. Das sollte noch fast zehn Jahre lang so bleiben.

Toscani arbeitete in der Herbst/Winter-Kampagne, die über Plakate und Zeitschriften in aller Welt verbreitet wurde, wieder mit symbolischen Bildern: eine junge schwarze Hand mit einem bunten Blumenstrauß; eine junge weiße Hand mit einer Palette voller leuchtender Farben; ein Papagei mit farbenfrohem Gefieder, der auf dem Rücken eines Zebras hockte (dieses Bild wurde in Saudi-Arabien verboten, weil die Abbildung von Tieren gegen religiöse Vorschriften verstieß); zwei Händepaare, ein schwarzes und ein weißes, die bunte Murmeln hielten. Wieder zeigten die Bilder keine Kleidung, sondern nur das rechteckige, grünweiße Logo. In dieser Kampagne gab sich Toscani wie in der vorigen versöhnlich und so wurden keine weiteren Proteste gegen Benettons Werbung laut. Das Bild von den Kindern auf dem Töpfchen, das in Mailand verboten worden war, und das mit den Tieren, das in Saudi-Arabien auf Ablehnung stieß, blieben in diesem Jahr die einzigen Bilder, die Anstoß erregten. Offenbar war in Toscanis Strategie, zwischen Zuckerbrot und Peitsche abzuwechseln, gerade das Zuckerbrot an der Reihe.

Jerez, Spanien 1990

Die erste vollständige Saison, die Benetton Formula unter der Leitung von Flavio Briatore fuhr, zeichnete sich durch mehrere Siege und eine Beinahe-Tragödie aus. Briatore festigte seine Position, indem er weitere Sponsoren für das Team gewann. Außerdem hatte er den dreifachen Weltmeister Nelson Piquet, der gerade auf Abstiegskurs zu sein schien, als ersten Fahrer unter Vertrag genommen und Alessandro Nannini als dessen Teamkollegen behalten. Piquet und Nannini erwiesen sich als hervorragendes Team. Der Brasilianer bekam neuen Auftrieb und übertraf den Italiener in der ersten Hälfte der Saison, bevor Nannini aufholte und in Deutschland den zweiten und beim spanischen Grand Prix den dritten Platz belegte. Nach diesem Rennen fand üblicherweise die alljährliche Feier für das Team und seine Fans statt, zu denen auch Luciano und Alessandro zählten. In jenem Jahr überschattete jedoch ein Zwischenfall die Festlaune: Nachdem Nannini bisher alle Gefahren der Rennstrecke unversehrt überstanden hatte, wurde ihm bei einem Unfall mit einem Hubschrauber die rechte

Hand abgerissen. Sie konnte zwar mit Hilfe von Mikrochirurgie wiederhergestellt werden, aber als Fahrer fiel Nannini damit für unbestimmte Zeit aus.

Nannini, der inzwischen eng mit Briatore befreundet war, wusste keinen anderen Fahrer, den er als Ersatz empfehlen konnte. Schließlich schlug Piquet seinen alten Freund Roberto Moreno vor. Piquet selbst siegte sowohl in Japan, wo Moreno den zweiten Platz belegte, als auch in Australien. Am Ende der Saison lag das Benetton-Team auf Rang drei in der Teamwertung und Piquet, Nannini und Moreno belegten den dritten, achten und zehnten Platz in der Gesamtwertung der Fahrer. Da Nannini auch in der folgenden Saison nicht wieder fahren konnte, blieb Moreno Piquets Teamkollege. Das sollte sich jedoch bald ändern, und zwar unter Umständen, die dramatische Folgen für die Geschicke des Teams haben sollten.

Ponzano, Veneto 1990

Edizione besaß außer dem Scribner-Gebäude an der 5th Avenue in New York streng genommen nur die »Mauern« – wie Gilberto sich auszudrücken pflegte – einiger weniger der mittlerweile 6 000 Benetton-Läden. Betrieben wurden diese von eigenständigen Unternehmern, für deren Auswahl die 75 Benetton-Vertreter in aller Welt zuständig waren. Mehrere der größten Geschäfte waren per Computer in Echtzeit direkt mit Ponzano verbunden. Diese Läden an besonders günstigen Standorten in wichtigen Geschäftsgegenden dienten wie die ersten My-Market-Läden im Ausland 20 Jahre zuvor als Aushängeschilder des Unternehmens und der Marke. An ihnen konnte mit Hilfe modernster Technologie die Reaktion der Kundschaft unmittelbar abgelesen werden. Die neuen Geschäfte trugen den Namen United Colors of Benetton und waren mit einer Fläche von mindestens 150 Quadratmetern mehr als doppelt so groß wie viele der älteren Läden. Daneben entstanden auch weiterhin neue Geschäfte der Typen

012, Benetton Uomo und Sisley – die ersten beiden direkt unter dem Dach von United Colors, Sisley unter Mauros Leitung.

In dieser Zeit der abnehmenden Gewinnspannen und verringerten Dividenden für die Aktionäre bestand Benettons neue Wachstumsstrategie darin, die richtigen Läden am richtigen Ort aufzubauen und den Absatz in die Höhe zu treiben. Nach einer Zeit der Ungewissheit, die auf Palmeris Rücktritt gefolgt war, trat schließlich Emilio Fossati dessen Nachfolge an. Dieser neue CEO hatte bereits die Zulassung für die Emission neuer Aktien eingeholt, um die Kapitalbasis der Benetton Group zu erweitern. Die Familie Benetton war sich jedoch einig, dass zuerst der Aktienkurs steigen müsse, bevor neue Investoren gewonnen werden konnten. Ein Faktor, der den Kurs entscheidend beeinflusste – auch wenn es unmöglich war genau zu sagen, *wie* entscheidend –, war die Wirkung von Toscanis Werbung auf den weltweiten Umsatz des Konzerns. *Dass* ein Zusammenhang zwischen der Wachstumsstrategie des Unternehmens und den weltumspannenden Fotokampagnen des Fotografen bestand, war jedenfalls nicht zu leugnen. Und bei ihm war nach dem Zuckerbrot der beiden letzten Kampagnen jetzt wieder mal die Peitsche fällig.

Ponzano, Veneto 1991

Die Zulassung für eine Kapitalerhöhung war Ende 1990 abgelaufen, aber der Aktienkurs lag immer noch unterhalb der kritischen Marke, die er nach Ansicht von Beobachtern und der Familie Benetton erreichen musste, damit die neuen Aktien für Anleger attraktiv waren. Unterdessen stieg der Umfang der angestrebten Kapitalerhöhung. Bald würde der Punkt erreicht sein, an dem die Familie und Fossati erkennen mussten, dass sie nicht länger auf günstigere Bedingungen am Markt warten durften.

Edizione, die Gesellschaft, die immer noch 81 Prozent an der Benetton Group hielt, hatte zuletzt Kästle in Österreich übernommen, seit mehr als 60 Jahren eine der großen Marken im Alpinski. Außerdem kaufte die »Schatztruhe der Familie« weitere Schaf- und Viehfarmen in Argentinien hinzu. Die Gesellschaft investierte insgesamt 47,5 Millionen US-Dollar in weitere Ländereien in Patagonien, inklusive 280 000 Merinoschafe, 9 000 Stück Vieh – unter anderem Hereford-Stiere – und 1 000 Pferde. Außerdem flossen Millionenbeträge in künstliche Befruchtung und die Verbesserung der Zuchtverfahren. Carlo, der Naturverbundenste unter den vier Geschwistern, unternahm mit Begeisterung Trekking-Touren in den Anden.

Die Rolle, die Edizione spielte, bereitete den Industrie-Analysten, die die Kursentwicklung der Benetton-Group-Aktien beobachteten, nach wie vor Kopfzerbrechen. An die freien Aktionäre wurden Dividenden von nur 19 Prozent des Aktienwertes ausgezahlt, der Rest floss in die Kassen von Edizione. Selbst diejenigen Analysten, die das börsennotierte Unternehmen wohlwollend beurteilten, hielten die Verflechtungen zwischen Edizione und der Benetton Group für problematisch. »Ich glaube nicht, dass die angestrebte Kapitalerhöhung an sich auf dem Markt Besorgnis auslöst«, schrieb der Analyst Paul Dionne von Pasfin Servizi Finanziari in Mailand. »Benetton wird 1991 schon wieder deutlich im Turnaround sein. Der Konzern hat ein starkes Wachstum«, schrieb Dionne weiter, »aber Benetton muss auch offen legen, wo Eigenmittel investiert werden, und die Dividendenpolitik transparenter gestalten.« Es hätte Dionne wohl interessiert, dass selbst Rosa, die Mutter der vier Eigentümer und Direktoren von Edizione, Vorkehrungen zu ihrer persönlichen Absicherung getroffen hatte. Am selben Tag, als Benetton offiziell ins Firmenregister eingetragen worden war, hatte Rosa ein separates Bankkonto eröffnet. Jetzt, 25 Jahre später, machte der Konzern einen Umsatz von 1,6 Milliarden Dollar – und Rosa hatte immer noch ihr eigenes Konto.

Sicherheitsvorkehrungen ganz anderer Art waren Gegenstand der nächsten Bilderserie, die Toscani für die neue Frühjahr/Sommer-Kampagne vorlegte. Getreu seiner Strategie war nach den bewusst harmlos gehaltenen Kampagnen des vergangenen Jahres jetzt wieder eine Phase extremer Provokation an der Reihe. Toscanis jüngste Bilder, die inzwischen in über 100 Ländern verbreitet wurden, behandelten jenseits aller Tabus Themen, die die Allgemeinheit angingen, nach Ansicht des Fotografen aber allzu leicht der Gleichgültigkeit der Gesellschaft zum Opfer fielen. Ein Schwarm leuchtendbunter Kondome schwamm vor einem weißen Hintergrund. Dieser »Aufruf zu sozialer Verantwortung angesichts von Überbevölkerung und Krankheiten, die durch Geschlechtsverkehr übertragen werden«, sollte »Kondome aus der Tabuzone befreien, indem sie spielerisch und farbenfroh wie Modeartikel dargestellt werden.« In Benetton-Geschäften in aller Welt wurden Kondome verteilt. In New York beteiligte sich der Konzern an einem von der Stadt finanzierten Programm zur Verteilung von Kondomen und Informationsmaterial über AIDS in öffentlichen Schulen. Außerdem verteilten Mitarbeiter von Benetton Merkblätter zu HIV in den Elendsvierteln von Rio de Janeiro, »weil es wichtig war, auch Menschen, die sich nie einen Pullover von Benetton leisten könnten, solche grundlegenden Informationen zugänglich zu machen.«

Die Kampagne mit den Kondomen löste vor allem in den Vereinigten Staaten großen Wirbel aus. Bei der jüngeren Kundschaft stieß sie überwiegend auf positive Reaktionen, bei älteren Leuten eher auf Ablehnung. Das Bild wurde in Amerika verboten, weil es angeblich »pornografisch« war und die üblichen Verkaufsstellen von Printmedien wie zum Beispiel Supermärkte es deshalb nicht verbreiten durften. Bezogen auf den Konzern stellte die Kampagne ein weiteres Paradoxon in einem ohnehin schon widersprüchlichen Unternehmen dar: Während auf den Farmen in Pantagonien Schafe und Rinder zu Tausenden künstlich befruchtet wurden, verteilten gleichzeitig Mitarbeiter des Konzerns auf der Straße Kondome. Dieser bizarre Gegensatz wurde jedoch zunächst kaum beachtet. Ein anderer aktueller Bezug war dagegen nicht zu übersehen: Toscanis zweites Bild wurde zufällig genau zu Beginn des Golfkriegs veröffentlicht.

Das Foto zeigte einen belgischen Soldatenfriedhof aus dem Ersten Weltkrieg. Die langen Reihen von Kreuzen, symmetrisch angeordnet, warfen alle den gleichen Schatten – eine Mahnung daran, dass Herkunft, Religion und Alter im Krieg nicht zählen und der Tod am Ende der einzige Sieger ist. Selbst in Zeiten des Friedens wirkt dieses Bild fast unerträglich intensiv. Im Zusammenhang mit dem Ausbruch des Golfkriegs aber war es einfach zu viel und wurde in Italien, Frankreich, Großbritannien und Deutschland verboten. Mit den drei folgenden Bildern zeigte Toscani sich wieder von seiner versöhnlicheren Seite. Auf einem strecken drei Kinder, ein schwarzes, ein weißes und ein asiatisches, ihre gleichfarbigen Zungen heraus. Auf dem zweiten Bild küsst ein weißer Junge ein schwarzes Mädchen und auf dem dritten marschiert eine Reihe von Pinocchio-Figuren aus verschiedenfarbigem Holz in dieselbe Richtung. Diese Bilder wurden mit zahlreichen Preisen ausgezeichnet. Das Bild mit den herausgestreckten Zungen wurde allerdings in arabischen Ländern als »pornographisch« verboten – die religiöse Obrigkeit billigte die Zurschaustellung dieser Körperteile ebenso wenig wie die von Papageien und Zebras.

Benetton Group gab ordnungsgemäß das Vorhaben bekannt, durch den Verkauf von zwölf Millionen Aktien das Kapital zu erhöhen. Die letzten Dividenden waren um mehr als die Hälfte gekürzt worden; die neuen Aktien wurden nicht an die bisherigen Aktionäre ausgegeben. Damit verzichtete Edizione erstmals auf seinen Anteil an den Papieren und überließ diese neuen Anlegern. Das beruhigte diejenigen unter den Analysten, denen gewisse Transaktionen zwischen dem öffentlich notierten Unternehmen Benetton Group und der Holdinggesellschaft im Privatbesitz der Familie ein Dorn im Auge waren. Es erweckte den Anschein, dass die Benetton Group ihre Finanzierung jetzt selbst in die Hand nahm. »Sobald die Lage am Markt günstig ist, werden wir das Kapital für Investitionen nutzen«, kommentierte Fossati, der CEO.

Das zusätzliche Kapital sollte in neue, ehrgeizige Expansionsprojekte in Lateinamerika, Afrika und dem Nahen Osten investiert werden. Außerdem waren Aktienemissionen an weiteren internationalen Märkten geplant – zunächst in Tokio, später in Paris und eventuell auch in Singapur. Über die Fabrik in Armenien hinaus waren schon zusätzliche Jointventures in exotischen Ländern in Vorbereitung. In China hatte Benetton zwei Kooperationsbetriebe im Produktionsbereich aufgebaut, einen davon mit einem japanischen Unternehmen. Ein Viertel der dort produzierten Ware sollte nach Japan exportiert und der Rest in China selbst auf den Markt gebracht werden. Luciano kündigte an, er wolle in den kommenden Jahren in China weitere 300 Läden aufbauen. Bereits 1981 war er zu einem ersten offiziellen Besuch in Japan gewesen. Etwas mehr als ein Jahr zuvor, 1990, hatte Benetton dann ein Jointventure in Produktion und Vertrieb mit der Konzerngruppe Seibu-Saison geschlossen. Inzwischen gab es in Japan mehr als 400 Benetton-Läden; weitere 200 waren für die nächsten Jahre geplant.

Andere Jointventure-Unternehmen hatten zunächst unter positiven Vorzeichen begonnen, waren dann aber gescheitert. Die Lizenzvereinbarungen des niederländischen Unternehmens Benetton International NV mit Eco Swiss China Time und Bulova über die Produktion und den Vertrieb von Armbanduhren gingen in die Brüche, als Benetton beschloss, die Zusammenarbeit drei Jahre vor Ablauf des Vertrags zu beenden. Es folgten jahrelange gerichtliche Auseinandersetzungen, die in den Niederlanden bis vor das oberste Gericht in Den Haag und von dort vor den Europäischen Gerichtshof gingen. Vertragsbrüche und erbitterte Rechtsstreitigkeiten beschäftigten Benetton auch in einem anderen Bereich, und zwar mitten in der Formel-1-Saison. Diese Auseinandersetzungen wurden auf eine sehr unerfreuliche Art in aller Öffentlichkeit ausgetragen.

Monza, Italien 1991

Die erste Hälfte der Saison war für das Benetton-Team und seine beiden brasilianischen Fahrer zufrieden stellend, wenn auch unspektakulär verlaufen. Nelson Piquet hatte beim amerikanischen Grand Prix den dritten Platz belegt; Roberto Moreno erzielte mit einem vierten Platz in Belgien sein bislang bestes Ergebnis. Bei dem dortigen Rennen gab auch ein junger Deutscher im Jordan-Team sein sensationelles Debüt: Michael Schumacher wurde Siebter in der Qualifikation und lag damit vor seinem Teamkollegen – und das auf einer Strecke, die ihm völlig fremd war.

Flavio Briatore hatte noch vor dem belgischen Grand Prix einen Vertrag mit Tom Walkinshaw ausgehandelt und den bärbeißigen Schotten als technischen Direktor des Teams verpflichtet. Walkinshaw war ein hervorragender Techniker. Er hatte schon als Kind fahren gelernt, und zwar auf einem Traktor auf dem heimischen Bauernhof. Seinen Ruf hatte er begründet, indem er in den späten 80er Jahren Jaguar als Sportwagenhersteller wieder konkurrenzfähig machte. Als Walkinshaw zu Benetton kam, brachte er Ross Brawn, seinen Protegé von Jaguar, als Chefmechaniker und Rory Byrne als Leiter der Forschung und Entwicklung mit. Walkinshaw war ein ehrgeiziger Geschäftsmann mit großem Durchsetzungsvermögen und Briatore – der, was die Finanzen von Benetton Formula betraf, außerordentlich großen Spielraum genoss – hatte ihm eine 35-prozentige Beteiligung am Rennstall angeboten, die im folgenden Jahr auf 50 Prozent aufgestockt werden sollte.

Walkinshaw wusste über die Erfahrungen des talentierten Schumacher als Junior im Mercedes-Team Bescheid. Beim großen Preis von Spa in Belgien hatte Schumacher in der Qualifikation hervorragend abgeschnitten, war dann jedoch in der ersten Runde ausgeschieden. Aber Briatore, der ihn dort beobachtete, hatte genug gesehen. Unterstützt von Walkinshaw nahm er nach dem Rennen Kontakt zu Schumacher auf, legte ihm nahe, das Jordan-Team zu verlassen, und bot ihm einen langfristigen Vertrag bei Benetton Formula an. Schumacher nahm das Angebot an und willigte auch ein, den Vertrag mit sofortiger Wirkung zu schließen. Daraufhin feuerte Briatore kurzerhand den Fahrer Roberto Moreno fristlos und ersetzte ihn durch Schumacher.

Schumacher fuhr schon im folgenden Rennen, dem Großen Preis von Italien in Monza, für Benetton. Er ließ Piquet hinter sich und belegte den fünften Platz. Offenbar hatten Briatore und Walkinshaw einen Coup gelandet und mit Hilfe der Finanzkraft, die Jordan gefehlt hatte, diesem Team das vielversprechendste und einträglichste Talent seit Ayrton Senna abspenstig gemacht. Allerdings gab es nach dem Rennen in Monza hässliche Szenen zwischen Benetton Formula und dem bitter enttäuschten Jordan-Team. Jordan hatte Schumacher entdeckt und gefördert. Jetzt warf der Rennstall Briatore unlautere Geschäftsmethoden vor und kündigte an, vor Gericht zu ziehen. Viele andere Fahrer und Motorsport-Kommentatoren, die vom Formel-1-Geschäft schon einiges gewöhnt waren, empörten sich ebenfalls über die Art, wie Briatore und Walkinshaw sich Schumachers Dienste gesichert hatten. Aber die neuen Chefs bei Benetton Formula wussten, dass Recht haben und Recht bekommen zweierlei war und es letztendlich doch immer auf das Geld ankam. Zum Saisonschluss, als Piquet und Moreno Siebter und Zehnter in der Fahrerwertung waren, verließ Nelson Piquet das Benetton-Team und zog sich aus der Formel 1 zurück. Briatore behielt Schumacher und Martin Brundle als Fahrer für das folgende Jahr.

Später ließen andere Ereignisse die Vorfälle in Monza in den Hintergrund rücken – erst Schumachers glanzvoller Aufstieg als Fahrer und später sein Ausscheiden aus dem Team, als er sich von Benettons Erzrivalen Ferrari für eine noch höhere Summe abwerben ließ. Dieses Verhalten war sicherlich ebenso fragwürdig wie das von Briatore, aber schließlich ging es, wie dieser selbst einmal gesagt hatte, in der Formel 1 nicht immer sportlich zu.

Ponzano, Veneto 1991

Die Idee zu der Herbst/Winter-Kampagne in jenem Jahr war daraus entstanden, wie Kirche und städtische Behörden auf das Bild von den zwei Kindern auf ihren Töpfchen reagiert hatten, das im Frühling des

Vorjahres gegenüber dem Mailänder Dom auf der riesigen Plakatwand geprangt hatte. Toscani betitelte seine Fotoserie »Liebe, Urgrund allen Lebens«.

Das erste Bild zeigte zwei junge Menschen, als Priester und Nonne gekleidet, die sich küssten – auf eine Art, die paradoxerweise zutiefst unschuldig wirkte. In dem Schwarz und Weiß der kirchlichen Gewänder schwang auch wieder das Thema der Liebe zwischen verschiedenen Völkern mit, was allerdings von den wenigsten erkannt wurde.

Die italienische Werbeaufsichtsbehörde verbot das Bild sofort und es wurde verlautbart, der Papst persönlich habe sich darüber empört. In vielen anderen Ländern war es dagegen ungemein erfolgreich. In den USA wiederum verurteilte die Anti-Defamation League das Bild, weil es angeblich »religiöse Wertvorstellungen trivialisierte, ins Lächerliche zog, profanisierte und verletzte«. Mehrere Zeitschriften weigerten sich, es zu drucken. In Frankreich sprach das Bureau de Vérification de Publicité, die Organisation für Werbeselbstkontrolle, lautstark die Empfehlung aus, die Werbung im Namen von »Anstand und Selbstdisziplin« von Plakatwänden und aus Zeitschriften zu entfernen – was Toscani besondere Genugtuung bereitete. In Nantes verwüsteten 20 aufgebrachte Randalierer mehrere Benetton-Läden. In Großbritannien dagegen wurde das Foto mit dem Eurobest Award ausgezeichnet. Aus Deutschland schrieb eine echte Nonne, Schwester Barbara Becker-Schröder aus Alzey, an Vittorio Rava bei Benetton in Ponzano: »Für mich drückt das Bild tiefe Zärtlichkeit, Geborgenheit und Frieden aus … Ich wäre Ihnen dankbar, wenn Sie mir eines oder mehrere dieser Poster zukommen ließen, am besten in verschiedenen Größen.«

Das zweite Foto zeigte ein kleines weißes Mädchen mit Pausbacken und blonden Engelslöckchen und ein schwarzes Mädchen, dessen Frisur an Teufelshörner erinnerte. Dieses Bild war in den USA und in Großbritannien sehr umstritten, wo es – wie zuvor das Bild mit den Handschellen – als rassistisch interpretiert wurde. Die Zeitschriften *Child*, *Essence* und *YM* weigerten sich, die Werbung zu drucken; sie erschien aber in den Zeitschriften *Cosmopolitan, Elle, Parenting* und *Seventeen.*

Die britische Werbeaufsicht hatte Benetton auch diesmal im Voraus gewarnt, dass das Bild als Provokation aufgefasst werden würde – aber genau das wollten Toscani und Luciano ja erreichen. Später erklärte Luciano jedoch, diese negative Interpretation sei genau das Gegenteil dessen, was das Bild eigentlich aussagen sollte. »Ein Kind ist blond und engelhaft, das andere dunkel und geheimnisvoll«, sagte er. »Sie stellen zwei entgegengesetzte Pole dar – aber welcher ist gut und welcher schlecht? Es soll uns ironisierend daran erinnern, dass Stereotypen nicht greifen und dass Toleranz und Liebe die höchsten Werte sind.«

Eine Flut von Briefen sowohl für als auch gegen diese Bilder ging in Ponzano ein. Zwei Jahre später gaben Laura Pollini und Paolo Landi ein Buch mit einer Auswahl von 100 dieser positiven und negativen Reaktionen heraus. Die von Lucianos Mutter wurde darin allerdings nicht veröffentlicht. Rosa hatte die Bilder zwar nicht selbst gesehen, aber was ihr darüber zu Ohren kam, gefiel ihr gar nicht. »Ich finde das nicht in Ordnung«, sagte sie in einem Interview in ihrer geräumigen, aber schlichten Wohnung außerhalb von Treviso. Und sie fuhr fort:

> Meine Kinder sagen, dass diese Fotos junge Leute ansprechen und dass sie vor allem die Menschen dazu anregen, über die Marke zu sprechen. Das ist Werbung für uns, aber ich habe kein gutes Gefühl dabei. Meine Kinder sollen damit aufhören, sonst werde ich sehr böse. Sie *müssen* damit aufhören.

All das – und weitere Äußerungen von Rosa – brachte der Werbung umso mehr öffentliche Beachtung ein.

Luciano war gerade von einer Reise nach Tokio zurückgekehrt. Dort hatte es eine Reaktion gegeben, die sich völlig von den immer gleichen und berechenbaren Protesten der Interessengruppen in Europa und Amerika unterschied. Die Zeitung *Mainichi Shimbun,* die auch die Werbung veröffentlichte, schrieb: »Die japanische Werbeindustrie muss für solchen Antrieb von außerhalb dankbar sein, wenn sie ihre eigene Arbeit verbessern will. Sie kann sich an dieser inhaltsreichen und anregenden Kampagne von Benetton ein Beispiel nehmen.«

Die größte Kontroverse aber entstand um das dritte Bild in Toscanis neuer Serie. Dieses ist bis heute umstritten. Zwei Jahre zuvor hatte Toscani im Kreißsaal des Krankenhauses seiner Heimatstadt fünf Neugeborene fotografiert. Die Mütter hatten ihre Zustimmung gegeben – eine von ihnen hatte Toscani sogar für seine Arbeit bezahlen wollen. Toscani hatte eins dieser Bilder für die neue Kampagne ausgewählt, das eines neugeborenen Mädchens namens Giusy, blutverschmiert und mit noch nicht durchtrennter Nabelschnur, wie es in der Welt außerhalb des Mutterleibes die ersten Atemzüge tut.

Das Bild war und ist befremdlich, weil es zwei widerstreitende Empfindungen anspricht: Das instinktive Empfinden von Intimität, das der Anblick eines neuen Lebens hervorruft, trifft hart auf die Brutalität, mit der dieses Urbild der Unschuld ins Rampenlicht einer Plakatwand gezerrt wird. Vielleicht lag der Fehler nicht so sehr darin, ein derart kraftvolles und eindrückliches Bild zu schaffen und es zu Werbezwecken zu verwenden, als darin, dass die Verwendung nicht auf das kleine, greifbare Format der Zeitschriftenwerbung beschränkt wurde. Selbst Benetton räumte später ein, dass die Abbildung von Realität vielleicht doch nicht mehr als lebensgroß sein dürfe.

Jedenfalls prangte das Foto von der kleinen Giusy in mehreren hundert Ländern auf Tausenden von Plakatwänden – und das war mehr, als die meisten Leute ertragen konnten. In Amerika wurde die Werbung von der Zensurbehörde verboten. Selbst in Japan lehnten die Zeitschriften *Child, Cosmopolitan, Elle* und *Essence* sie ab. Die *Vogue, Self* und *Partner* dagegen druckten das Bild. In Italien begann der Protest in Palermo, wo die städtischen Behörden Benetton aufforderten, die Werbung von allen Plakatwänden zu entfernen. Auch in Mailand durfte das Bild nicht auf der Plakatwand an der Piazza Duomo gezeigt werden – die Behörden erklärten, es sei ein Verstoß gegen »die öffentliche Ordnung und die guten Sitten«. Aufgrund ähnlicher Urteile musste das Plakat auch in Großbritannien, Frankreich und Irland von Hunderten von Plakatwänden entfernt werden.

Die ersten Augenblicke im Leben der kleinen Giusy brachten Toscani später den Preis der Schweizer Société Général d'Affichage ein und die Poliklinik Sant'Orsola im italienischen Bologna bat um ein Exemplar des Bildes, um es im Kreißsaal aufzuhängen. Im Museum Boijmans van Beuningen in Rotterdam wurde Giusys Bild im Rahmen einer Sammlung zum Thema Mutterschaft im Laufe der Jahrhunderte ausgestellt. Außerdem wurde es das Titelbild der ersten Ausgabe von *Colors*, Benettons neuem, großformatigem »Nachrichtenmagazin für das Weltdorf«. Toscani war Chefredakteur und die künstlerische Leitung übernahm der New Yorker Grafiker Tibor Kalman. *Colors* war ein kostspieliges Projekt. Es erschien in fünf zweisprachigen Ausgaben in mehr als 100 Ländern und wurde kostenlos in Benetton-Läden abgegeben. Das erste Thema hieß »Frühstück in verschiedenen Teilen der Welt«. Dargestellt wurden unter anderem unterschiedliche Gruppen, die im Schmelztiegel New York lebten – darunter die Aktionsgemeinschaft homosexueller Polizisten »Gay Police Officers' Action League« und die »Black Girls' Coalition«, die von bekannten Models gegründet worden war. Das Magazin war neuartig in Stil und Inhalt und bot Toscani endlich einen Freiraum, in dem er seine Vorstellungen ohne Einschränkung verwirklichen konnte – wenn schon andere Zeitschriften einige seiner Bilder nicht drucken wollten.

Inzwischen war die Kontroverse um die Abbildung des Neugeborenen so weit eskaliert, dass vielerorts leere Plakatwände und doppelseitige weiße Flächen in Zeitschriften den Platz des umstrittenen Bildes einnahmen und es so erst recht in den Mittelpunkt der Aufmerksamkeit rückten. Der Umsatz schien allerdings unter dem Skandal bislang nicht gelitten zu haben und dies musste auch weiterhin mit allen Mitteln verhindert werden. Laura Pollini, Benettons Leiterin der Öffentlichkeitsarbeit, sah sich deshalb gezwungen, in einem Interview mit einem britischen Nachrichtensender eine Entschuldigung vorzubringen: »Wir erkennen mit Erstaunen und Bedauern, dass wir ein Problem verursacht haben.« Toscani reagierte indessen in der Öffentlichkeit nach seinem bewährten Schema von Konfrontation und Versöhnlichkeit: »Ich finde es bedauerlich, dass die Schwierigkeiten gerade von Großbritannien ausgegangen sind, einem Land, das doch für Toleranz bekannt ist«, sagte er und fügte hinzu: »Vielleicht wäre es weniger anstößig gewesen, wenn wir eine Katze oder einen Hund abgebildet hätten.« Toscani erklärte, es sei »großzügig« von Benetton, »lebensechte« Bilder wie das eines Neugeborenen zu zeigen, und die Nabelschnur stehe für Benettons Botschaft der »Einheit«.

Insgeheim aber kochte Toscani. »Meine Denkweise passt nun mal nicht in die normale Gesellschaft«, schäumte er. »Na und? Gehöre ich jetzt umgebracht oder eingesperrt? Ich bin Fotograf und ich habe das Recht, zu fotografieren und zu veröffentlichen, was ich will.« Mit der gleichen Schärfe griff er Aufsichtsorgane wie die Advertising Standards Authority an: »Was glauben die, wer sie sind? Ein Verein von Leuten, die Werbung für Autos und irgendwelchen Kleinkram machen. Die meinen wohl, sie hätten die Moral gepachtet!«

In der Öffentlichkeit, wo Toscani das Image von Luciano Benetton zu verantworten hatte, sprach er nicht so. Aber unter vier Augen sagte er zu Luciano: »Ich denke, wir sollten noch einen Schritt weitergehen.«

8. Des Kaisers neue Kleider

Einen Schritt weiter – Ponzano, Veneto 1992

Für die nächste Frühjahr/Sommer-Kampagne hatte Toscani sieben Bilder ausgewählt, die unter dem Thema »Realität« standen.

Die Fotos zeigten einen Mafia-Mord in Palermo, eine Überschwemmung in Bangladesh, ein Schiff voller albanischer Flüchtlinge, ein brennendes Auto auf Sizilien, einen Lastwagen in Liberia, der von Flüchtlingen gestürmt wurde, und einen liberianischen Soldaten mit einer Kalaschnikow, der einen menschlichen Oberschenkelknochen hinter dem Rücken hielt. Das grünweiße, rechteckige Logo auf jedem dieser Bilder trug den Schriftzug »United Colors of Benetton«. Aber diesmal stammte keines der Bilder von Toscani selbst. Der exzentrische Fotograf, der anfangs darauf bestanden hatte, alle Fotos selbst aufzunehmen, der später dann bei seinen Aufnahmen die Kleidungsstücke wegließ, hatte jetzt auch noch aufgehört, selbst zu fotografieren.

Dass solche Fotos in der Werbung für Kleidung eingesetzt wurden, provozierte sofort heftige Reaktionen. Die meisten der Bilder wurden in verschiedenen Ländern mehr oder weniger weitgehend verboten. Die Veröffentlichung von Patrick Roberts Foto des liberianischen Soldaten mit dem Menschenknochen wurde in Frankreich per Gerichtsbeschluss und in Großbritannien und Japan auf der Basis freiwilliger Selbstkontrolle verboten. Robert, der als Fotograf für die angesehene Agentur Sygma tätig war und von dem auch das Bild mit dem von liberianischen Flüchtlingen gestürmten Lastwagen stammte, kommentierte: »Ich habe keine Bedenken dagegen, diese Bilder ohne erklärenden Text zu veröffentlichen… In meinen Augen haben sie ihren Zweck erfüllt…: das Bewusstsein der Öffentlichkeit auf die Opfer zu lenken.« In Irland erklärte die Werbeaufsicht Gian Luigi Bellinis Foto von dem brennenden Auto in Sizilien für zu realistisch, als dass man es in diesem gespaltenen Land, das selbst von gewalttätigen Auseinandersetzungen erschüttert wurde, öffentlich zeigen dürfe. Auch eine französische Zeitschrift weigerte sich, es zu drucken. Franco Zecchis Foto eines Mafia-Opfers in Palermo stieß in Italien auf Widerstand und wurde von mehreren Zeitschriften abgelehnt. Dasselbe geschah in Frankreich und Dänemark mit dem Bild des Flüchtlingsschiffes, das von einem unbekannten Fotografen stammte.

Das siebte Bild aber löste so heftige Proteste aus, dass sich die Kontroverse um Benettons Werbung erstmals in erheblichem Umfang auf den Umsatz der Läden auswirkte.

Oxford Circus, London, England 1992

Die Fähigkeit, Wollpullover, Sweatshirts und Hemden immer wieder neu zu falten und perfekt zu arrangieren, ohne dabei die Beherrschung zu verlieren, war – wie die Leiterin des Geschäfts in Hampstead und andere bemerkt hatten – nicht jedem gleichermaßen gegeben. Jedes Kleidungsstück musste da, wo der Kunde es abgelegt hatte, eingesammelt, vorschriftsmäßig neu gefaltet und wieder an seinen Platz im Regal gelegt werden. Eigens zu diesem Zweck standen in der Mitte des Ladens am Oxford Circus zwei Tische. Wenn einmal ein Artikel schnell wieder eingeräumt werden musste und auf den Tischen gerade kein Platz war, wurde auch an Ort und Stelle »in der Luft« gefaltet. Diese Kunst beherrschten nur die fortgeschrittensten und geschicktesten Verkäufer.

Samstags war in diesem betriebsamsten Londoner Laden immer am meisten los. Aus eben diesem Grund hatten die Schwulenrechtler von Act-Up, der internationalen AIDS-Aktionsgruppe, sich diesen Tag ausgesucht, um vor dem Laden gegen Benetton zu demonstrieren. Dabei hatten sie es allerdings nicht nur auf die Aufmerksamkeit der Passanten, sondern auch auf den Laden selbst und seine Kundschaft abgesehen.

Als die Aktion vor dem Geschäft beendet war, machten die Demonstranten eine kleine Pause, um sich neu zu formieren. Dann stürmten sie als Stoßtrupp den Laden, schwärmten drinnen aus und unter Gejohle und Beschimpfungen rissen kräftige, tätowierte Arme mit nietenbesetzten Lederarmbändern die makellos gefalteten bunten Pullover dutzendweise aus den Regalen und warfen sie in hohem Bogen durch die Luft. Kunden und Verkäufer wichen erschrocken zurück, während sich auf dem Boden ein Berg von Kleidungsstücken türmte, die später Stück für Stück aufgehoben, neu gefaltet und wieder an ihren Platz gelegt werden mussten. Schließlich verschwanden die Demonstranten so plötzlich, wie sie gekommen waren.

Dieser Überfall war nur eine der Reaktionen, die das siebte Bild der Serie zum Thema »Realität« auslöste. Das fragliche Foto stammte von Thérèse Frare und war ursprünglich in der Zeitschrift *Life* veröffentlicht worden. Es zeigte David Kirby, einen Aids-Kranken in Amerika, unmittelbar nach seinem Tod im Kreise seiner Angehörigen. Frare hatte dieses Bild, für das sie den World Photo Award erhielt, mit dem Einverständnis der Familie aufgenommen. Diese hatte auch der Verwendung im Rahmen von Benettons »Realitäts«-Kampagne zugestimmt. Ursprünglich handelte es sich um ein Schwarzweißfoto, das aber für die Werbung nachträglich per Computer coloriert wurde. Dadurch wirkte die Komposition noch intensiver und die Züge des gerade Verstorbenen erinnerten an Abbildungen des leidenden Christus.

Diese sorgfältig aufbereitete »Realität« geriet jetzt außer Kontrolle. Erstmals drohte die Benetton-Werbung das Image und sogar den Umsatz des Unternehmens zu schädigen.

Eine britische Boulevardzeitung hatte das Foto schon bevor die Kampagne offiziell anlief zusammen mit einem vernichtenden Artikel abgedruckt. Die Empörung, die daraufhin unter Wohltätigkeitsvereinen, Politikern und Interessenvertretern aufwallte, ging wie ein Lauffeuer durch die Weltpresse. Obwohl viele andere Zeitungen auch positive Kommentare zitierten, trieb die Kritik – unter anderem auch seitens der Ladenbesitzer und des Verkaufspersonals der Benetton-Läden – den Konzern in die Defensive. Diesmal ließ sich der Protest nicht so leicht abwiegeln wie bei dem »kleinen Teufelchen« oder dem Bild des Neugeborenen.

Luciano und Toscani hielten eine Pressekonferenz in der Londoner Kunsthochschule Royal College of Art ab, um zu erklären und zu rechtfertigen, warum sie das Bild von David Kirby verwendet hatten. »Das ist die Realität«, sagte Luciano zu den versammelten Journalisten. »Benetton hat es sich zur Aufgabe gemacht, die Öffentlichkeit aufzurütteln. Es geht um Wichtigeres als nur darum, ein Produkt zu verkaufen.« Offenbar glaubte er selbst zwar, was er da sagte – aber ebenso offensichtlich teilten die Zuhörer seine Überzeugung nicht. »Wir wollten unsere Öffentlichkeitsarbeit in den Dienst einer größeren Sache stellen«, fuhr Luciano fort. »Wir wollten den Geist der Mitmenschlichkeit und die Aufmerksamkeit für andere wecken, nicht nur für unsere Ware.«

Luciano ließ sich wie immer dolmetschen, um Zeit zum Nachdenken zu gewinnen. Auf die Journalisten, die ihm ohnehin schon feindselig gegenüberstanden, wirkte das allerdings mitunter zusätzlich negativ. Einer der Anwesenden dachte an den aktuellen Umsatz des Unternehmens und stellte Luciano die 1,6-Milliarden-Dollar-Frage: »Würden Sie die Kampagne einstellen, wenn sie keine positive Wirkung auf den Absatz hätte?«

»Das ist eine hypothetische Frage«, erwiderte Luciano ruhig. »Aber ich würde es wohl in Erwägung ziehen.«

Toscani verteidigte seine Kampagne, hütete sich dabei aber, die Fragenden allzu sehr vor den Kopf zu stoßen. Offenbar war ihm klar, dass er sie von Anfang an gegen sich hatte. »Warum löst gerade die Realität solche Streitigkeiten aus?« fragte er verdrossen. »Herkömmliche Werbefotos stellen einen Haufen Lügen dar. Was wir hier zeigen, ist die Wahrheit. Ich finde es traurig, wenn das der Zensur zum Opfer fallen soll.« Er fuhr fort: »Natürlich geht es ums Geschäft, schließlich müssen wir alle von irgendetwas leben. Wir sind ja kein Wohltätigkeitsverein.« Und später erklärten Toscani und Luciano einhellig: »Nein, wir haben nicht die Absicht, einen Teil unserer Gewinne an die Aids-Hilfe zu spenden.«

Diese Aussage wurde zitiert und erweckte im Zusammenhang der Presseberichte fälschlicherweise den Eindruck, Benetton engagiere sich nicht im Bereich der Aids-Aufklärung und -Prävention. Tatsächlich aber war der Konzern bereits an mehreren Projekten in Zusammenarbeit mit Aids-Initiativen beteiligt. In den USA gab das Unternehmen gemeinsam mit Gay Men's Health Crisis eine Broschüre über Prävention heraus. Außerdem hatte Benetton angefangen, in Schwulenzeitschriften zu werben, was die meisten großen Unternehmen ablehnten. In Brasilien wurde das Präventionsmaterial in Zusammenarbeit mit Grupo de Apoio a Pronençao a Aids herausgegeben und in den drei größten Tageszeitungen veröffentlicht. In Südafrika finanzierte Benetton gemeinsam mit dem Medical Research Council Werbeplakate für Kondome vor fünf Krankenhäusern in Kapstadt, Durban und Pretoria. In Deutschland beteiligte sich der Konzern in den 100 größten Diskotheken des Landes an einer großen Spendenkampagne für Aufklärungsarbeit zum Thema Aids. Außerdem wurden auf Anfrage kostenlose Exemplare der Plakate für die Internationale Aids-Konferenz in Amsterdam zur Verfügung gestellt.

In Frankreich drohte indessen das Bureau de Vérification de la Publicité, die Organisation für Werbeselbstkontrolle, jeder Zeitschrift, die das Bild des Aids-Opfers oder das des liberianischen Soldaten mit dem Menschenknochen abdruckte, den Ausschluss an – eine noch nie da gewesene Maßnahme. *Max*, ein französisches Magazin für junge Leser, trotzte dieser Drohung. Der Redakteur kommentierte:

Unsere Leser – Menschen im Alter zwischen 15 und 30 Jahren – sind von dem Thema direkt betroffen. Diese Kampagne ist eine Möglichkeit, das Problem Aids auf andere Weise anzusprechen als unter medizinischen und gesellschaftlichen Aspekten. Die Reaktionen unserer Leser bestätigen uns in unserer Auffassung.

Auch die *Schweizer Illustrierte* druckte das Bild und kommentierte, es verletze nicht die guten Sitten, sondern »einzig und allein die Spielregeln, die Werbung auf langweilige und schale Aussagen zu reduzieren versuchen«.

New York, USA 1992

Hier, in dem Land, aus dem das Aids-Bild stammte, entschloss sich die Zeitschrift *Vogue* dafür, es abzudrucken. Die Angehörigen von David Kirby gaben auf einer Pressekonferenz erneut ihre Zustimmung zur Verwendung des Bildes. Sie erklärten, das sei eine Möglichkeit, auf die Gefahren von Aids aufmerksam zu machen und die Krankheit dadurch einzudämmen.

»Er hätte es so gewollt«, sagte Kirbys Vater. »Wir empfinden das nicht als Ausbeutung. Benetton benutzt unsere Trauer nicht dazu, Pullover zu verkaufen. Es ist eher umgekehrt so, dass wir Benetton ausnutzen. Jetzt, wo David tot ist, erreicht seine Botschaft mehr Menschen als zu seinen Lebzeiten.«

Pater Tom Cadder war ein enger Freund der Familie Kirby. Zu der Christus-ähnlichen Aura um den Toten, die manche auf die nachträgliche technische Manipulation des Bildes zurückführten, sagte er: »Wer hat schon je ein echtes Bild von Jesus gesehen? Ich habe Abzüge vom Original des Bildes von David Kirby und auch auf diesen sieht er so aus, wie viele Menschen sich Jesus vorstellen.«

Barb Cordle, die Hospizschwester aus Columbus, Ohio, die David Kirby in den letzten drei Jahren seines Lebens gepflegt hatte, wusste, was er vorher durchgemacht hatte: Er war in seiner kleinen Heimatstadt wie ein Aussätziger behandelt worden; die Laken aus dem Krankenwagen, mit dem er eingeliefert worden war, hatte man anschließend verbrannt ... – Und Barb Cordle wusste auch, wie Kirby gegen die Krankheit angekämpft und sich für bessere Aufklärung zum Thema Aids eingesetzt hatte. Angesichts der öffentlichen Kritik daran, wie Benetton das Bild einsetzte, konnte Miss Cordle schließlich nicht mehr an sich halten und schrieb: »Dieses Foto hat mehr dazu beigetragen, die Menschen für das Thema Aids zu sensibilisieren, als irgendein anderes Bild, das ich kenne. Wenn man es ansieht, kann man Aids-Kranke einfach nicht mehr hassen. Es ist schlicht unmöglich.«

Die *New York Times* schrieb:

> Das Unternehmen schätzt, dass mit dem Aids-Bild eine halbe bis eine Milliarde Menschen erreicht wurden. Das sind wesentlich mehr als bei der ersten Veröffentlichung in der Zeitschrift *Life*. Ein Publikum, das immer weniger Zeitungen liest und den Radio- und Fernsehsendungen immer weniger Glauben schenkt, nimmt vielleicht wenigstens noch Informationen in kleinen Dosen zwischen der Werbung für Spirituosen und der für Damenwäsche auf.

Gleichzeitig löste auch ein anderes Bild aus der Serie »Realität« an dem Ort, wo es entstanden war, überraschende Reaktionen aus.

Palermo, Sizilien 1992

Das Morden mag den »ehrenwerten Männern« und ihrem Nachwuchs gefallen haben, aber die Folgen davon abgebildet zu sehen, passte ihnen offenbar gar nicht. Es wirkte schon paradox, dass ausgerechnet die Tochter von Benedetto Grado, dem sizilianischen Mordopfer auf dem Foto, erklärte, sie werde Benetton für die Verwendung des Bildes in der »Realitäts«-Kampagne auf Schadenersatz verklagen. »Was hat der Tod meines Vaters mit einer Pullover-Werbung zu tun?« beklagte Rosalia Grado sich. »Es verletzt unsere Gefühle, dass das Bild in ganz Palermo öffentlich zu sehen ist.« Sie war selbst eine der drei Frauen auf dem Foto, die um den Toten trauerten; die beiden anderen waren ihre Mutter und ihre Schwägerin.

Die Tochter des Toten schien die Wirklichkeit etwas aus dem Blick verloren zu haben, oder aber ihre Unschuld war gespielt. Jedenfalls klangen ihre Äußerungen erheblich nach verkehrter Welt, denn Benedetto Grado, das Mordopfer, war durchaus kein Außenstehender gewesen. Der fragliche Mord, der schon fast zehn Jahre zurücklag, war Teil einer Fehde zwischen den Familien Grado und Corleone gewesen, die beide zur sizilianischen Unterwelt gehörten. In diesem Zusammenhang war schon kurz zuvor ein Mafiaboss verschwunden. Benedetto Grado, zum Zeitpunkt seiner Ermordung 78 Jahre alt, war Vorarbeiter in einem Gartenbaubetrieb gewesen. Er hatte bereits wegen Verbindungen zur Mafia im Gefängnis gesessen. Wenn Beamte versuchten, sich der Herrschaft der Mafia zu widersetzen, mussten sie um ihr Leben fürchten und endeten häufig so wie der Mann auf dem Foto – nur dass diese Menschen unschuldig waren. Aber um sie trauerten Leute wie Signorina Grado, ihre Mutter und ihre Schwägerin nicht.

Die Geschichte hatte noch ein weiteres Nachspiel: Franco Zecchi, der für Magnum fotografierte und von dem das Bild stammte, verklagte die neofaschistische Partei Italiens, weil diese es für ihre Wahlwerbung benutzt hatte. Derweil war es für die katholische Kirche und andere Kritiker von Benetton immerhin tröstlich zu sehen, dass Sitte und Anstand auf Sizilien noch gewahrt wurden.

Die zweite Ausgabe von *Colors* zeigte auf dem Titelblatt ein weiteres Bild aus der Reihe »Realität«: ein Schiff, das von 4000 albanischen Flüchtlingen buchstäblich überquoll. Das Magazin enthielt eindrucksvolle Artikel über die unterschiedlichen Lebensbedingungen der Menschen in Russland. Darin wurde über die Imitation westlicher Konsumartikel und über Autos als Ausdruck von Nationalstolz berichtet. Außerdem waren Spielzeug und allerlei Geräte abgebildet, die Menschen in unterschiedlichen Ländern aus Abfall herstellten. Geschickt aufgemachte »Anzeigen« zeigten Erzrivalen wie Pirelli und Goodyear in einer Umarmung vereinigt. Toscanis neueste Schöpfung war noch großformatiger und stilistisch und inhaltlich noch gelungener als die vorige Ausgabe. Diesmal betrug die Auflage eine Million Exemplare, die wiederum in fünf zweisprachigen Ausgaben von 6 500 Benetton-Läden und angeschlossenen Geschäften in 100 Ländern kostenlos abgegeben wurden. Ein Exemplar landete auf dem Schreibtisch von Aldo Palmeri.

Palmeri war nach zwei Jahren bei der Citibank in seine Position als CEO der Benetton Group zurückgekehrt. »Er war schließlich ein ausgezeichneter CEO«, sagte Gilberto, »und unsere Beziehung war so gut, dass wir uns einige Zeit nach seinem Abschied entschlossen, zu versuchen, ihn zur Rückkehr zu bewegen.« Palmeri sah sich das *Colors*-Heft aufmerksam an. Dann richtete er seine Aufmerksamkeit auf die Kosten.

Jetzt, da Palmeri wieder für den Konzern arbeitete, konnte Luciano ein Vorhaben verwirklichen, über das er schon seit einiger Zeit nachgedacht hatte. Tatsächlich war dies sogar einer der Gründe dafür gewesen, dass Benetton Palmeri zurückgeholt hatte: Luciano wollte in die Politik gehen.

Doch Palmeris Rückkehr war nicht der einzige Grund für Lucianos Entscheidung, die viele Außenstehende überraschte. Vielmehr gab es eine Anzahl unterschiedlicher Gründe. Während Toscani sich mit Lippenbekenntnissen gegen soziale Ungerechtigkeit und Scheinheiligkeit zufrieden gab – Zustände, die doch letztendlich die Grundlage seiner Arbeit waren –, wollte Luciano ernsthaft etwas bewirken. Die Öffentlichkeitsarbeit für die Marke hatte in letzter Zeit verstärkt politische Dimensionen angenommen. Der Turnaround, den die Analysten vorausgesagt hatten, war eingetreten und das Unternehmen war bei Palmeri in guten Händen. Außerdem war Luciano unermüdlich, wenn es darum ging, Beziehungen aufzubauen. Er hatte seine Fäden bereits bis ins Weiße Haus und in den Kreml gesponnen. Und schließlich war es nichts Ungewöhnliches, dass Geschäftsleute in die Politik gingen. Die freie Marktwirtschaft eroberte das Land und die fortschreitende Privatisierung war nach Lucianos Meinung und der vieler anderer der Schlüssel zu mehr Stabilität und Wohlstand in der Zukunft. Luciano fürchtete, dass dieser Prozess durch die schwierige Wirtschaftslage in Italien und die rapide steigenden Lohnkosten entgleisen und das Gespenst politischer und sozialer Unruhen auferstehen könnte. »Ich bin sehr beschäftigt, aber ich wollte schon immer in die Politik gehen«, wurde er zitiert. Das stimmte zwar nicht, aber jetzt wollte er sich in den Dienst seines Landes stellen.

Der Sekretär des Ortsverbandes der Republikanischen Partei, die Luciano als Kandidaten für die bevorstehende Wahl aufgestellt hatte, war selbstverständlich begeistert über die Unterstützung eines der reichsten und mächtigsten Geschäftsleute der Welt. »Wir sind glücklich, ihn auf unserer Seite zu haben«, erklärte er. Die Mitarbeiter der Pressestelle bei Benetton hatten alle Hände voll zu tun, die zahlreichen Anfragen von Journalisten zu bearbeiten. Sie trugen Benetton-T-Shirts mit einem überlebensgroßen Porträt von Luciano und dem Slogan »Wählt Benetton«.

Auch andere illustre Persönlichkeiten kandidierten bei der Wahl, darunter La Cicciolina, die ehemalige Porno-Darstellerin, und Alessandra Mussolini, die Enkelin des Diktators, Neofaschistin und ehemaliges Mannequin. Sowohl auf regionaler als auch auf Landesebene gab es Kopf-an-Kopf-Rennen. Nach wiederholter Auszählung wurde Luciano Benetton mit hauchdünner Mehrheit als republikanischer Senator für Treviso ins Parlament gewählt.

Luciano war in eine Welt eingetreten, in der die meisten nur auf ihren eigenen Vorteil bedacht waren und die Politik als Mittel zum Zweck benutzten, um sich zu bereichern. Er selbst hatte jedoch andere Motive. Ein damaliger Mitarbeiter der Presseabteilung sagte später: »Er glaubte wirklich daran, dass er etwas bewegen könne.«

Was die Wähler nicht interessierte, waren die jüngsten Veränderungen in Lucianos Privatleben. Obwohl es nur eine kurze, unerwartete Wiederbegegnung zwischen Luciano und Marina gegeben hatte, war sie daraufhin im Alter von 34 Jahren schwanger geworden und hatte ihr erstes Kind geboren, einen Sohn, dem sie den Namen Brando gab. Damit war die Diskussion um Marinas Kinderwunsch zu ihrer Zufriedenheit gelöst, nicht aber zu der Lucianos. Diesmal brach er jeden näheren Kontakt zu ihr ein für allemal ab.

Toscanis nächste Herbst/Winter-Kampagne war eine Fortsetzung des Themas »Realität«, wenn auch erheblich weniger provokativ, so dass die Wogen der Empörung diesmal nicht so hoch schlugen. Die Bilder, die wiederum von Fotografen aus aller Welt stammten, zeigten einen ölverschmierten Seevogel im Persischen Golf, eine Albino-Frau als Außenseiterin inmitten ihres Zulu-Stammes, ein schmutziges salvadorianisches Kind, das liebevoll eine schmuddelige weiße Puppe im Arm hielt, Schweine auf einer Müllhalde in Peru, arbeitende Kinder auf einer Baustelle in Kolumbien, russische Polizisten, die einen Verdächtigen festnahmen, und einen leeren elektrischen Stuhl in einem amerikanischen Gefängnis.

Es waren aussagekräftige Bilder, aber das Benetton-Logo schien die Wirkung eher abzuschwächen als zu steigern. Vielleicht stimmte es, dass die Menschen die Wirklichkeit nur in Maßen ertragen konnten, und diese besondere Art der Manipulation von Wirklichkeit verlor mit der Zeit offenbar ihre Wirkung.

Aldo Palmeri registrierte, dass Werbung und Sponsoring mittlerweile etwa 60 Millionen Dollar verschlangen – fast vier Prozent vom Gesamtumsatz des Konzerns. Der Rennstall hatte beträchtliche Einnahmen durch Zigarettenwerbung, und das trotz Lucianos geradezu fanatischer Abneigung gegen das Rauchen. Dennoch fraß das Formel-1-Geschäft immer größere Summen. Diese und andere Bereiche nahm der CEO jetzt näher unter die Lupe.

Enstone, Oxfordshire, England 1992

Am Ende der Saison lagen Michael Schumacher, der in Belgien gesiegt hatte, und Martin Brundle in der Gesamtwertung der Fahrer an dritter beziehungsweise sechster Stelle. Benetton belegte Platz drei in der Konstrukteurs-Weltmeisterschaft. Im Spätsommer des Jahres 1992 war ein erweiterter Mitarbeiterstab von fast 200 Leuten in das neue, hoch technisierte Werk in Enstone gekommen. Lucianos Sohn Alessandro, der nach wie vor in London wohnte, war der Repräsentant der Familie im Rennstall, aber das Steuer lag fest in den Händen von Flavio Briatore und Tom Walkinshaw.

Der Erfolg auf der Rennbahn war weniger eine Frage von sportlicher Leistung, als hauptsächlich davon, dass Millionenbeträge in die neueste Technologie investiert wurden, die über Tausendstelsekunden und damit über Sieg oder Niederlage entschied. Alessandro sonnte sich im Rampenlicht des Formel-1-Zirkus, den Briatore als »Entertainment« bezeichnete. Der Teamchef und sein technischer Direktor suchten indessen nach immer neuen Möglichkeiten, die moderne Technologie bis an die Grenzen des Erlaubten auszunutzen, um die Geschwindigkeit noch weiter zu steigern. Dabei nahmen sie sich vor allem am Williams-Team ein Beispiel.

Toscani achtete bei seinen öffentlichen Äußerungen stets darauf, sich Luciano unterzuordnen, den er als »Renaissancefürsten« bezeichnete und gern mit Lorenzo dem Prächtigen verglich. Im Unterschied zu diesem ließ Luciano seinem Untergebenen jedoch weitgehend freie Hand. »Luciano hat einmal zu mir gesagt: ›Oliviero, lass dir nie in deine Angelegenheiten hineinpfuschen. Nicht einmal von mir‹«, zitierte Toscani seinen Freund und Auftraggeber. Den letzten Teil von Lucianos Ermahnung erwähnte er dabei tunlichst nicht. »Sei verantwortungsbewusst«, hatte der noch hinzugefügt.

Toscani machte nach wie vor die Bilder für Benettons-United-Colors-Kataloge. In der nächsten Werbekampagne verwendete er auch wieder eigene Fotos. Diesmal hatte er Luciano fotografiert, seinen »Renaissancefürsten«. Die Bilder, die dabei entstanden waren, hatten den konservativeren unter Lucianos Amtskollegen einen Schock versetzt. Mehrere Mitglieder der Christdemokratischen Partei hatten sogar eingewandt, Lucianos Verhalten sei der italienischen Politik unwürdig. Luciano trotzte den Vorwürfen. »Ich ziehe mich schließlich nicht zu meinem Vergnügen aus, sondern für einen guten Zweck«, erklärte er.

Auf dem Foto war Luciano nackt zu sehen, nur mit einer geschickt platzierten Schrift bedeckt. Auf einem Teil der Bilder stand: »Ich will meine Kleider zurück«, auf einem anderen Teil: »Räumt eure Schränke aus«.

Benettons jüngste Kampagne rief dazu auf, abgelegte Kleidung aller Marken in den 7047 Benetton-Geschäften abzugeben, die es mittlerweile in 100 Ländern gab. Benetton ließ die gespendeten Kleidungsstücke von dort aus zu Sammelstellen bringen und trug auch einen Teil der Kosten, die durch das Sortieren entstanden. Die Caritas, der Rote Halbmond und das Internationale Rote Kreuz sollten die Kleiderspenden dann an Bedürftige in aller Welt weiterleiten. Die Aktion, für die in 1000 Zeitschriften und 150 Tageszeitungen geworben wurde, stieß auf breite Anerkennung. »Das ist eine klare Abkehr Benettons von der selbstgerechten Haltung, die das Unternehmen in der Vergangenheit an den Tag gelegt hat«, kommentierte das *Wall Street Journal*. »Zum ersten Mal engagiert sich der Konzern hier unmittelbar für einen guten Zweck.«

Insgesamt wurden in 83 Ländern 460 Tonnen Kleidung gesammelt, sortiert und in Afrika, Asien und dem ehemaligen Jugoslawien verteilt. In Japan war die Aktion besonders erfolgreich – vielleicht deswegen, weil die Leute dort einfach keinen Platz für überflüssige Kleidung hatten. Selbst muslimische Länder wie die Türkei und der Libanon kooperierten, nachdem auf den Plakaten dort die Schrift, die Lucianos Körper bedeckte, vergrößert worden war, um das Bild weniger anstößig zu machen.

Der verstärkte politische Akzent der Kampagne »Räumt eure Schränke aus« spiegelte Lucianos politisches Engagement wider und war zugleich auch Werbung für ihn. Aber auch unter wirtschaftlichen Gesichtspunkten war die Aktion durchaus nicht selbstlos. Luciano gab selbst zu, dass er drei Ziele verfolgte: Die Kampagne sollte einerseits den Armen nutzen, die keine Kleider hatten, andererseits den Reichen, die zu viele hatten, und schließlich auch ihm selbst. Viele Leute würden, wenn sie ihre Kleiderschränke ausgeräumt hätten, gleich als Nächstes einkaufen gehen, um sie wieder zu füllen.

Venedig, Norditalien 1993

Toscani war nicht mehr zu bremsen. Er hatte Luciano überredet, sich nackt fotografieren zu lassen, und hatte die Idee mit den Kleiderspenden entwickelt. Kurz zuvor war er mit Luciano anlässlich der Eröffnung eines Benetton-Ladens auf Kuba gewesen. Dort hatten sie Fidel Castro getroffen und sich bemüht, ihn als Repräsentanten für ihr neues Projekt zu gewinnen. Es handelte sich um eine Kommunikationsakademie, die unter dem Motto »global denken, lokal handeln«

stand. Sie sollte Fabrica heißen und wenige Kilometer von Ponzano entfernt entstehen. Castro wollte sich die Sache überlegen. Unterdessen hatte Toscani in Paris – der Stadt, in der er am liebsten arbeitete und wo er auch die Fotos für die Benetton-Kataloge aufnahm – ein weiteres Projekt verwirklicht. Er nannte es »Inedito« und beschrieb es als einen »Produktions-Pool für Modebilder«. Inedito fertigte für Modezeitschriften in aller Welt vollständige Artikel an, in denen Benetton-Kleidung und -Accessoires 30 Prozent des Inhalts ausmachten. Die Artikel wurden komplett mit Überschriften, Bildunterschriften und Quellenangaben in drei Sprachen angeboten.

Inzwischen war eine neue Ausgabe des Magazins *Colors* erschienen, in der es um Stereotypen über Völker und Kulturen ging. Das Heft enthielt computermanipulierte Bilder, die Königin Elisabeth II. und Arnold Schwarzenegger mit schwarzer Haut, Papst Johannes Paul II. mit asiatischen Zügen und Ronald Reagan als Aids-Opfer darstellten. Allerdings war diese Ausgabe von *Colors* kleiner als die vorige und enthielt auch Werbung für andere Unternehmen wie Philips, Alfa Romeo, Sanyo und Kenwood. Der Anzeigenraum wurde über MTV Europe verkauft. Außerdem wurde das Magazin nicht mehr kostenlos abgegeben, sondern zum Preis von drei Dollar in den USA, 400 Yen in Japan beziehungsweise 360 Rubel in Kasachstan in den Benetton-Läden verkauft. Das hatte Palmeri so entschieden, um die Kosten einzudämmen. Toscani gefiel es gar nicht, dass sich der unheilvolle Schatten der Kostenerwägungen über seine Arbeit gelegt hatte.

Toscani war eingeladen worden, im Rahmen der Biennale in Venedig eine Ausstellung zu machen. Er hatte zwar schon mehrere andere Angebote abgelehnt, aber dabei hatte es sich um weniger bedeutende Veranstaltungen gehandelt. Die Biennale dagegen war so prestigeträchtig, dass Toscani zusagte. Seine Ausstellung bestand aus einem 400 Quadratmeter großen Triptychon, das im riesigen Raum einer eigens dazu hergerichteten Kirche hing. Auch diesmal waren keine Kleidungsstücke zu sehen, sondern Abbildungen von zahlreichen Geschlechtsorganen – 56, um genau zu sein – von Männern und

Frauen, Schwarzen und Weißen, Kindern und Erwachsenen, in allen Formen und Größen, und alle hatte Toscani selbst in liebevoller Nahaufnahme fotografiert. Lucianos Genitalien waren nicht dabei, möglicherweise aber Toscanis eigene und jedenfalls die seiner Kinder.

Benetton versah die Abbildung mit dem grünweißen Logo und veröffentlichte sie als Werbung in der linksgerichteten französischen Zeitung *Libération,* die daraufhin an dem betreffenden Tag 40 000 Exemplare mehr verkaufte als sonst. Obwohl es nur zehn Beschwerden gab, drohte das französische *Bureau de Vérification de la Publicité* die Zeitung zu belangen. Zwei Tage später veröffentlichte Eminence, ein französischer Hersteller von Herrenunterwäsche, ebenfalls in der *Libération* eine doppelseitige Anzeige, in der ebenso viele männliche Unterleiber abgebildet waren. Der Text dazu lautete: »Wir ziehen sie an«. Die Folge war ein Ansturm von Besuchern auf die Biennale. In den Medien fand die Ausstellung selbst dagegen nur wenig Beachtung, während der Einsatz der Bilder in der Werbung eine hitzige Debatte auslöste.

Ponzano, Veneto 1993

Toscani und Luciano bildeten gemeinsam den kreativen Kern des Unternehmens und der Marke. Zu niemandem sonst hatte Toscani ein ähnliches Verhältnis – weder zu Gilberto noch zu Palmeri oder zu Mauro Benetton. Wie viel ihm seine Beziehung zu Luciano bedeutete, sprach aus den zahlreichen Äußerungen, in denen er seinen »Renaissance-Fürsten« pries. Inwieweit Toscani sich seiner eigenen Macht bewusst war, sagte er dagegen nicht so deutlich. Doch es sollte sich wenig später zeigen, als es zu einer direkten Konfrontation zwischen dem Künstler und dem CEO des Unternehmens kam.

Luciano ging einmal wöchentlich in den Senat. Während er seine politische Laufbahn verfolgte, lenkte Palmeri sicher und zuverlässig die Geschicke der Benetton Group. Umsatz und Gewinne stiegen und die Fabrik musste wieder einmal erweitert werden, um mit der wachsenden Nachfrage Schritt zu halten. Dazu entstand auf dem Gelände in Castrette nach einem Entwurf der Scarpas eine riesige Halle. Das Dach wurde nicht von Säulen, sondern von einer Hängekonstruktion getragen, die der Golden Gate Bridge in San Francisco nachempfunden war. In der hoch automatisierten Einrichtung, die dort entstand, würden im Jahr 15 Millionen Kleidungsstücke hergestellt werden können. Sie war unmittelbar an die Wollfabrik und die Vertriebseinrichtung angeschlossen. Benetton Group investierte außerdem in ein Jointventure in Indien, wo hohe Einfuhrzölle den Import zu kostspielig machten. In der geplanten Fabrik sollte Kleidung zugeschnitten und genäht werden. Parallel dazu baute das Unternehmen sein Vertriebsnetz in Südamerika aus und stand außerdem in Verhandlungen mit einem der größten Textilkonzerne in Mexiko. Steigende Exportzahlen und das immer weiter angewachsene Ladennetz sicherten die Arbeitsplätze im eigenen Land. Die Gesamtzahl der Benetton-Läden und sonstigen Verkaufsstellen stieg im laufenden Jahr auf 8 154 an. Allein im Fernen Osten hatte sich die Anzahl der Geschäfte in fünf Jahren auf nunmehr fast 1 500 vervierfacht.

Ergänzend zur Benetton Group gab es die weiterhin eigenständigen Tochterunternehmen von Edizione im Bereich der Sportbekleidung und -ausrüstung. Auch auf diesem Gebiet schritt die Expansion rasch voran. Gilberto hatte unter dem Dach von Edizione durch Übernahmen und Beteiligungen die Unternehmensgruppe Benetton Sportsystem aufgebaut. Dazu gehörten Nordica, Prince, Kästle und als jüngste Zukäufe Asolo, eine Firma für Outdoor-Schuhe, und Killer Loop, ein Hersteller von Snowboards und Sonnenbrillen. Gilberto – der jüngere Bruder, der »richtigen« Sport wie Rugby dem »Showgeschäft« der Formel 1 vorzog – war schon von klein auf derjenige gewesen, dem die Familie in finanziellen Angelegenheiten die Führung anvertraut hatte. Auch in der Leitung von Benetton Sportsystem bewies er seinen nüchternen Geschäftssinn. Gilberto baute neben der Benetton Group ein eigenständiges Imperium auf, das sich jedoch noch völlig in Privatbesitz befand. Die Öffentlichkeitsarbeit für Benetton Sportsystem unterstand jedoch nicht Toscani, dem begabten, aber launenhaften Künstler, dem der ältere Bruder sein Image anvertraute. *Wie* unberechenbar dieses Talent sein konnte, machte der nächste Werbefeldzug einmal mehr deutlich.

Toscanis Herbst/Winter-Kampagne für United Colors of Benetton bestand aus drei krassen Bildern. Es waren Farbfotos von einem Arm, einem Gesäß und einem Unterleib, jeweils mit dem Stempel »HIV-positiv«. Das erklärte Ziel war, die drei wichtigsten Ansteckungswege aufzuzeigen und zugleich Vorurteile über Aids-Kranke abzubauen. Benetton hatte Kontakt zu 200 Initiativen für HIV-Positive aufgenommen und gab in verschiedenen Ländern unter dem Logo »United Colors of Benetton« die jeweilige Telefonnummer der Aids-Hilfe an.

Diesmal waren unter den Protesten auch begründete Einwände von Aids-Initiativen in den USA und anderen Ländern, die fürchteten, die Bilder könnten den Eindruck erwecken, dass HIV-Positive irgendwie »abgestempelt« werden sollten. Andere Schwulen- und HIV-Initiativen sahen die Bilder zwar kritisch, entschieden sich aber dafür, sie in ihren eigenen Kampagnen einzusetzen. Toscani reagierte auf die Kritik wie gewohnt. »Ich finde nicht, dass ich die Werbung verteidigen muss«, sagte er. »Ich habe selbst Kinder und die wollen immer genau Bescheid wissen.« Immerhin hatte Toscani schon die Geschlechtsteile seiner Kinder fotografiert. Auf andere, weniger unkonventionelle Eltern und ihren Nachwuchs wirkten die Bilder wohl eher verwirrend und abschreckend. In Frankreich warf eine staatlich finanzierte Aids-Initiative Benetton vor, »humanitäre Belange vor den Karren wirtschaftlicher Interessen zu spannen«. Im Februar 1995 verurteilte ein Gericht in Paris Benetton zu Schadenersatz in Höhe von 32 000 Dollar. Fünf Monate später fällte ein deutsches Gericht ein ähnliches Urteil. Arcat Sida, eine weitere französische Aids-Initiative unter der Leitung von Pierre Berge, dem Geschäftsführer des Modehauses Saint Laurent, brachte ein Plakat heraus, auf dem ein Kondom voller Geldscheine abgebildet war. Daneben stand ein Logo mit den Worten »United Boycott« – in derselben Schrifttype und Farbe wie Benettons Warenzeichen. Olivier Besnard-Rousseau, ein französischer Aids-Kranker, schaltete eine Anzeige in der Zeitung *Libération.* Darin wurde sein von der Krankheit gezeichnetes Gesicht abgebildet, dazu die Worte »HIV-positiv« und der Text: »Während des Todeskampfes geht der Verkauf weiter. Zu Händen Luciano Benetton.« Wieder wurden in Frankreich Benetton-Läden von Randalierern verwüstet und diesmal auch mit Graffiti besprüht.

Luciano war entsetzt. Er hatte diese Bilder gemeinsam mit Toscani entwickelt, aber jetzt wurden sie völlig missverstanden. Die Folgen waren durch nichts wieder gutzumachen, so sehr sich der Konzern auch für Aids-Aufklärung einsetzen mochte. Dieses Engagement beunruhigte wiederum zunehmend die Betreiber von Benetton-Läden in Ländern mit großer religiöser Tradition wie Frankreich und Deutschland. Aktionen wie die am Welt-Aids-Tag, am ersten Dezember 1993, waren ganz und gar nicht in ihrem Sinne. Benetton sponserte zu diesem Anlass die militanten Schwulenrechtler von *Act Up Paris,* die in einer spektakulären Aktion ein riesiges rosafarbenes Kondom über den 22 Meter hohen Obelisken auf der Place de la Concorde zogen.

Zwar war der weltweite Umsatz des Unternehmens ausgezeichnet, aber in einem großen Teil der westlichen Welt herrschte Rezession und viele Geschäftsleute erlebten schwere Zeiten. Zudem hatten sie keinerlei Mitspracherecht bei der Werbung, die der Konzern in Eigenregie machte. Angesichts der handfesten Proteste, mit denen die Aids-Aktivisten gegen Benetton vorgingen, kamen diese Geschäftsleute allmählich zu dem Schluss, dass auch sie sich wehren konnten.

Andere dachten ähnlich, aber die Maßnahmen, die sie ergriffen, waren wesentlich drastischer.

»Was wäre geschehen, wenn mein Vater noch am Leben gewesen wäre? Ich bin sicher, dass vieles ganz anders gekommen wäre.« Luciano, Gilberto, Giuliana und Carlo Benetton. REX FEATURES

Die Villa Minelli: Ein Kindheitstraum ist wahr geworden. BENETTON

Schon die ersten Bilder waren eindrucksvoll, aber sie ließen noch kaum ahnen, was später folgen würde. BENETTON

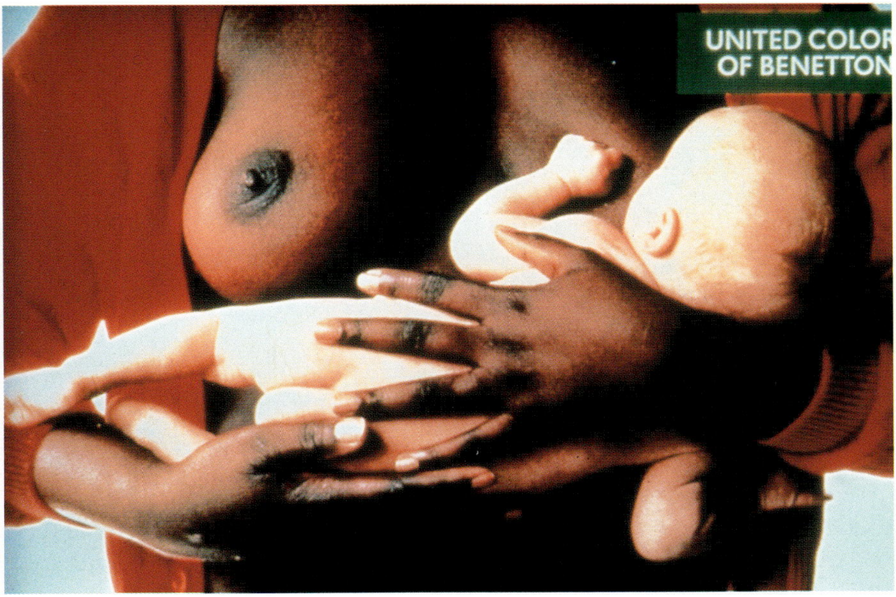

Vielleicht Toscanis größte Stunde – aber während dieses Bild in Europa zahlreiche Preise gewann, wurde es in den USA von den Plakatwänden gerissen. BENETTON

In Schatten und Schweigen vereint. Im Krieg sind Abstammung, Glaube und Alter bedeutungslos und es gibt keinen anderen Sieger als den Tod. ADVERTISING ARCHIVES

»Liebe, Urgrund allen Lebens.« Diese Darstellung von Zärtlichkeit wurde in den USA scharf verurteilt und löste auch in Europa Proteste aus. Das Bild erhielt aber auch Auszeichnungen – und eine echte Nonne fragte an, ob sie ein paar Abzüge bekommen könne. SYGMA

Die ersten Augenblicke im Leben der kleinen Giusy. Ihre Mutter hatte Toscani sogar für seine Arbeit bezahlen wollen. Doch dann erschienen statt des Bildes weiße Flächen auf Plakatwänden und in Zeitschriften. BENETTON

Der »bekannte Soldat« – oder doch nicht? Die Bilder entfernten sich immer weiter vom Unternehmen und der Marke und die Öffentlichkeitsarbeit lief aus dem Ruder. BENETTON

Luciano und die Familie Benetton in Zwangsjacken: Toscanis »künstlerischer Wahn«. BENETTON

Der eine ein Mensch, der andere ein halber Computer? Ayrton Senna geht in Imola vor Schumacher in Führung. Wenig später stirbt er und nimmt sein Geheimnis mit ins Grab. CORBIS

Im Kampf um Sekundenbruchteile: eine Beinahe-Tragödie in der Boxengasse des Hockenheim-Rings. POPPERFOTO

Toscani hält Einzug: Zum ersten Mal seit Menschengedenken wird in Corleone friedlich geschossen: Fotos.
EUGENIO BARBERA

Giuliana in ihrem Designstudio. »Immer sagst du: ›Wenn du nur mehr machen könntest.‹« Und immer tat sie es. REX FEATURES

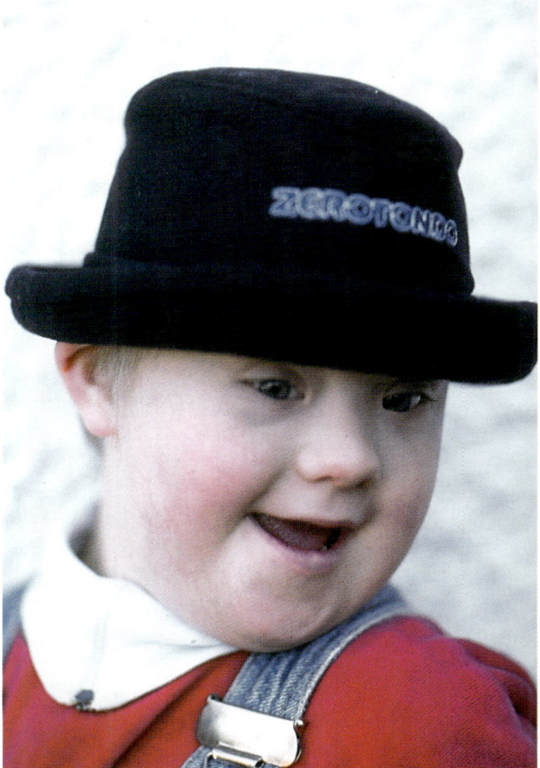

Die Kampagne »Sonnenblumen«. Kritiker warfen Toscani Ausbeutung vor, aber etwas in dem Wilden hatte einen Weg zu diesen Kindern gefunden. BENETTON

Benetton Formula hatte den dritten Platz in der Konstrukteurs-WM belegt. Schumacher und Brundle lagen in der Gesamtwertung der Fahrer auf den Rängen vier und sieben. Schumacher war in Frankreich, Kanada, Großbritannien, Deutschland und Belgien Zweiter geworden und hatte beim Grand Prix von Portugal gesiegt. Aber Benetton lag immer noch hinter dem Williams-Team, das sowohl in der Konstrukteurs- als auch in der Fahrerwertung führte – und das, obwohl Benetton technisch auf dem allerneuesten Stand war. Die Wagen waren mit dem modernsten halbautomatischen Getriebe ausgestattet, hatten intelligente Radaufhängung und – ebenso wie die Wagen einiger anderer Teams – als wichtigste Neuerung Traktionskontrolle. Das war eine Vorrichtung, die die Bodenhaftung der Reifen mit Hilfe von Computersoftware und hoch moderner Elektronik so fein steuerte, wie es das menschliche Reaktionsvermögen selbst des besten Fahrers nicht vermochte. Der Fahrer verfügte damit über technische Hilfsmittel, die mit denen eines Flugzeugpiloten vergleichbar waren.

Benetton Engineering Limited unterstand wie Benetton Formula einer unabhängigen Leitung, gehörte aber Benetton International NV, dem Unternehmen mit Sitz in den Niederlanden. Benetton Engineering hielt 50 Prozent an Tom Walkinshaws Firma TWR, die Sonderanfertigungen der Marke Jaguar herstellte. Man munkelte, dieser Anteil sei größer als der von Walkinshaw an Benetton Formula – sofern er überhaupt Anteilseigner des Rennstalls war, was viele bezweifelten. Was Benetton von dieser Beteiligung hatte, war für viele Beobachter der Motorsportszene ein Rätsel. Gilberto und Luciano ließen Briatore jedoch bis auf weiteres freie Hand. Der Teamchef genoss den Formel-1-Zirkus, hielt aber seine geschäftlichen Machenschaften vor der Presse streng geheim.

In der Winterpause gab die Rennkommission bekannt, dass die Traktionskontrolle für die folgende Saison verboten wurde. So mussten Briatore und die übrigen Teamchefs andere Methoden finden, die Geschwindigkeit zu steigern. Der Finne J. J. Lehto, der neue zweite Fahrer im Benetton-Team, brach sich bei einer Testfahrt das Genick. Er überlebte den Unfall zwar, erholte sich aber nur langsam von seiner Verletzung. Inzwischen nahm der Holländer Jos Verstappen seinen Platz im Team ein.

Eine Bombe, die vor der Tür von Briatores Wohnung in Knightsbridge gefunden wurde, brachte dem Teamchef erneut eine schlechte Presse ein. Wenigstens war sie nicht explodiert. Manche vermuteten, dass die IRA hinter dem Anschlag steckte und dass er nicht gezielt gegen Briatore gerichtet gewesen war. Es wurde gemutmaßt, dass es sich um eine Verwechslung oder ein willkürliches Attentat gehandelt habe. Man munkelte aber auch, der oder die unbekannten Täter hätten Briatore und Benetton »warnen« wollen. Anderswo verfehlten dagegen Bomben und Geschosse nicht ihr Ziel, sondern hatten verheerende Folgen – auch für das Image des Unternehmens und die Marke Benetton.

Hum, Mostar, Bosnien-Herzegowina 1993

Marinko Gagro, ein 30-jähriger bosnischer Kroate, war in den jüngsten Gefechten gefallen – eines der zahllosen Todesopfer, die dieser gnadenlose Krieg auf dem Balkan forderte. Gagro hatte einen Kopfschuss erlitten und war im Krankenhaus gestorben, wo man seine blutige Kleidung später verbrannte. Sein Vater, Gojko, verfiel in ohnmächtige Verzweiflung. Doch als er von einem Mitarbeiter des Roten Kreuzes erfuhr, dass jemand eine Plakataktion gegen den Krieg plante, übergab er der Organisation ein paar Fotos. Sie waren alles, was ihm von seinem Sohn geblieben war. Gagro forderte, sie sollten im Namen des Friedens verwendet werden. Dazu gab er eine schriftliche Erklärung in Serbokroatisch ab: »Ich, Gojko Gagro, Vater des gefallenen Marinko Gagro, geboren 1963 in der Provinz Citluk, wünsche, dass der Name meines Sohnes und alles, was von ihm geblieben ist, im Dienste des Friedens und gegen den Krieg verwendet wird.« Der Mitarbeiter des Roten Kreuzes dankte ihm und versprach, die Fotos und die Erklärung weiterzuleiten.

Luciano hatte schon länger vorgehabt, nach Bosnien zu reisen. Die Aktion »Räumt eure Schränke aus« hatte tonnenweise Kleiderspenden in das Gebiet des ehemaligen Jugoslawien gebracht, wo sie dringend benötigt wurden. Luciano glaubte, noch mehr bewirken zu können. Sehr zu seinem Ärger wollte der Aufsichtsrat der Benetton Group, insbesondere die freien Aktionäre, aber nicht zulassen, dass er als Direktor eines börsennotierten Unternehmens sein Leben riskierte, indem er in ein Kriegsgebiet reiste. Luciano war es gewohnt, seinen Willen durchzusetzen, aber in diesem Fall musste er sich dem Entschluss beugen. Dennoch verspürte er den innigen, vielleicht naiven Wunsch, mehr gegen den Krieg in Bosnien zu tun … *tatsächlich* etwas bewirken zu können.

Die folgenden Ereignisse waren von den Wirren des Krieges geprägt. Die Fotografien von Marinko Gagro und die Erklärung seines Vaters gelangten über das Rote Kreuz in den Besitz von Chem Co, einem Unternehmen mit Sitz in Triest, das Benetton in Sarajevo vertrat. Zur selben Zeit erhielt Chem Co vom Roten Kreuz auch ein grausiges Überbleibsel des Krieges: ein blutgetränktes T-Shirt und eine Militärhose. All dies – die Bilder, die Erklärung und die blutige Kleidung – gerieten schließlich nach Ponzano und in die Hände von Toscani.

Birmingham, England 1993

Toscani und Luciano hatten ehrgeizige Pläne für Fabrica, das neuartige Kommunikationszentrum, das in den Gebäuden eines alten Landhauses entstand. Es lag wenige Kilometer von Ponzano entfernt in dem Ort Catena di Villorba. Tadeo Ando, der japanische Architekt, der den Umbau leitete, war ein Freund von Toscani. In dem Namen Fabrica – abgeleitet von *fabbrica* (Fabrik) – lag eine Anspielung auf Andy Warhols »Factory« im New York der Sechziger, jener Jahre, die für Toscani prägend gewesen waren. Fabrica stand allerdings auf einer solideren ideologischen Grundlage. Ausgewählte junge Leute aus aller Welt sollten, von Benetton gesponsert, in diesem Zentrum Projekte ihrer Wahl durchführen können. Außer festen Terminen für den Abschluss der Arbeiten würde es keine Beschränkungen geben. Wie Warhols Factory sollte Fabrica den Akzent auf die Freiheit des Ausdrucks und das freiwillige Miteinander unterschiedlicher Ansätze legen.

Für das Marketing des Projektes verfügte Benetton über ein globales Netz von Beziehungen in den Bereichen Design, Kommunikation und bildender und darstellender Kunst. Außerdem berichtete das Magazin *Colors* über Fabrica. Vier Jahre später sollte der Redaktionssitz von *Colors* gleich neben der Schule sein und das Magazin würde einen ihrer jungen »Absolventen«, den Südafrikaner Adam Broomberg, zum Redakteur haben. Die Frage, wer Fabrica leiten sollte, war allerdings vorerst noch offen. Auf Kuba hatte Luciano sich selbst in der Tradition von Leuten wie Armand Hammer gesehen: der Unternehmer als Bilderstürmer, der die Verbindungen zum »Erzfeind« knüpfte – in diesem Fall zum letzten kommunistischen Staatschef der westlichen Welt.

Luciano und Toscani hatten Fidel Castro angetragen, die Insel zu verlassen – sowohl im Interesse der Schule, die er leiten sollte, als auch im Interesse Kubas. Aber Castro schien an der Position, die Luciano ihm anbot, nicht interessiert zu sein, obwohl dieser keine Gelegenheit ausließ, den kubanischen Staatschef öffentlich zu preisen. »Er wäre die ideale Galionsfigur für ein kosmopolitisches, multi-ethnisches Entwicklungszentrum wie Fabrica«, zitierte die Presse Luciano. »Ein charismatischer und revolutionärer Führer wie er gäbe wertvolle Anregungen zu einer neuen, antikonformistischen Schule – einem Versuchslabor für die Entstehung einer besseren Gesellschaft.« In Wirklichkeit sprach Luciano wesentlich zurückhaltender über Castro und erhob auch nicht so hochtrabende Ansprüche für sein jüngstes Projekt. Aber die Presse witterte eine Sensationsstory und druckte, was sie von diesem skandalumwitterten Mann gern gehört hätte – von diesem weltweit größten Abnehmer von Wolle, der während seiner Amtszeit als Senator nackt vor die Kamera seines Werbefotografen getreten war. Der Ort, an dem Luciano sprach, lag Tausende Kilometer von der exotischen Welt Kubas entfernt. Er befand sich in Birmingham, wo gerade ein neuer United-Colors-of-Benetton-Laden eröffnet wurde.

Dieses zweistöckige Geschäft war das erste, in dem die gesamte Produktpalette der Benetton-Accessoires angeboten wurde, von Schuhen bis hin zu Taschen. Auch bunte Kondome gehörten zum Sortiment. Die festliche Atmosphäre stand im Gegensatz zu der Betonwüste der schmuddeligen mittelenglischen Stadt. Alessandro, der seinen Vater begleitete, trug als Einziger einen Anzug. Vor dem Geschäft stand ein Formel-1-Rennwagen von Benetton, der eigens zu diesem Anlass aus Oxfordshire hergebracht worden war.

Inmitten der Feierlichkeiten sprach Luciano über Fidel Castro. Einigen der Journalisten kamen selbst die vorsichtigsten seiner Aussagen schlechterdings absurd vor. Schließlich hatte Castro sein Land in Armut gestürzt und beinahe einen dritten Weltkrieg entfesselt. Luciano schien jedoch völlig bei Verstand zu sein. Außerdem wusste er bereits, was die nächste Werbekampagne bringen würde.

Ponzano, Veneto 1994

Toscani hatte verschiedene Andeutungen gemacht.

In einer soeben erschienenen, ungeheuer umfangreichen kaleidoskopischen Sammlung von Fotos zum Unternehmen und der Marke mit dem Titel »Global Vision: The United Colors of Benetton« erklärte er:

Ich beschäftige mich mit Bildern, nicht mit dem Verkauf von Kleidung.

Werbung ist die vielseitigste und wirkungsvollste Kommunikationsform der Welt. Wir brauchen Bilder, die die Leute zum Nachdenken und zur Auseinandersetzung anregen ... Wenn wir in den Nachrichten Bilder von den Kämpfen in Sarajevo sehen, dann entspricht das in diesem Zusammenhang unseren Erwartungen. Entsetzliche Gewalt in den Nachrichten ist normal. Aber wenn man dasselbe Bild aus dem Zusammenhang nimmt und ein Benetton-Logo darunter setzt, dann bringt es die Leute dazu, innezuhalten und sich Gedanken über das Thema zu machen. Wenn sie dann nicht damit fertig werden, richtet sich ihr Zorn gegen uns.

Die Werbekampagne, die im Frühjahr anlief, zeigte die blutigen Kleider des bosnischen Kriegsopfers. Quer über dem oberen Teil des Bildes war in serbokroatischer Sprache die Erklärung von Gojko Gagro, dem trauernden Vater, abgedruckt. Unten links war das Logo mit dem Schriftzug United Colors of Benetton zu sehen. Das erschreckende Bild wurde in 110 Ländern auf Plakatwänden und in Zeitungen veröffentlicht. *Oslobodenje*, die unabhängige Tageszeitung, die in Sarajevo von einer Gruppe von Serben, Kroaten und Moslems gemeinsam herausgegeben wurde, druckte eine Sonderausgabe und verschickte sie an die 80 führenden Staatsoberhäupter der Welt.

Große Tageszeitungen wie die *Los Angeles Times, Le Monde* und die *Frankfurter Allgemeine Zeitung* lehnten es ab, das Foto zu veröffentlichen. Der Vatikan erklärte, Benetton betreibe einen »Bilderterror«. Wally Olins, der Vorstand von Wolff Olins, einer führenden Corporate-Identity-Agentur in Großbritannien, sagte: »Ich persönlich finde diese Anzeigen abscheulich. Aber die Zeiten, in denen die Unternehmen sich nur für ihren Gewinn verantwortlich fühlen mussten, sind vorbei. Die großen Konzerne sind zu mächtig geworden, als dass sie es weiterhin vermeiden könnten, Stellung zu beziehen.«

Die wöchentlich erscheinende französische Werbezeitschrift *Strategies* erklärte, sie werde nicht über Benetton berichten, solange das Unternehmen diese Art von Werbung fortsetze. »Diese Anzeige erregt nicht nur Abscheu, sondern wirft auch die Frage nach der Verantwortung derer auf, die solche Werbung machen. Darf man sich alles erlauben, alles als Mittel zum Zweck benutzen, um auf sich aufmerksam zu machen?« Frankreichs Vertreter für Menschenrechte und humanitäre Aktionen rief öffentlich dazu auf, keine Benetton-Kleidung zu kaufen und sie »denen, die sie tragen, vom Leib zu reißen«. Im ehemaligen Jugoslawien gab es indessen sehr unterschiedliche Reaktionen, je nachdem, ob der Tote als Angreifer oder als Opfer gesehen wurde und ob die Leute meinten, die Kampagne ergriffe ihre Partei oder die der Gegner.

Marina Galanti, die Leiterin der Pressestelle bei Benetton, erklärte: »Wir sind nicht so naiv zu glauben, dass wir auf diese Art am besten den Absatz unserer T-Shirts steigern können. Was wir erreichen wollen, ist, das Konzept von institutionalisierter Gewalt und die Rolle der Werbung in Frage zu stellen.« Der Art Directors' Club in New York verlieh Benetton die Auszeichnung des Jahres 1994 für »Werbung, die das soziale Bewusstsein schärft«. Außerdem erhielt Benetton den Preis des Art Directors' Club in Tokio für die beste Kampagne des Jahres.

Allgemein wurde angenommen, die blutige Kleidung sei die von Marinko Gagro. Er war ein Mensch wie viele andere gewesen – ein junger Mann, der leben wollte, sein Studium abschließen, einen Beruf ergreifen und eine Familie gründen. Er war der zeitgenössische Gegenpart zu dem unbekannten Opfer des Ersten Weltkriegs, das unter den Steinen der Westminster-Abtei in London liegt. Benetton betitelte das Bild daher »Der bekannte Soldat«.

Das Problem daran war, dass es sich keineswegs um die Kleidung eines bekannten Soldaten handelte. Gojko Gagro sah die Abbildung in Bosnien-Herzegowina in der Zeitung und nahm Kontakt zu der deutschen Zeitung *Die Woche* auf. Er sagte, dass er neben der veröffentlichten Erklärung auch Fotos von seinem verstorbenen Sohn abgegeben habe, die nicht veröffentlicht worden seien. Vor allem aber betonte er, dass nicht *er* die abgebildete blutbefleckte Kleidung zur Verfügung gestellt habe. Er erklärte, dass die Kleidung seines Sohnes in dem Krankenhaus, in dem er gestorben war, verbrannt worden sei, und fügte hinzu, dass er sie anderenfalls niemals weggegeben hätte. »Das wäre gewesen, als ob ich seine Beine verkauft hätte.« Außerdem wies Gojko Gagro darauf hin, dass sein Sohn an einem Kopfschuss gestorben sei. Das Einschussloch in der Kleidung auf dem Bild lasse dagegen auf einen Schuss in die Brust schließen.

Hatten also Luciano und Toscani etwa Chem Co, ihren Vertreter für Sarajevo, einfach angewiesen, Kleidung für ihre Kampagne zu »beschaffen«? Hatten sie diese dann wissentlich mit einer Erklärung aus einer anderen Quelle in Verbindung gebracht? Und hatten sie tatsächlich angenommen, der Mann, der die Erklärung abgegeben hatte, würde das Bild nicht sehen oder sich nichts dabei denken, dass seine Worte in einen anderen Zusammenhang gestellt wurden? Das erschien wenig plausibel und Luciano bestritt auch, dass es so war. Er stellte es so dar, dass Benetton vielmehr die Vertretung für Sarajevo beauftragt hatte, mit dem Roten Kreuz Kontakt aufzunehmen. Das Rote Kreuz hatte die Kleidung dann an Benetton geschickt und dazu den Namen des Opfers angegeben. Benetton hatte sich an dessen Vater gewandt und dieser hatte die Erklärung verfasst, die dann mit dem Bild veröffentlicht wurde. Gojko Gagros eigene Ansichten darüber, ob und wie seine Aussage verwendet werden dürfe, kannten Luciano und Toscani nicht. Sie sahen in seinen Worten und der bluttränkten Kleidung einfach das geeignete Material für ihr Bild. Toscani war zwar kein Fachmann für Ballistik, behauptete aber, das Loch in dem T-Shirt, das auf einen Brustschuss schließen ließ, müsse »nicht zwangsläufig ein Einschussloch sein«. Er erklärte erneut seine Überzeugung, die Kleidung sei die von Marinko Gagro. Das widersprach nun völlig der Aussage von Gagros Vater, der seinerseits keinen Grund gehabt hätte, nicht die Wahrheit zu sagen. Beide Seiten beharrten auf ihrer Version und so war am Ende selbst der »bekannte Soldat« ironischerweise unbekannt.

In der Öffentlichkeit waren die Meinungen über den »bekannten Soldaten« noch gegensätzlicher, als das bei dem Bild des Aids-Opfers David Kirby der Fall gewesen war. In Frankreich wurden wieder mehrere Benetton-Läden verwüstet. Auch in Deutschland gärte es. Diesmal gingen die Proteste jedoch von den Einzelhändlern aus. Sie waren ebenso aufgebracht wie ihre Kollegen in Amerika, wo aufgrund der Rezession mehr als 300 Läden hatten schließen müssen. Anders als jene kamen die europäischen Ladenbesitzer jetzt zu dem Schluss, dass sie endlich die nötige Handhabe hatten, um rechtliche Schritte gegen den Konzern einzuleiten.

Luciano hatte beschlossen, seinen ältesten Sohn Mauro, der Vertriebsleiter der Benetton Group war, nach Amerika zu schicken, damit er dort dafür sorgte, dass sich der Aufwärtstrend weiter fortsetzte. Die Strategie dazu bestand darin, sich auf weniger Läden an ausgesuchten Standorten zu konzentrieren, die größer und zugleich exklusiver sein sollten. Die angestrebte Zielgruppe wurde von den Teenagern auf eine kaufkräftigere Kundschaft zwischen zwanzig und vierzig verlagert – das Publikum von United Colors of Benetton und Sisley. Teenager waren preisbewusster und kauften ihre Kleidung lieber bei Limited's Express und Gap, wenn sie damit auch nur einen Dollar sparen konnten.

Luciano hatte außerdem beschlossen, sich aus der Politik zurückzuziehen. Die Eigennützigkeit der Politiker, für die der Medienmogul Silvio Berlusconi ein herausragendes Beispiel war, wurde selbst Luciano schließlich zuviel, so sehr er auch daran geglaubt hatte, er könne »einen Beitrag leisten«. Er erklärte daher, dass er bei der nächsten Wahl nicht mehr kandidieren werde. »Die Rollen des Politikers und des Geschäftsmannes sind beide so wichtig, dass ich sie für meinen Teil heute nicht mehr vereinbaren kann«, sagte er. »Ich glaube, dass es unmöglich ist, beiden gerecht zu werden.«

Luciano hatte gute Gründe, sich wieder ganz auf das Geschäft zu konzentrieren. Genug Zeit hatte er jetzt auch. Er war aus der Politik ausgestiegen und hatte den Kontakt zu Marina abgebrochen. Sie fing bald darauf eine Beziehung mit einem Mann namens Marco Benatti an, von dem sie noch zwei Söhne bekam. Später verwendete sie ihre Energie hauptsächlich darauf, ihr Kinderbekleidungsgeschäft zu führen. Außerdem hegte sie ihrerseits Pläne, in die Politik zu gehen.

Den Turnaround in Amerika weiter voranzutreiben war nur eine der Herausforderungen, vor denen der Konzern stand. Außerdem galt es, in Australien und Südafrika Hindernisse zu überwinden, die dem Wachstum des Unternehmens im Weg standen. So sponserte Benetton im Rahmen der Feiern zu den ersten freien Wahlen in Südafrika eine Reihe von Kulturveranstaltungen. Außerdem stand eine weitere Aktienemission der Benetton Group bevor, mit der die Zahl der Anteilseigner des Konzerns weiter vergrößert werden sollte. Auch mit einem weiteren Problem musste sich Luciano beschäftigen: Die Besitzer der Benetton-Läden in Frankreich und Deutschland, die von jeher eine Vorliebe für dezente Farben teilten, waren sich jetzt noch in einem weiteren Punkt einig. Sie wollten gemeinsam rechtliche Schritte gegen das Unternehmen einleiten. Dabei beriefen sie sich auf die Kampagne mit dem »bekannten Soldaten«, in der sie den Grund für ihre Umsatzeinbußen sahen.

Zugleich eskalierte der Streit zwischen Toscani und Aldo Palmeri und der Konflikt wurde zunehmend öffentlich ausgetragen. Toscani warf Palmeri eine »sture und altmodische« Haltung vor. Insgesamt ging es in diesen Auseinandersetzungen eher um weltanschauliche Fragen als um solche von Unternehmensführung und Finanzplanung, wobei Toscani für letzteren Bereich ohnehin nicht zuständig war. Dennoch war der Stein des Anstoßes die Verwendung von Benettons Werbeetat von 60 Millionen Dollar. »Seit Sie wieder bei Benetton sind, kann ich nicht mehr so arbeiten wie früher«, schrieb Toscani an Palmeri. »Alles geht langsamer voran, ich muss mich mit bürokratischen Hindernissen und Planungsunsicherheiten herumschlagen.« Toscani schloss mit den Worten: »Habe ich etwa jemals gewagt, Ihnen Vorschriften zu machen, wie Sie die Finanzen verwalten oder den Konzern leiten sollen?« Er drohte an, seine Arbeit niederzulegen.

Palmeri tat diese Äußerungen als »völligen Unsinn« ab und stellte klar, dass Toscani nur als außenstehender Berater für den Konzern tätig war. Es sei nicht nötig, mit Luciano Rücksprache zu halten. »Wir sind in dieser Angelegenheit völlig einer Meinung.« Wenn es darum ging, sich selbst in Szene zu setzen, konnte der CEO jedoch nicht mit dem Künstler mithalten. Toscani sorgte dafür, dass sein »persönlicher« Brief der Presse in die Hände fiel, und wählte den Zeitpunkt so, dass sowohl Palmeri als auch Luciano außer Landes waren. Dadurch gewann Toscani mehrere Tage, die er nutzte, um die Öffentlichkeit auf seine Seite zu ziehen. Palmeri war überrumpelt und machte eine ausgesprochen unglückliche Figur. Toscani dagegen wusste, was die Leute hören wollten. Er erklärte, der Grund für seinen Streit mit dem CEO sei, dass dieser den Etat für das Magazin *Colors* gekürzt habe. »Meine Kritik richtet sich nicht gegen Luciano Benetton, sondern gegen Palmeri«, erklärte Toscani. »Seit er mir diesen Schmalspurredakteur vor die Nase gesetzt hat, funktionieren in der Redaktion nicht mal mehr die Toiletten!«

Für Toscani ging es in dieser Auseinandersetzung vor allem darum, seine Position im Unternehmen zu behaupten. Er fürchtete um seinen Einfluss, seit Sisley nicht mehr in seine Zuständigkeit fiel und jetzt, wie Palmeri anerkennend bemerkt hatte, unter Mauros Leitung aufblühte – ganz ohne Toscanis Mitwirkung. Das Risiko, das der Fotograf einging, schien selbst für seine Verhältnisse enorm zu sein, aber er nahm seinen »Renaissance-Fürsten« Luciano beim Wort. »Lass dir nie in deine Angelegenheiten hineinpfuschen«, hatte der gesagt, »nicht einmal von mir!« Lucianos mahnenden Zusatz – »Sei verantwortungsbewusst« – ließ Toscani allerdings nach wie vor geflissentlich wegfallen, wenn er die Äußerung zitierte. Trotzdem glaubten viele, diesmal sei Toscani zu weit gegangen.

Auch der CEO schien seine Stellung im Konzern aufs Spiel zu setzen. »Entweder ist Palmeri verrückt oder der Chef steht hinter ihm«, hieß es aus informierten Kreisen. Als jedoch Toscanis Rücktrittsdrohung bekannt wurde, löste sie an der Mailänder Börse angeblich bei den Aktien der Benetton Group einen Kurseinbruch von fast acht Prozent aus. Toscani sei »eine Säule von Benettons Erfolg«, kommentierte Ciro Tomagnini, ein Analyst von Merill Lynch in London. Es existieren allerdings weder Belege für den Kurssturz noch dafür, dass es überhaupt einen so deutlichen Zusammenhang zwischen dem Aktienkurs und dem launischen Künstler gab. Hatte Toscani die Gerüchte vielleicht selbst in die Welt gesetzt und genährt? Jedenfalls endete das Ganze damit, dass Toscani bei Benetton blieb. Palmeri dagegen war innerhalb eines Jahres wieder von der Bildfläche verschwunden.

Aida, Japan 1994

Benetton Formula hatte in dieser Saison einen glänzenden Start. Obwohl die Traktionskontrolle verboten worden war, erwies Schumacher sich sowohl in der Qualifikation als auch in den Rennen als der schnellste Fahrer. Er hatte den ersten Grand Prix der Saison, den von Brasilien, mit einer überzeugenden Leistung für sich entschieden und auch den zweiten, den Großen Preis von Aida, gewonnen. Benetton hatte nicht nur die schnellsten Starts, sondern auch die kürzesten Boxenstopps. Die Geschwindigkeit, mit der Briatores Leute die Wagen auftankten und wieder auf die Strecke schickten, war selbst durch das Williams-Team nicht zu überbieten.

Diese Saison wurde für Benetton Formula zum Siegeszug – und das in einem Jahr, in dem das Unternehmen Siege wirklich nötig hatte. Es gab jedoch jemanden, der wusste, dass er schneller sein konnte als Schumacher – und dieser Jemand glaubte jetzt, den wahren Grund für Benettons Erfolg in der Formel 1 entdeckt zu haben.

9. Gebrandmarkt

Tod eines wichtigen Zeugen – Imola, Italien 1994

San Marino ist so klein, dass es einer Großveranstaltung wie einem Grand Prix nicht gewachsen ist. Das Rennen wird daher in Imola ausgetragen, so dass zwei Formel-1-Rennen in Italien stattfinden. Die Rennstrecke liegt in einer herrlichen Parklandschaft und zeichnet sich durch extrem schnelle Geraden aus, die von Schikanen unterbrochen sind. Besonders bekannt ist die ungeheuer schnelle Tamburello-Linkskurve. Die diesjährigen Ereignisse in Imola überschatteten den Grand Prix und die gesamte Formel 1 auf Jahre hinaus. Dieses Rennen forderte zwei Menschenleben und machte zudem, wie ein Insider sagte, »jegliche Hoffnung zunichte, diesen Sport je wieder von den Skandalen reinzuwaschen«.

Ein Mann hatte Schumachers unglaublich guten Start in São Paulo ganz besonders aufmerksam verfolgt. Er hatte beobachtet, wie Schumacher in diesem und auch im folgenden Rennen in Aida siegte. Es handelte sich um Ayrton Senna, einen zurückhaltenden, tief religiösen Mann, dreifacher Weltmeister und unbestritten der größte Rennfahrer seiner Zeit. Die Meinungen über ihn als Mensch waren geteilt, aber als Sportler genoss er allgemeine Anerkennung. Senna hielt es für »ausgeschlossen«, dass es bei einem Start, wie Schumacher ihn in Brasilien gezeigt hatte, ohne irgendwelche technischen Hilfsmittel zugegangen sein sollte. Er war überzeugt, dass bei Benetton Formula »etwas faul« war.

Mehrere führende Teams teilten Sennas Verdacht. Auch sie glaubten nicht, dass die Kombination aus Benetton-Karosserie und technisch unterlegenem Ford-Motor die überragenden Leistungen ermöglichte, die Benetton in dieser Saison zeigte. Die anderen Fahrer drängten Senna, weitere Nachforschungen anzustellen. Der ließ sich nicht lange bitten und begann insgeheim, Benettons Computer und Schumachers Rundenzeiten zu überwachen. Er führte Buch darüber, welche Mechaniker vor und nach dem Rennen in die Nähe von Schumachers Wagen kamen. Senna stellte ein Dossier zusammen, das er am Ende der Saison der Formel-1-Aufsichtskommission übergeben wollte. Er war entschlossen, die Sache an die Öffentlichkeit zu bringen.

Dem Rennen in Imola ging eine Tragödie voraus: Der junge Österreicher Roland Ratzenberger fuhr in der Qualifikation gegen eine Mauer und erlag seinen Verletzungen. Dies war seit zwölf Jahren der erste tödliche Unfall in der Formel 1. Senna, der risikobewussteste unter den Fahrern, drängte darauf, die Unfallstelle gründlich zu untersuchen, bevor das eigentliche Rennen ausgetragen wurde.

Das Rennen begann. Senna setzte sich vor Schumacher und war entschlossen, die Führung um jeden Preis zu halten. Schon in der zweiten Runde zeichnete sich ab, dass das Rennen ein Zweikampf wurde: ein Duell zwischen Senna, dem Menschen, und Schumacher, der halb Mensch, halb Maschine zu sein schien. Senna ging bis an die äußersten Grenzen seiner herausragenden Fähigkeiten und steuerte seinen Williams mit rund 320 Stundenkilometern in die Tamburello-Kurve. Der Wagen brach in der Kurve aus, prallte gegen die Mauer und kam am Fahrbahnrand zum Stehen. Kurz darauf war Ayrton Senna tot.

Sennas Unfall, der durch den Bruch einer fehlerhaften Schweißnaht im Getriebe der Lenkung verursacht worden war, lenkte die Aufmerksamkeit zunächst von den ungeklärten Fragen um das Benetton-Team ab. Schumacher siegte auch in Imola und im folgenden Rennen in Monaco. In Spanien belegte er den zweiten Platz, in Kanada wieder den ersten. Schumachers Start in Frankreich galt als einer der »exzellentesten« in der Geschichte der Formel 1. Inzwischen äußerten auch andere Teams laut denselben Verdacht, den Senna gehabt hatte.

Die internationale Motorsportvereinigung FIA beauftragte die britische Softwarefirma Liverpool Data Research Associates damit, die Computerprogramme zu untersuchen, mit denen McLaren, Ferrari und Benetton arbeiteten. Ferrari erklärte sich sofort dazu bereit, die Quellcodes herauszugeben. McLaren und Benetton lehnten dies zunächst ab, da sie in der Überprüfung einen »Eingriff in vertrauliche Daten« sahen. Bei Ferrari wurden keine Unregelmäßigkeiten festgestellt und der Druck auf McLaren und Benetton wurde schließlich so stark, dass auch diese Teams ihre Computerprogramme herausgeben mussten.

In den sieben Rennen bis zum Grand Prix von Silverstone hatte Schumacher für Benetton sechs Siege und einen zweiten Platz errungen. In der Qualifikation zu diesem Rennen ging er als Zweiter an den Start und überholte den Williams-Fahrer Damon Hill, der aus der Poleposition startete, in der Einführungsrunde zweimal. Dieses regelwidrige Fahrverhalten wurde zunächst als Versuch Schumachers interpretiert, den Briten vor seinen Landsleuten zu verunsichern. Schumacher bekam von den Rennkommissaren die schwarze Flagge gezeigt und wurde in die Boxen zurückgeschickt. Der Deutsche ignorierte das Signal zunächst und behauptete später, er habe es nicht gesehen. Schließlich verbüßte er zehn Strafsekunden in den Boxen und wurde am Ende Zweiter hinter Damon Hill.

Der Vorfall in Silverstone verstärkte den Verdacht der anderen Teams gegen Benetton. Die seltsamen Manöver in der Einführungsrunde waren nicht recht damit zu erklären, dass Schumacher den Rivalen nervös machen wollte. Eher sah es so aus, als hätte er den Wagen nicht unter Kontrolle gehabt – so als hätte dieser ein Eigenleben entwickelt. Nach dem Grand Prix von Großbritannien wurde Schumacher für zwei Rennen gesperrt, weil er die schwarze Flagge missachtet hatte. Schumacher erreichte jedoch, dass die FIA die Sperre aufschob, so dass er im nächsten Rennen auf seiner Hausstrecke in

Deutschland starten konnte. Inzwischen war auch eine Geldstrafe gegen Benetton verhängt worden, weil das Team sich der Anordnung widersetzt hatte, die Software herauszugeben. Die Softwarefirma LDRA versuchte indessen, hinter das Geheimnis dieser Programme zu kommen.

Feuer in der Boxengasse – Hockenheim, Deutschland 1994

Schumacher durfte vor den heimischen Fans starten, wie er es sich gewünscht hatte. Der Deutsche lag auf Platz zwei und war kurz davor, in Führung zu gehen, als sein Teamkollege Jos Verstappen in die Boxen fuhr. Es hätte nur ein routinemäßiger Tankstopp sein sollen.

Nachdem die computergesteuerte Traktionskontrolle verboten worden war, konzentrierten die Teams sich umso stärker darauf, die Zeit, die zum Auftanken gebraucht wurde, um weitere Sekundenbruchteile zu reduzieren. Viele betrachteten die technischen Vorrichtungen, die dabei eingesetzt wurden, allerdings als eine Art Stunt, bei dem für das Fernsehen die spektakulären Bilder geboten wurden, die von der Strecke selbst oft fehlten. Wie auch immer, Benetton hatte anerkanntermaßen nicht nur die schnellsten Starts, sondern auch die kürzesten Tankstopps.

Was bei diesem Rennen in Hockenheim geschah, erregte die Gemüter noch lange danach. Dabei ging es eigentlich noch glimpflich aus. Das Schlimmste war die Vorstellung, was alles hätte passieren können. Die Mechaniker umringten Verstappens Wagen und versuchten, 80 Liter Treibstoff in siebeneinhalb Sekunden einzufüllen, als es plötzlich eine gewaltige Explosion gab. Vier Sekunden lang waren der Wagen, der Fahrer und die Mechaniker von einem Feuerball umgeben – ein Bild des Grauens, das Millionen von Fernsehzuschauern mit ansahen.

Wie durch ein Wunder kamen Verstappen und das Benetton-Team mit dem Schrecken davon. Der Fahrer und fünf der Mechaniker erlitten oberflächliche Verbrennungen. Ihre Schutzkleidung und die schnelle Reaktion, mit der sie das Feuer bekämpften, bewahrten sie vor Schlimmerem. Doch als die Flammen gelöscht waren, dachten viele der Anwesenden an ein anderes Unglück. Vor ihrem geistigen Auge erschien das Bild von 22 Mechanikern, die von einem Flammenmeer eingeschlossen waren, und sie erinnerten sich an die Entsetzensschreie der Zuschauer, als das Feuer auf eine nahe gelegene Tribüne übergriff.

Die nächstliegende Erklärung für das Inferno in der Boxengasse des Hockenheim-Rings war menschliches Versagen. Möglicherweise war ein Fremdkörper in das Tanksystem geraten oder eine schadhafte Verbindung war durch den hohen Druck undicht geworden. Eine gründliche Untersuchung der gesamten technischen Anlage ergab schließlich, dass im Tanksystem ein Filter fehlte, was die Geschwindigkeit, mit der der Treibstoff in den Tank gepumpt wurde, minimal steigerte. Experten vermuteten, dass durch den höheren Druck, der dadurch entstand, Treibstoff ausgetreten und auf den heißen Auspuff des Wagens getroffen war, wo er sich entzündet hatte. Angesichts der Tatsache, dass Sekundenbruchteile über Sieg und Niederlage entschieden, wurde natürlich spekuliert, Benetton habe durch das Entfernen des Filters die Zeit, die während eines Rennens durch Tankstopps verloren ging, insgesamt um bis zu eine Sekunde vermindert.

Als die FIA das Ergebnis der Untersuchung bekannt gab, behaupteten Briatore und das Benetton-Team zunächst, der Filter sei mit Genehmigung der Rennkommission entfernt worden. Die FIA erklärte diese Aussage jedoch schlicht für falsch. Genehmigungen für technische Änderungen aller Art mussten schriftlich beantragt werden und weder ein solcher Antrag noch eine Genehmigung lagen vor. Briatore wurde zur Anhörung vor den Aufsichtsrat der FIA in Paris zitiert. Er blieb bei seiner Behauptung, das Team habe sich nichts zuschulden kommen lassen. Tom Walkinshaw dagegen erklärte in einem Fernsehinterview rundheraus, der Filter sei entfernt worden, um bei den Boxenstopps Zeit zu gewinnen.

In Großbritannien hatte LDRA, die Firma, die mit der Untersuchung von Benettons Software beauftragt war, es inzwischen endlich geschafft, das Geheimnis von Benettons B194-Computer zu knacken, und hatte ihre Erkenntnisse an die FIA weitergeleitet.

Die Softwarefirma war zu überraschenden Ergebnissen gekommen: Entgegen Benettons Aussagen schien der Wagen tatsächlich Zugang zu einem Programm zu haben, das im Team »Antriebssteuerung« genannt wurde. Wenn es zum fraglichen Zeitpunkt aktiv gewesen war, wäre das die Erklärung für Schumachers perfekte Starts gewesen. Wie der Bericht von LDRA darlegte, steuerte dieses System »Kupplung, Gangschaltung und Drehzahl vollautomatisch nach einem vorher festgelegten Schema«. Einfach ausgedrückt bedeutete das, dass der Fahrer am Start einfach Vollgas gab und der Computer augenblicklich die Kontrolle übernahm, die Drehzahl überwachte und das Getriebe entsprechend schaltete, so dass auf der Startgeraden die höchstmögliche Geschwindigkeit erreicht wurde, ohne dass die Räder durchdrehten. Eine solche computergesteuerte Fahrleistung war mit bloßen menschlichen Fähigkeiten nicht zu übertreffen, nicht einmal von einem so hervorragenden Fahrer, wie es Ayrton Senna gewesen war. Genau deshalb hatte die FIA den Einsatz dieses Hilfsmittels in der vorangegangenen Saison verboten.

Die Softwareingenieure hatten bei der Überprüfung zuerst das Hauptmenü aufgerufen und keine Unregelmäßigkeiten festgestellt. Es enthielt nur zehn Items, die alle völlig unverdächtig waren. Der gesuchte Programmteil wurde erst sichtbar, wenn man mit dem Cursor in das letzte, scheinbar leere Feld scrollte und dann eine bestimmte Taste drückte. Benettons Programmierer hatte das, was dadurch aktiviert wurde, »Option 13« genannt.

Option 13 war in der Computer-Hardware vor und nach dem Rennen nicht nachzuweisen. Senna hatte den Verdacht gehabt, dass es erst unmittelbar vor dem Start von einem Laptop heruntergeladen wurde, den ein Techniker des Benetton-Teams an den Wagen anschloss.

Wenn Schumacher nach dem Rennen den Motor abstellte, wurde das Programm automatisch spurlos gelöscht. Das wäre die Erklärung sowohl für Schumachers hervorragende Starts als auch für die rätselhaften Manöver beim britischen Grand Prix gewesen. Möglicherweise war damals in Option 13 oder in Schumachers Handhabung des Programms ein Fehler aufgetreten, so dass in der Einführungsrunde zweimal die Antriebssteuerung aktiviert wurde und der Wagen abrupt beschleunigte.

Wenn der illegale Einsatz der Antriebssteuerung nachgewiesen werden konnte, war die Lage ernst – vergleichbar mit Doping-Vorwürfen gegen einen Sportler bei den Olympischen Spielen, die dazu führen konnten, dass dem oder der Betreffenden der Titel aberkannt wurde. Im Bereich der Leichtathletik hatte es solche drastischen Maßnahmen gegen unlautere Methoden schon mehrfach gegeben. Auch Schumacher und dem Benetton-Team drohten jetzt ernsthafte Konsequenzen. Die FIA konfrontierte Benettons technischen Direktor Ross Brawn, der für die Einhaltung der Bestimmungen verantwortlich war, und Flavio Briatore, der bereits wegen des fehlenden Filters zu dem Zwischenfall in Hockenheim angehört worden war, mit dem belastenden Material.

Briatore und Brawn gaben zu den Vorwürfen eine einfache Erklärung ab. Sie behaupteten, Option 13 sei nach dem Verbot nicht mehr eingesetzt worden. Sie hätten sie nur auf dem Computer gelassen, weil es zu kompliziert gewesen wäre, diesen Bestandteil aus dem Programm zu entfernen. Briatore sagte außerdem, der Zugang dazu sei erschwert worden, damit Schumacher das Programm nicht »versehentlich« aktivierte.

Seine Erklärung wurde von den Experten sofort angefochten. »Briatore behauptet quasi, sein Team habe nicht gegen die Regeln verstoßen, sondern vielmehr alles getan, um einen Regelverstoß zu verhindern«, sagte einer von ihnen. »Dazu hätte man aber nichts weiter tun müssen, als das Programm zu löschen. Das wäre die Arbeit von einem Tag gewesen.«

Ein Computerfachmann eines anderen Formel-1-Teams, das sich an das Verbot gehalten hatte, bestätigte dies. »Wir haben schließlich aus unserer eigenen Software während der Winterpause alle regelwidrigen Funktionen entfernt«, sagte er. »Ich habe das selbst in zwei Tagen erledigt. Das war alles. So einfach ist das.«

Die FIA machte entgegen der gängigen Praxis ihren Verdacht öffentlich. Darüber hinaus wurden aber keine weiteren Schritte gegen Benetton unternommen. Die Erklärung, die Briatore und Brawn abgegeben hatten, und die Tatsache, dass Option 13 unmittelbar nach jedem Rennen gelöscht wurde, machten es unmöglich, zu beweisen, dass das verbotene Programm in den fraglichen Rennen eingesetzt worden war. Außerdem hätte ein Urteil gegen Benetton und/oder Schumacher in der Öffentlichkeit verheerende Folgen gehabt. Die Einschaltquoten und die Einnahmen, die schon durch Sennas tödlichen Unfall erhebliche Einbußen hatten hinnehmen müssen, wären daraufhin womöglich noch weiter zurückgegangen. Offenbar stand in diesem Geschäft, das sich hinter der Fassade des Sports verbarg, einfach zuviel Geld auf dem Spiel. Für Briatore, Brawn und Schumacher blieb jetzt nur noch das kleinere Problem der Anhörung in Paris – wegen des fehlenden Filters im Tanksystem.

Der Verdacht hing dem Benetton-Team jedoch weiterhin an, solange sich dieselben Leute in den Führungspositionen befanden. Der ehemalige Weltmeister Niki Lauda, der als Berater für Ferrari tätig war, wo die FIA keine Regelwidrigkeiten festgestellt hatte, kommentierte: »Wenn man einen Wagen so konstruiert, dass man sich ständig an der Grenze der Legalität bewegt – wie Benetton das offenbar in dieser Saison getan hat – und dann immer wieder dabei erwischt wird, dass man diese Grenze überschreitet, ist das einfach nicht in Ordnung.« Ein anderer Kommentator sagte: »So wie dieser Wagen konstruiert war, hätte Mr. Bean persönlich am Steuer sitzen können und trotzdem hätte selbst ein Damon Hill am Start keine Chance dagegen gehabt.«

Schumacher gewann das nächste Rennen in Ungarn – ob nun mit oder ohne Traktionskontrolle – mit dem mittelmäßigen Ford-Motor. Inzwischen hatte Benetton Formula aber seine Beziehungen spielen lassen und schließlich in zähen Verhandlungen erreicht, dass Renault zusätzlich zu Williams und Ligier auch Benetton ausstattete. In der folgenden Saison würde also ein drittes Team mit dem technisch überragenden Motor fahren. Das hatte es bisher noch nie gegeben.

In Belgien siegte Schumacher wieder, wurde aber nachträglich disqualifiziert. Die Holzplatte, die gemäß eines neuen Erlasses der FIA unter dem Wagen angebracht sein musste, hatte nicht die vorgeschriebene Stärke. Der Sinn dieser Regelung, die mitten in der laufenden Saison eingeführt wurde, war es, den Bodenabstand zu vergrößern. Dadurch wurde der so genannte Abrieb – ein aerodynamischer Effekt – erhöht und damit die Geschwindigkeit der Wagen reduziert.

Die Glaubwürdigkeit des Benetton-Teams hatte inzwischen so sehr gelitten, dass Zweifel daran laut wurden, ob die Platte tatsächlich während des Rennens abgeschliffen worden war. Briatore hatte nämlich erklärt, das sei passiert, als Schumacher von der Fahrbahn abkam. Es gab allerdings Videoaufnahmen, die diese Version zu widerlegen schienen. Wieder drohte ein Skandal, der nicht nur dem ohnehin schon angeschlagenen Image von Benetton Formula geschadet hätte, sondern auch dem eines neuen Sponsors, den Briatore für den Rennstall gewonnen hatte. Neben der Zigarettenwerbung von Mild Seven prangte auf den Benetton-Rennwagen jetzt nämlich auch das Logo von Benetton Sportsystem, dessen Chef Gilberto Benetton war. Und der sah es gar nicht gern, dass sein Markenzeichen ausgerechnet im Zusammenhang mit Ermittlungen wegen wiederholter Regelverstöße in den Blickpunkt der Öffentlichkeit geriet.

Kurz darauf bestätigte der Aufsichtsrat der FIA in Paris die Sperre für zwei Rennen, die nach dem britischen Grand Prix gegen Schumacher verhängt worden war. Wenige Tage später wurde auch die Disqualifikation für das Rennen in Belgien bestätigt. Zugleich wurde das Benetton-Team jedoch in der Affäre um den fehlenden Treibstoff-Filter bei dem Rennen in Hockenheim vom Vorwurf des vorsätzlichen Regelverstoßes freigesprochen. Auch in der Frage der Traktionskontrolle unternahm die FIA keine weiteren Schritte.

Briatore frohlockte. »Endlich ist die Wahrheit ans Licht gekommen«, triumphierte er, »und wir sind hocherfreut, unseren guten Namen von allen Vorwürfen des Betrugs befreit zu sehen.« Dabei schien es Briatore nicht zu stören, dass Schumacher soeben für ein Rennen nachträglich disqualifiziert und für zwei weitere gesperrt worden war. Es handelte sich um den Großen Preis von Italien und den von Portugal. Beide gewann Damon Hill, der damit in der Gesamtwertung nur noch einen Punkt hinter Schumacher lag. Im nächsten Rennen in Jerez siegte Schumacher, in Japan wieder Hill. Damit hatte Schumacher nach dem vorletzten Rennen der Saison noch einen Punkt Vorsprung vor seinem Rivalen.

Das letzte Rennen der Saison war der Große Preis von Australien in Adelaide. Nach etwas mehr als der Hälfte des Rennens verlor Schumacher die Kontrolle über sein Fahrzeug und streifte eine Mauer – ein Fehler, der mit Traktionskontrolle möglicherweise nicht passiert wäre. Schumachers Wagen war zu schwer beschädigt, als dass er das Rennen hätte fortsetzen können. Damit schien Damon Hill der Weltmeistertitel schon sicher zu sein. Als dieser jedoch vor der nächsten Kurve zum Überholen ansetzte, machte Schumachers Fahrzeug einen Schlenker und prallte gegen Hills Wagen. Damit waren beide Fahrer aus dem Rennen und Schumacher war Weltmeister. Benetton belegte in der Konstrukteurs-Weltmeisterschaft den zweiten Platz hinter Williams.

Dieser fragwürdige Sieg war der passende Abschluss zu einer durch und durch fragwürdigen Saison. Im Verlauf dieses einen Jahres hatte es peinliche Untersuchungen zu regelwidriger Computersoftware gegeben, das Team war nur knapp dem Inferno einer Explosion entkommen, eine Geldstrafe war verhängt worden, ein Fahrer war für ein Rennen disqualifiziert und für zwei weitere gesperrt worden – und trotz allem mussten die Verantwortlichen noch dankbar sein, dass es nicht schlimmer gekommen war. Wenn Ayrton Senna überlebt hätte, wäre der Drahtzieher bei der FIA und im gesamten Formel-1-Geschäft, Bernie Ecclestone – ein guter Freund von Briatore – wohl gezwungen gewesen, weitere Schritte einzuleiten. Senna war ein Mann gewesen, dessen Stimme man in der Formel 1 nicht einfach ignorieren konnte.

Aber Ayrton Senna hatte sein Geheimnis mit ins Grab genommen und Schumacher war Weltmeister – wenn auch nicht unangefochten: Noch zwei Jahre später sprach sich ein langjähriger Insider der Formel 1, der allerdings anonym blieb, dafür aus, dass Schumacher der Weltmeistertitel des Jahres 1994 aberkannt werden sollte.

Ponzano, Veneto 1994

Gilberto baute indessen den Sportsektor von Benetton weiter aus. Nordica, Prince, Kästle, Asolo und Killer Loop bildeten eine Gruppe von Sportartikelfirmen, deren Produktpaletten sich nahtlos ergänzten und alle Jahreszeiten abdeckten. Obwohl sie alle im Besitz von Edizione waren und unter dem gemeinsamen Namen Benetton Sportsystem geführt wurden, blieben sie doch eigenständige Unternehmen. Luciano tat sehr bald seine Meinung kund, dass diese Aufsplitterung mit der Nähe zum Markennamen Benetton unvereinbar sei. Die Unternehmen, die sich in der Größe stark unterschieden, lagen räumlich weit auseinander und nutzten jene wirtschaftlichen und technischen Synergien nicht, die Gilberto für so wichtig hielt.

Lucianos Rückzug aus der Politik traf mit dem politischen Debüt von Silvio Berlusconi zusammen, der gerade versuchte, den Schuldenberg seines Imperiums abzubauen. Edizione nutzte die Gelegenheit und erwarb für 600 Millionen Dollar eine Mehrheitsbeteiligung an Berlusconis Supermarktkette Euromercato. Diese Investition war eine Ergänzung zu den 450 Raststättenbetrieben unter den Namen Autogrill und Ciao, die schon im Besitz der Holding waren. Wie Benetton Sportsystem war auch dies ein eigenständiger Bereich, der nicht von Lucianos und Toscanis United-Colors-Werbung abgedeckt wurde.

Toscani war aus der Auseinandersetzung mit Palmeri über *Colors* als Sieger hervorgegangen, aber nach dem Skandal um den »bekannten Soldaten« ging er in der nächsten Kampagne zurückhaltender vor. Die Bilder, die im Herbst 1994 auf Plakaten und in Zeitschriften veröffentlicht wurden, waren von Luciano abgesegnet. Sie zeigten ein Mosaik aus 1 000 Gesichtern, das mit Hilfe des Computers so bearbeitet war, dass in der Mitte die Buchstaben »Aids« zu lesen waren. Die Kampagne stieß auf wenig Protest. Ganz hatte Toscani seiner Vorliebe für krasse Gegensätze allerdings nicht entsagt: Die Bilder für den neuen Benetton-Katalog hatte er kurz zuvor im Gaza-Streifen aufgenommen.

»Man braucht Mut und Risikobereitschaft«, erklärte Toscani vor einer Gruppe von Studenten bei einem seiner wenigen, Aufsehen erregenden Auftritte in Großbritannien. »Man muss sich ganz der Kreativität widmen und kann keine anderen Interessen verfolgen.« Er zeigte eine Diaserie mit seinen Lieblingsbildern und gab begleitend Kommentare über seine Lieblingsfeinde ab. Dazu gehörten Manager – »alles Memmen« –, Mannequins, insbesondere Claudia Schiffer, Creative Directors, obwohl er selbst einer war – »Nicht mal Gott war Creative Director. Der hat alles selbst gemacht« –, und die »Monokultur« internationaler Werbung, für die er und Luciano selbst das beste Beispiel abgaben. Redaktion und Werbung waren seiner Meinung nach nicht zu trennen. »Redaktion ist nichts anderes als Werbung für die Werbung«, erklärte Toscani.

Zu der Zeit suchte Fabrica Bewerber unter 25 Jahren, die »nicht von Konventionen verdorben« waren, wie Elisabetta Prando von Benetton und Fabrica es ausdrückte. Das klang schon ziemlich ironisch. Aber schließlich hatte F. Scott Fitzgerald – dessen Verleger seinen Sitz im Scribner Building in New York gehabt hatte, das jetzt Edizione gehörte – einmal gesagt, ein Künstler sei ein Mensch, der zwei gegensätzliche Standpunkte zugleich vertreten und dabei reibungslos funktionieren könne.

»Ich bin kein Geschäftsmann«, hatte Toscani zu den britischen Studenten gesagt. Wenig später eröffnete er gemeinsam mit Luciano eine Ausstellung seiner Bilder im Museum für zeitgenössische Kunst in Lausanne. Eine ähnliche Ausstellung wurde im Sommer im Museum für moderne Kunst in Mexiko eröffnet. In Deutschland formierte sich unterdessen der Widerstand der Einzelhändler von United Colors of Benetton und 012, die Toscanis Aussagen gegen ihn und den Konzern verwendeten. Wenn er sagte, »Ich verstehe nichts vom Verkaufen«, dann sei das wörtlich zu nehmen, klagten sie. Die Ladenbesitzer verwiesen auf den zeitlichen Zusammenhang zwischen den Kampagnen mit dem Bild von David Kirby, dem Thema Aids und dem »bekannten Soldaten« einerseits und ihren Umsatzeinbußen andererseits. Sie nahmen sich Rechtsanwälte. Lucianos schöne Reden und sein »Wort unter Männern« interessierten sie ebenso wenig wie die Tatsache, dass andere in Toscanis Bildern bedeutende Kunstwerke sahen. Ihnen ging es ums Geschäft. Sie verlangten Schadenersatz – allein fünf von ihnen forderten eine Summe von insgesamt 3,5 Millionen Dollar –, weil sie überzeugt waren, dass das Image der Marke die Leute davon abhielt, die Kleidung zu kaufen.

Die Beziehungen zwischen Deutschland und Italien waren und sind nicht besonders herzlich. Diese Tradition reichte bis in die Endphase des Zweiten Weltkriegs zurück, als die deutschen Soldaten die italienische Zivilbevölkerung mit ihren Gräueltaten terrorisiert hatten. Toscani selbst pflegte sich über die Briten lustig zu machen, denen man nachsagte, dass Haustiere ihnen lieber seien als Kinder. Aber andererseits verdankte er es der Royal Air Force, dass seine Mutter durch einen ihrer Luftangriffe daran gehindert wurde, ihn abtreiben zu lassen. Für die Deutschen hatte er dagegen wenig übrig; das wussten alle, die mit ihm arbeiteten. Dabei waren Bilder von ihm in der ständigen Sammlung des Frankfurter Museums für Moderne Kunst ausgestellt. Sein Werk zeigte auch keine deutschlandfeindlichen Züge – Toscani sah sich einfach nur außerstande, die althergebrachte Abneigung zwischen diesen beiden Ländern zu überwinden. Die einzigen

Beziehungen, die ihm wirklich etwas bedeuteten, waren die zu seiner Frau, seinen sechs Kindern (von vier verschiedenen Müttern) und drei Enkelkindern sowie zu seinen Appaloosas – und natürlich seine Freundschaft mit Luciano. Toscani kannte Luciano besser als irgendjemand sonst. Er wusste aber auch, worauf es diesem letzten Endes am meisten ankam. Ein hochrangiger Mitarbeiter des Konzerns, der nicht zur Familie gehörte, drückte es so aus: »Wenn Herr Benetton auch nur den leisesten Verdacht hegte, dass die jüngsten Werbekampagnen dem Umsatz geschadet hätten, hätte er Toscani sofort gefeuert – obwohl die beiden so eng befreundet sind.«

Luciano glaubte, dass die deutschen Geschäftsleute im Unrecht waren, und war entschlossen, das zu beweisen. Zwar konnte er die Logik der Vorwürfe durchaus nachvollziehen, aber er hielt trotzdem an der Überzeugung fest, dass die Händler sich irrten. Die Vorstellung, dass sie Recht haben könnten, hätte die Grundprinzipien von Benettons Öffentlichkeitsarbeit erschüttert und passte deshalb einfach nicht in Lucianos Weltbild. Deutschland war für Benetton mit rund 400 Läden und Verkaufsstellen im ganzen Land einer der wichtigen Auslandsmärkte. Wenn Luciano gegen die aufgebrachten Ladenbesitzer – oder auch nur gegen einige von ihnen – auf Konfrontationskurs gegangen wäre, hätte er damit nur noch mehr Angriffsfläche geboten. Diese Überlegung ging in die Planung der folgenden Herbst/Winter-Kampagne ein, bei der Luciano darauf drängte, dass Toscani einen versöhnlicheren Kurs einschlug.

Kassel, Deutschland 1995

Bei der ersten Anhörung trat Benetton als Kläger, nicht als Beklagter auf. Der Konzern belangte Heinz Hartwich, einen Händler in Kassel. Dieser hatte Ware im Wert von 590 000 Dollar bestellt und erhalten, weigerte sich aber, die Lieferung zu bezahlen. Hartwich argumentierte, diese Summe entspreche den Verlusten, die ihm durch Umsatzrückgänge in Folge von Benettons Werbekampagnen entstanden seien. Sein Anwalt, Ulfert Engels, sagte: »Wir verlangen Schadenersatz für die geschäftlichen Einbußen. Wenn Benetton seine Forderungen zurückzieht, betrachten wir die Angelegenheit als erledigt.« Weiter erklärte der Anwalt:

> Man muss nur einmal die Umsatzentwicklung von Benetton mit der durchschnittlichen Entwicklung in der Textilbranche vergleichen. Benettons Umsatz lag über fünf oder zehn Jahre hinweg immer erheblich über dem Durchschnitt. Jetzt liegt er 15 oder 20 Prozent darunter. Das ist doch eindeutig. Die Kampagne ist zu 95 Prozent für diese Probleme verantwortlich. Andere Faktoren machen nur fünf Prozent aus.

Benetton hielt dem entgegen, dass der Marktanteil des Unternehmens trotz der Krise in der Textilbranche stabil sei, auch wenn einige deutsche Einzelhändler behaupteten, im Vorjahr Umsatzrückgänge verzeichnet zu haben. Ein paar Läden waren geschlossen worden, aber dafür hatten andere ihren Umsatz verdoppelt. Das Unternehmen erklärte, Hartwich brauche nur einen Sündenbock und versuche, die Schuld auf die Werbung zu schieben. »Er hat schon in den Jahren 1986 und 1989 Lieferungen nicht bezahlt, als es keine derartigen umstrittenen Kampagnen gab«, sagte ein Sprecher. »Warum sollte unsere Werbung diesmal für seine Umsatzeinbußen verantwortlich sein?« Marina Galanti von Benetton wurde noch deutlicher:

> Das ist ein ganz normaler, wenn auch sicher ein unerfreulicher Vorgang. Manchmal müssen wir eben ausstehende Zahlungen von unseren Einzelhändlern vor Gericht einklagen. Hartwich hatte schon Zahlungsschwierigkeiten, als die Bilder in unserer Werbung noch nichts anderes als die heile Welt zeigten. Aber jetzt empören er und andere sich lautstark und benutzen die Kontroversen als Vorwand dafür, dass sie nicht zahlen.

Hartwich hatte unterdessen andere Marken ins Sortiment aufgenommen, was gegen die Exklusiv-Vereinbarungen zwischen dem Benetton-Konzern und seinen Läden verstieß. Außerdem rief er mit einem Plakat zum Boykott gegen Benetton auf. Hartwich behauptete gegenüber Reportern, die Mütter seien auf seiner Seite. Einige hätten ihm erzählt, dass ihre Kinder von Freunden geschnitten wurden, weil sie Kleidung von Benetton trugen. Die Anhörung wurde um sieben Wochen vertagt. Bei Gerichten in Düsseldorf, Braunschweig, Mannheim und Köln standen inzwischen ähnliche Fälle zur Verhandlung an.

Hartwich war nur einer von zehn deutschen Benettonhändlern, die sich kurz zuvor in Mainz zu einem Interessenverband zusammengeschlossen hatten. Diese Gruppe behauptete von sich, sie vertrete die Meinung von 150 Betreibern von 250 Benetton-Läden. »Unser Hauptziel ist es, das Gefühl der Machtlosigkeit zu überwinden«, sagte ein Sprecher. Inzwischen hatten jedoch andere Einzelhändler in Deutschland eine »Pro-Benetton«-Gruppe gegründet, um »dagegen vorzugehen, dass verprellte Einzelhändler Benetton in Verruf bringen«. Beide Seiten gaben sich siegesgewiss. Die Deutschen waren allerdings in einem Punkt im Vorteil, wie ihr Anwalt Ulfert Engels betonte. »Wir wollten erreichen, dass Benetton klagt«, sagte er. »Andernfalls hätten wir vor ein italienisches Gericht gehen müssen. Wir ziehen es vor, in Deutschland zu kämpfen.«

Ponzano, Veneto 1995

Toscani gab das Thema der nächsten Kampagne bekannt: alte und neue Formen von Ausgrenzung und Isolation. »Die Bilder werden aussagekräftig und direkt wie immer sein«, kündigte er an.

Das erste Foto zeigte waagerechte Stränge von Stacheldraht, die aus verschiedenen Krisengebieten der Welt – aus Bosnien, dem Libanon, Israel und Südafrika – sowie aus privaten Gärten stammten. Auf dem zweiten Bild ragte eine beklemmend wirkende Ansammlung von Fernsehantennen in einen grauen Himmel. Sie sollten die »unsichtbaren Barrieren« symbolisieren, »die durch die Flut von Videobildern entstehen und sich nicht nur auf zwischenmenschliche Beziehungen auswirken, sondern auch auf die Art, wie Menschen die Realität wahrnehmen« – so stand es in der Presseerklärung. Weiter hieß es, die Kampagne zum Thema Ausgrenzung sei eine »Aufforderung, sich offen damit auseinander zu setzen, wie reale und virtuelle Gefangenschaft, ideologische Diktatur und die Macht der Medien die Freiheit einschränken.«

Das klang zwar provokativ, aber die Fotos waren doch erheblich harmloser als die von Aids-Opfern, HIV-positiv »gestempelten« Körperteilen und blutgetränkter Kleidung. Zugleich hatten diese Bilder auch für sich eine innere Stimmigkeit, aus der Toscanis persönliche Haltung sprach. Sein gegenwärtiger Lebensstil war von einer Mischung aus Luxus und Selbstgenügsamkeit geprägt – allerdings eine Selbstgenügsamkeit von der Art, wie Köche und Au-pair-Mädchen sie möglich machten. Morgens erwachte Toscani ohne Wecker in seinem Landhaus im Campigallo, dem Goldenen Tal, das in der Toskana in Küstennähe lag, etwa eine Autostunde südlich von Pisa. Sein Frühstück bestand aus selbstgebackenem Brot mit Olivenöl. Danach fuhr er seine Tochter zur fast zehn Kilometer entfernten Grundschule. Toscani lebte und arbeitete auf seinem eigenen Grund und Boden in der Region, von der sich sein Name herleitete. Er trank Wein aus eigenem Anbau, aß Gemüse aus dem eigenen Garten, war Geburtshelfer bei seinen Appaloosa-Fohlen und besohlte seine Schuhe selbst. Toscani las Zeitungen aus aller Welt, aber einen Fernseher hatte er nicht. Er hasste das Fernsehen.

> Man kann eine halbe Stunde lang fernsehen und sich danach einbilden, man hätte einen Bürgerkrieg in Afrika, die Abholzung der Regenwälder im Amazonasgebiet und den Völkermord in Bosnien gesehen. Tatsächlich hat man aber nichts davon gesehen. Man

hat in seinem Sessel gesessen und Bilder gezeigt bekommen, die jemand anders vorgeführt, beschleunigt, verlangsamt und vermittelt hat.

Eine Fotografie dagegen »gewährt einen ersten Einblick und gibt einem dann die Gelegenheit, darüber nachzudenken. Sie ermöglicht Anteilnahme und regt zu eigenen Deutungen an.«

Abends spielten er und seine Frau Kirsti mit den Kindern Spiele, manchmal auch selbst erfundene, und Toscani half bei den Hausaufgaben. Die beiden waren seit 18 Jahren verheiratet. Gelegentlich kamen Journalisten zu Besuch, ließen sich bewirten und gingen dann hin und schrieben abfällige Kommentare über das »paradiesische Leben« im Goldenen Tal. Aber für Toscani und seine Familie war es das offenbar tatsächlich.

Toscani hatte kein Büro in Ponzano, nicht einmal einen Schreibtisch. Wenn er dort arbeitete, wohnte er bei Luciano. Dessen Lebensstil ließ sich eher als Luxus in der Isolation denn als Selbstgenügsamkeit beschreiben. Er war aus der Innenstadt von Treviso wieder in eine Villa gezogen, diesmal mit professionellen Leibwächtern. Seine Idealvorstellung von einem gelungenen Abend war ein Essen in entspannter Atmosphäre mit seinen wenigen langjährigen Freunden. Aber am liebsten war Luciano auf Reisen. Drei Viertel seiner Zeit brachte er damit zu, Handelsvertreter an verschiedenen Punkten des globalen Netzwerks oder bestehende und neue Läden in Japan, Korea, Thailand und Südamerika zu besuchen. Das vergangene Geschäftsjahr war schwierig gewesen. Die Bedingungen für den Handel waren ungünstig, Woll- und Baumwollpreise stiegen und der Gewinn stagnierte. Luciano reiste, machte sich ein Bild von der Lage, hörte sich an, was Handelsvertreter und Ladenbesitzer zu sagen hatten, und beobachtete die Entwicklungen des Konsumentenverhaltens. »Das Netz sauber halten« nannte man bei Benetton dieses Verfahren, mit dem die Vertreter und Einzelhändler ständig überwacht und, wenn nötig, wieder auf den richtigen Kurs gebracht wurden. Das alles geschah mit gnadenlosem Scharfblick und stand in krassem Widerspruch zu den Prinzipien, die in den Anfangsjahren des Unternehmens geherrscht hatten und die Luciano immer noch so gern zitierte – als ein »Wort unter Männern« noch gezählt hatte.

Das Netz sauber halten, Teil eins – New York, USA 1995

Luciano hatte Mauro nach New York geschickt, damit er dort den Turnaround weiter vorantrieb, der unter Francesco della Barba eingesetzt hatte. An Benettons Vereinbarungen mit den Betreibern der Läden hatte sich nichts geändert, außer dass engerer Kontakt gehalten und das Kaufverhalten der Kunden genauer verfolgt wurde. Benetton hatte jetzt 150 Läden überall in den Vereinigten Staaten – erheblich weniger als auf dem Höhepunkt der Yuppie-Zeit, als es 700 gewesen waren, aber diese waren auf ein exklusiveres Publikum ausgerichtet als die Läden von Konkurrenten wie Gap, der mit geringeren Gewinnspannen arbeitete und mittlerweile auf 1 400 Läden angewachsen war. Die Verkaufsfläche der Läden von United Colors of Benetton, Sisley und 012 hatte sich in fünf Jahren verdoppelt. Dafür waren hauptsächlich die neuen Megastores im Nordosten der USA und in Kalifornien verantwortlich. Außerdem gab es 271 »Shops in Stores« und weitere Lizenzen in Amerika. Ergänzend zu der harmloseren, weniger provokativen Kampagne für United Colors of Benetton im Frühjahr und Sommer dieses Jahres hatten die amerikanischen Benettonhändler über die New Yorker Agentur Chiat/Day eine eigene Werbekampagne gestartet, die auf ein konservativeres Publikum abzielte. Im Mittelpunkt stand hier die Kleidung an Stelle von universellen Themen. Neben Fernsehspots wurden auch achtseitige Anzeigen in Zeitschriften geschaltet.

Diese Veränderungen begannen sich auf die Bilanz auszuwirken. Amerika und Benetton schienen den Turnaround geschafft zu haben und Finanzanalysten in den USA äußerten sich optimistisch über die

Zukunftsperspektiven des Unternehmens. Der positive Trend, der hier zu beobachten war, widerlegte die These, dass die Öffentlichkeitsarbeit der Marke zu Lasten des Geschäfts gehe. Im Herbst des Jahres 1995 sprach Salomon Brothers eine Kaufempfehlung für Benetton-Aktien aus. In Europa stand indessen eine andere Gruppe von Läden im Mittelpunkt des öffentlichen Interesses.

Das Netz sauber halten, Teil zwei – Kassel, Deutschland 1995

Nach der ersten Anhörung hatte die deutsche Presse einhellig für die Ladenbesitzer Partei ergriffen. Sie stilisierte Heinz Hartwich zum heimischen David, der gegen den Goliath aus dem Ausland antrat. Für Laura Pollini und die Mitarbeiter von Benettons Abteilung für Öffentlichkeitsarbeit war der fehlende Rückhalt in der Presse zwar unerfreulich, aber nicht überraschend, wenn man die aktuelle Lage in Deutschland und die wenig freundschaftlichen Beziehungen bedachte, die zwischen beiden Ländern herrschten.

Auf die Haltung des Richters wirkten Benettons Anwälte dagegen überraschend positiv. Schon in Amerika hatte der Protest der Händler mitten in einer wirtschaftlichen Krise seinen Höhepunkt erreicht. Auch Deutschland befand sich jetzt in der Rezession. Der Richter erklärte, die Kläger würden beweisen müssen, dass die sinkenden Umsätze nicht auf die allgemeine Wirtschaftslage zurückzuführen seien, sondern in direktem Zusammenhang zu Benettons Werbekampagnen ständen. Während die deutsche Presse weiter die Ansicht verbreitete, diesmal sei Benetton zu weit gegangen, blieben die Geschäftsleute diesen Beweis schuldig. Der Richter entschied, dass sie die Debatte um die Werbung als Vorwand benutzten, um bereits bestellte Ware, die sie nicht verkaufen konnten, nicht bezahlen zu müssen. Das Urteil erging zugunsten des Konzerns. In Frankreich fielen die Entscheidungen der Gerichte später ähnlich aus.

Tatsächlich ging es für Benetton um wesentlich mehr als nur um die einzelnen Fälle, die verhandelt wurden. Die gesamte Marketingstrategie mit dem Prinzip des Global Image befand sich auf dem Prüfstand, auch wenn das Unternehmen das nicht eingestand. Tatsache ist, dass extrem schockierende Bilder in Zeiten des Wohlstands eine positive Wirkung erzielen, indem sie an das schlechte Gewissen appellieren. Wenn Toscani einen Fernseher gehabt hätte, wäre ihm jedoch klar gewesen, dass diese Bedingungen nicht gegeben waren: Ein großer Teil der westlichen Welt war noch immer von den Auswirkungen einer schweren Wirtschaftskrise betroffen. In dem Fall aber bewirken dieselben Bilder lediglich, dass es den Menschen, denen es ohnehin schlecht geht, noch etwas schlechter geht. Toscani hatte wieder einmal einen Drahtseilakt vollführt und war diesmal abgestürzt, weil er diesen Mechanismus nicht berücksichtigt hatte. Seine Werbung für die Marke hatte sich zu weit von den Interessen des Unternehmens entfernt und schließlich negativ auf die Käufer und Verkäufer von Benettons Ware gewirkt.

Die protestierenden Geschäftsleute in Deutschland und Frankreich hatten nicht viel zu verlieren. Aber wenn ein Präzedenzfall zu ihren Gunsten entschieden worden wäre, dann wäre Toscani unweigerlich entlassen worden und das Damoklesschwert hätte für immer über dem Konzern gehangen. Für Luciano und Toscani stand letztendlich ihr Anspruch auf dem Spiel, nicht bloß Werbung für das Unternehmen zu machen, sondern eine Botschaft zu vermitteln. Wenn sie verloren hätten, hätte das eine ungeheure Schadenfreude ausgelöst – nicht nur in Deutschland, sondern bei Werbeagenturen in aller Welt. Diese waren schon lange neidisch auf den Erfolg von Benettons interner Werbestrategie und hatten sich außerdem Toscanis Spott gefallen lassen müssen. Der Sieg vor Gericht war daher aus Sicht des Konzerns eine große Erleichterung, aber man zog aus den Ereignissen auch eine klare Lehre. In Zukunft musste das Netz sorgfältig »sauber gehalten« werden. Hartwich und seine Mitstreiter hätten diesem Ausdruck wohl kaum etwas Lustiges abgewinnen können; immerhin hätten sie aber zugeben müssen, dass er angemessen »deutsch« klang.

Sarajevo, Bosnien-Herzegowina 1995

»*Nach* dem Krieg kann jeder ein Geschäft aufmachen«, sagte Vesna Kapidzic. »Uns gefällt der Gedanke, dieses Geschäft *während* des Krieges zu eröffnen.«

Kapidzic arbeitete in dem neuen United-Colors-of-Benetton-Laden in Sarajevo. Obwohl immer noch Krieg herrschte, sollte die Eröffnung des ersten Geschäftes im Herzen der zerstörten Stadt ein Zeichen dafür setzen, dass in dieser Gegend wieder ein gewisses Maß an »Normalität« und Toleranz einkehrte. Benettons Vertreter für Sarajevo war immer noch Chem Co, das Unternehmen mit Sitz in Triest, das Toscani die blutbefleckte Kleidung und die Erklärung von Gojko Gagro vermittelt hatte. Zlatko Dizdarevic, einer der beiden Eigentümer des Ladens, war auch an der Zeitung *Oslobodenje* beteiligt, die das Bild des »bekannten Soldaten« veröffentlicht hatte und während des gesamten Krieges regelmäßig erschienen war. Dizdarevic hatte seinen Kontakt zu dem Unternehmen, der sich im Zusammenhang mit dieser Kampagne ergeben hatte, dazu genutzt, als Händler in Benettons Vertriebsnetz einzusteigen.

Vesna Kapidzic hatte große Erwartungen, was die wirtschaftlichen Aussichten für den neuen Laden anging, und sie sollten nicht enttäuscht werden. Allerdings war die Situation nicht mit der in Belluno vergleichbar, als dort 30 Jahre zuvor der erste My Market eröffnet worden war. Kapidzic wusste, dass die Jugendlichen selbst in einem Kriegsgebiet ihren anspruchsvollen Geschmack behalten und pflegen konnten, und so fragte sie Benettons Medienmanager Federico Sartor: »Wir bekommen doch dieselbe Kollektion wie die anderen Läden in Europa?«

Ponzano, Veneto 1995

In diesem Halbjahr wurde bei der Benetton Group wieder Wachstum registriert. Das Unternehmen hatte einen siebenprozentigen Umsatzzuwachs zu verzeichnen und die Gewinne stiegen um sechs Prozent.

Kosten und Preise waren reduziert worden und auch der Ausgang der Gerichtsverfahren hatte dazu beigetragen, die Kritiker zum Schweigen zu bringen. Im vorangegangenen Jahr hatte das Unternehmen erfolgreich zehn Millionen neue Aktien ausgegeben. Die vormals undurchsichtigen Verhältnisse zwischen der Benetton Group und der Holdinggesellschaft im Familienbesitz waren transparenter gestaltet worden. Salomon Brothers hatte eine Kaufempfehlung ausgesprochen. Carlo Gilardi war zum Unternehmen zurückgekehrt und bekleidete jetzt die Position des CEO.

Die Aktien wurden in Mailand, Frankfurt, New York, Toronto und bei SEAQ in London gehandelt. Damit blieben noch 71 Prozent der Benetton Group im Besitz der vier Geschwister. Außerdem bildete das Unternehmen neue, 100 Prozent eigene Tochtergesellschaften für die Produktion und den Vertrieb von Benetton-Produkten in Portugal und Tunesien. Die Beteiligung an den Geschäften in Brasilien wurde erhöht und die Kontrolle darüber verstärkt. Luciano plante eine weitere Reise nach Japan, wo Benetton seine Beteiligungen an vier ansässigen Vertriebsgesellschaften abstieß und ebenso wie in Brasilien Benettons dortige Geschäfte enger an den Konzern band. Außerdem expandierte Benetton nach Pakistan.

Im eigenen Land hatte inzwischen die zweite Hälfte der neuen automatisierten Fabrik, die in Castrette di Villorba nach einem Entwurf der Scarpas gebaut worden war, den Betrieb aufgenommen. Diese einzigartigen Fabriken hatten und haben auf der ganzen Welt nicht ihresgleichen. Das Dach der Hallen wurde nicht von Säulen gestützt, sondern von einer Hängekonstruktion getragen, die das Gewicht auf einen Stahlbetonrahmen übertrug. Die Kosten für den Bau beliefen sich auf 130 Millionen Dollar. Obwohl Gilberto errechnet hatte, dass Benetton 20 Prozent an Lohnkosten hätte einsparen können, wenn die Produktion nach Spanien verlegt worden wäre, lagen dem Neubau klare Kosten-Nutzen-Erwägungen zugrunde. Es war unmöglich, das Nähen zu automatisieren. Dieser Teil der Fertigung wurde immer noch in den zahlreichen Subunternehmen ausgeführt, die überall im Veneto für Benetton arbeiteten. In den Bereichen Entwurf, Zuschnitt, Färben, Verpackung und Versand gab es dagegen die Möglichkeit zu weitgehender Automatisierung. Dadurch konnte Benetton die Auswirkung der hohen Lohnkosten im eigenen Land auf die Gesamtkosten abschwächen und zugleich vermeiden, dass Teile der Produktion ins benachbarte Ausland verlagert wurden oder die wirtschaftlich unsicheren und politisch fragwürdigen Praktiken der großen amerikanischen Textilunternehmen angenommen wurden. Diese verlegten ihre Produktion von einem Billiglohnland ins nächste, nahmen dabei oft Kinderarbeit in Kauf und ließen in Bangladesh, Malaysia, auf den Philippinen, in Indonesien und weiteren Ländern mit äußerst fragwürdigen politischen Verhältnissen produzieren.

Die beiden neuen Fabriken in Castrette di Villorba beschäftigten nur 640 Mitarbeiter, produzierten aber jährlich 80 Millionen Jeans, Röcke, Hemden und andere Baumwollartikel. Luciano sagte, die Entscheidung für den Neubau sei »sowohl philosophisch als auch praktisch gewesen. Wir haben bewusst ein gewisses Risiko in Kauf genommen, aber wir halten es immer noch für sinnvoll, in Europa zu produzieren, wenn man dabei moderne Technologie einsetzt. Mir gefällt der Gedanke, ein Fertigungszentrum in Europa zu betreiben«, fügte er hinzu, »weil wir so unsere technische Entwicklung vorantreiben. Für mich ist das ein Zeichen, dass wir Vertrauen in die Zukunft setzen.«

Edizione nahm an Größe und Vielfalt weiter zu. Zu der »Schatztruhe« der Familie gehörten inzwischen 130 Unternehmen und nur das größte von diesen, Benetton Group mit einem Umsatz von 1,6 Milliarden Dollar, war zu 29 Prozent im Besitz von Aktionären. Die übrigen 71 Prozent gehörten Edizione. Außerdem besaß die Holdinggesellschaft Benetton Sportsystem zu 100 Prozent; dazu gehörten – nach der Größe geordnet – Nordica, die beiden amerikanischen Firmen Rollerblade und Prince, Kästle, Asolo und Killer Loop. Darüber hinaus hielt Edizione 50 Prozent an der Supermarktkette GS-Euromercato und 60 Prozent an der kürzlich privatisierten Raststätten-Kette Autogrill und der Kette Ciao. Edizione war einer der führenden Bieter in dem Privatisierungsprozess, der die italienische Wirtschaft gerade von Grund auf veränderte. Außerdem verhandelte Gilberto für die Holding mit dem Staat über Verkaufsstellen in Flughäfen, weitere Autobahn-Raststättenbetriebe und Läden in Bahnhöfen. Bei diesen Geschäften konnte der Konzern von dem Sachverstand profitieren, den er mit Autogrill, Ciao und GS-Euromercato gewonnen hatte.

Edizione hielt auch 75 Prozent an 21 Investimenti, dem Investment-Unternehmen unter Alessandros Leitung, das Anteilseigner von Firmen war, die Olivenöl, Kaffee, Eiscreme und Massagebäder herstellten. Außerdem hatte Edizione United Optical, den Hersteller von Brillengestellen, zu 100 Prozent übernommen und hielt 85 Prozent an Di Varese, der Schuhfirma, sowie Verde Sport zu 100 Prozent. Dazu kam der Bestand an gewerblich und nicht gewerblich genutzten Immobilien, wozu auch die Farmen in Patagonien sowie eine Büffelfarm in Somerville, Texas, gehörten; darüber hinaus eine einprozentige Beteiligung an der Banca Commerciale Italiana und anderes mehr.

Benetton Group war zwar das Aushängeschild des Konzerns, lag aber, was die Größe betraf, im landesweiten Vergleich nur an 90. Stelle. Edizione dagegen, die schier allmächtige Holdinggesellschaft im Privatbesitz, lag an 16. Stelle. Der Umsatz von Ediziones 130 Unternehmen, angeführt von der Benetton Group, belief sich insgesamt auf 6,4 Milliarden Dollar. Und bei all dem war Edizione immer noch zu 100 Prozent im Besitz von vier Personen. Luciano, Giuliana, Gilberto und Carlo besaßen Milliarden Dollar. Von den vier Büroräumen in der Villa Minelli mit ihren hohen Decken und den herrlichen Fresken war Gilbertos Büro das einzige, dessen Wandgemälde Riesen darstellten.

Edizione wollte durch Nordica die Beteiligung an Rollerblade in einer fremdfinanzierten Transaktion auf 90 Prozent erhöhen. Die übrigen zehn Prozent blieben im Besitz von Goldman Sachs. Entsprechend der Entwicklung von United Colors of Benetton, Sisley und 012 wollte Gilberto jetzt mit Sportsystem das Wachstum in Amerika weiter vorantreiben. Er plante, Rollerblade in New York an die Börse zu bringen. In einem nächsten Schritt sollten dann Aktien von Benetton Sportsystem in New York und eventuell auch in London ausgegeben werden. In der ersten weltweiten Werbekampagne für Benetton Sportsystem wollte Gilberto Bilder von Toscani verwenden – ein Vertrauensbeweis gegenüber dem Fotografen, dessen Zuständigkeit bis dahin auf die Benetton Group beschränkt gewesen war. Aldo Palmeri hatte das Unternehmen inzwischen in gutem Einvernehmen verlassen, nachdem er im Jahr zuvor so heftig mit Toscani aneinandergeraten war. Sein Nachfolger als CEO der Benetton Group – und damit der Einzige außerhalb der Familie, der diesen Titel trug – war Palmeris Protegé und langjähriger Mitarbeiter Carlo Gilardi.

Zu den vier Milliardären im Direktorium von Edizione kam wenig später noch Alessandro hinzu, in seiner Eigenschaft als Leiter von 21 Investimenti, der privaten Risikokapitalgesellschaft der Familie. Alessandro hatte das Unternehmen gemeinsam mit seinem Freund Andrea Bonomi gegründet, der aus einer italienischen Unternehmerdynastie stammte und wie er in London lebte. Alessandro hatte versucht, zusätzlich zu den Investitionen in Olivenöl, Kaffee, Eiscreme und Massagebäder die Sportwagenfirma Lotus aufzukaufen, die in finanzielle Schwierigkeiten geraten war. Doch die Übernahme scheiterte – obwohl noch Verhandlungen über eine Minderheitsbeteiligung liefen. Alessandro investierte stattdessen vor Ort in eine Beteiligung an einem regionalen Fernsehsender, den er in Milan 6 umbenannte.

Zum Gedenken an Alessandros Cousin Stefano, der zehn Jahre zuvor in Kalifornien bei einem Autounfall ums Leben gekommen war, wurde eine weitere Sportstätte gebaut. Die bestehenden Anlagen La Ghirada und Palaverde, die unter Gilbertos Leitung entstanden waren, stellten ein sehr öffentlichkeitswirksames persönliches Geschenk der Familie an ihre Heimatstadt dar. Jetzt kam ein Sport-Dokumentationszentrum mit Bibliothek und Forschungsstelle hinzu, das dem Andenken Stefano Benettons gewidmet war. Zu den neuen Einrichtungen gehörte auch ein farbenprächtig ausgestattetes Surf-

Center, das Net Surfer Land hieß. Dort hatten die jungen Besucher über die Homepage von La Ghirada Zugang zu Berichten und Informationen rund um den Sport. Im Sommer besuchten täglich 3000 Kinder und Jugendliche die Einrichtung. Der Eintritt war frei, doch es gab Läden von anderen Sponsoren sowie einen Laden, in dem Produkte von Benetton Sportsystem verkauft wurden. Die Atmosphäre war von jugendlichem Idealismus geprägt – eine ganz andere Welt als das von Zynismus und Profitgier beherrschte Showgeschäft der Formel 1. Aber im Hintergrund stand doch auch die bittere Wahrheit, dass Sport eine der wenigen Formen von Unterhaltung gewesen war, die die Benetton-Geschwister in ihrer Jugend gekannt hatten. Über dem Eingang zur Volleyball-Abteilung war das Motto der Chicago Bulls angebracht: »Nur die Starken überleben.«

Catena di Villorba, Veneto 1995

Luciano stellte neben dem flachen, spiegelnden Gewässer im Garten einen Klappstuhl auf. Einen Moment lang saß er schweigend in der Sonne, ehe er sagte: »Ist es nicht wunderschön? Das muss man doch zugeben … es ist einfach wunderschön.«

Toscanis Freund, der japanische Architekt Tadeo Ando, hatte das Landhaus mit dem L-förmigen Grundriss umgebaut. Das Ergebnis erinnerte mit seinem schlichten Stil an das Haus, das die Scarpas seinerzeit für Luciano und Teresa entworfen hatten; es schien dieses sogar noch zu übertreffen. Der rechteckige Hof war von einem zementierten Weg mit einer Reihe von Betonsäulen umgeben, die kein Dach trugen, sondern geradewegs den Himmel zu stützen schienen. Der Teich war nicht einmal zehn Zentimeter tief. Auf seiner makellos glatten Oberfläche spiegelten sich die Dächer und Säulengänge. Die Stille, die schlichten Kiefernholztüren, die ovalen Fenster und Torbögen und die Tatsache, dass der Ort menschenleer war, verstärkten noch die Atmosphäre der Reinheit und Unschuld.

Das war Fabrica, das »elektronische Bauhaus«, wie Toscani es getauft hatte. Er und Luciano hatten das Konzept gemeinsam entwickelt und Toscani hatte das erste Bild dazu entworfen. Es zeigte zwei verschiedenfarbige Augen in einem schwarzen Gesicht. Toscani betrachtete die Schule als »eine einzigartige Herausforderung«, einen Ort, »der einem ermöglicht, durch diese Augen in die Zukunft zu blicken«. Jetzt öffnete Luciano für ausgewählte Pressevertreter die Pforten zu Fabrica.

Hinter der friedvollen Kulisse, die einer Philosophenschule würdig war, hatte es Aufruhr gegeben: um die Position, die Toscani beanspruchte, darüber, wer die Einrichtung leiten sollte, und über die Kosten. Den Journalisten und *Culturati* war es ein Rätsel, warum Benetton eine Summe von angeblich 20 Millionen Dollar in eine vollständig ausgestattete Kunstakademie steckte, die weitab von Städten wie New York, London oder Paris inmitten der Weingüter und Kornfelder des Veneto lag – und das scheinbar ohne sich einen Profit davon erhoffen zu können. Fabrica wirkte provozierend und beunruhigend auf die Medienvertreter, die konventionellere Schulen absolviert hatten. Sie taten das Projekt daher in ihren Kommentaren mal als Laune eines Reichen ab, mal als Steckenpferd eines gelangweilten Geschäftsmannes und mal als Ausdruck von Toscanis Größenwahn. Das alles mochte zutreffen, aber es war nicht die ganze Wahrheit. Hinter Fabrica steckten auch ausgeklügelte geschäftliche Erwägungen. Außerdem stand diese Schule für eine Ausbildung, die Luciano, der milliardenschwere Intellektuelle, nie genossen hatte.

Luciano war mittlerweile 60 Jahre alt, aber immer noch eine jugendliche Erscheinung. Mit seiner lässigen Kleidung, der grauen Mähne und den runden Brillengläsern mit der goldenen Fassung wirkte er wie ein Professor des nächsten Jahrtausends. Er hatte durchaus noch nicht vor, in den Ruhestand zu treten, sondern hatte große Pläne für Fabrica und auch für seine Stiftung. Später sagte er einmal:

Diese Einrichtung ist nicht bloß ein Kostenfaktor, sondern es spielen wirtschaftliche und praktische Überlegungen mit hinein. Wenn man das nötige Geld hat, sollte man sich für Forschungseinrichtungen wie diese engagieren. Sie können der Wirtschaft Anregungen liefern. Sie sind objektiv und können die Bereiche aufzeigen, in denen wir noch Defizite haben.

Jetzt sprach Luciano gerade mit einer Journalistin, die auf einem Stuhl neben ihm saß. Die Ruhe in den Säulengängen und die Stille des Teiches verliehen dem Ort die Atmosphäre eines buddhistischen Klosters. Die Journalistin, eine der ausgesuchten Pressevertreter, war eine gebildete Frau, die viele Sprachen beherrschte. Sie hörte Luciano höflich zu, aber später schrieb auch sie einen abschätzigen Artikel über Fabrica als Steckenpferd eines reichen Mannes.

Luciano saß mit ihr am Teich und stand ihr höflich Rede und Antwort. Unter anderem fragte sie ihn auch, was seiner Meinung nach in 30 Jahren noch von Benetton übrig sein werde. Die Antwort, die die Journalistin später in ihrem Artikel zitierte, war höchst überraschend. »Die Schule«, soll dieser ehrgeizige, zutiefst pragmatische Geschäftsmann erwidert haben, »die Schule wird bleiben.«

Enstone, Oxfordshire, England 1995

Alessandros Begeisterung für den Motorsport war unvermindert. Lucianos zweiter Sohn hatte erfolglos versucht, Lotus aufzukaufen, und hatte seinen Vater als Repräsentanten der Familie im Formel-1-Geschäft abgelöst. Die Saison zuvor hatte mit Schumachers erstem Weltmeistertitel geendet – allerdings unter dubiosen Umständen und inmitten von Skandalen, die dem Sponsor Benetton Sportsystem ganz und gar nicht gefallen hatten. Briatore behauptete trotz allem seine Position und kämpfte sich noch durch eine weitere Saison, wobei ihm

Schumacher, der mutige Johnny Herbert als dessen Teamkollege und der neue Renault-Motor zur Hilfe kamen.

Sowohl in der Team- als auch in der Fahrerwertung gab es spektakuläre Erfolge. Schumacher hatte in Brasilien und Spanien gesiegt, wo Herbert Zweiter geworden war, und außerdem in Monaco und Frankreich. Herbert hatte das Rennen in Großbritannien gewonnen, Schumacher die beiden folgenden in Deutschland und Belgien. Nach dem belgischen Grand Prix war er allerdings wegen unfairen Fahrverhaltens für ein Rennen gesperrt worden. Trotz des Renault-Motors schien Schumacher bei seinem Fahrverhalten noch stärker als früher bis zum Äußersten gehen zu müssen. Herbert hatte in Italien einen triumphalen Sieg errungen. Schumacher hatte den Großen Preis von Europa in Deutschland gewonnen, ebenso die Rennen in Aida und Suzuka. Sowohl die Fahrer- als auch die Konstrukteurs-WM waren an Schumacher und Benetton gegangen. Herbert war Vierter in der Gesamtwertung der Fahrer. Diese Triumphe hatten viel dazu beigetragen, die Schande der letzten Saison vergessen zu lassen.

Jetzt bot jedoch Ferrari, Benettons Erzrivale, Schumacher die ungeheure Summe von 38 Millionen Dollar – eine Vorgehensweise, die daran erinnerte, wie Briatore und Walkinshaw seinerzeit diesen Fahrer vom Jordan-Team abgeworben hatten, wenn auch für eine nicht ganz so immense Summe. Schumacher nahm das Angebot an und wechselte das Team. Auch Tom Walkinshaw verließ Benetton und ging zu Arrows.

Briatore nahm daraufhin kurzerhand Jean Alesi von Ferrari unter Vertrag. Alesi war in den vergangenen beiden Jahren Fünfter in der Fahrer-Weltmeisterschaft gewesen und ein ungemein beliebter Fahrer. Er lebte in Frankreich, war aber sizilianischer Abstammung. Als Alesi wenig später offen seine Meinung kundtat, war Briatore allerdings wenig erfreut. Nachdem der Fahrer den Vertrag mit Benetton unterzeichnet hatte, erklärte er nämlich, dass er unter keinen Umständen zu irgendwelchen Regelwidrigkeiten bereit sei. Zum Teil ging es Alesi wohl darum, Verdächtigungen, wie sie gegen Schumacher laut geworden waren, von vornherein abzuwehren. Er zeigte damit aber zugleich auch seinen Sportsgeist – eine Haltung, die Gilberto sicher gefallen hätte. Der bewertete gerade die Beteiligung an TWR, die Benetton Engineering immer noch hielt, auf das Sorgfältigste.

Catena di Villorba, Veneto 1995

Toscani schien mit Fabrica einen idealistischen Traum verwirklicht zu haben. Es gab viele schön klingende Reden über das »Lernen aus Erfahrung«, das diese Schule fördern sollte. Dem ganzen Projekt lag jedoch auch ein konkreter Plan zugrunde: Fabrica sollte später einmal die Öffentlichkeitsarbeit für das Unternehmen und Toscanis Imagewerbung übernehmen. Der Künstler hatte zwar mehr Mitarbeiter, als er zugeben wollte, aber er würde nicht ewig so weitermachen können. Er selbst hätte dem natürlich widersprochen. Keiner war überzeugter als Toscani, dass niemand ihn je würde ersetzen können.

Das Auswahlverfahren für Fabrica sah keine direkten Bewerbungen vor. Die Kandidaten wurden von einer Reihe herausragender Kunstschulen sowie von verschiedenen unabhängigen Fachleuten vorgeschlagen. Wenn die Schule einen Kreis von Absolventen hervorbrächte, der zu gegebener Zeit die Öffentlichkeitsarbeit im Konzern übernehmen konnte, hätte die Investition sich gelohnt und, wie Luciano wiederholt betonte, gewissermaßen einen messbaren wirtschaftlichen Nutzen erbracht.

Während in Fabrica erste Versuche mit Kurzfilmen und Videos gemacht wurden, eroberte Benetton mit weiteren Projekten den Bildungs- und Kulturbereich. Die Stiftung Benetton Foundation häufte in Treviso wertvolle Bestände an, in die nach und nach gelehrte Schriften über Landschaft, Gärten und die Geschichte des Veneto eingingen, außerdem die erste Sozialgeschichte der Spiele sowie eine Sammlung von 50 000 Büchern, die von Fernanda Pivano, der italienischen

Schriftstellerin und Übersetzerin amerikanischer »Beat«-Literatur, gestiftet worden war. Diese Bibliothek wurde in Mailand untergebracht. In Frankreich rief man in Zusammenarbeit mit SOS Racisme, einer Anti-Rassismus-Organisation, eine Spendenaktion ins Leben. Eine ähnliche Kampagne wurde auch in Zusammenarbeit mit der italienischen Friedensorganisation durchgeführt. In Indien veranstaltete DCM Benetton India Limited eine Aids-Aufklärungskampagne mit Plakaten, Aktionen in Schulen und mit Beteiligung der Medien.

Das ehrgeizigste Projekt war jedoch noch in der Planungsphase. »The Colors of Peace« – »Die Farben des Friedens« hieß das Programm, mit dem Grundschullehrer und Schülerinnen und Schüler in Italien, Deutschland, Frankreich, Belgien und Spanien aufgerufen werden sollten, sich für den kulturellen Dialog einzusetzen. Das Programm versorgte 130 000 Schulkinder und 16 000 Lehrerinnen und Lehrer mit Materialien – anregenden Büchern, Arbeitsheften und Plakaten –, getreu dem jesuitischen Grundsatz, dass man früh genug anfangen müsse, Kinder verschiedener Nationen frei von jenen Vorurteilen und Stereotypen zu erziehen, wie sie auch noch 50 Jahre nach Kriegsende die deutsch-italienischen Beziehungen prägten.

Natürlich waren dies alles hochgradig werbewirksame Projekte, doch abermals steckten hinter der idealistischen Geste auch konkrete wirtschaftliche Interessen. Indien hatte und hat eine extrem protektionistische Politik. DCM Benetton India war ein Jointventure mit einem Unternehmen vor Ort und musste gute Beziehungen zur Regional- und Landesregierung pflegen. Die privat finanzierte Aids-Aufklärungskampagne würde dem Unternehmen das Wohlwollen der Politiker einbringen, die für sich politisches Kapital daraus schlagen konnten. Auch Frankreich und Deutschland waren nicht zufällig ausgewählt worden: Es waren die beiden Länder, in denen Toscanis Werbekampagnen die heftigsten Proteste ausgelöst hatten. Im selben Jahr hatten französische und deutsche Gerichte Benetton für die »HIV-positiv«-Werbung wegen Missachtung der Menschenwürde verurteilt.

Die Familie Benetton arbeitete unermüdlich im Dienst des Unternehmens und der Marke. Eine halbe Stunde Fahrt von Fabrica entfernt, in Ponzano, hatten Toscani und Luciano die nächste Frühjahr/Sommer-Kampagne entwickelt. Luciano hatte in seinem Leben schwere Verluste erlitten, hatte zweimal die Vaterrolle übernommen – erst für seine Geschwister, dann für seine eigenen Kinder – und die Trennung von seiner Frau durchgemacht. Er hatte romantische Zweisamkeit erlebt, Kameradschaft und Luxus in der Isolation. Jetzt war der Wahnsinn an der Reihe. Die Familie, die sich früher aus Angst um ihr Leben im Verborgenen gehalten hatte, sollte nun ihren Auftritt auf den Hauptstraßen der Welt haben.

10. Die Straßen von Corleone

Ponzano, Veneto 1996

Diesmal hatte Toscani die Benettons fotografiert – insgesamt 15 Familienmitglieder, die lächelnd für die Kamera posierten. Was dieses Bild von gewöhnlichen Gruppenfotos unterschied, war die Tatsache, dass sie alle Zwangsjacken trugen.

Das Foto sollte den Eindruck »unkonventioneller, origineller unternehmerischer Kreativität« erwecken, wie der Konzern in einer Presseerklärung an die führenden europäischen Tageszeitungen formulierte. Die Werbestrategie hatte sich in Europa zu weit von den Interessen der Marke gelöst und der Schuss drohte nach hinten loszugehen. Das neue Foto sollte die Benettons als arbeitsame Familie darstellen, die nichts weniger beabsichtigte, als irgendjemanden zu beleidigen oder zu schockieren. Die Grundidee war, wie Luciano es ausdrückte, »einen Familienverband zu zeigen – eine Familie, die einerseits nicht exzentrisch, andererseits aber auch nicht allzu ernst ist … und zu zeigen, dass ein ganz besonderer Wahnsinn Großes bewirken kann.«

Auf dem Bild waren 15 der engsten Verwandten versammelt. Luciano legte jedoch Wert darauf, zu betonen, dass mit den Zwangsjacken nicht ausgesagt werden sollte, die Familienmitglieder seien zwangsweise an das Unternehmen gebunden. »Die Zukunft des Konzerns hängt nicht davon ab, dass unsere Kinder ihn bis in alle Ewigkeit weiterführen«, erklärte er. »Wenn sie sich selbst beweisen und in das Unternehmen eintreten wollen, dann können sie sich darin hocharbeiten. Wenn sie lieber einen anderen Weg einschlagen möchten, wird keinerlei Druck auf sie ausgeübt, doch stattdessen in den Konzern einzutreten.«

Das Foto zeigte außer den vier Geschwistern Luciano, Giuliana, Gilberto und Carlo elf von deren Kindern. Lucianos Söhne Mauro und Alessandro arbeiteten für das Unternehmen; seine Tochter Rossella war in der Stiftung Benetton Foundation tätig. Giulianas Töchter Paola und Daniella arbeiteten bei Benetton, ihr Sohn Carlo war als Finanzberater bei einem anderen Unternehmen beschäftigt. Gilbertos Töchter, Sabrina und Barbara, studierten; Letztere in Boston. Carlos Söhne Massimo, Andrea und Christian studierten in Venedig, Urbino und Boston. Von den elf Kindern arbeiteten fünf im Konzern oder in dessen Umfeld. Drei waren in der Benetton Group tätig, einer bei 21 Investimenti und eine in der Stiftung. Drei weitere fehlten auf dem Bild: Giulianas Tochter Franca, Carlos Sohn Leone und Lucianos jüngster Sohn Rocco, der in den USA arbeitete.

Toscanis Magazin *Colors* hatte den Redaktionssitz von New York nach Paris verlegt und unterstand jetzt Alex Marashian, einem 25-jährigen Amerikaner aus Fresno, Californien. Marashian hatte als Redakteur völlig freie Hand. In der jüngsten Ausgabe, die dem Thema »Krieg« gewidmet war, hatte er diese Freiheit weitgehend ausgeschöpft. Die Bilder zeigten unter anderem die Leiche eines Afrikaners, dessen Kopf zur Hälfte abgeschossen war, und eine Nahaufnahme von den verstümmelten Beinen eines Landminenopfers. »Shopping, Mode, Reisen und Völkermord« stand auf dem Titelblatt. Die Kritik am Krieg wurde durch die grafische Gestaltung, die *Colors* so einzigartig machte, mit nie da gewesener Schärfe vermittelt. *Colors* kostete zwei britische Pfund und wurde in einer Auflage von 50 000 Exemplaren an Zeitschriftenständen und in Benetton-Läden in aller Welt verkauft. Verschiedene Hilfsorganisationen und Kriegsfotografen warfen daraufhin die Frage auf, ob man noch bei United Colors of Benetton oder Sisley einkaufen könne, wenn diese Geschäfte aus Bildern vom Grauen des Krieges und dem Leid der Menschen Profit schlügen.

Toscanis aktuelle Plakatkampagne für United Colors of Benetton zeigte ein ähnlich blutiges Motiv. Auf den Plakatwänden der Welt prangte das Bild dreier Herzen von gleicher Farbe. Quer darüber stand in Blockschrift »WEISS«, »SCHWARZ« und »GELB«. Dieses Bild wurde zum Internationalen Antirassismus-Tag der UNO veröffentlicht. Am selben Tag kamen 40 Delegierte aus aller Welt zu einem Kongress zusammen, den SOS Racisme unter dem Dach von Fabrica veranstaltete.

Fabrica und *Colors* waren nach wie vor die unberechenbarsten Elemente in Benettons Öffentlichkeitsarbeit und sollten das im Interesse von Qualität und Originalität auch bleiben. Anders als das Bild der Familienmitglieder in Zwangsjacken, das sorgfältig auf Werbewirksamkeit angelegt war, herrschte hier tatsächlich der schöpferische »Wahn«. Langsam, aber sicher wurden diese beiden Elemente jetzt jedoch immer enger aneinander gebunden und unter demselben Dach vereint.

Toscanis antirassistische Fotos waren in die Werbung für Benetton Sportsystem aufgenommen worden. In einer Villa in der Nähe von Ponzano, die gerade im Umbau war, sollte ein neuer Hauptsitz für Sportsystem entstehen. Gilberto leitete die Unternehmensgruppe, die in nur drei Jahren auf 2 000 Beschäftigte angewachsen war und deren Produkte in mehr als 100 Ländern verkauft wurden. Der rapide steigende Umsatz war schon fast halb so groß wie der der Benetton Group. Außer der Werbung hatten die beiden Unternehmen jedoch noch mehr gemeinsam. Sie traten zwar als separate Tochtergesellschaften von Edizione auf, aber sobald der Firmensitz von Sportsystem nach Ponzano verlegt worden war, sollten die Strickwaren für Sportsystem Active in Benettons Fabriken produziert werden. Silvano Storer, Manager von Benetton Sportsystem, schätzte, dass das Unternehmen unter den führenden Sportbekleidungsherstellern weltweit schon an siebter Stelle lag: hinter Marken wie Nike, Adidas und Reebok. Benetton Sportsystem war aber nicht wie diese weitgehend darauf angewiesen, in Billiglohnländern fertigen zu lassen, um die Produktionskosten niedrig zu halten.

Der Umsatz der Unternehmensgruppe näherte sich der Marke von einer Milliarde Dollar, als Gilberto und Storer offiziell ihre Absicht bekannt gaben, 30 Prozent von Rollerblade in New York und London an die Börse zu geben. Rollerblade hatte bereits einen Anteil von 45 Prozent am weltweiten Absatz von Inline-Skates und der Umsatz stieg weiterhin steil an. Die Emission von Aktien sollte einen Teil der Summe wieder einbringen, die Sportsystem in die 90-prozentige Beteiligung an Rollerblade investiert hatte. Dadurch würde Kapital frei werden, das in weiteres Wachstum vor allem im Bereich der »soft«-Produkte wie Sportbekleidung und Schuhe (gegenüber »hard«-Produkten wie Skiern, Stiefeln und Schlägern) investiert werden konnte. Das eigentliche Ziel war jedoch, im folgenden Sommer nicht nur einen Teil von Rollerblade in New York und London an die Börse zu bringen, sondern die gesamte Unternehmensgruppe Benetton Sportsystem.

Dazu sollte es aber nicht kommen. Ein einziger, zahlungskräftiger Käufer übernahm Sportsystem von Edizione und verschmolz es mit einem Unternehmen und einer Marke, mit denen es bereits eng verbunden war. Diesmal war die Beziehung zwischen Käufer und Verkäufer transparenter und unabhängige Vermittler wachten über die Vereinbarungen. Dadurch hatten selbst die Skeptiker unter den außenstehenden Aktionären Gewissheit darüber, dass der Preis fair ausgehandelt und nicht darauf angelegt war, die Bilanz des Käufers zu beschönigen. Trotzdem wurde in den Monaten vor dem Abschluss die Frage laut, woher der Käufer das Kapital hatte. Es wurde sogar darüber spekuliert, ob er überhaupt liquide sei.

London, England 1996

Benettons goldene Zeit der Unschuld war nun auch in England vorbei. In diesem Land schien es einen unmittelbaren Zusammenhang zwischen dem Schicksal der Prinzessin Diana und dem des Unternehmens zu geben. Jetzt war über beide eine Krise hereingebrochen. Die Prinzessin, die für Benettons Image so unschätzbar wertvoll gewesen war, blickte auf eine gescheiterte Ehe zurück, wurde von der Presse gejagt und ihr Leben war völlig durcheinander geraten. Wo früher an der Hampstead High Street ein Benetton-Geschäft gewesen war, stand jetzt eine Filiale von Gap – ebenso wie an einer Reihe weiterer ehemaliger Standorte von Benetton-Läden überall im Land. Zwei von Benettons größten Franchisenehmern hatten im Abstand von zwei Wochen Konkurs angemeldet. Einer hatte einige der angesehensten Geschäfte in London betrieben und bei seinem Bankrott waren Verluste von 400 000 Pfund entstanden. Der andere schuldete Gläubigern, darunter auch Benetton, 200 000 Pfund. Durch Renovierungsarbeiten waren zusätzliche Kosten entstanden und aufgrund von Verzögerungen hatte das Geschäft mit der falschen Kollektion neu eröffnen müssen. Außerdem hatte es Auseinandersetzungen zwischen dem Handelsvertreter und den Franchisenehmern gegeben. Diesmal gab es keine skandalöse Werbekampagne, der man die Schuld hätte zuschieben können. Außerdem erhöhten andere Läden im britischen Netzwerk zur selben Zeit den Umfang ihrer Bestellungen um 20 bis 30 Prozent.

Inzwischen hatte Professor Zuccaro zu Hause in Italien ein Netzwerk ganz anderer Art zu pflegen. Auch dabei hing der Erfolg entscheidend davon ab, dass zum richtigen Zeitpunkt die geeigneten Maßnahmen ergriffen wurden.

Ponzano, Veneto 1996

Professor Zuccaro rang mit dem Phänomen des »Jahr-2000-Problems«: Für den Jahrtausendwechsel wurde eine digitale Apokalypse in den Computersystemen in aller Welt vorhergesagt. Diese waren nicht darauf eingerichtet, die Umstellung der Jahreszahl über den zweistelligen Bereich hinaus zu bewältigen, und man befürchtete, dass sie aus dem Grund nicht mehr arbeiten würden. Ein Zusammenbruch in diesem Umfang hätte für Benetton verheerende Folgen gehabt, weil alle Bereiche des Unternehmens auf elektronische Datenverarbeitung angewiesen waren. Schon längst arbeiteten bei Benetton mehr Leute am Computer als an der Nähmaschine.

Professor Zuccaro versuchte, Ruhe und Zuversicht zu verbreiten. »Die Einstellung auf das Jahr 2000 ist eine Übung in Projektmanagement im großen Stil. Für uns bedeutet das konkret, dass 6000 Programme umgestellt werden müssen. Das entspricht sechs Millionen Zeilen Code.«

Es gab bereits geeignete Software, mit deren Hilfe Benetton das Jahr-2000-Problem bewältigen konnte. Das Unternehmen hatte Angebote eingeholt und sich zur Zusammenarbeit mit Gruppo Engineering entschieden, deren Lösung »Change Now 2000« hieß. Gruppo Engineering verwendete das System RECY2000 des kanadischen Unternehmens Informission Group, mit dem auch andere große Konzerne in Europa arbeiteten. Professor Zuccaro ließ seine Software-Ingenieure Überstunden machen, um dieses Fertigprodukt individuell an Benettons Systeme anzupassen. Er sagte:

> Unser grundsätzlicher Kurs ist klar: Jedes Unternehmen bekommt ein eigenes System, denn alle Unternehmen, die mit der Benetton Group zusammenhängen, müssen in hohem Maße eigenständig arbeiten. Nur so können sie ohne zeitliche Verzögerungen auf die Erfordernisse des Marktes reagieren, der sich sehr schnell wandelt. Während der letzten Monate haben wir erhebliche Fortschritte erzielt. Die Tools funktionieren einwandfrei und der Zeitplan der Umstellung läuft reibungslos, ebenso die geschäftlichen und persönlichen Netzwerke.

Professor Zuccaro und sein Kollege Giancarlo Chiodini hatten etwas mehr als dreieinhalb Jahre Zeit, alles für den Jahrtausendwechsel vorzubereiten. Die wichtigsten Systeme – die für den Verkauf und den Versand von Kleidung – waren bereits fertig gestellt, installiert und erprobt worden. Als Nächstes standen die Arbeiten an dem globalen Datennetz auf dem Plan, das die Vertretungen in den verschiedenen

Ländern mit der zentralen Vertriebseinrichtung verband. Nach den jüngsten Schätzungen sollten diese Arbeiten anderthalb Jahre vor dem Jahrtausendwechsel abgeschlossen sein.

Das alles ließ sich schwerlich mit dem Image der Marke in Verbindung bringen. Informationstechnologie mochte der entscheidende Faktor für das Überleben eines Unternehmens sein, aber öffentlichkeitswirksam war sie nicht. Selbst ein Konzern wie Benetton, der jedem anderen Problem noch eine werbewirksame Seite abgewinnen konnte, brachte dies bei dem Kampf gegen ein drohendes apokalyptisches Szenario nicht fertig.

Patagonien, Argentinien 1996

Benetton war nicht nur der weltweit größte Abnehmer von Wolle, sondern durch Edizione mittlerweile auch der größte Schafzüchter. Zuletzt war eine 165 000-Hektar-Ranch mit 45 000 Merinokreuzungen hinzugekommen. Zusammen mit den anderen Farmen in Patagonien und Texas umfasste der Grundbesitz an Farm- und Weideland damit fast eine Million Hektar, auf denen 280 000 Schafe gehalten wurden. Bei 7 000 Läden weltweit kamen auf jeden Laden rund 40 Schafe. Trotzdem deckte die jährliche Produktion von einer Million Kilogramm Wolle nur ein Zehntel des Bedarfs. Aldo Palmeri hatte einmal prophezeit, dass bald in jedem Benetton-Pullover auch ein Teil Factoring, Leasing und Finanzdienstleistung stecken würde. Das hatte sich nicht bewahrheitet, doch jedes der Schafe in Patagonien konnte sich als Teil eines einzigartigen Immobilienbestandes betrachten. Außer den Viehfarmen in Südamerika und Texas gehörten dazu auch die Gebäude der wichtigsten Läden von United Colors of Benetton in den Vereinigten Staaten, Deutschland und der Tschechischen Republik sowie das Scribner Building in New York, das Hotel Monaco e Grand Canal in Venedig und der Asolo Golf Club. Neben den 280 000 Schafen spielten bei Benetton aber neuerdings auch zwei Pferde eine wichtige Rolle.

In kleineren Orten neigen die Menschen dazu, Recht und Ordnung selbst in die Hand zu nehmen. Das war auch in Bnei Barak der Fall, einer kleinen Siedlung, in der militante Orthodoxe sich als selbst ernannte Ordnungshüter betätigten. Die Plakate waren kaum angebracht, da sprach sich das Ärgernis auch schon herum und man schaffte weiße Farbe herbei. Von einer pervertierten Form zionistischen Pioniergeistes getrieben, begannen die militanten Orthodoxen, das Bild eines schwarzen Hengstes buchstäblich von dem United-Colors-of-Benetton-Plakat zu tilgen. Der fragliche Hengst war im Begriff, eine weiße Stute zu decken, deren Abbildung sie unversehrt ließen. Die eindrückliche und sogar humoristische Darstellung der zwei Pferde und die Art, wie sie unterschwellig um Eintracht zwischen den Völkern warb, erinnerte an das Bild mit dem Priester und der Nonne, die sich küssten. Toscani hatte sein Motiv diesmal nicht lange suchen müssen, denn die beiden Pferde waren seine eigenen.

Schon Toscanis Katalog mit den Fotos aus dem Gaza-Streifen hatte vor Ort Anstoß erregt und auch Zionisten in Amerika zu Protesten veranlasst. Auch an anderen Orten wurde jetzt das Bild von den beiden Pferden verboten. Der konservative Bürgermeister von Nizza gab folgende merkwürdige Erklärung ab: »Die schockierende und provokative Darstellung von schwarzen und weißen Pferden bei der Paarung zielt entweder darauf ab, Rassismus zu schüren, oder darauf, Menschen zu einem Verhalten zu ermuntern, das unseren republikanischen Werten zuwiderläuft.« Toscani beschloss indessen, zu weiteren Aufnahmen nach Israel zu fliegen. Er fand, solange diese Reaktionäre sich derart aufführten, sei es sein gutes Recht, sie weiter mit Bildern zu provozieren, die »von der Spontaneität der Natur sprechen, die immer mehr verloren geht – in unserer künstlichen Welt, wo nichts so ist, wie es scheint.«

Auch Toscanis nächstes Bild zeigte ein sehr ursprüngliches Motiv mit einer klaren Aussage: einen Holzlöffel vor einem weißen Hintergrund. Es sollte das offizielle Logo des ersten Welternährungsgipfels der FAO, der Welternährungsorganisation der Vereinten Nationen, werden.

Das Netz sauber halten, Teil drei – London, England 1996

Die ersten beiden Schafe waren gelb und blau und kamen mit dem Taxi. Es folgte ein drittes, diesmal pinkfarben, das aus einem ebenfalls pinkfarbenen Cadillac Coupé zum Vorschein kam. Luciano selbst traf wenig später mit einem grünen Taxi ein. Er trug ein braunes Jackett und eine dunkle Hose. Seine grüne Krawatte war mit Lämmern gemustert, die über Hürden sprangen. Es regnete.

Diese Szene spielte sich bei der Eröffnung des größten Benetton-Geschäfts der Welt ab, des neuen Megastore am Oxford Circus. Das dreistöckige Gebäude bot auf 1 600 Quadratmetern ein umfassendes Sortiment an Herren- und Damenmode von United Colors of Benetton und Sisley, die Wäsche-Kollektion von Undercolors, Kinderbekleidung von 012 und Zerotondo sowie eine neue Kollektion, die »Mamma of Benetton« hieß. Tobia Scarpa hatte in Zusammenarbeit mit einem Team britischer Architekten und Innenarchitekten das elegante Gebäude mit der geschwungenen Front neu ausgestaltet. Die Böden waren aus Marmor, von den gewölbten Decken hingen venezianische Leuchter und die Treppe war aus Stahl und Ahornholz. Es gab Video-Bildschirme, DJ-Pulte und Präsentationsflächen. Und es gab die Schafe. Luciano ließ seine Worte wie immer von der Dolmetscherin Magda übersetzen. Er war geduldig, höflich und erschöpft. Immer wieder blickte er zu dem Monitor hinüber, an dem die Verkaufszahlen für die Kleider und Accessoires aus der unteren Etage angezeigt wurden. Als Luciano weiterreiste, hatte er sich die Gewissheit verschafft, dass das Netz erfolgreich gesäubert war und das Geschäft nach den durchgreifenden Veränderungen wieder im Aufwärtstrend lag. Die Zeiten, in denen Schwulenrechtler in Lederkleidung die Läden stürmten und die Angestellten danach die halbe Nacht damit zubringen mussten, Kleidungsstücke neu zu falten und wieder in die Regale zu räumen, waren ein für allemal vorbei.

Das Netz sauber halten, Teil vier – New York, USA 1996

Der neue Megastore im Scribner Building an der Ecke 5th Avenue/48th Street war mit 1 200 Quadratmetern nicht ganz so groß wie der in London. Auch er bot eine breite Produktpalette von United Colors of Benetton, Sisley, Undercolors, 012, Zerotondo und Mamma of Benetton an. Außerdem gab es dort ein Café und eine Buchhandlung. Der Bürgermeister von New York hatte persönlich an Luciano geschrieben und sich lobend darüber geäußert, wie Benetton beziehungsweise Edizione dieses herrliche Gebäude restauriert hatte.

Auch mit dieser Neueröffnung wurde wieder das Ziel verfolgt, die große Zahl kleinerer Läden durch einzelne größere Geschäfte zu ersetzen, die ein modebewussteres, gehobenes Publikum anzogen. Schon bald – so dachte Luciano – würde sich dieser Trend zu einem Selbstläufer entwickeln. Länder, die mit Angeboten im westlichen Stil um Publikum warben – beispielsweise Saudi-Arabien, Brasilien und Rumänien – würden dazu die Megastores von Benetton in ihren größten Städten als Aushängeschilder benutzen. Aus diesem Grund stand bereits in Dschidda, São Paulo und Bukarest die Eröffnung solcher Geschäfte bevor.

Die neue Ausgabe des Magazins *Colors* trug den Titel »Berufe«. Die Bilder und Texte stellten unter anderem einen Steinhauer in Bangladesh vor, einen Arbeiter in einem deutschen Schlachthaus, einen Entwicklungshelfer, der in Ghana Sexualaufklärung leistete, einen Leibwächter in Palästina, einen Arbeiter, der in Italien Autoscheiben putzte, und einen bei Ludix, der Fabrik für erotische Hilfsmittel im französischen Saint-Denis, der die Genitalien einer aufblasbaren Gummipuppe mit ungiftiger, hypoallergener Farbe einsprühte.

Im typischen Stil von *Colors* wurden hier Berufe vorgestellt, die erschreckend wirkten, solche, die Heiterkeit erregten, Leute, die gefährliche Arbeiten taten, unverzichtbare, aber unterbezahlte Jobs und überflüssige, aber hochbezahlte Arbeiten. Alle diese Tätigkeiten waren jedoch legal. Als Toscani einen Anruf aus einem Ort bekam, dessen Name dagegen für illegale und gewalttätige Machenschaften stand, glaubte selbst er zunächst, es handele sich um einen Scherz.

Corleone, Sizilien 1996

Giuseppe Cipriani war der neue Bürgermeister der Stadt und der Erste, der den Wahlkampf mit einer Anti-Korruptionskampagne bestritten hatte. Er war 34 Jahre alt, ein ehemaliger Kommunist, von schmaler Statur und Brillenträger. Seine Schüchternheit brachte ihm die Sympathien vieler Menschen ein, aber nicht die der Mafia.

Cipriani erhielt kurz nach seinem Wahlsieg eine Drohung. Seiner 25-jährigen Freundin Marinella Miceli war ein abgetrennter Kalbskopf vor die Tür gelegt worden. Anonyme Anrufer mit kehliger Stimme warnten Cipriani, beim nächsten Mal werde es sein eigener Kopf sein.

Die Corleonesi beherrschten die sizilianische Mafia. Luciano Liggio, in den 60er Jahren das Oberhaupt des Corleone-Clans, war ein Mann gewesen, für den, wie ein Mafioso es ausdrückte, »das Töten eine Lust war. Er hatte eine ganz besondere Art, einen anzusehen, die selbst uns Angst einjagte.« Salvatore Riina, genannt »Toto«, trat Liggios Nachfolge als »Capo di tutti Capi« – »Boss der Bosse« – an. Zurzeit stand er in Palermo wegen mehr als 150 Morden vor Gericht, von denen er viele eigenhändig begangen hatte. Er und andere »ehrenwerte Männer« hatten mit dem Drogenhandel Milliarden gemacht und waren so mächtig, dass sie es nicht einmal nötig hatten, im Verborgenen zu leben. Von den 181 bekannten Mafia-»Familien« mit insgesamt 5 000 Mitgliedern, die auf Sizilien lebten, waren die Corleonesi die gefürchtetste. Man schätzte, dass noch etwa 500 von ihnen in Corleone lebten.

Die Situation begann sich jedoch zu verändern, seit zwei selbst für sizilianische Verhältnisse schockierende Morde das ganze Land erschüttert hatten. Die Opfer waren Giovanni Falcone und Paolo Borsellino, zwei bekannte Richter, die an der Mafiabekämpfung beteiligt gewesen waren. Sie wurden durch Autobomben getötet, angeblich in Riinas Auftrag. Damit war für die Einwohner von Corleone das Maß endgültig voll. Die Bürger dieser Stadt, in der von jeher die Mafia den Bürgermeister ein- und abgesetzt hatte, hatten sich geschlossen hinter Cipriani und sein Anti-Mafia-Programm gestellt und ihn mit einer Mehrheit von 69 Prozent gewählt.

Der neue Bürgermeister hatte von Toscani und Benetton gehört. Er hatte das Bild des ermordeten Benedetto Grado in der »Realitäts«-Kampagne für United Colors of Benetton gesehen. Cipriano hielt sich keine Leibwächter, er ging zu Fuß durch die Stadt, setzte sich auf Parkbänke, um mit den Leuten zu reden, und baute in den Herzen und Köpfen seiner Wähler eine Vorstellung des friedlichen Alltags auf, der einkehren würde, wenn die Herrschaft der Mafia beendet wäre. Cipriani stammte aus der Gegend, er war eines von fünf Kindern eines Landarbeiters, aber er war auch ein Kind dieses Zeitalters der Globalisierung. »Was wir brauchen, ist kultureller Wandel«, pflegte er zu sagen, »ein Umdenken. Wir müssen dynamischer werden und unseren Stolz neu entdecken.« Cipriani hatte entschieden, dass Corleone ein neues Image in der Weltöffentlichkeit brauchte, um jenen Eindruck zu revidieren, den Filme wie *Der Pate* hinterlassen hatten. Mit diesem Problem wandte Cipriani sich nun an Oliviero Toscani.

Toscani reiste mit seinem Team an, um sich ein Bild von der Lage zu machen. Allein dieser Besuch wäre vor der Wahl des neuen Bürgermeisters noch unmöglich gewesen. Man hätte dazu das Einverständnis der Mafia gebraucht. Der Bürgermeister wollte Toscani aber keineswegs einen Freibrief erteilen, Corleone in die Reihe der schockierenden Bilder aufzunehmen, die er für die Benetton-Werbung verwendete. Toscani hatte ihm bei seinem ersten Besuch das Versprechen gegeben, »nicht etwas zu verkaufen, sondern stattdessen die Leute davon abzuhalten, sich etwas anderes verkaufen zu lassen: die Cosa Nostra«. Deren Vertretern hatte es ganz und gar nicht gefallen, als einer von Toscanis Mitarbeitern ein blondes, blauäugiges Mädchen auf der Straße angesprochen hatte. Man hatte es als Fotomodell engagieren wollen, musste aber feststellen, dass es sich um Salvatore Riinas Tochter handelte.

Toscani und seine Mitarbeiter reisten erneut nach Corleone, um in den Straßen der Stadt mit »echten« Modellen die Fotos für den neuen Frühjahr/Sommer-Katalog von United Colors of Benetton aufzunehmen. 48 junge Leute waren für eine Gage von je 70 Pfund für einen Tag engagiert worden. Dunkelhaarige sizilianische Schönheiten, die bei Francis Ford Coppola hinter geschlossenen Fensterläden ein klösterliches Dasein gefristet hätten, posierten für Toscani in Benetton-Bekleidung vor einer Kulisse aus Hauswänden, von denen der Putz blätterte, und vor Balkonen mit vollgehängten Wäscheleinen. Die Bewohner von Corleone beäugten den Fotografen und sein Gefolge von Designern und Mitarbeitern für Make-up und Garderobe, als stammten sie aus einer anderen Welt – was ja im Grunde auch der Fall war.

Das winzige Touristikbüro des Ortes wurde zur Garderobe umfunktioniert. »Da schau sich einer meine Tochter an«, staunte eine Mutter, als ihre Fünfzehnjährige von einem französischen Friseur zurechtgemacht wurde. »Die guckt sonst nicht mal in den Spiegel. Läuft immer rum wie eine Schlampe. Das ist ja ein Wunder, ein wahres Wunder!« Toscani selbst rannte kreuz und quer durch die engen Straßen, gefolgt von seinen Mitarbeitern und einer Schar Pressefotografen, denen er hin und wieder einen Schwall von Beschimpfungen zurief – und nach denen er sich kurz darauf verstohlen umsah, um sich zu überzeugen, dass sie noch da waren. Hier ging es schließlich nicht bloß um ein paar Modefotos, sondern um ein »symbolisches Zeugnis der kulturellen, moralischen und wirtschaftlichen Wiedergeburt des tiefen Südens von Italien«.

Später, als Toscani und sein Gefolge die Stadt wieder verlassen hatten, wurden Fragen über Sinn und Ziel des Unternehmens laut. Benetton wäre der Stadt wohl kaum mit solchem Feuereifer zur Hilfe geeilt, wenn sie von Mundgeruch oder Alzheimer heimgesucht gewesen wäre. Aber wenn das Bild der Mafia-Hochburg der Aufhänger für die nächste Werbekampagne werden sollte – wurde dann nicht gerade jener Eindruck noch verstärkt, den der Bürgermeister auszuräumen versuchte?

Auf kurze Sicht stimmte das wohl. Die Berichterstattung in den Medien konzentrierte sich unweigerlich auf die Atmosphäre in der heißen, heruntergekommenen, engen kleinen Stadt, in der die älteren Bürger in Teilnahmslosigkeit verfallen waren und die »ehrenwerten Männer« allgegenwärtig im Verborgenen herrschten. Das Spektakel der Modeaufnahmen, so professionell diese auch sein mochten, war ein gefundenes Fressen für zynische Journalisten.

Auf lange Sicht dagegen war mit dieser Aktion ein Präzedenzfall geschaffen worden: Ein ganz und gar legales Projekt mit wirtschaftlichen Interessen wurde in dem Ort in aller Öffentlichkeit durchgeführt und dabei war unmissverständlich klar, dass kriminelle Kreise keinen Einfluss darauf hatten. Als die zwei Millionen Exemplare des 68-seitigen Frühjahr/Sommer-Katalogs in sieben Sprachen erschienen, wirkten die Bilder darin erschreckend normal. Ihnen war nur ein kurzes Statement vorangestellt, in dem der Stadt und ihren jungen Bewohnern gedankt wurde, die »sich nicht der Last der Geschichte, Tradition und Diskriminierung gebeugt« hatten. Der Bürgermeister hatte unterdessen, durch die Erfahrungen ermutigt, Kontakte zum Autoriesen Fiat und dem Teigwarenhersteller Barilla aufgenommen und sie ersucht, den jungen Leuten der Stadt eine berufliche Chance zu geben, indem sie Niederlassungen in Corleone gründeten. Ein Sechzehnjähriger, der für einen Tag als Fotomodell engagiert gewesen war, sagte: »Was meint ihr, wie das ist, wenn man mal von Sizilien weggeht und zu jemandem sagt: ›Ich bin aus Corleone‹? Da ist man doch gleich abgestempelt. Sofort heißt es: ›Wohl der Sohn von einem Mafiaboss, wie?‹«

Toscani, Benetton und der Bürgermeister waren mit dem Erfolg ihrer Aktion gleichermaßen zufrieden. »Sie wollen auf ihr Produkt aufmerksam machen«, sagte Cipriani während einer Pause bei den Aufnahmen, »und wir wollen auf unsere Sache aufmerksam machen. Und dadurch, dass diese Leute jetzt hier sind« – er wies auf Toscani mit seinem Gefolge von Journalisten – »kriegen wir die Aufmerksamkeit, die wir haben wollten.«

Zum ersten Mal seit Menschengedenken wurde in Corleone friedlich geschossen – Fotos nämlich. Diese Aktion gab Anlass zu einer weiteren Spekulation über das Unternehmen und die Marke Benetton. Niemand wagte die Frage auszusprechen, aber einige wenige dachten insgeheim darüber nach: Waren die Benettons vielleicht nicht einfach *irgendeine* Familie – waren sie womöglich *die* Familie?

Es war nicht nur problematisch, diese Frage öffentlich zu stellen, sondern auch objektiv unmöglich, eine Antwort darauf zu erhalten. Denn wenn es so wäre, würde das selbstverständlich niemand zugeben. Immerhin kam der Verdacht von Zeit zu Zeit wieder auf und er passte all denen in den Sinn, die auf verschiedene Fragen um den Konzern keine andere Antwort finden konnten oder wollten.

Zu den ungeklärten Fragen gehörten die, wie der Erfolg der Benetton Group zu erklären war, ob Luciano an dem betrügerischen Bankrott der Bekleidungsfirma Fiorucci beteiligt gewesen war und wer Flavio Briatore eine Bombe vor die Tür gelegt hatte. Am hartnäckigsten hielt sich das Gerücht in den Kreisen, die am wenigsten Kontakt zu Benetton hatten. Gelegentlich wurde es auch in der Presse laut: »Zunächst einmal ist es ein Rätsel, wie Luciano Benetton es geschafft hat, aus dem Nichts ein globales Imperium aufzubauen …«, stand in einem Artikel, dem jede sachliche Grundlage fehlte. »Aber wenn das

Ganze in einen Spaghetti-Western gehört, dann erwartet man auch nicht, dass es immer logisch zugeht.« Zumindest ging es in diesen Ausführungen nicht logisch zu und sie hätten wohl eher in einen Film gehört, in dem Italien als das Land der Spaghetti, schlechten Rotweins und der Mandolinen dargestellt wurde.

Je näher man an den Konzern herankam, umso rascher löste sich das Gerücht um Benetton als Gangsterunternehmen in Rauch auf. Benetton Group war nur eines – wenn auch das größte – der 130 Unternehmen, die zu Edizione gehörten. An Edizione und nicht an der Benetton Group konnte und musste der Reichtum der Familie gemessen werden. Sowohl Edizione als auch die Benetton Group veröffentlichten ihre Bilanzen, die von Experten geprüft wurden und denen Analysten und Aktionäre Glauben schenkten. Die Tatsache, dass die Mehrheit der Unternehmen in privater Hand war, sprach nicht für unlautere Finanzierungsquellen, sondern für eine typisch italienische Eigenheit: das Bestreben, die Dinge selbst in der Hand zu behalten, statt erst nach und nach die Kontrolle an Aktionäre abzugeben und später das ganze Unternehmen zu verkaufen, wie Geschäftsleute es taten, deren höchstes Ziel es war, sich in Florida zur Ruhe zu setzen.

Der Bürgermeister von Corleone hätte Toscani und Benetton jedenfalls kaum um Hilfe gebeten, wenn er geglaubt hätte, dass sie Kontakte zum organisierten Verbrechen hatten, von dem er die Stadt und ihre Bewohner zu befreien versuchte. Im Ausland wurden und werden Italiener oft früher oder später mit der Mafia in Verbindung gebracht, was nicht gerechtfertigt ist. Aber Italien selbst zerfällt in zahlreiche Regionen, Provinzen und Gemeinden, denen eine funktionierende Zentralregierung fehlt, die von Korruption geplagt sind und in denen Familie und Geschäft die tragenden Säulen der Gesellschaft sind. Das war für Luciano der Grund gewesen, in die Politik zu gehen. »Ich dachte, ich könnte etwas gegen die Vergeudung öffentlicher Mittel unternehmen«, hatte er gesagt. »Wenn man im Parlament sitzt, wird einem ziemlich schnell klar, dass da über ungeheure Summen verfügt wird – und die Leute werden gewählt, damit sie das Geld für die Interessen ihrer Wähler zum Fenster hinauswerfen. Das ist ein Teufelskreis.« Luciano war weder in die Politik gegangen, um Benettons Interessen zu vertreten, noch hatte er sich daraus zurückgezogen, weil der Konzern in Schwierigkeiten steckte. »Nicht das Unternehmen hat gelitten«, sagte er, »sondern ich selbst.«

Ein anglo-italienischer Geschäftsmann, der den Benettons nahe stand, aber nicht selbst zur Familie gehörte, sagte:

> Meine Familie stammt aus Neapel und ich sehe keine Verbindung zwischen Benetton und der Mafia. Warum sollte es eine geben? Die Carabinieri haben die Mafia in Italien mit Hilfe gesetzlicher Reformen und mit Waffengewalt zerschlagen. Ja, es gab eine »dunkle« Zeit, in der das Unternehmen sehr schnell zu wachsen schien, ohne dass klar war, woher das Kapital kam – und in vergleichbaren Situationen hatte oft die Mafia die Hand im Spiel. Aber ich bin absolut sicher, dass das hier nicht der Fall war.

Aus derselben Quelle kam auch eine andere Erklärung:

> In Italien gibt es eine tief verwurzelte Tradition, die für Leute wie die bei den amerikanischen Investment-Banken schwer nachvollziehbar ist. In dieser Tradition beruht Erfolg darauf, dass man Beziehungen hat und sie nutzt. Das mag unlauter erscheinen, weil es eben darauf ankommt, was für Beziehungen man hat. Es ist aber zugleich ein Schutz vor anderen, wirklich kriminellen Methoden. Meine Familie steht der Familie Benetton seit 20 Jahren nahe. Die Verbindung läuft über die Citibank, die Benetton beim Börsengang unterstützt hat und eine der wenigen ausländischen Investmentbanken ist, die in Italien Fuß fassen konnten. Es kommt eben darauf an, wen man kennt und was man daraus macht.

Wenn Leserinnen und Leser es immer noch vorziehen zu glauben, Benetton habe Verbindungen zur – oder sei die – Mafia, dann kann dieses Buch nichts mehr dazu tun, sie von dieser Meinung abzubringen. Solche Skeptiker brauchen eigentlich nicht weiterzulesen. Aber bevor sie die Geschichte Benettons buchstäblich beiseite legen, sollten sie eines bedenken: Die Familien, die hinter dem organisierten Verbrechen in Italien stecken, sind schon seit Generationen an der Macht. Mafia-Strukturen sind in einer abgeschiedenen, ländlichen, südlichen Atmosphäre inmitten von Armut, Gewalt und Schrecken gewachsen. Die Benettons waren die Kinder eines Kleinunternehmers im politisch unabhängigen, offeneren, industrialisierten Norden des Landes. In der Zeit im und nach dem Zweiten Weltkrieg haben auch sie Armut, Gewalt und Schrecken erlebt. Doch ansonsten hatten sie nichts mit den Menschen gemeinsam, die unter wesentlich schlimmeren Bedingungen viele hundert Kilometer weiter im Süden lebten.

Ponzano, Veneto 1996

Die Strategie, weniger, aber dafür größere, moderne Geschäfte zu eröffnen, begann sich auszuzahlen: Die Bestellungen der Läden und die Absatzzahlen, die diese an die Zentrale in Ponzano meldeten, wuchsen. Artikel aus der Herbst/Winter-Kollektion machten 45 Prozent des Absatzes aus, Artikel aus der Frühjahr/Sommer-Kollektion 35 Prozent und die aus den »Blitz«- oder Zwischenkollektionen 20 Prozent. In der kürzlich fertig gestellten Fabrik in Castrette wurde jetzt unter anderem auch Kleidung aus »Fabric 206« hergestellt, einem neuen Material, das nicht knitterte und dadurch für Reisende besonders praktisch war. Das hochmoderne System Robostore 2000 konnte pro Monat bis zu zehn Millionen Artikel aus dem Lager holen und versandfertig verpacken. Es gab jetzt weniger Restbestände am Ende der Saison und mehr Nachbestellungen. Detailliertere Trendanalysen zum Kaufverhalten sowie höhere Kommissionen für die Handelsvertreter gehörten zu den Maßnahmen, die Benetton ergriffen hatte, um das Netz sauber zu halten. Allein im folgenden Jahr sollten 350 neue Geschäfte eröffnet werden. Auch in der Finanzstrategie des Unternehmens gab es Veränderungen. Der Kosmetiksektor mit seiner kurzen, aber bewegten Geschichte war umstrukturiert worden und stand jetzt unmittelbar vor dem Verkauf. Die Vertriebs- und Verkaufsgesellschaften in Japan waren im Zuge der dortigen Umstrukturierung der Benetton Group abgestoßen worden. Am Ende des Jahres schloss die Benetton Group zum ersten Mal in der Firmengeschichte mit einem Liquiditätsüberschuss ab, den sie schon bald in Neuerwerbungen investieren würde.

Die jüngste Ausgabe von *Colors* war dem Thema »Shopping für den Körper« gewidmet. Das Umschlagbild zeigte einen Schamhaar-Ersatz, der in Japan hergestellt und verkauft wurde und unter dem Namen »Blume der Nacht« bekannt war.

»Mein Großvater hat vor 50 Jahren die erste ›Blume der Nacht‹ angefertigt, nachdem die Tochter von Freunden der Familie als junges Mädchen Selbstmord begangen hatte«, erzählte Takashi Iwasaki, der Präsident des Unternehmens Komachi Hair, dem Magazin. »Sie hatte kein Körperhaar und als sie ins heiratsfähige Alter kam und wusste, dass sie es nicht mehr lange geheim halten konnte, nahm sie sich das Leben.« Komachi verkaufte die »Blume der Nacht« hauptsächlich an Schulmädchen und Bräute. »Der Juni ist für uns der beste Monat, weil es da die meisten Hochzeiten gibt«, sagte Iwasaki gegenüber *Colors,* »aber auch im Frühjahr und Frühherbst läuft das Geschäft gut. Da gehen die Schulen auf Klassenfahrt und die Mädchen müssen das Bad miteinander teilen.« Komachi erklärte, dass die »Blume der Nacht« für viele Kundinnen eine Hilfe sei, eine schwierige Entwicklungsphase zu überwinden. »Später kommen sie dann auch ohne den Haarersatz aus«, schloss er seine Ausführungen. Die neueste Ausgabe von *Colors* enthielt außerdem Artikel über neuartige Armprothesen, künstliche Ohren aus Silikon und über Körperhygiene zu Hause und auf Reisen.

Alessandro Benetton hatte für seine Unternehmensgruppe 21 Investimenti ebenfalls Pläne zu weiteren Investitionen. Die Übernahme der Autofirma Lotus war gescheitert, stattdessen war eine Beteiligung an einem regionalen Fernsehsender erworben worden. Jetzt kauften Alessandro und sein Geschäftspartner Andrea Bonomi sich mit 21 Investimenti nach und nach in verschiedene europäische Unternehmen ein. Die Gruppe hielt bereits Anteile an Johnson Radley, dem größten britischen Hersteller von Gießformen für die Glasindustrie, an Karrimor International, einem Unternehmen, das Outdoor-Kleidung und Ausrüstung herstellte und dessen konservative Läden Alessandro und Bonomi gründlich umgestalten wollten, sowie an der spanischen Verpackungsfirma Picking Pack. Zuletzt hatte 21 Investimenti Anteile an Basic Group erworben. Dieses Unternehmen produzierte und vertrieb Sport- und Freizeitkleidung in Europa und Japan und plante, in die USA, nach Südamerika, Afrika und China zu expandieren. Als Nächstes wollte Alessandro in Italien und Amerika ins Brillengeschäft einsteigen.

Ein Nebenerwerb von Alessandro war allerdings rigoros beendet worden, nachdem sein Onkel Gilberto einen Blick auf die Zahlen geworfen hatte. Es handelte sich um Benetton Engineering Limited, das 50 Prozent an Tom Walkinshaws Firma TWR hielt. Gilberto hielt überhaupt nichts von dieser Investition. Im Jahresbericht der Benetton Group schrieb er kurz und bündig:

> Dieses Unternehmen hier mit einzubeziehen hätte die Bilanz des Konzerns so erheblich verzerrt, dass sie kein zutreffendes Bild von der finanziellen und betrieblichen Situation der Unternehmensgruppe mehr gegeben hätte.

Benetton International verkaufte Benetton Engineering mitsamt der 50-prozentigen Beteiligung an TWR zurück an Tom Walkinshaw. Hier war Kapital aus der Kasse von Benetton in einen Sektor investiert worden, der zu weit vom Kernbereich entfernt lag. Der Verkaufspreis von 16 Millionen Pfund vermittelte eine Vorstellung davon, wie groß diese Investition tatsächlich gewesen war. Sie wurde erst aufgegeben, als Walkinshaw schon längst jegliche eigenen Investitionen aus dem Rennstall zurückgezogen hatte – sofern es diese überhaupt jemals gegeben hatte. Gilberto kommentierte rückblickend: »Wir dachten, es könnte uns im Formel-1-Geschäft nutzen, aber das war nicht der Fall.«

Enstone, Oxfordshire, England 1996

In dieser Saison hatten Flavio Briatore und das Team von Benetton Formula es nicht leicht. Walkinshaw hatte sich inzwischen bei Arrows eingekauft. Immer wieder äußerte er sich abfällig über seine frühere Zusammenarbeit mit Briatore. »Als ich zu Benetton kam, herrschten da chaotische Zustände«, erklärte er, »aber wir haben ein gutes, konkurrenzfähiges Team auf die Beine gestellt.« Walkinshaws Protegé, der technische Direktor Ross Brawn, war Schumachers Beispiel gefolgt und zu Ferrari gewechselt. Jean Alesi hatte in dieser Saison im Benetton-Team noch kein einziges Rennen gewonnen, so dass dem Rennstall die Siegesprämien des größten Sponsors, Mild Seven, entgangen waren. Der Vertrag mit dem Zigarettenkonzern sollte in anderthalb Jahren auslaufen. Es gingen Gerüchte, Alesi stehe mit Jordan in Verhandlungen – dem Team, von dem Benetton fünf Jahre zuvor Schumacher abgeworben hatte. Alessandro Nannini, dessen Hand nach dem Hubschrauberunfall völlig wiederhergestellt war, hatte zugesagt, probeweise für Benetton zu fahren, aber das hieß noch nicht, dass er wieder unter Vertrag genommen wurde. Alesi und Briatore waren sich einig, dass der Franzose sizilianischer Abstammung in der folgenden Saison als erster Fahrer bei Benetton bleiben würde. Sein Teamkollege sollte Gerhard Berger sein, der schon früher für Benetton gefahren war.

Alessandro Benetton repräsentierte weiterhin in der Nachfolge seines Vaters die Familie im Formel-1-Geschäft. Aber auch Gilberto

Benetton hatte sich trotz des Verkaufs von Benetton Engineering und den dazugehörigen Anteilen an TWR nicht ganz aus dem Motorsport zurückgezogen. Er beschäftigte sich jetzt intensiv mit der Frage nach Benettons Zukunft im Formel-1-Geschäft.

Ponzano, Veneto 1997

Auch Toscani hatte sich mit Autos beschäftigen müssen – er war auf dem Weg nach Ponzano in eine Massenkarambolage mit 100 Fahrzeugen geraten. Toscani war aus seinem Mercedes gestiegen, der unversehrt geblieben war, hatte ein paar jungen Leuten aus ihrem demolierten Wagen geholfen und dann ungerührt mehrere Rollen Film verschossen, ehe er seine Fahrt fortsetzte.

Jetzt saß Toscani in der Nachmittagssonne auf dem Rasen vor der Villa Minelli und sah sich die Abzüge an. Die Dächer der nahen Firmengebäude, die so angelegt waren, dass sie je nach Wetter eine andere Farbe hatten, nahmen in der einsetzenden Dämmerung rosa- und malvenfarbene Töne an. »In dem Wagen waren vier junge Leute«, sagte Toscani und zeigte auf das demolierte Auto. »Die Mädchen schrien. Es war richtig wie bei Francis Bacon. Da steht man auf einmal mitten in einem Happening. Unglaublich … Es wirkte wie eine griechische Tragödie – eine moderne griechische Tragödie – eine moderne Tragödie.« Er hielt inne. »Nun aber los!«, rief er dann. »An die Arbeit!«

Gemessen an der Definition, nach der ein Künstler zwei gegensätzliche Standpunkte zugleich vertreten und dabei reibungslos funktionieren konnte, war Toscani der größte aller Künstler. Er war angereist, um die Aufnahmen für den Herbst/Winter-Katalog zu machen. Wie immer arbeitete er dabei mit echten Modellen. Toscanis Casting-Leiter Brice Compagnon rekrutierte sie aus der Belegschaft der Unternehmenszentrale. So kam es, dass sich im Firmensitz in Ponzano ungewöhnliche Szenen abspielten: Toscani fotografierte Küchenpersonal mit Wollhüten. Drei Mitarbeiter der Designabteilung schritten mit geöffneten Jacken und Jeanshosen, unter denen spitzenbesetzte Unterwäsche zu sehen war, einen Gang hinunter auf ihn zu, während Toscani rückwärts vor ihnen herlief, seine automatische Nikon-Kamera abfeuerte und dabei »Hey, Big Spender« sang. Gilberto – nach konventionellen Vorstellungen der bestaussehende der drei Brüder, zugleich aber auch der zurückhaltendste von ihnen – trat in einer überweiten Jeans vor die Kamera. Luciano ließ sich, mit einem roten Pullover bekleidet und das Haar mit Pflanzenfarbe grün getönt, vor der Außenwand seines Büros in der Villa Minelli fotografieren. Es schien ihm richtig Spaß zu machen, auch wenn er später fürchtete, er könnte sich lächerlich gemacht haben. »So was bringt uns Aufmerksamkeit ein«, sagte er, »und das ist gut.«

Melbourne, Australien 1997

Im ersten Grand Prix dieser Saison gab es wieder Probleme mit dem Tanken, diesmal allerdings ganz andere. Alesi ignorierte trotz wiederholter Warnungen durch Briatore sechs Mal die Versuche des Teams, ihn zum Auftanken in die Boxen zu winken. Selbst als Briatore die beiden größten Männer im Team anwies, sich über die Mauer zu lehnen und ihm Zeichen zu machen, fuhr Alesi einfach weiter, bis ihm schließlich der Treibstoff ausging. Berger belegte den vierten Platz. Martin Brundle, der früher für Benetton gefahren war und jetzt beim britischen Fernsehen arbeitete, äußerte in seinem Kommentar, Alesi solle sich, wenn er aus dem Wagen stieg, am besten schnurstracks ins nächste Flugzeug setzen.

Im folgenden Rennen in Brasilien schnitten Alesi und Berger wesentlich besser ab. Berger wurde Zweiter, Alesi Sechster. Weniger erfolgreich waren die beiden in Argentinien, wo Alesi als Siebter und Berger als Sechster ins Ziel kam. Im Großen Preis von San Marino in Imola belegte Alesi Platz fünf, während Berger ausschied. In Monaco war es Alesi, der ausschied, und Berger wurde nur Neunter.

Briatore verlor allmählich die Nerven. Nach den Rennen kamen Alesi und Berger für gewöhnlich zu ihm und setzten ihn mit Forderungen nach besseren Fahrzeugen unter Druck. Alesi war immer noch mit Jordan im Gespräch. Er verlangte eine Million Dollar, was für die Verhältnisse der Formel 1 bescheiden war und seine Liebe zum Rennsport zeigte. Briatore versuchte indessen, den neuen, 20 Millionen Dollar teuren Motor von Mecachrome zu kaufen, weil Renault am Ende dieser Saison seine Motoren aus der Formel 1 zurückziehen wollte. »Wenn man Erfolge vorweisen kann, ist leicht zu verhandeln«, sagte er verdrossen. »Den ganzen Winter über hat der Wagen im Training keine Probleme gemacht. Erst beim Saisonstart ging der Ärger los.« Ohne dass Luciano und Gilberto davon wussten, versuchte Briatore sogar, den Rennstall zu verkaufen, obwohl er dazu streng genommen gar nicht berechtigt war.

»Diese Sache kann man nicht ewig durchhalten«, erklärte er ruhig. »Man arbeitet unter ungeheurem Druck – in der Testphase, bei den Rennen – nie hat man Zeit für sich.« Für Briatore, den Mann, der sich gern mit getönter Brille in Gesellschaft Prominenter fotografieren ließ und sich mit schönen Frauen umgab, schien der Formel-1-Zirkus allmählich seinen Reiz zu verlieren. »Man kommt an einen Punkt, wo man sich fragen muss, ob man noch die nötige Motivation hat. Eigentlich braucht man einen Weltmeistertitel, um es in diesem Geschäft auf Dauer auszuhalten. Den habe ich gehabt, und eine Konstrukteursmeisterschaft dazu.« Er schloss: »Sobald ich merke, dass ich mit meiner Motivation am Ende bin, werde ich den Posten jemand anders überlassen. Dieses Geschäft bedeutet ständigen Druck, aber noch gefällt es mir. Wir arbeiten an den Problemen. In Kanada werden wir mit großen technischen Verbesserungen an den Start gehen.«

Wegen des Verbots von Zigarettenwerbung in Großbritannien, Frankreich und Deutschland musste Mild Seven das Logo bei den dortigen Rennen vom Wagen entfernen. David Mills, ein millionenschwerer Londoner Rechtsanwalt und Experte für Offshore-Steuerangelegenheiten, der als Berater für Benetton Formula tätig war, legte wenige Tage, nachdem dieses Gesetz in Großbritannien in Kraft getreten war, seine Arbeit nieder. Als Grund gab er einen Interessenkonflikt an: Seine Frau, Tessa Jowell, war Gesundheitsministerin. In der nächsten Zeit ließen die Rennkommissare ihre Beziehungen spielen und erreichten schließlich, dass die britische Regierung in der Frage der Zigarettenwerbung völlig umschwenkte.

Briatore war früher kein Kettenraucher gewesen, aber jetzt war er auf dem besten Weg dazu. In Kanada belegte Alesi einen hart erkämpften zweiten Platz, während Berger ausschied. Noch vor dem Großen Preis von Italien wurde Benetton in einen weiteren Rechtsstreit mit Jordan verwickelt. Diesmal ging es darum, wer in der nächsten Saison das ungestüme junge Nachwuchstalent Giancarlo Fisichella unter Vertrag nehmen würde. Aber bis dahin sollte auch Briatore das Steuer nicht mehr in der Hand halten.

Das Netz sauber halten, Teil fünf – Enstone, England 1997

Alesi und Berger blieben noch für den Rest der Saison bei Benetton, wussten aber schon, das Fisichella und Alexander Wurz im nächsten Jahr ihre Nachfolger sein würden. Briatore verließ das Team bereits vor dem Großen Preis von Luxemburg. Noch während seiner Zeit als Teamchef bei Benetton hatte er den Rennstall Ligier gekauft und nach ein paar Jahren wieder verkauft. Außerdem war bekannt, dass er einen Freizeitclub auf Sardinien aufbaute. Dennoch erschien er bereits ein Jahr später wieder in der Konzernzentrale in Ponzano – diesmal als Vertreter von Mecachrome, um über den Motor zu verhandeln.

David Richards, der Leiter des Maschinenbauunternehmens Prodrive, wurde neuer Teamchef bei Benetton Formula. Richards hatte gehofft, Gilberto zu einer Fusion zwischen Benetton Formula und Prodrive überreden zu können – ein Geschäft, das ihm Millionen eingebracht hätte. Er war siegesgewiss nach Ponzano gekommen, aber gegen das Verhandlungsgeschick der Benettons kam er nicht an.

Schließlich begnügte er sich stattdessen mit einem Jahresgehalt von einer Million Dollar. Richards hatte beim Rallye-Team von Subaru spektakuläre Erfolge erzielt und einen Sponsorenvertrag mit dem Tabakriesen BAT ausgehandelt. Er hatte gute Chancen, diesen Sponsor auch für Benetton gewinnen zu können, wenn der Vertrag mit Mild Seven auslief. Außerdem verhandelte Richards mit dem Tabakkonzern über eine Beteiligung am Rennstall.

Offiziell hatte Alessandro die Verhandlungen mit Richards und Prodrive geführt, aber dabei hatten nicht nur seine professionellen Berater mitgewirkt, sondern auch sein Onkel Gilberto hatte ein waches Auge auf die Vorgänge gehabt. Gilberto hatte veranlasst, dass Benetton Engineering und die Anteile an TWR abgestoßen wurden; er hatte Briatore und seine geschäftlichen Machenschaften einer genaueren Kontrolle unterzogen – kurz, er hielt das Netz sauber.

Alessandro hatte sich in allen Turbulenzen des Formel-1-Geschäfts mit Integrität und Anstand gehalten. Seine sympathische Art und sein Engagement sprachen für ihn, ebenso seine Erfahrungen bei Goldman Sachs. Dass er keine harte Schule durchlaufen hatte und für die Methoden, die in der Formel 1 herrschten, nur unzureichend gerüstet war, konnte ihm niemand verübeln. In seiner Position als Präsident von Benetton Formula – und als Lucianos rechte Hand – stand ihm jetzt jemand zur Seite, der ebenfalls kein abgehärteter Kämpfer war. Dieser Jemand war nicht im Benetton-Konzern tätig und fehlte auch auf dem Foto mit den Zwangsjacken, für das sich im vorigen Jahr fast die ganze Familie versammelt hatte. Der neue kaufmännische Direktor des Rennstalls war Alessandros jüngerer Bruder, der 27-jährige Rocco Benetton.

Da das Team bei Richards in guten Händen war und letztendlich der Kontrolle der Benetton Group unterstand, konnte die Familie es sich diesmal erlauben, einen jungen und relativ unerfahrenen Mann als Repräsentanten einzusetzen. »Um ein Formel-1-Team zu leiten, braucht es einen Mann wie Richards«, kommentierte jemand, der dem Team nahe stand, »einen, der die Ingenieure daran hindert, zuviel

Geld auszugeben, der die Presseleute zur Arbeit antreibt und die Fahrer bei Laune hält. Realistisch betrachtet, ist das alles unmöglich zu schaffen.« Innerhalb eines Jahres schien Richards zu derselben Einsicht gekommen zu sein. 1998 verließ er Benetton Formula und wechselte in eine andere Position im Formel-1-Geschäft. Damit war der junge Rocco nicht mehr nur der Repräsentant der Familie, sondern de facto der Teamchef von Benetton Formula. Aber auch bei dieser Regelung sollte es nicht lange bleiben. Die ausufernden Kosten und die fehlenden Siege veranlassten Luciano und Gilberto dazu, Benettons Zukunft im Formel-1-Geschäft grundsätzlich zu überdenken. Sie kamen zu dem Schluss, dass es an der Zeit war, sich aus diesem Sport zurückzuziehen. Über ihren CEO Carlo Gilardi nahmen sie noch einmal neue Verhandlungen mit Roccos Vorgänger David Richards und mit Renault auf. Aber der Versuch scheiterte und schließlich wurde Benetton Formula im März 2000 für einen stolzen Preis direkt an Renault verkauft. Benetton schloss noch einen Sponsorenvertrag über weitere zwei Jahre ab.

Damit ging nach 14 Jahren und zwei Weltmeistertiteln die Geschichte des schillerndsten Teams im Formel-1-Sport zu Ende. Aber vielleicht war »Entertainment« wirklich der treffendere Ausdruck – denn der neue Manager des Teams, das jetzt im Besitz von Renault war, wurde niemand anders als der umstrittene Flavio Briatore.

11. Die Hauptstraßen der Welt

Rangun, Myanmar 1997

Luciano und sein Team reisten in einem der drei firmeneigenen Privatjets an und stiegen im Hotel Inya Lake ab. Von da aus fuhren sie den Fluss Irawadi hinauf. Das Schiff, ein ehemaliger Rheindampfer, hieß *Road to Mandalay*.

Benettons Handelsvertreter für Myanmar (ehemals Birma) reiste alle zwei bis drei Monate aus Italien an. Er hatte Kontakte vor Ort, war aber für die ausländischen Geschäftsleute im Land so etwas wie eine unbekannte Größe. Diese gaben sich gern der Illusion hin, mit ihren Geschäftspraktiken auf dem neuesten Stand zu sein. Luciano war hergekommen, um sich selbst ein Bild zu machen.

Die Friedensnobelpreisträgerin Aung San Suu Kyi, die sich für die Demokratie und Menschenrechte in ihrem Land einsetzte, hatte die Industrieländer zu wirtschaftlichen Sanktionen gegen die Militärregierung aufgerufen. Zwei birmanische Komiker waren verhaftet worden, weil sie sich bei einem Auftritt respektlos über das Militär geäußert hatten. Sie wurden wegen Verstößen gegen die öffentliche Ordnung zu sieben Jahren Arbeitslager verurteilt. Lucianos politischer Standpunkt war pragmatisch und etwas links von der Mitte. Er hegte immer noch die Hoffnung, dass Fidel Castro eines Tages Fabrica wenigstens einmal besuchen werde. Das Image von United Colors of Benetton, das auf Völkervielfalt und Gleichheit abhob, war für Luciano jedoch durchaus mit der Vorstellung vereinbar, in einem Land mit Militärdiktatur Geschäfte zu machen. Zu der Forderung nach einem Wirtschaftsboykott sagte er später einmal: »Das ist nicht machbar.

Außerdem hat das eine mit dem anderen nichts zu tun. Wir machen Geschäfte mit einem Händler vor Ort, der unsere Waren importieren will – weiter nichts.« Dasselbe hätte Luciano über Saudi-Arabien und Syrien sagen können, zwei Länder mit ebenso fragwürdigen politischen Verhältnissen, wo United Colors of Benetton ebenfalls an den Hauptgeschäftsstraßen der größten Städte vertreten war. Inzwischen war der Balkankrieg beendet und Luciano konnte endlich doch mit der Zustimmung des Aufsichtsrates nach Sarajevo reisen, um sich ein Bild davon zu machen, wie der Frieden sich auf seine dortigen Geschäfte auswirkte.

5th Avenue, New York, USA 1997

85 Jahre nachdem Scribner's, seinerzeit einer der angesehensten Verleger des Landes, hier Einzug gehalten hatte und acht Jahre nachdem Edizione das traditionsreiche Gebäude gekauft hatte, war es wieder dem Literaturbetrieb gewidmet. Benetton hatte »The Salon« ins Leben gerufen, eine zweimonatlich stattfindende Veranstaltungsreihe mit literarischen Lesungen und Kunstforen, die im neu entstandenen Café im Untergeschoss des Gebäudes abgehalten wurden. Carlos Tunioli, der Geschäftsführer des amerikanischen Zweigs von Benetton, sagte dazu: »Eigentlich geht es hier darum, Kleidung zu verkaufen, aber wir wollten gleichzeitig etwas von der Atmosphäre einer Buchhandlung kurz nach der Jahrhundertwende wieder auferstehen lassen.«

Der Megastore mit Cafeteria, Buchhandlung und Kunst- und Kulturzentrum eröffnete die Saison mit »brandaktuellen Kunst- und Literaturforen mit bedeutenden Schriftstellern und Meinungsmachern«. Es gab Lesungen von Künstlern wie Maggie Estep, die ein Album bei Mercury aufgenommen hatte und gerade ihren ersten Roman herausbrachte, *Diary of an Emotional Idiot* (deutsch: Tagebuch einer Gefühlsidiotin); von Joel Rose, der Autorin von *Kill Kill Faster Faster,* und Daphne Merkin, der Autorin von *Dreaming of Hitler.* Der Verlag

Crown, der eine Reihe solcher »jugendlichen, provokativen und unbequemen« Bücher herausgab, war Mitorganisator von »The Salon«. Außer den Autorenlesungen wurde auch eine Podiumsdiskussion zur Biennale des Whitney Museum veranstaltet. Im Café bot Benetton in Zusammenarbeit mit der Buchhandelskette Rizzoli versuchsweise Bücher an, die »aktive junge Frauen ansprechen« sollten, wie John Brancati von Rizzoli es ausdrückte – Bücher über Mode, Fitness, Beziehungen und Gesundheit sowie Romane.

Vieles hatte sich verändert. Früher war es bei der Analyse des Konsumentenverhaltens noch darauf angekommen, ob ein Dollar Preisunterschied den Ausschlag gab, ob jemand seine Pullover bei Benetton oder Gap kaufte. Zwar hatte Gap inzwischen fast doppelt so viele Filialen in den USA wie damals, während die Zahl der Benetton-Läden im selben Zeitraum um mehr als die Hälfte gesunken war, aber diese Zahlen täuschten. Benettons Umsatz in den Vereinigten Staaten war jetzt höher, als er damals bei doppelt so vielen Läden gewesen war. »The Salon« war nicht nur ein sichtbares Zeichen dieses Aufwärtstrends, sondern wurde auch aus dessen Erträgen finanziert. Dafür hob das kulturelle Engagement das Image des Unternehmens. Der Konkurrent Gap hatte dagegen nichts vorzuweisen, was ihn mit Namen wie F. Scott Fitzgerald, Hemingway oder Thomas Wolfe in Verbindung gebracht hätte.

Auch in anderen Teilen der Welt knüpfte Benetton immer neue Verbindungen an. Aus der Allianz mit Inditex, einem der größten spanischen Bekleidungsunternehmen, entstand ein Netzwerk direkt betriebener Läden in Spanien und anderen europäischen Ländern. Das Ziel war, ein Jointventure-Unternehmen aufzubauen, das Kleidung der Marke »Zara« über ein neues Ladennetz in Italien vertreiben sollte. In Moskau wurde ein Tochterunternehmen im alleinigen Besitz des Konzerns gegründet, das Benetton in Russland unter dem Namen »Benest« bekannt machen sollte. In Paris wurde indessen eine weitere Ausgabe von *Colors* veröffentlicht, die den Titel »Ehe« trug.

Rue des Archives, Paris, Frankreich 1997

Colors erschien nun schon in der 20. Ausgabe und zeichnete sich durch eine Lebendigkeit und Originalität aus, die selbst Aldo Palmeri beeindruckt hätte. Die Redakteure und Mitarbeiter wurden aus Dutzenden Ländern in aller Welt rekrutiert; der Redaktionssitz war Paris. Das Heft zum Thema »Ehe« bot wie gewohnt umfassende Informationen. Es enthielt Artikel über rechtliche Fragen zur Eheschließung zwischen gleichgeschlechtlichen Partnern, über gekaufte Bräute, Trauungen unter Wasser, die Wiederherstellung des Hymens, Mord am eigenen Partner, Scheidung und die Auswirkungen von Ehelosigkeit auf die Lebenserwartung.

Selbst die Redaktion konnte die Auflage von *Colors* nicht genau beziffern; jedenfalls waren es über 350 000 Exemplare in sieben zweisprachigen Ausgaben (Französisch, Deutsch, Spanisch, Italienisch, Kroatisch, Slowenisch und Koreanisch jeweils mit Englisch kombiniert) in über 60 Ländern. Jetzt, nach fünf Jahren ständiger Ortswechsel, verließ die Redaktion Paris und kehrte heim. Wie bei Fabrica hatte auch hier Toscani das Sagen, aber die Familie Benetton wachte über die finanzielle Seite. Auch *Colors* sollte jetzt enger an das Unternehmen und die Marke gebunden werden.

Florenz, Norditalien 1997

In einem riesigen Eisenbahndepot am Stadtrand war eine Schar Journalisten versammelt, die alle zum Deckengewölbe empor starrten. Dort hingen mehrere hundert Porträtaufnahmen von Jugendlichen, die Toscani im Laufe der vergangenen zwei oder drei Jahre aufgenommen hatte. Die Models hatte er in Paris von der Straße weg engagiert. Alle Fotos waren frontale Nahaufnahmen vor weißem Hintergrund und so stark vergrößert, dass sie zu den Bildrändern hin verschwammen. Das hatte eine seltsam beunruhigende Wirkung: Fotograf und

Betrachter schienen vor der immensen Präsenz der Bilder im Nichts zu verschwinden. Die Fotos zeigten Jungen und Mädchen, reiche Kinder und Straßenkinder, Schwarze und Weiße. »Gesichter« lautete der Titel dieser neuen Herbst/Winter-Kampagne für United Colors of Benetton.

Auch Luciano und Toscani saßen in dem Eisenbahndepot und beantworteten gemeinsam Fragen. »Haben Sie schon einmal daran gedacht, die Kleidungsproduktion aufzugeben und sich ganz den Bildern zu widmen?«, fragte ein Journalist Luciano.

Den Presseberichten zufolge soll Luciano erschrocken gewirkt und rasch erwidert haben: »Nein! Ich brauche die Herausforderungen des Marktes, den Konkurrenzkampf, um mich lebendig zu fühlen.« Später versicherte er beharrlich, niemand habe ihm eine solche Frage gestellt und seine »Antwort« sei frei erfunden. Er fügte hinzu: »Was ich tatsächlich meine, ist: Wenn die Marktlage schwierig ist, dann bedeutet das eine Herausforderung. Jede Krise ist gleichzeitig auch eine Chance.« Immerhin zeigten seine Antworten, ob wahrheitsgemäß wiedergegeben oder erfunden, die Verbindung zwischen dem Unternehmen und der Marke, die in seinem Kopf zweifellos, wenn auch unausgesprochen, bestand. Und Luciano hatte sich zum Ziel gesetzt, diese Verbindung unterschwellig in den Köpfen der Leute fortwirken zu lassen. Bei Toscani machte sich indessen bemerkbar, welchen Druck es bedeutete, dass er der Konkurrenz immer eine Nasenlänge voraus sein musste. »Andere Unternehmen haben nachgezogen«, sagte er. »Aber wir waren es, die den Anfang gemacht und neue Wege beschritten haben.«

Luciano und Toscani eröffneten diese Kampagne ganz bewusst in einem Gebäude, das in krassem Gegensatz zu den Renaissancebauten stand, die die landläufige Vorstellung von Florenz bestimmten. Sie sprachen in einem Land mit einer hoch entwickelten Marktwirtschaft zu Leuten, die wussten, was Toscani meinte, wenn er etwa sagte: »Die Redaktion ist Werbung für die Werbung.« Aber es gab noch andere, neue Märkte zu erschließen – in Ländern ohne Pressefreiheit, wo man nicht durch den wohl berechneten Einsatz aufrüttelnder Werbebilder die Aufmerksamkeit der Medien gewinnen konnte, weil die Medien in diesem Teil der Welt kaum entwickelt waren. Die jüngsten Megastores in Saudi-Arabien und die 28 neuen Läden in Syrien waren Aushängeschilder des Unternehmens und der Marke, wie der erste My Market es 30 Jahre zuvor in Italien gewesen war. Das war einer der Gründe dafür, dass Benetton die Hauptstraßen dieser Welt in Ponzano unterirdisch nachgebildet hatte.

Die Einkaufsstraße, Ponzano, Veneto 1997

Hier, sozusagen unter dem Rasen, befindet sich eine unterirdische Straße, die künstlich beleuchtet und auf voller Länge zu beiden Seiten von Geschäften gesäumt ist. Sie repräsentieren die ganze Bandbreite von Benettons unterschiedlichen Läden. »Die Einkaufsstraße«, wie sie genannt wird, verkörpert den Ehrgeiz des Unternehmens und der Marke in Reinform.

Durch wechselnde Beleuchtung entsteht der Eindruck verschiedener Tageszeiten. »Abends« – auch wenn vielleicht über der Erde gerade ein heller Sommertag ist – liegt die nachgebildete Einkaufsstraße im Dunkeln und die Schaufenster von United Colors of Benetton, Mega Benetton, Blue Family, Benetton Man, Benetton Woman, Sisley und 012 leuchten hell unter einem schwarzen Himmel, an dem Sterne blinken.

Sechsmal im Jahr und zusätzlich anlässlich der Zwischenkollektionen, die über das Jahr verteilt auf den Markt kommen, finden hier unter Ausschluss der Öffentlichkeit Modenschauen statt. Dann wird die Straße zum Laufsteg erhöht, auf dem den 80 Handelsvertretern und Gebietsleitern aus aller Welt die neuen Kollektionen präsentiert werden. Zu diesem Publikum gehören langjährige Mitarbeiter aus den USA, Europa und Japan wie zum Beispiel die 70-jährige Mrs. Suzuki, eine außergewöhnliche Person. Als Luciano sie in Japan besuchte, bereitete sie ihm persönlich die Mahlzeiten zu, nicht ohne die Rezepte vorher an ihren Freunden ausprobiert zu haben. Unter den Anwesenden sind aber auch Vertreter aus neu erschlossenen Gebieten wie Mr. Merchant aus Pakistan. Manchmal ist ein einziger Handelsvertreter für mehrere Länder gleichzeitig zuständig, wie zum Beispiel für Schweden und Finnland. Andere, große Länder wie Deutschland werden von mehreren Agenten betreut. All diese Vertreter kommen zu den Präsentationen nach Ponzano, die gewöhnlich neun Monate vor der eigentlichen Saison stattfinden. Dann werden für die vielen tausend Läden in unterschiedlichen Ländern die Einkaufspreise für die Kollektionen zu bestimmten Wechselkursen ausgehandelt, die Benettons Finanzfachleute festlegen. Die Models – selbstverständlich keine professionellen Mannequins, sondern »echt« – kommen aus den amerikanischen Militärstützpunkten in Aviano und Vincenza, aus Paris sowie aus der Gegend um Ponzano und Treviso.

Die Modenschau beginnt, die Models führen die Kleider vor, verschwinden wieder hinter den Kulissen und kommen in anderen Kleidern erneut zum Vorschein. Danach reisen die Vertreter wieder zurück in die USA, nach Kanada, Japan, Deutschland, Großbritannien, Frankreich, Syrien, Indien und Brasilien, wo sie Veranstaltungsräume anmieten, um den Ladenbesitzern in ihrem Gebiet die Kollektion zu präsentieren. Diese geben über die Vertretungen ihre Bestellungen auf und die Kleidungsstücke werden an sie verkauft. Aber erst danach wird die Ware tatsächlich hergestellt und an die Geschäfte versandt.

Die Läden erhalten auch einen Marketing- und Werbekatalog mit Fotos von Toscani und einleitenden Texten von Mauro Benetton. Der Katalog enthält Materialien und Tipps zu Warendarbietung und Verkaufsförderung, außerdem vertrauliche Hinweise über Verkaufsstrategien – wie man verhindern kann, dass die Stammkundschaft sich mit dem Kaufen zurückhält, bis am Ende der Saison die Preise reduziert werden; wie man schwergängige Ware verkauft, ohne bis zum Schlussverkauf warten zu müssen, und wie man Schnäppchenjäger anlockt, so dass sie häufiger in den Laden kommen und dabei auch mehr Kleidung zum regulären Preis kaufen.

Das Unternehmen diktiert die Verkaufspreise für den Einzelhandel nicht, sondern gibt lediglich unverbindliche Preisempfehlungen an die Händler aus. Wenn die Kleidungsstücke in den Handel kommen, geben die Läden der Zentrale Rückmeldungen über ihre Absatzzahlen. Luciano und seine Mitarbeiter werten diese aus und leiten die Ergebnisse an Giuliana und ihr Team aus 200 Designern weiter, die mit Hilfe von Computern 8 000 Modelle pro Jahr entwerfen und zu diesem Zeitpunkt schon an der neuen Kollektion arbeiten. Andere bereiten inzwischen die nächste Präsentation vor und so setzt sich der Kreislauf fort.

Es ist jetzt ungefähr 30 Jahre her – und längst in weite Ferne gerückt –, dass Piero Marchiorello bei Luciano anrief und dringend um Nachschub bat, woraufhin Luciano und Carlo mit einem Wagen voller Pullover nach Cortina fuhren.

Ponzano, Veneto 1997

Auch die Benetton Group hatte eingekauft, und zwar Benetton Sportsystem. Genauer gesagt hatte die Benetton Group zunächst einen Anteil von etwas unter 60 Prozent erworben, mit der Option, die Unternehmensgruppe im folgenden Frühjahr ganz zu übernehmen. Gilardi erinnerte sich später:

> Das sportliche Image passte zur Benetton Group mit ihrem Sortiment aus lässiger Kleidung und Freizeitartikeln. Außerdem wäre es unsinnig gewesen, Sportsystem und die Benetton Group weiterhin getrennt zu halten, ohne die Synergien zu nutzen. Es war ja ganz nett, Seite an Seite und dennoch ohne irgendwelche Verflechtungen mit diesem Schwesterunternehmen zu arbeiten, aber von der Vernunft her war es Unfug … als ob zwei Schiffe mit demselben Ziel in unterschiedliche Richtungen in See stechen.

Gilardi von der Benetton Group und Gianni Mion von Edizione führten zähe Verhandlungen. Gilardi erklärte:

> Ein Teil der Unternehmensgruppe kaufte von einem anderen. Wir mussten also sehr darauf achten, dass nicht der Eindruck unlauterer Machenschaften entstand. Das war ein ganz entscheidender Faktor. Die Transaktion musste für die Öffentlichkeit möglichst transparent gestaltet werden. Die ganze Übernahme war ein furchtbarer Kampf – wir haben uns förmlich duelliert, Herr Mion und ich. Persönlich kommen wir ja gut miteinander aus, aber Geschäft ist eben Geschäft.

Beide Seiten beauftragten Handelsbanken damit, die Wertbestimmung vorzunehmen und einen fairen Preis festzusetzen. Schließlich gelang es Gilardi, den ursprünglich vereinbarten Preis für die zweite Tranche der Anteile herunterzuhandeln. Er investierte viel in die Beratung, erzielte dafür aber letztendlich einen günstigeren Abschluss. »Herr Mion war etwas enttäuscht«, erzählte Gilardi später, »als Adidas einen Monat später ein vergleichbares Unternehmen für eine wesentlich höhere Summe aufkaufte.«

Ursprünglich war ja geplant gewesen, zunächst Rollerblade und später die gesamte Unternehmensgruppe Sportsystem in New York und London an die Börse zu bringen. Das hatte sich jetzt erübrigt, denn die Benetton Group verfügte über genügend Kapital, das sie lieber in der Region investierte als in Unternehmen im Ausland, wo der Erfolg immer von den Managern vor Ort abhing. Zwar hätte der Verkauf von Aktien zusätzliches Kapital eingebracht und einen Teil der Kosten für die Übernahme von Nordica, Rollerblade und anderen Firmen wieder hereingebracht. Man hätte in weiteres Wachstum investieren können und die vier Geschwister hätten als Eigentümer von Edizione reichlich von diesem Geschäft profitiert. Andererseits wäre damit aber auch mehr Kontrolle an außenstehende Aktionäre abgegeben worden – ein Preis, den die Benettons nur ungern zahlten. Nachdem die Benetton Group Sportsystem übernommen hatte, war genug Kapital vorhanden und die Kontrolle blieb bei der Familie. Zugleich hatte sich die Benetton Group vergrößert und zusätzliche Möglichkeiten erschlossen, weiter zu expandieren, besonders in den USA.

Benetton Group gab an der Luxemburger Börse Optionsscheine aus und berief Ulrich Weiss von der Deutschen Bank in den Vorstand. Weiss sprach englisch, was für Gilardi ein entscheidender Pluspunkt war, und er war eine Kapazität auf dem Gebiet der Corporate Governance. Durch die neuen EU-Richtlinien wurde dieser Bereich für die Benetton Group wie auch für alle anderen europäischen Konzerne immer wichtiger. Gilardi bemühte sich daher, für die Benetton Group weitere Führungskräfte mit internationaler Erfahrung anzuwerben.

Benetton Sportsystem war im Benetton-Konzern aufgegangen. Als nächster Schritt war geplant, die bestehenden Marken weiter auszubauen und nach dem Muster von United Colors of Benetton, Sisley und 012 auch den Bereich der Sportbekleidung zu segmentieren. Da die vorhandenen Läden zu klein waren, um auch noch Sportbekleidung ins Sortiment aufzunehmen, sollte diese über herkömmliche Sportläden vertrieben werden. In großen Sportgeschäften sollte es eigene Abteilungen geben und parallel dazu sollte von Italien ausgehend eine neue Kette von Megastores eigens für Sportbekleidung aufgebaut werden. Die Renovierungsarbeiten an der nahe gelegenen Villa Loredan, wo der neue Unternehmenssitz für den Sportsektor entstand, waren fast abgeschlossen. Ein anderes Gebäude in der Gegend, ein ehemaliges Relais & Château-Restaurant, wurde zu einem Gästehaus mit 80 Zimmern umgebaut, in dem Besucher des jetzt erheblich vergrößerten Unternehmens Benetton Group untergebracht werden sollten. Ein Teil dieses Gästehauses, das sogar über einen Hubschrauberlandeplatz verfügte, sollte auch kommerziell betrieben werden, um die Kosten für den Umbau teilweise wieder zu erwirtschaften.

Sportsystem arbeitete zurzeit mit Verlust, weil das Geschäft in den USA, in Japan und im Fernen Osten rückläufig war – ein Faktor, den Carlo Gilardi als Argument genutzt hatte, um den Preis für die zweite

Tranche zu drücken. Die neue Leitung nahm daher durchgreifende Änderungen vor. Der Unternehmenssitz von Rollerblade wurde auf das Firmengelände von Prince in New Jersey verlegt; Skistiefel und Inline-Skates sollten künftig in der Nordica-Fabrik in Norditalien hergestellt werden; die Produktion von Kästle-Skiern wurde fast vollständig an Subunternehmer in Italien abgegeben, ein kleiner Teil auch an Subunternehmer in Osteuropa und im Fernen Osten. Die kleineren Marken wie Asolo und Kästle sollten entweder abgestoßen oder in verschiedene Vertriebsnetze eingebunden werden.

Die Analysten und institutionellen Anleger, deren Beurteilung eines »öffentlichen Familienunternehmens«, wie Gilardi Benetton zu nennen pflegte, nicht immer vorteilhaft war, bewerteten diese Transaktionen positiv. Schließlich war der Kurs der Benetton-Group-Aktien in den letzten Jahren teilweise um das Dreifache gestiegen. Die Familie hatte zudem beschlossen, den Namen Benetton Sportsystem fallen zu lassen. Luciano sagte dazu: »Der alte Name war zu eng mit dem Namen Benetton verbunden.« Er fürchtete, die Bezeichnung Benetton Sportsystem könne den Begriff der Marke aufweichen, die ihm am meisten am Herzen lag. Die bestehenden Markennamen wie Nordica, Prince, Killer Loop und Rollerblade wurden beibehalten. Ergänzend zu all diesen Marken kam Benetton-Sportkleidung neu hinzu. Sie wurde schlicht »Playlife« genannt.

Hebron, West Bank, Israel 1997

Die Familie hatte zwar einen Deutschen in den Vorstand der Benetton Group berufen, aber das war noch keine Garantie für harmonische Beziehungen. Toscani jedenfalls stand mit dem deutschen Fernsehteam, das ihn auf seiner Reise durch Israel und die besetzten Gebiete begleitete, grimmig auf Kriegsfuß. Die Männer schienen ihre unangenehmen Fragen absichtlich immer gerade dann zu stellen, wenn er am wenigsten dazu aufgelegt war, sie zu beantworten.

»Herr Toscani«, rief der deutsche Kameramann, als Toscani gerade die nächste Aufnahme vorbereitete, »Sie waren vor zwei Jahren im Gaza-Streifen und haben dort Bilder mit Palästinensern für den Benetton-Katalog aufgenommen, die den Eindruck fröhlicher, gut gekleideter junger Leute vermitteln. Jeder, der einmal in Gaza war, weiß, dass die Wirklichkeit ganz anders aussieht. Die Menschen leben dort in Armut und Elend. Ist es nicht geradezu zynisch, mit solchen Bildern den Absatz von T-Shirts ankurbeln zu wollen?«

Toscani wandte sich dem Kameramann mit unverhohlener Feindseligkeit zu. »Ich finde, Sie sollten aufhören sich die Welt von Ihrem Fernsehsessel aus anzusehen«, fauchte er, »und sich dann zu beklagen, wie zynisch andere sind. Sie sollten lieber mal einen Blick in den Spiegel werfen. Dann würden Sie merken, wie widerlich Sie sind«, schloss er, brach in schallendes Gelächter aus und wandte sich wieder seinen Aufnahmen zu.

Toscani war erneut in den Nahen Osten gereist, um die Bilder für den nächsten Frühjahr/Sommer-Katalog von United Colors of Benetton aufzunehmen. Die Serie trug den Titel »Feinde«. In dieser Gegend stieß Toscani mit seinen Parolen von Gleichberechtigung und Völkerverständigung auf Probleme, die wohl seinen Unmut gegenüber dem Kamerateam noch verstärkten. Dass es sich um Deutsche handelte, war dabei eher ein Zufall. Allerdings zeigte er sich andererseits gegenüber dem italienischen Team unendlich zuvorkommend, das ihn in offizieller Funktion begleitete und seine Arbeit dokumentierte.

Diese Arbeit bestand darin, eine Serie von Bildern zusammenzustellen, die zeigten, wie die einfache Bevölkerung die religiöse und politische Kluft zwischen Juden und Palästinensern im alltäglichen Kontakt überwand. In Tel Aviv hatte Toscani drei Studenten aufgenommen, zwei Juden und einen Araber, die sich eine Wohnung teilten. Er hatte einen Juden fotografiert, der jede Woche seine Zeitung am Kiosk eines Palästinensers kaufte. Toscani hatte mehrere Bilder von Arabern gemacht, die sich willig dem Messer eines jüdischen Barbiers anvertrauten. So weit, so gut. Hier in Hebron aber wimmelte es nur so von schwer bewaffneten israelischen »Siedlern«, die alle Palästinenser hassten. Für das Bild von zwei befreundeten Frauen, das Toscani gerade vorbereitete, hatte er die Modelle nicht wie sonst von der Straße weg engagieren können, sondern hatte die »Freundinnen« eigens mitgebracht: eine israelisch-amerikanische Pressefotografin und eine palästinensische Kollegin, die für eine amerikanische Nachrichtenagentur arbeitete.

Mit diesen Deutschen reichte es ihm jedoch. Toscani beschloss, sie ebenfalls zu fotografieren, und zwar in der Rolle der Sensationspresse. »He, Sie da, gehen Sie mal ins Bild!«, schrie er und manövrierte die Männer vor die Kamera. »Sie gehen mir schon den ganzen Tag auf die Eier, jetzt kommen Sie mal hier ins Bild. Nein, die Frau da nicht. Sie sind zu hübsch. Die Presse ist hässlich. HÄSSLICH!«

Dann reiste Toscani mit seinem Gefolge wieder ab, zurück nach Jerusalem. Ihr Konvoi aus vier Geländewagen mit Allradantrieb verschwand in einer Staubwolke. Sie ließen ein Gebiet hinter sich, in dem ein hoher Stacheldrahtzaun die alte Araberstadt von der neuen israelischen Siedlung trennte und zugleich die unüberwindliche Grenze zwischen zwei Bevölkerungsgruppen markierte. Die Händler im alten Basar beklagten sich über diese Horde von Besuchern, die hier ihre Bilder gemacht hatten, ohne als Gegenleistung auch nur für einen Pfennig einzukaufen. Aber Toscani plagten keine Skrupel. Wahrscheinlich träumte er von zu Hause, von seinen Pferden im Goldenen Tal. »Ich bin hergekommen, um ein Bild von zwei Freundinnen einzufangen«, sagte er. »Alles andere interessiert mich nicht. Das ist was für Journalisten. Ich bin kein Journalist. Ich sehe die Welt mit anderen Augen.«

Wenige Minuten zuvor hatte er allerdings noch ganz anders geklungen. Da hatte er sich so strategisch verhalten wie Luciano seinerzeit, als ihm unbequeme Fragen über seine Geschäfte in Myanmar gestellt wurden. »Die Unternehmen sind an die Stelle der Kirchen getreten«, hatte Toscani verkündet. »Nur mit ihrer Hilfe ist es möglich, die aktuellen Probleme zu bewältigen. Die meisten halten sich lieber heraus.

Aber in der modernen Welt ist die Wirtschaft der Schlüssel zum Fortschritt.«

Zumindest war die Wirtschaft für Toscani und seine Mitarbeiter der Schlüssel zum Weltbürgertum. Nachdem sie ihre Arbeit in Jerusalem beendet hatten, verließen sie den Nahen Osten und flogen nach Paris, Venedig und Ponzano zurück. Der Frühjahr/Sommer-Katalog würde planmäßig erscheinen und für kurze Zeit aktuell sein. Dann würde der Fotograf mit seinem Gefolge erneut losziehen, um die Bilder für die Herbst/Winter-Kollektion aufzunehmen. Selbst Toscani, der kaum unter moralischen Skrupeln litt, hätte durchaus ein leichtes Unbehagen darüber verspüren können, dass seine Bilder einen völlig falschen Eindruck von heiler Welt und friedlichem Zusammenleben vermittelten. Dieser Eindruck sollte in den wohlhabenderen Teilen der arabischen Welt verbreitet werden – in Ländern, deren Regierung zur Lage der Palästinenser nur Lippenbekenntnisse abgab, aber nichts tat, um deren Not zu lindern. In den syrischen Läden und den Megastores Saudi-Arabiens würde der Katalog dankbare Abnehmer finden.

London, England 1997

Benetton-Kondome wurden schon seit einigen Jahren von Okamoto Industries Inc. hergestellt und in Japan verkauft. Japan gehörte zu den Ländern mit der größten Bevölkerungsdichte und den höchsten Lebenshaltungskosten und war daher einer der größten Absatzmärkte für Verhütungsmittel. Jetzt sollte Verhütung auch in Europa unter dem Namen der Familie, des Unternehmens und der Marke praktiziert werden: Die »United Condoms of Benetton« kamen auf den Markt.

Die neuen Benetton-Kondome waren in vier verschiedenen Sorten erhältlich: Colours, Exotica, Skin Thin und XL. Sie wurden in Sechserpackungen verkauft. Einer Studie zufolge war das die günstigste Packungsgröße, damit den Kunden der Kauf nicht so peinlich war.

Die Kondome sollten auch in Benetton-Läden vertrieben werden. Sie wurden in Lizenz von dem australischen multinationalen Konzern Ansell International hergestellt, der unter den Latexfirmen denselben Rang einnahm wie Benetton unter den Strickwarenherstellern. Ansell produzierte neben Kondomen für verschiedene Marken auch Gummihandschuhe für Haushalt, Industrie, Medizin und Zahnmedizin. Die United Condoms of Benetton sollten nach der Markteinführung in England auch in Frankreich, Dänemark, Russland und der Türkei auf den Markt gebracht werden.

La Ghirada, Treviso, Veneto 1997

Playlife war als Markenname und Slogan entwickelt worden, um das neue Bekleidungssortiment in die Sport- und Freizeitphilosophie der Benetton Group einzubinden. Damit lag es auch in Toscanis Zuständigkeitsbereich. Nachdem der Fotograf aus der Hitze und dem Staub Palästinas heimgekehrt war, nahm er in den Sportstätten vor Ort die Bilder für den ersten Playlife-Kalender auf.

Am Ende der viertägigen Arbeit wollte Toscani 24 Bilder auswählen, je zwei für ein Kalenderblatt. Diesmal präsentierten die echten Modelle nicht nur die Kleidungsstücke, sondern stellten auch sich selbst dar. Fisichella und Wurz, die beiden neuen Formel-1-Fahrer, posierten mit Models in Mechaniker-Overalls. Auch die Rugby- und Volleyballmannschaften von Benetton und Sisley, die beide mehrfache Landesmeister waren, standen für die Aufnahmen Modell. Jeder Monat war einer Sportart gewidmet, in der Benetton mit Kleidung, Ausrüstung und dem Markennamen vertreten war – von der Formel 1 über den Motorrad- und den Skisport, Inline-Skaten und Tennis bis hin zum Snowboard-Fahren.

Der Kalender war großformatig und auf Hochglanzpapier gedruckt, aber das allein wäre für einen Kalender nichts Besonderes gewesen. Also musste dieser noch größer als gewöhnlich sein. Er sollte in limitierter Auflage mit nummerierten Exemplaren erscheinen und wurde hochtrabend als »globales Kommunikationsmedium« angekündigt. Es handelte sich um ein kostspieliges Werbegeschenk, das für die Büros der Chefetagen bestimmt war, für das Allerheiligste, in dem nur das Summen der Faxgeräte die Stille durchbrach und die Monitore der Computer ein gedämpftes Licht verbreiteten – eine eigene Welt weitab vom Lärm und Gedränge der Rugby- und Volleyball-Felder.

Catena di Villorba, Veneto 1997

Der stille, menschenleere Ort mit seiner klösterlichen Ruhe, dem spiegelnden See und den Säulen, die das Himmelsgewölbe trugen, hatte sich verändert, seit Luciano hier mit der Journalistin gesessen hatte. In Fabrica war Leben eingekehrt. Die 22 Studenten, demonstrativ unrasiert und mit kurz geschorenem Haar, unterschieden sich erheblich von Gilbertos adretten Basketball- und Rugby-Spielern, die wenige Kilometer entfernt trainierten. Die Studenten kamen aus verschiedenen Ländern – aus den USA, Argentinien, Deutschland, Spanien, Wales, Irland und England. Nach einem Auswahlverfahren, das von der Fabrica-Mitarbeiterin Chantal Prod'Hom geleitet wurde, erhielten sie für einen Zeitraum zwischen drei Monaten und einem Jahr freie Kost und Logis sowie eine Reisekostenerstattung.

Diese Großzügigkeit barg auch ihre Risiken. Carlo Spoldi, ein Maler und ehemaliger Mitarbeiter von Saatchi & Saatchi, leitete den Bereich Grafik. Spoldi dachte darüber nach, obligatorische morgendliche Karatestunden für die Studenten einzuführen, um dem Hang zur Trägheit entgegenzuwirken, der durch die verträumte Atmosphäre des Ortes und die einschläfernde Sommerhitze des Veneto noch verstärkt wurde. Er fragte sich auch, ob die Studenten, die alle noch keine 25 Jahre alt waren, etwa schon »konventionsverdorben« seien – vielleicht sollte man die Altersgrenze auf 20 herabsetzen.

Die Studenten legten indessen eine Produktivität an den Tag, die des Wirtschaftsphänomens würdig war, das ihnen den Aufenthalt in Fabrica ermöglichte. Sie hatten im Laufe der Zeit 16 Videos zum Thema Alkohol am Steuer erstellt, die im Lokalfernsehen Channel 5 gesendet worden waren, sowie fünf Videos über Rassismus für MTV Europe, den Sender, der den Anzeigenraum für *Colors* verkaufte. Außerdem waren in Fabrica ein neues Logo und eine Kampagne für die FAO, die Welternährungsorganisation der Vereinten Nationen, entwickelt worden. Ein Student aus Mailand arbeitete an einer Bilderserie für Playlife. In der Fakultät Musik hatte ein Student aus Neuengland eine Melodie für Bic-Rasierer komponiert. Darüber hinaus waren bei Fabrica Bücher in Vorbereitung und es gründete sich eine Band.

Fabrica war eine zeitgemäße Version jener höheren Bildung, die Luciano nie genossen hatte. Journalisten, die ihm an Ausbildung überlegen waren, kamen her, um sich die Einrichtung anzusehen, und beschrieben sie danach in ihren Artikeln regelmäßig abschätzig als Hirngespinst eines reichen Mannes. Aber die Einrichtung hatte auch kommerzielle Züge – man denke nur an die Probezeit und die geplanten Karate-Stunden. Solche Dinge übersahen die Journalisten gern. Zwar sollte Fabrica vor allem, wie Laura Pollini es ausdrückte, »eine Kommunikationswerkstatt der Zukunft« sein, aber hinter diesem idealistischen Grundgedanken steckte auch klares wirtschaftliches Kalkül. Fabrica sollte Leute hervorbringen, die später einmal in der Lage wären, das Werk von Toscani und seinen Mitarbeitern fortzusetzen.

Elisabetta Prando hatte schon lange im Bereich Kommunikation und Medien für Benetton gearbeitet. Sie hatte *SOS Racism* herausgegeben, das Buch, das aus den Ergebnissen der Konferenz entstanden war, die im Vorjahr unter dem Dach von Fabrica stattgefunden hatte. »Der Grundgedanke von Fabrica ist zutiefst idealistisch«, sagte sie, »aber es gibt auch klare Grenzen.« *Colors* war gerade heimgekehrt, um in diesem Gebäude zum ersten Mal dauerhaft einen festen Redaktionssitz zu beziehen. Ein »Absolvent« von Fabrica übernahm die

Redaktion. Die nächste Ausgabe hieß schlicht »Tod«. »Ich bin gespannt«, sagte Elisabetta Prando.

Das Wort »Franchise« kommt aus dem Französischen und bedeutet ursprünglich »Freiheit«. McDonald's und Coca-Cola waren die größten und bekanntesten global agierenden Franchisegeber, aber keiner der beiden Konzerne hatte etwas vorzuweisen, das dem Projekt Fabrica gleichkam. Diese einzigartige Verbindung von Idealismus mit wirtschaftlichem Kalkül war Lucianos Schöpfung und es zeigte sich darin, dass die Schule mehr war als das Hirngespinst eines reichen Mannes – so wie auch Benetton sich in seinem Markenprofil von den herkömmlichen Franchisegebern unterschied. Dennoch hielt selbst die Zeitung in Lucianos Heimatort noch lange nach der Eröffnung von Fabrica an der Bezeichnung fest, Benetton sei der »McDonald's der Strickwaren«.

12. Die Familie

London, England 1998

Toscani war hergekommen, um über »Tod« zu sprechen, die soeben veröffentlichte Ausgabe von *Colors*. Das Heft bot interessante Informationen zum Thema Tod in unterschiedlichen Ländern, zu Ursachen, Definitionen, Bedeutung und Hintergründen. Außerdem enthielt es Anregungen dazu, wie man sich je nach Land und möglicher Todesursache auf das Sterben vorbereiten konnte – sei es der Tod durch einen Unfall, durch Mord oder Selbstmord oder ein natürlicher Tod. Das Magazin enthielt auch die vertraute Werbung für Sisley und United Colors, in der das Produkt wie gewohnt nicht in Erscheinung trat, sowie eine Anzeige für Diesel mit dem Text: »Hosen in mehr als zehn verschiedenen Schnitten, acht Qualitäten, 24 verschiedenen Modellen. Von streaky bis sandblasted. Es sind nicht deine ersten Jeans, aber es könnten deine letzten sein. Wenigstens wirst du einen schönen Körper hinterlassen.«

Toscani ließ sich begeistert darüber aus, dass sonst niemand in dieser Ausgabe des Magazins hatte werben wollen. »Der Tod ist wohl das letzte große Tabu«, erklärte er. »Über Sex wird inzwischen gesprochen. Aber den Tod umgibt ein geradezu pornographisches Geheimnis.«

»Es geht hier nicht um Werbung«, betonte er. »Ein Unternehmen wie Benetton muss in die Forschung investieren. Sony muss in den technischen Fortschritt investieren, aber bei Benetton spielen Investitionen in diesem Bereich nicht solch eine große Rolle.« Als Luciano Letzteres zu Ohren kam, sah er sich gezwungen, die Angelegenheit mit Toscani unter vier Augen zu »klären«. Tatsächlich investierte Benetton erhebliche Summen in die technische Forschung. Toscani erging sich indessen weiter in seinen Ausführungen:

> Ein Pullover hat zwei Ärmel und Wolle ist Wolle. Ein Unternehmen wie dieses tut gut daran, in Kommunikationsforschung zu investieren, denn die Kommunikation wird in Zukunft den Mehrwert des Produkts ausmachen. Die Ware bleibt mehr oder weniger gleich. Das Ausschlaggebende ist die Kommunikation. Ich hoffe, dass viele Pullover verkauft werden, damit wir weiterhin das Magazin herausbringen können. Luciano hofft dasselbe. Benetton macht Werbung für *Colors*, nicht umgekehrt.

Toscani sprach auch über Luciano. »Historisch betrachtet ist Kunst immer zu einem großen Teil Öffentlichkeitsarbeit gewesen. Zum Beispiel arbeiteten die Künstler der Renaissance, die die Kirchen ausschmückten, für den Papst. Eigentlich arbeiten wir alle für den Papst«, sinnierte er. »Hinter allem steckt doch letztendlich ein Papst.«

Toscani machte sich mit Vorliebe darüber lustig, wenn Luciano eine Krawatte trug, aber bei diesem Anlass trug er selbst eine. Kurz darauf war er schon wieder unterwegs zum nächsten Interview. Er flog nach Mailand, von da aus weiter nach Paris und schließlich wieder nach Hause. Die Kampagne mit dem Titel »Feinde« sollte bald anlaufen. In Kürze wollte Toscani die Bilder für den folgenden Herbst/Winter-Katalog aufnehmen, diesmal unter strengster Geheimhaltung. Der Ort, an dem die Fotos entstehen sollten, war das Sankt-Valentin-Institut, eine Einrichtung für behinderte Kinder in Ruhpolding in den Bayerischen Alpen. Toscani mochte sich manchmal wie ein Wilder gebärden, aber mit seinem ungezähmten Wesen sollte es ihm gelingen, zu diesen Kindern vorzudringen, und umgekehrt sollten sie in der Lage sein, unter die Oberfläche des rücksichtslosen Ungeheuers zu blicken. Die Bilder, die aus dieser Begegnung entstanden, vermittelten, dass hinter der »Behinderung« eine tiefe Freude verborgen lag. Selbst Carlo Gilardi und die Männer in den feinen Anzügen mussten zugeben, dass dies Kunst war.

Toscanis nächste Vision sollte jedoch wieder düster werden. Mit seinem Sohn Rocco als Assistenten besuchte er amerikanische Strafanstalten und fotografierte Häftlinge im Todestrakt. Die Bilder wurden vergrößert, mit der Aufschrift »zum Tode verurteilt« und dem »United Colors of Benetton«-Logo versehen und erschienen – zwei Jahre nach der Kampagne mit den behinderten Kindern – auf Plakatwänden und Litfaßsäulen.

Die Proteste, die darauf folgten, und Toscanis Stellungnahmen erinnerten an die »Realitäts«-Kampagne in den 90ern. Gingen dem Künstler die Ideen aus, oder meinte er, die Welt sei jetzt reif für diese Art von Bildern? Jedenfalls drohten daraufhin Sears und weitere amerikanische Handelspartner, Benetton aus dem Sortiment zu nehmen. Medienforscher verwiesen indessen auf andere »themenbezogene« Imagekampagnen und räumten Benetton den Rang des Vorreiters ein. »Benetton ist in dieser Beziehung führend«, schrieb Alice Cuneo in der amerikanischen Zeitschrift *Advertising Age.*

Inzwischen war die nächste Ausgabe von *Colors* schon in Vorbereitung. Diesmal hieß das Thema »Fett«. Wie »pornographisch« Toscani seine Themen auch anging, die Werbekunden schienen sich davon nicht abschrecken zu lassen. Das Magazin hatte bereits an Caterpillar, Hugo Boss, Benelli, den Body Shop und Fabrica Anzeigenraum verkauft.

Dschidda, Saudi-Arabien 1998

Alexander Wurz, einer der beiden Fahrer im Benetton-Team, war zur Eröffnung des neuen Megastore nach Saudi-Arabien gekommen. Das Geschäft lag an der Tahlia Street, einer der Hauptgeschäftsstraßen der Stadt, und führte das gesamte Sortiment von United Colors of Benetton, Sisley, 012, Zerotondo, Undercolors und Mamma of Benetton, außerdem Accessoires und Schuhe. Mit 1 300 Quadratmetern war es weltweit das zweitgrößte Benetton-Geschäft.

Der Handelsvertreter für den Nahen Osten war Francesco della Barba, der schon Benettons erster Bereichsleiter in Amerika gewesen war. Das Ladennetz am Persischen Golf war inzwischen auf fast 200 Geschäfte angewachsen. In diesem Teil der Welt, in dem die Medien noch kaum entwickelt waren, repräsentierten alle Läden zusammen das Unternehmen und die Marke in der Öffentlichkeit. Die Werbung schmeichelte zwar der Kundschaft am Golf und im Nahen Osten und behandelte sie als gehobenes Publikum; Tatsache aber war, dass seit mehr als zwei Jahrzehnten diejenigen, die es im Ölgeschäft zu Reichtum gebracht hatten und sich einen westlichen Lebensstandard leisten konnten, in den Modehäusern von New York, London und Paris einkauften. Benettons Wachstum im Nahen Osten beruhte darauf, dass sich in diesen Ländern neuerdings eine Mittelschicht herausbildete. Die gesellschaftlichen Verhältnisse änderten sich, wenn auch langsam. In Kürze sollten in Katar zum ersten Mal Frauen öffentliche Sportwettkämpfe austragen. Indem Benetton als erstes und größtes Unternehmen an den Hauptstraßen in diesem Teil der Welt Präsenz zeigte, sicherte es sich wenigstens kurzfristig einen Vorsprung auf dem neuen Markt. Früher oder später würde sich zwangsläufig ein Konkurrenzkampf um die Kaufkraft dieser neu entstehenden Mittelschicht mit gehobenen Ansprüchen entwickeln. Jenseits des Persischen Golfs halfen inzwischen Francesco della Barba und ein kühner – man könnte auch sagen tollkühner – Partner Benetton beim Vormarsch in die »geächteten« Länder.

Bagdad, Irak 1998

Ahmad Samha war ein Überlebenskünstler in einer Region, in der es zwei Kategorien von Menschen gab: Herrscher und Opfer. In der langen Reihe von »geschäftstüchtigen und risikobereiten Mitarbeitern« – wie Laura Pollini sie nannte –, die in den 60er Jahren mit Piero Marchiorello ihren Anfang genommen hatte, war Samha vielleicht der geschäftstüchtigste und risikofreudigste. Er war ein ruhiger Mann von schmaler Statur. Obwohl er keine politischen Beziehungen zu haben schien, die doch in diesem Teil der Welt für Geschäftsleute als unerlässlich galten, war er trotzdem erfolgreich. Samha war gebürtiger Syrer und hatte wie Luciano schon früh neben der Schule Geld verdient. Mit 15 hatte er die Schule verlassen, um ganztags an den vier Nähmaschinen zu arbeiten, die er von seinen Ersparnissen gekauft hatte. Als Francesco della Barba Mitte der 90er Jahre nach Syrien kam, um für Benetton Kontakte zu knüpfen, besaß Samha dort eine Fabrik, die Kleidung nach Europa exportierte. Er kannte sich mit dem System aus, hatte Kontakte zu den Händlern vor Ort und trieb Benettons Expansion in Syrien voran, indem er einzelne Läden als Franchisenehmer gewann. Samha hatte mit seinem Unternehmen Amal – arabisch für »Hoffnung« – in Syrien eine Kette von 32 Benetton-Läden aufgebaut, die er alle in Jointventure mit Benetton aus seiner eigenen Fabrik belieferte. Die reiche Minderheit hatte bisher vergeblich in den dämmrigen Basaren nach der begehrten westlichen Mode gesucht. Diese Leute strömten nun begeistert in die hell erleuchteten, gepflegten Benetton-Läden, für die in Aleppo und Damaskus mit Plakaten geworben wurde, auf denen fröhliche Ausländer zu sehen waren. Aber die Elite stellte nur ein sehr begrenztes Käuferpotenzial dar. Nach Samhas Ansicht war dieser Markt mit dem derzeitigen Absatz von 400 000 Artikeln pro Jahr bereits gesättigt.

Jetzt brachte Benetton mit Samhas Hilfe dieselben Läden und dieselben Bilder von fröhlichen Ausländern in die schäbigen, elenden Straßen der Hauptstadt eines Landes, dessen Regierung zu den geächtetsten und verhasstesten Regimes der Welt zählte. Hier, zwischen Erdnusshändlern und Hähnchenverkäufern, stiegen Angehörige einer weiteren reichen Minderheit aus ihrem Mercedes, um bei der Eröffnung des jüngsten Benetton-Megastore dabei zu sein. Es handelte sich um die so genannte irakische Elite, die – vergleichbar mit der syrischen – verwandtschaftliche und politische Beziehungen zur Regierung ihres Landes hatte und die Vorliebe der Machthaber für Leinenanzüge, karierte Hemden und Designerjeans teilte. Als sie in das neue Geschäft strömten – es war erst das zweite im ganzen Land –, konnte Ahmad Samha die exklusive Kundschaft aus nächster Nähe betrachten. Dies sollte sein neues Käuferpotenzial werden.

Samha schmiedete bereits Pläne, Benetton in weiteren »geächteten« Ländern anzusiedeln, unter anderem in Algerien und im Iran. Hier in Bagdad konnte er indessen zu seiner Freude beobachten, wie allein eine einzige Kundin mehr als 150 Artikel von United Colors of Benetton kaufte. Allerdings war das durchaus kein Anzeichen für die Befreiung des irakischen Volkes mit Hilfe westlicher Konsumgüter – eher mochte man an die Geschichte »Des Kaisers neue Kleider« denken. Diese Kundin war nämlich wie kaum jemand sonst von der besagten verhassten Regierung abhängig, denn sie war niemand anders als Saddam Husseins Frau.

New York, USA 1998

Mit der Eröffnung in Dschidda war der Superstore an der 5th Avenue, vorher der zweitgrößte der Welt, auf den dritten Rang gerückt. In einem anderen berühmten Gebäudekomplex im südlichen Teil von Manhattan wurde gerade die diesjährige Frühjahr/Sommer-Kampagne für United Colors of Benetton präsentiert. Sie war eine Fortsetzung der Porträtserie, diesmal mit Kindern aus aller Welt. Der Sprecher, der sie eröffnete, war ein Vertreter der Vereinten Nationen, mit denen Benetton in dieser Kampagne zusammenarbeitete.

Der Anlass der gemeinsamen Aktion war der 50. Jahrestag der Allgemeinen Deklaration der Menschenrechte, die am zehnten Dezember 1948 von der Vollversammlung der Vereinten Nationen beschlossen worden war. Sowohl die UN als auch der Konzern verfolgten mit der Zusammenarbeit klar erkennbare Interessen: Beide wollten die Öffentlichkeit auf sich aufmerksam machen. Die UN betrachteten Benetton als eines der wenigen Unternehmen weltweit, die das Interesse, die finanziellen Möglichkeiten und die nötige Glaubwürdigkeit besaßen, in eine Kampagne dieser Art und dieses Umfangs zu investieren. Außerdem hatte Benetton einzigartige Verbindungen zu den Vereinten Nationen, die bis ins Jahr 1985 zurückreichten. Damals, vor nunmehr 13 Jahren, hatte ein UNESCO-Vertreter Toscanis Atelier in Paris besucht und dabei eine Bemerkung über die »Vereinten Farben« gemacht, die der Künstler für den Titel seiner Werbekampagnen aufgegriffen hatte.

Die Kampagne von United Colors of Benetton und den Vereinten Nationen umfasste Werbung auf Plakatwänden, auf Bussen und an Haltestellen in den USA und Kanada. Außerdem wurde in den Megastores und den Läden sowie in Zeitungen in den USA, Kanada, Großbritannien, Japan, Deutschland, Australien, Österreich, Korea, Dänemark, Finnland, Frankreich, Hongkong, Irland, Italien, Norwegen, Portugal, Spanien und Schweden geworben. Gleichzeitig wurde der Frühjahr/Sommer-Katalog mit Toscanis Bildern von Arabern und Israelis in Jerusalem und im Westjordanland an die Läden in aller Welt verschickt. Auch die 80-seitige Ausgabe von *Colors* unter dem Titel »Feinde«, die in Zusammenarbeit mit der Zeitschrift *Newsweek* herausgegeben wurde, präsentierte die Bilder zusammen mit einem einleitenden Text von Luciano.

Luciano beschrieb den Katalog trotz – oder vielleicht gerade wegen – der schwierigen Entstehungsbedingungen als ein »Zeugnis des Friedens«. Diesmal wollte er unmissverständlich die Absichten deutlich machen, die hinter der Kampagne des »bekannten Soldaten« gestanden hatten und vier Jahre zuvor so furchtbar missverstanden worden waren. »Unabhängig von kriegerischen Auseinandersetzungen wollen die Leute leben, kaufen und verkaufen, sich verlieben …«, schrieb er. »Durch die Bomben bricht der Tod unvermittelt ins tägliche Leben ganz gewöhnlicher Menschen ein. Manchmal erwischt es sie bei alltäglichen Verrichtungen wie dem Einkaufen.« Das traf zweifellos auf Städte wie Sarajevo und Bagdad zu, in denen Benetton vertreten war. Luciano sah allerdings geflissentlich darüber hinweg, dass die Vereinten Nationen ein Handelsembargo über Bagdad verhängt hatten. Manche sahen in seiner Aussage daher einen abgrundtiefen Zynismus und warfen ihm vor, dass er unter dem Deckmantel humanitärer

Gesinnung seine eigennützigen Ziele verfolge. Die Aussagen selbst liefen jedoch in nichts der Haltung der Vereinten Nationen zuwider, mit denen Benetton in diesem jüngsten Projekt kooperierte.

In Städten wie Dschidda, Damaskus und Bagdad hatten Benetton und die Handelsvertreter und Partner vor Ort eine exklusive und verhältnismäßig wohlhabende Minderheit angesprochen und so neue Absatzmärkte erschlossen. Diese waren für das weitere Wachstum und damit letztendlich für das Überleben des Unternehmens unverzichtbar. Allerdings waren die neuen Märkte ebenso unsicher wie umstritten. Das unmittelbare geschäftliche Risiko lag zwar bei den Ladenbesitzern, aber für den Konzern bestand immerhin die Gefahr, dass eine rückläufige Nachfrage sich auf die Produktion in Italien auswirkte, von wo aus die Geschäfte beliefert wurden. Die Rezession in Fernost beeinträchtigte immer noch das Geschäft der Benetton-Läden in Korea, aber in Ponzano war kaum etwas davon zu spüren. In Russland löste der Verfall des Rubels Panikkäufe aus, die die Regale der 20 Benetton-Läden im Land im Handumdrehen leerten. Lucianos Reaktion darauf spiegelte einmal mehr das kalkulierte Risiko, das es bedeutete, als Erster einen Markt zu erschließen – auch wenn dieses Risiko durch Benettons viel gepriesenes flexibles Fertigungssystem eingedämmt wurde. »Jetzt wird sich zeigen, ob die russischen Ladenbesitzer ihre Ware weiterhin bezahlen können«, sagte Luciano.

Trotz aller Widrigkeiten musste das Wachstum aufrechterhalten werden. In den Vereinigten Staaten bedeutete das, weiterhin den Schwerpunkt auf wenige, größere Geschäfte zu verlagern und zugleich die Zielgruppe von einer wohlhabenden Minderheit auf die preisbewusste breite Masse auszudehnen. Dazu brauchte Benetton einen Partner. Das Unternehmen fand ihn in der Warenhauskette Sears, die überall in den USA Filialen betrieb. Bis zum Juli 1999 sollte es in den Häusern dieser Kette schon 1 800 »Benetton USA«-Abteilungen geben. Diese führten ein neues, speziell auf den amerikanischen Markt zugeschnittenes Sortiment von Alltagskleidung.

Das war der aktuelle Entwicklungsstand in jener Geschichte, die mit Lucianos erstem, ernüchterndem Besuch in Amerika fast drei Jahrzehnte zuvor begonnen hatte. Später hatte es zunächst ein paar vereinzelte Läden in New York gegeben, bis der unerwartete, überwältigende Erfolg eines einfachen Rugby-Hemds den Durchbruch brachte. Dann wurde die erste »All the Colors«-Kampagne veröffentlicht, der viele weitere Werbekampagnen gefolgt waren. In den späten 80er Jahren hatte das Geschäft einen unglaublich steilen Aufwärtstrend erlebt, auf den eine Rezession gefolgt war. Diese hatte zum Umdenken gezwungen und gezeigt, wie wichtig es war, »das Netz sauber zu halten«. Vor nunmehr fast 20 Jahren war die erste Benetton-Abteilung im Kaufhaus Macy's eingerichtet und nach weniger als einem halben Jahr wieder geschlossen worden. Inzwischen gab es neben Benettons eigenem Netzwerk von Läden und Megastores fast 300 Benetton-»Shops in Stores« und Sportartikel-Lizenzen überall in den USA. Benetton verfügte über das prestigeträchtige Scribner Building an der 5th Avenue und die Universität von Boston hatte Luciano die Ehrendoktorwürde in Rechtswissenschaften verliehen. Zwei ehemalige Spieler von Benetton Basket, Vinny del Negro von den San Antonio Spurs und Toni Kukoc von den Chicago Bulls, spielten inzwischen sogar in der NBA. Mittelamerika war dagegen ein Berg, den es noch zu bezwingen galt. Bisher war er vielleicht zur Hälfte erklommen. Jetzt hoffte Luciano, in Sears den Partner gefunden zu haben, mit dem der Sturm auf den Gipfel gelingen konnte.

Rom, Italien 1998

Giancarlo Fisichella aus Rom, der zweite neue Fahrer im Benetton-Team, war zur Eröffnung des jüngsten Megastore angereist. Dieses Geschäft führte wie die bereits bestehenden in New York, Dschidda, Leipzig und London und die weiteren in Mailand, Berlin und Tokio, die in Kürze eröffnet werden sollten, das gesamte Sortiment von United Colors of Benetton bis hin zu Mamma of Benetton. Fisichella, Wurz und das neue Benetton-Playlife-Team konnten mit der Saison zufrieden sein. Fisichella war ein schmächtiger Mann, der eher nach einem Jockey als nach einem Formel-1-Piloten aussah. Die Rennwagen waren dagegen in den 15 Jahren, seit Benetton ins Formel-1-Geschäft eingestiegen war, immer größer geworden. Wenige Kilometer von der Fabrik in Ponzano entfernt stand in einer unscheinbaren Garage die ganze Sammlung von Benettons Wagen, angefangen mit Michele Alboretos Tyrrell bis hin zu Fisichellas Benetton.

Der neue Megastore nahm drei Etagen eines prächtigen Gebäudes an der Piazza Venezia ein. Das Geschäft war nach den aktuellsten verkaufspsychologischen Erkenntnissen gestaltet und bot einen Friseursalon für Kinder unter zwölf sowie ein großes Aquarium, das vom Erdgeschoss aus einsehbar war. Es war an sieben Tagen in der Woche geöffnet. Der Standort lag in einer historisch, wirtschaftlich und kulturell bedeutsamen Gegend, zwischen der Via del Corso, dem Quirinal, dem Corso Vittorio Emmanuele, dem Kapitol und dem Forum Romanum. Es wimmelte nur so von Leuten, von denen viele zum ersten Mal die Hauptstadt besuchten, so wie Luciano es 38 Jahre zuvor getan hatte. Nach all den Jahren gab es immer noch nur wenige Straßen weiter in der Nähe des alten jüdischen Ghettos ein paar Läden, die den Tagliacozzos gehörten. Zwei der drei Brüder waren inzwischen gestorben. In einem solchen Laden hatte Luciano damals gestanden und über seine Zukunft nachgedacht, von der er wusste, dass sie ihn auf die Hauptstraßen der Welt führen würde.

Ponzano, Veneto 1988

Benetton war und blieb das Aushängeschild der Familie, des Unternehmens und der Marke, aber Edizione war die Schatztruhe. Gilberto hatte die Holding langsam aber sicher auf immer neue Bereiche ausgedehnt, bis der Umsatz der Benetton Group trotz des Booms, den das

Geschäft gerade erlebte, nicht einmal mehr die Hälfte des Gesamtvolumens ausmachte. Benetton Group verfügte zwar über die wohl größten und modernsten Fertigungsanlagen aller Kleiderhersteller weltweit, aber die 8 000 Benetton-Ladenlokale in 120 Ländern gehörten dem Unternehmen nicht. Edizione hingegen hatte einen Immobilienbestand im Wert von mehreren hundert Millionen Dollar, zu dem Objekte in New York, Tokio, Rom, Venedig, Mailand und Patagonien gehörten. Hinzu kamen immer mehr Übernahmen ehemals staatlicher Betriebe, die von der Regierung privatisiert wurden. Darin und im Dienstleistungssektor, zu dem diese Neuerwerbungen gehörten, lag die Zukunft.

Gilberto plante für diese Zukunft, über die Holdinggesellschaft der Familie Serviceleistungen nicht nur an Autobahnen und in Bahnhöfen, sondern auch in Flughäfen anzubieten. Die größte Privatisierung in diesem Bereich, die des Flughafens in Rom, war für das laufende Jahr vorgesehen. Edizione hatte kürzlich Anteile an Pirelli erworben, einem der größten Immobilienunternehmen des Landes, in dessen Namen Gilberto bei der Privatisierung des Flughafens mitbieten wollte. Auch andere Objekte waren anvisiert, darunter die staatliche Gesellschaft, die die größten Bahnhöfe des Landes betrieb. »Wir haben beschlossen, unsere Erfahrungen im Einzelhandel als Grundlage für eine weitere Auffächerung zu nutzen«, sagte Gilberto. »Der Dienstleistungssektor war ein Bereich, der uns noch fehlte. Mit Kunden und Verbrauchern zu arbeiten ist schließlich unser tägliches Brot.«

Luciano, der einen großen Teil dieses Erfahrungsschatzes angehäuft hatte, erklärte vor Journalisten den Zeitplan, nach dem das neue Playlife-Sortiment von Sportkleidung auf den Markt gebracht werden sollte. Der erste Laden eigens für Playlife würde in Kürze in Bologna eröffnet werden. 50 weitere in ganz Europa sollten bald hinzukommen. Zu dem Hauptsitz von Playlife, der in einer vorbildlich restaurierten Villa untergebracht war, gehörten auch 4 000 Quadratmeter unterirdischer Arbeitsfläche mit zwei originalgroßen Playlife-Geschäften, die an die »Einkaufsstraße« in Ponzano erinnerten. Hier konnten die Handelsvertreter und Franchisenehmer von Playlife die neuesten Kollektionen besichtigen, von Sportkleidung der Marke Playlife über Inline-Skates von Rollerblade und Skistiefel von Nordica bis hin zu Snowboards von Killer Loop. Aber war jetzt, da schon wieder die nächste Rezession drohte, wirklich der geeignete Zeitpunkt, um einen Markt zu erobern, in dem sich schon Konkurrenten wie Ralph Lauren Polo und Tommy Hilfiger drängten?

»Je unübersichtlicher die Lage ist, desto mehr konzentriert sich die Aufmerksamkeit auf die wirklich guten Ideen«, antwortete Luciano auf diese Frage der Journalisten. Seine Worte hätten ein treffendes Motto für Fabrica abgegeben. »Wir kennen die Märkte der Welt«, fügte er hinzu. »Wir kennen den Geschmack der Jugend und wir kennen die jungen Leute, die Sport treiben. Es geht hier um mehr als nur um die Ware« – Luciano begann sich wie in alten Zeiten in Begeisterung zu reden. »Wir haben etwas zu vermitteln, das weit über das eigentliche Produkt hinausgeht. Mit dieser Marke werden wir ein neues Lebensgefühl schaffen.«

Ob er sich denn bei dieser großen Produktpalette selbst immer noch als Bekleidungshersteller betrachte?

»Ja«, erwiderte Luciano, »aber vielleicht wird das in der nächsten Generation der Benettons anders sein.«

Treviso, Veneto 1998

Den Laden der Brüder Dellasiega, in dem Luciano seinerzeit gelernt und gearbeitet hatte, gab es nicht mehr, aber im Telefonbuch von Treviso waren immer noch Dellasiegas verzeichnet. Herkömmliche Läden mit herkömmlicher Kundschaft prägten weiterhin das Stadtbild. Es gab immer noch Frauen in Pelzmänteln, wie der junge Luciano Benetton sie einst bedient hatte. Daneben existierten jetzt aber auch die unscheinbaren Niederlassungen von 21 Investimenti und der Holding Edizione sowie die Läden United Colors of Benetton, Sisley und 012. An der Piazza Crispi, gegenüber dem United-Colors-of-Benetton-Laden, war der Hauptsitz der Benetton Foundation, deren Geschäfte und Forschungsaktivitäten in voller Blüte standen. Leiter der Stiftung war nach wie vor Lucianos Jugendfreund Nico Luciani, der dies alles und viel mehr verwaltete. Er bewahrte auch die Erinnerungen, für die Luciano so wenig Interesse zeigte und in denen doch auch seine eigenen Wurzeln lagen.

Luciano landete auf dem Flughafen von Treviso. Er verbrachte inzwischen den größten Teil seiner Zeit in der Luft. Am Boden wirkte er scheu und Fremden gegenüber distanziert. Er war allein, er lebte allein, war immer unterwegs und zeigte nie eine Spur von Müdigkeit. Sein Gesicht wirkte oft ausdruckslos, aber seine Augen waren unablässig in Bewegung.

Luciano ließ sich mit dem Auto vom Flugplatz zur Villa Minelli fahren, von wo aus seine Antwort auf das Fax, die er am Himmel über Kalifornien diktiert hatte, längst weitergeleitet worden war. Sein Büro lag im rechten Flügel, der an das Hauptgebäude der Villa grenzte, neben dem des CEO Carlo Gilardi und gegenüber denen von Gilberto und Carlo. Von dort aus kehrte Luciano heim in seine Villa zwischen Ponzano und Treviso, um sich wenig später erneut auf den Weg zum Flughafen zu machen.

Kaum weiter als einen Kilometer vom Gebäude der ersten Fabrik entfernt, in dem sich jetzt Giulianas Designabteilung befand, stand immer noch der futuristische Betonbau, den die Scarpas seinerzeit für Luciano und Teresa entworfen und gebaut hatten. Nachdem Luciano vor mehr als 20 Jahren seine Familie verlassen hatte, waren die vier Kinder mit ihrer Mutter darin wohnen geblieben. Später waren sie eines nach dem anderen aus dem Haus gegangen. Jetzt wohnte Teresa allein und allem Anschein nach ganz zufrieden in dem Haus, das »eines modernen Handelsfürsten würdig« gewesen war und doch inzwischen vergleichsweise bescheiden wirkte. Viele Mitarbeiter des

Unternehmens wussten nicht einmal, dass es das Haus noch gab oder dass Teresa noch immer darin wohnte.

Das Unternehmen, für das Luciano seine Kindheit geopfert hatte, nahm in seinem Erwachsenenleben den Platz der Familie, der Geliebten und eines größeren Freundeskreises ein. Daneben hatte er nur einen kleinen Kreis langjähriger Freunde. Alleinsein bedeutete für Luciano Benetton den größten Luxus; zugleich war es aber auch der größte Preis, den er letztendlich für seinen Erfolg zu zahlen hatte.

Ponzano, 2000

Benetton – im Besitz und unter der Leitung von Luciano, Giuliana, Gilberto und Carlo – war das erfolgreichste und zugleich das umstrittenste Unternehmen der Welt. Zu dem Konzern gehörte auch die modernste Bekleidungsfabrik der Welt im nahe gelegenen Castrette di Villorba. Die Benettons hatten die 190 000 Quadratmeter große Fabrik im eigenen Land gebaut, statt die Produktion nach Übersee in Billiglohnländer auszulagern – und das in einer Zeit, in der konkurrierende Unternehmen auf diese Weise die Lohnkosten auf ein Zehntel reduzierten. Es gab Leute, die den Sinn der Entscheidung in Frage gestellt hatten, wie sie überhaupt alles, was mit Benetton zu tun hatte, in Frage stellten. Aber die anderen global agierenden Bekleidungskonzerne mussten nach immer neuen Ländern mit billigen Arbeitskräften suchen, während Benetton hier einen festen und sicheren Standort hatte. Von der automatisierten Vertriebseinrichtung in unmittelbarer Nähe konnten täglich 30 000 Kisten Kleidung an die Läden in aller Welt versandt werden. Diese Vertriebseinrichtung mit ihren surrenden Aufzügen und hoch aufragenden Rampen war und ist in der ganzen industrialisierten Welt einzigartig. Die Benettons nannten sie »Big Charley«.

Die United-Colors-Bilder prangten an den Wänden der Villa Minelli, der Büros und der Designstudios und auf Plakatwänden, die

die Fabriken und das Gelände umgaben. Aber der Urheber dieser Bilder, die Benetton weltberühmt gemacht hatten, war von der Bildfläche verschwunden. Toscanis Kampagne mit den Fotos aus dem Todestrakt hatte in den USA so verheerende Folgen gehabt, dass das Warenhaus Sears seine Drohung wahr gemacht und die Geschäfte mit »Benetton USA« eingestellt hatte.

Nach 16 Jahren ständiger Drahtseilakte hatte es nur eines einzigen Stoßes von Luciano bedurft und Toscani hatte endgültig die Balance verloren. Der sonst so wortgewaltige Fotograf war in diesem Fall zu keiner Stellungnahme zu bewegen. Auch die Frage, wer nach ihm Benettons Imagepflege in die Hand nehmen sollte, blieb bis auf weiteres offen.

Hinter den United Colors, den »Vereinten Farben«, schalteten und walteten indessen in Big Charley die farblosen Schatten, denn Menschen arbeiteten hier kaum. Das Kernstück des Betriebs bildete eine Gruppe computergesteuerter Roboter. Es gab drei Sorten von Robotern – drei Exemplare von der ersten Art, elf von der zweiten und drei von der dritten. Die Roboter der ersten Sorte gaben denen von der zweiten einen Karton, und die von der dritten Sorte zeigten denen von der zweiten, an welche Stelle im Beladesystem sie ihn stellen sollten. Die Roboter von der zweiten Sorte stellten die Kisten an den richtigen Platz und nahmen sie dann wieder weg. Schließlich wurden die Kisten per Zug, LKW, Schiff oder Luftfracht nach Los Angeles, London, Kreta, Dublin oder Sarajevo versandt. Diese Roboter boten bei ihrer stummen, gemeinsamen Arbeit ein beklemmendes Bild.

Sie waren die Kinder der neuen Zeit. Diese Roboter schufteten willig zu jeder Tageszeit, arbeitsam und selbstlos im Dienste des Fortschritts und zum Wohle des Namens Benetton. Die erste Sorte war der Vater, die zweite das Kind und die dritte die Mutter. Die echten Kinder nannten sie »die Familie«.

Anhang

Quellennachweise

Prolog

Besuche und Interviews des Verfassers in Ponzano im Dezember 1997 und Juni 1998; Luciano Benetton und Andrea Lee: *Die Farben des Erfolgs,* Schweizer Verlagshaus, Zürich 1994.

1. Geburt eines Handlungsreisenden

Besuche und Interviews des Verfassers in Badoere, Treviso und Ponzano im Dezember 1997 und Juni 1998; *Treviso Lungo Il Sile,* Viarello 1995; Guido Vergani, *The Sala Bianca: The Birth of Italian Fashion,* Electa, Mailand 1992; *Vogue USA,* 15.9.46; *Life,* 24.11.47; *The Nation,* 31.1.48; *Fortune,* 1.1.54, Oliviero Toscani in *European,* London, 3.2.95; *Independent,* London, 31.7.93; Luciano Benetton und Andrea Lee: *Die Farben des Erfolgs* op. cit.; Paul Ginsborg: *A History of Contemporary Italy: Society and Politics 1943-1988,* London, Penguin 1990; *Independent on Sunday,* London, 22.9.96; *Independent,* London, 28.9.96; *Telegraph Magazine,* London, 2.12.95; Norman Lewis: *Die ehrenwerte Gesellschaft: Die Geschichte der Mafia,* Econ, Düsseldorf/Wien 1965; *United Colors of Benetton,* Fontainebleau, INSEAD-CEDEP 1996; Daniel Yergin: *Der Preis: Die Jagd nach Öl, Geld und Macht,* S. Fischer, Frankfurt 1991.

2. Eine Frau von Format

Besuche und Interviews des Verfassers in Ponzano und Treviso im Dezember 1997 und Juni 1998; Luciano Benetton und Andrea Lee: *Die Farben des Erfolgs* op. cit.; *Sunday Express*, London, 23.11.86; *United Colors of Benetton*, INSEAD-CEDEP; op. cit.; *Sunday Express*, London, 20.9.87; *Independent*, London, 4.4.92; *Daily Mail*, London, 23.4.88; *Sunday Times*, London, 20.5.90; *Newsweek*, Washington, 22.8.83; *Time* Magazin, Washington, 13.1.86; *Financial Times*, London, 24.5.86; *Business*, London, 11/87; *Independent on Sunday*, London, 22.9.96.

3. Das wollene Vlies

Besuche und Interviews des Verfassers in Ponzano und Treviso im Dezember 1997 und Juni 1998; *Sunday Express*, London, 23.11.86; *Daily Mail*, London, 20.9.91 und 23.4.88; Luciano Benetton und Andrea Lee: *Die Farben des Erfolgs* op. cit.; *United Colors of Benetton*, INSEAD-CEDEP; op. cit. *Independent on Sunday*, London, 22.9.96; *Financial Times*, London, 16.12.81 und 24.10.83; *Sunday Times*, London, 20.5.90 und 12.6.94; *Newsweek*, Washington, 22.8.83; *Times*, London, 24.8.84; *European*, London, 18.-24.4.96; Luciano Benetton in *Brand Power*, New York, New York University Press 1994.

4. Zwanglos zum Imperium

Besuche und Interviews des Verfassers in Ponzano und Treviso im Dezember 1997 und Juni 1998; Luciano Benetton und Andrea Lee: *Die Farben des Erfolgs* op. cit.; *Times*, London, 7.12.96; *Financial Times*, London, 16.12.81; *Sunday Times*, London, 17.5.87; Ginsborg: *A History of Contemporary Italy: Society and Politics 1943-1988*; op. cit.; *Verde Sport,* Ponzano, Benetton Group; *Newsweek*, Washington, 22. 8. 83; *United Colors of Benetton*, INSEAD-CEDEP; op. cit.; *Vanity Fair*, New York, 1/95.

5. Franchise an der 5th Avenue

Besuche und Interviews des Verfassers in Ponzano und Treviso im Dezember 1997 und Juni 1998; *Verde Sport,* Ponzano, Benetton Group; *United Colors of Benetton*, INSEAD-CEDEP; op. cit.; *Financial Times*, London, 24. 10. 83 und 9. 5. 89; Luciano Benetton und Andrea Lee: *Die Farben des Erfolgs* op. cit.; *Business*, London, 11/87; *Newsweek*, Washington, 22. 8. 83; *Global Vision: United Colors of Benetton,* Japan und Ponzano, Robundo Publishing Group/Benetton Group 1993; *Independent*, London, 4. 4. 92 und 16. 12. 92.

6. United Colors of Benetton

Besuche und Interviews des Verfassers in Ponzano, Treviso und Mailand im Dezember 1997 und Juni 1998; *United Colors of Benetton*, INSEAD-CEDEP; op. cit.; *Global Vision*, 1993; *Independent*, London, 25. 1. 92; *Time* Magazin, Washington, 13. 1. 86 und 27. 7. 87; *Financial Times*, London, 6. 6. 85; *Newsweek*, Washington, 26. 8. 86; Luciano Benetton und Andrea Lee: *Die Farben des Erfolgs* op. cit.; *Sunday Times*, London, 20. 5. 90; *Independent*, London, 13. 6. 92; *Business*, London, 11/87; *Daily Mail*, London, 27. 4. 87 und 2. 3. 92; *Publishers' Weekly*, New York, 31. 3. 97; *Verde Sport,* Ponzano, Benetton Group.

7. Das Land am Fuß der Anden

Besuche und Interviews des Verfassers in Ponzano und Treviso im Dezember 1997 und Juni 1998; *Times*, London, 25.5.96; *Financial Times*, London, 9.5.89 und 7./8.7.90; *United Colors of Benetton*, INSEAD-CEDEP; op. cit.; *Sunday Times*, London, 12.1.89, 20.5.90, 26.1.92 und 25.5.97; *Today*, London, 22.3.89 und 27.3.93; *European*, London, 7./9.9.90 und 5./7.4.91; *Independent*, London, 13.6.92 und 4.9.94; Luciano Benetton und Andrea Lee: *Die Farben des Erfolgs* op. cit.; *Sky*, London, 5/91; *Global Vision*; Oliviero Toscani, Channel 4, 3/97.

8. Des Kaisers neue Kleider

Besuche und Interviews des Verfassers in Ponzano und Treviso im Dezember 1997 und Juni 1998; *Global Vision*; *United Colors of Benetton*, INSEAD-CEDEP; op. cit.; Marina Galanti in *PR Week*, London, 25.4.97; *Colors* Heft 1, 2 und 3; *Verde Sport*, Ponzano, Benetton Group; *Independent*, London, 13.6.92; *Benetton Group Jahresbericht 1996*, Ponzano 1996; *Financial Times*, London, 7.4.96; *Elle*, Paris, 3/93; *Independent*, London, 20.6.93, 31.7.93 und 15.9.93; *European*, London, 24.-30.12.92 und 4.2.94; *Business Age*, London, 1/94; *Times*, London, 16.2.94; *Guardian*, London, 26.2.94; *Cosa C'Entra L'AIDS con i maglione?* (»Was hat Aids mit Strickwaren zu tun?«), Mailand, Mondadori 1993; *Wall Street Journal Europe*, 20.4.94.

9. Gebrandmarkt

Besuche und Interviews des Verfassers in Ponzano und Treviso im Dezember 1997 und Juni 1998; *Sunday Business*, London, 30.6.96; *Independent*, London, 1.8.94 und 22.1.95; *Daily Telegraph*, London,

11.8.94; *Sunday Times*, London, 24.4.94 und 26.11.95; *Edizione Holding Jahresbericht 1996*, Treviso, Edizione 1996; *Business Age*, London, 1/94; *European*, London, 22.4.94 und 20.1.95; *Vanity Fair*, New York, 1/95; *Benetton par Toscani*, Musée d'Art Contemporain, Lausanne 1995; *Toscani Al Muro: 10 anos de imagenes para United Colors of Benetton*, Museo de Arte Moderno, Mexiko 1995; *United Colors of Benetton*, INSEAD-CEDEP; op. cit.; *Guardian*, London, 11.2.95 und 21.9.96; *Marketing Week*, London, 3.2.95; *Benetton Group Jahresbericht 1996*, Ponzano, Benetton Group; *Verde Sport*, Ponzano, Benetton Group; *Independent on Sunday*, London, 3.11.96; *Telegraph* Magazin, London, 2.12.95; *Observer*, London, 16.3.97; *Los Angeles Times*, Los Angeles, 13.9.95.

10. Die Straßen von Corleone

Besuche und Gespräche des Verfassers in Ponzano und Treviso im Dezember 1997 und Juni 1998; *Colors* Heft 14, 17, 18 und 19; *Observer*, London, 18.2.96; *Vogue*, London, 4/96; *Benetton Group Jahresbericht 1996; Sunday Business*, London, 30.6.96; *Financial Times*, London, 7.4.96; *Sunday Times*, London, 29.9.96; *Edizione Jahresbericht 1996*; *Telegraph Magazine*, London, 2.12.95; *Times*, London, 25.5.96; *United Colors of Benetton*, INSEAD-CEDEP; op. cit.; *Elle*, Paris, 10/96; *Independent on Sunday*, London, 15.9.96; *Publishers' Weekly*, New York, 31.3.97; *Sunday Telegraph* Magazin, London, 10.11.96; *Financial Times*, London, 2.-3.8.97; *European*, London, 14.11.96; *Sunday Business*, London, 15.12.96.

11. Die Hauptstraßen der Welt

Besuche und Interviews des Verfassers in Ponzano und Treviso im Dezember 1997 und Juni 1998; *Benetton Group Jahresbericht 1996* und *Halbjahresbericht 1997*, Ponzano, Benetton Group; *Colors* Heft 20; *Sunday Times*, London, 25.5.97; *Independent*, London, 9.9.97; *Observer*, London, 16.3.97; *Guardian*, London, 28.7.97; *Independent on Sunday*, London, 12.10.97; *SOS Razzismo,* Mailand, Fabrica/Feltrinelli 1997; *La Repubblica*, Mailand, 17.12.97; Credit Lyonnais Securities Europe, *Textiles: Italy*, London, Mai 1998; Giuberga Warburg, London und Mailand, Italien, *Benetton Group,* Mai 1998.

12. Die Familie

Besuche und Interviews des Verfassers in Ponzano und Treviso im Dezember 1997 und Juni 1998; *Guardian*, London, 2.2.98; *The Economist*, London, 15.8.98; Reuters, Mailand, 17.9.98; *Colors* Heft 24, 25, 26, 27 und 28.

Register

C

D

E

F

J

K

L

M

Q

R

S

T

U

V

W

Y

Z